Herrn Josef H. Biller, dem ich
die Einsicht in eine unbekannte
Ansicht verdanke.
W. Enßlin, Bth., 9. Mai 1993

Wilfried Engelbrecht

„DAS NEUESTE AUS BAYREUTH"
Die Presse im markgräflichen, preußischen
und französischen Bayreuth
(1736—1810)

© 1993 Verlag Lorenz Ellwanger
Gesamtherstellung:
Druckerei und Verlagsgesellschaft
Lorenz Ellwanger, 8580 Bayreuth
Gestaltung des Umschlags:
Wilfried Engelbrecht
Printed in Germany
ISBN 3-925361-16-2

Wilfried Engelbrecht

„DAS NEUESTE AUS BAYREUTH"
Die Presse im markgräflichen, preußischen
und französischen Bayreuth
(1736—1810)

Ellwanger

Vorwort

Meine erste Bekanntschaft mit der Zeitung als Geschichtsquelle machte ich im Frühjahr 1975. Ich mußte für die Ausstellung — „Bayreuth 1945, Zerstörung und Wiederaufbau" — Bayreuths brauner Vergangenheit nachspüren. Die Zeitung war im Ausstellungskonzept als Vertreterin der „öffentlichen Meinung" vorgesehen: Heil, heil, heil bis zum bitteren Ende. Nach zwölf Zeitungsjahrgängen tausendjährigen Reichs brauchte es weiterer zehn Jahre, bis ich abermals ein „Jahrhundertereignis" aus zeitgenössischer Zeitungs-Perspektive betrachten konnte. Diesmal war es der Bau der

ersten Bayreuther Eisenbahn von 1853 gewesen. Höchst erfreuliche Lektüre! Obwohl die Bahn mit fortschreitender Fertigstellung in immer heftigere Turbulenzen geriet und über der „Eisenbahnhoffrage" sogar ganz zu entgleisen drohte, wehte dem Zeit(ungs-)Reisenden stets ein demokratisches Lüftlein erfrischend entgegen. Nachdem der erste Personenzug „unter stürmischen Jubel und Kanonendonner" in Bayreuths „Neues Thor zur Welt" eingefahren war (Bayreuth hatte damals noch sechs andere Stadttore), konnte Bürgermeister Dilchert wieder getrost in Bayreuths Zukunft blicken. Er stellte in seiner Eröffnungsrede fest, daß durch die Bayreuther Eisenbahn die Stadt künftig vor weiterer „Verkümmerung und Verdorfung" sicher bewahrt bleiben werde.

So hätte auch ich meine Arbeit getrost beenden können (s. Nordbayerischer Kurier, Mai und Juni 1985), wenn sich mir nicht mit zunehmender Hartnäckigkeit die eine Frage aufgedrängt hätte: ab wann gestattete eine Bayreuther Zeitung solche wunderbaren Zeitreisen in die Vergangenheit?

Wie bestellt, erschien 1986 im „Archiv für Geschichte von Oberfranken" eine Forschungsarbeit über den ersten Bayreuther Zeitungsverlag („Hochfürstliches Bayreuther Zeitungs-Comtoir"). Die Bayreuther Zeitungsgeschichte — teilte darin der Verfasser mit — sei bisher ein völlig rückständig und stiefmütterlich behandeltes Forschungsgebiet gewesen, so daß auch er in diesem ersten wissenschaftlichen Anlauf die Presseanfänge leider nicht ganz erhellen können wird. — Die Frage nach den Wurzeln der Bayreuther Zeitungspresse stellte sich erneut. Hier, so komplett wie möglich, die Antwort.

Inhalt

Kapitel 1
SEKUNDENZEIGER DER GESCHICHTE
Die Zeitung am Puls der Zeit 7

Kapitel 2
DEM PUBLICO ZUM VERGNÜGEN UND DER NACHWELT ZUM BESTEN
Die Gründungsphase des Bayreuther Zeitungsverlags 17

Kapitel 3
BRUNNERS OFFENSIVE MARKTPOLITIK
Expansion des Bayreuther Zeitungs-Comtoirs 29

Kapitel 4
BETRÜGEN ZEITUNGSSCHREIBER?
Wesen und Unwesen der politischen Zeitungen 41

Kapitel 5
DAS NEUESTE AUS BAYREUTH UND ALLER WELT
Die Bayreuther Zeitungen in ihren Meldungen 47

Kapitel 6
„ZEITUNGEN SIND KEIN EVANGELIENBUCH!"
Die zweite Ära des Hochfürstlichen Bayreuther Zeitungs-Comtoirs 83

Kapitel 7
FEDERMORD AM ZEITUNGSSCHREIBER
Engelhard, Bayreuth und die Französische Revolution 101

Kapitel 8
FRANKEN: „BLUT, FLAMMEN UND PEST!"
Die Bayreuther Zeitung als Kriegskurier 108

Kapitel 9
„EINE LÜGEN- UND ALLARMTROMPETE"
Das Zeitungscomtoir im französischen Bayreuth 121

Kapitel 10
„TRARI-TRARA, DIE POST IST DA!"
Post und Zeitung im Wettlauf mit der Zeit 136

Schluß-Anmerkungen
„ZAHNLOSE, HABGIERIGE, HERRSCHSÜCHTIGE und dabei HALBBLÖDE ZEITUNGSMISSGEBURT" 146

Der gotische Leser von 1404 blickt noch in ein handgeschriebenes Buch. Rund vierzig Jahre später ist der Buchdruck erfunden worden — womit auch die Geschichte der Zeitung begann.

Die Geschäftsanzeige wirbt für Lesen im elektrischen Lampenlicht, ein Luxus, den sich erst das frühe 20. Jh. leisten konnte. Unten: Plakat (Ausschnitt) von Hugo Laubi, 1920. Rechts: Karl Gießel, Enkel des Tagblattgründers, übt mit Zeitung und Pfeife das Erwachsenwerden.

"Warnung: Lesen stört Ihr Weltbild! Dieser Text enthält 9,3 % Lob, 18,8 % Kritik, 2,9 % Häme, 26,1 % wertfreie Information und 42,9 % Füllstoff". — So ironisierte das Monatsmagazin „Geo-Wissen" das Lesen der „Produkte der freien Presse" (März 1992). Das Münchner Intelligenzblatt verkündete dagegen 1777: „Lesen kläret den Verstand auf, stärket die Vernunft und bildet das Herz. Versäumen Sie das Lesen nicht!"
Oben: Bayreuther Zeitungslektüre aus drei Jahrhunderten. Rechts unten: Tagblatteigenwerbung vom 5. April 1957.

6

Kapitel 1

„SEKUNDENZEIGER DER GESCHICHTE"
Die Zeitung am Puls der Zeit

„Die Zeitungen sind der Grund, die Anweisung und die Richtschnur aller Klugheit. Wer die Zeitungen nicht achtet, der bleibet immer und ewig ein elender Prülker und Stümper in der Wissenschaft der Welt und ihrem Spielwerk"
Kaspar v. Stieler, 1697

Die Entstehung der Zeitungen, auf einen groben Nenner gebracht, ist vor allem der menschlichen Neugier und dem ebenso menschlichen Mitteilungsbedürfnis zu verdanken. Sobald einem jemand in's Ohr flüstert: „Haben Sie schon gehört ...? — kann man das Urmodell der Entstehung einer Zeitung wieder hörbar wahrnehmen. Der einzige Unterschied ist der, daß die Zeitungen nicht wispern, sondern ihre Wahr- und Weisheiten lauthals in alle Öffentlichkeit hinausposaunen.

Mit der Befriedigung dieser Art von Neugier sind mittlerweile ganze Industrien beschäftigt. Die Fülle von Informationen aus Zeitungen, Zeitschriften, Funk und Fernsehen, die tagtäglich und weltweit über die Bevölkerung hereinbricht, hat längst die Grenzen der Aufnahmefähigkeit des Publikums gesprengt. Doch auch schon vor Erfindung der elektronischen Medien war allein durch die Zeitungen ein Sättigungsgrad erreicht, der den Journalist

und Pressekritiker Karl Kraus seufzen ließ: „Es ist die Mission der Presse, Geist zu verbreiten und gleichzeitig die Aufnahmefähigkeit des Publikums zu zerstören."

Die Geschichte der heutigen „Massenkommunikation", dieser bereits im 19. Jh. überquellenden Nachrichtenflut, hatte einst als kleines, bescheidenes Rinnsal im 15. Jh. ihren Anfang genommen. Es begann mit den „newen Zeitungen". Das waren Nachrichten von Zeitereignissen — im damaligen Sprachgebrauch „Zeitungen" genannt

— die in der Frühzeit der Buchdruckkunst, um 1445, meist von den Meistern der „Schwarzen Kunst" selbst unters Volk gebracht wurden. Die Drucker hatten erkannt, daß sich nicht nur mit lehrreichen Büchern ein gutes Geschäft machen ließ, sondern daß auch in interessanten Neuigkeiten ein guter Gewinn steckte. Die gedruckte Mitteilung des Zeitereignis machte die Nachricht zur Ware. Sollte die merkantilische Ausbeutung der Neugier nicht am Markt scheitern, mußte sie sich am Publikumsgeschmack orientieren. Die

Die Zeitungsanzeige im visuellen Wandel. Unten die Anzeige eines „Sesselküssen-Diebstahls" in der Friedrichstraße, das einzige Inserat der Samstagsausgabe der „Bayreuther Zeitungen" vom 14. Juli 1753 — rechts ein Ausriß aus dem „Bayreuther Tagblatt" vom 11. Okt. 1910; rechts oben: „telegramm an alle welt!" — Zeichnung von Walter Trier zu Erich Kästners „Konferenz der Tiere".

Druckverleger der ersten Stunde wählten deshalb bevorzugt „Sensationelles" aus den Bereichen: Wunder-, Reise- und Kriegsereignisse, Natur- und andere Katastrophen, Kriminal- und Unglücksfälle.

Da die gedruckte Neuigkeit umso verkaufsträchtiger war, je einmaliger und sensationeller sie klang, würzte man die Wirklichkeit schon damals gern mit einer Prise Fantasie etwas nach. Beispielsweise in der Nachricht von einem blutschwitzenden Knaben, 1588: „Wahrhafftige Contrafactur und Newe Zeyttung eines Kneblins, welches Jetzunder etlich wochen her, unnatürlicher weiß Blut schwitzet."[1] Oder in der „Wahrhafftige und wunderbarliche Newe zeitung" von einem Bauern, der sich durch Zauberei in einen Wolf verwandeln konnte, 1589.[2] Glaubhafter erscheint die „Wahrhafftige newe zeyttung" von einer Riesenweintraube und einer Riesenschlange, beide 1590 am Bodensee gesehen.[3] Oder die „erschröckenliche unerhörte Newe zeytung" aus Straßburg vom 17. Mai 1590, die von einem Fuhrmann berichtete, der einen als Teufel verkleideten, räuberischen Wirt erschlug.[4]

All diese Meldungen, „Zeitungen", wurden einzeln veröffentlicht, benötigten also pro Meldung ein Druckblatt, wodurch auch bald das Papierblatt, auf dem die „newe Zeitung" gemeldet wurde, diesen Namen bekam. Fortan existierten beide Begriffe von „Zeitung" ein paar Jahrhunderte lang gleichrangig nebeneinander her. So wurde von den real existierenden „Bayreuther Zeitungen" noch im Jahr 1763 gemeldet, daß zweiunddreißig blasende Postillions die Botschaft vom Ende des Siebenjährigen Krieges als „frohe Zeitung" nach Hubertusburg gebracht hatten. Kaspar von Stieler, einer der ersten Zeitungs-„Wissenschaftler", definierte 1697 den Begriff „Zeitungen" folgendermaßen: *„Das Wort Zeitungen kommet von der Zeit, darinnen man lebet, her; und kan beschrieben werden, daß es Benachrichtigungen seyn [sind] von denen Händeln [Handlungen], welche zu unserer gegenwärtigen Zeit in der Welt vorgehen."*[5]

Die erste Hochblüte, verbunden mit dem Wandel zur Zeitung im heutigen Sinn, erlebten die Einblattzeitungen zur Zeit der christlichen Reformation. Im Verlauf dieser religiösen Erneuerungsbewegung erkannten sowohl die rechtgläubigen Katholiken als auch die evangelischen Ketzer den Wert der „Zeitung" als geistige Waffe im Kampf um den „wahren" Glauben und berieselten die ratlose Bevölkerung flächendeckend mit alt- und neukirchlichem Propagandamaterial.

Die Einblattzeitung war — nicht erst seit ihrem Einsatz im Kirchenkampf — gewöhnlich mit einer Illustration versehen. Die Abbildung lieferte eine bildlich-symbolhafte Übersetzung des Textes. Dadurch konnte die Botschaft auch dem Analphabeten wenigstens teilweise vermittelt werden. Aber auch dem Leseungeübten wurde ein Anreiz zum Einstieg in die Lektüre geboten. Zur Steigerung des Lesevergnügens war die Zeitungsnachricht oft in Reim- oder Gedichtform verfaßt. Beispielsweise in einer „new Zeitung" aus dem 17. Jh., in der das Nachrichtenwesen, personifiziert als „Frau Fortuna", selbst zu Worte kam:

„Dem sing ich süß, dem andern saur / er sey gleich Edel oder Baur / Thu einen

Flugblatt-Illustration des Augsburger Kupferstechers Hans Jörg Mannasser über die Schrecken des Dreißigjährigen Krieges, „inn Gleichnuß fürgestellt". Unten: Martin Luther als „des Teufels Dudelsack" auf einem Flugblatt von 1525.
Seite rechts: „Die New Zeitung klagt, sie könn kein Mann bekommen — und habenß doch schon ier vill genommen"; Kupferstich, 17. Jh.

betrüeben und weinen machen / andern zu zürnen, ienen zü lachen / Tröst mich allein daß nach meiner sag / all' welt ihr gschäfft ordnet all' tag."

Die leichte Konsumierbarkeit der gedruckten Neuigkeiten steigerte die Nachfrage und förderte gleichzeitig die Gewöhnung an die „Zeitung" als Medium der Nachrichtenvermittlung. Gegen Ende des 16. Jh. erschienen erste Zeitungsexemplare, die mehrere „neue Zeitungen" auf einem Blatt gesammelt enthielten. Bereits an der Wende zum 17. Jh. wurden diese Nachrichten in der Art präsentiert, wie man sie mit der uns geläufigen Form von Zeitung verbindet. Diese Zeitungen wurden als „Mess-Relationen" bezeichnet, weil sie auf Messen und Märkten verkauft wurden. Da die „Relationen" (= lat. Bericht) nur für Lesekundige bestimmt waren, konnte auf die bildliche Umsetzung des Textes verzichtet werden. Nur noch ein Merkmal trennte diese Mess-Relationen von der „echten" Zeitung: ihr sporadisches, unregelmäßiges Erscheinen. Diese Schranke wurde von der „Aviso, Relation oder neuen Zeitung (einer Zeitung aus Wolfenbüttel) durchbrochen, die spätestens ab 1609 regelmäßig einmal pro Woche erschienen war und als älteste Zeitung der Welt bezeichnet wird. Mit ihr war der etwa 150jährige Wandel von der Einblattzeitung zum Prototyp unserer modernen Zeitung abgeschlossen.

Im Hinblick auf die Nachrichtenbeschaffung der Zeitungen muß noch der Einfluß der sog. „Fugger-Zeitungen" besonders erwähnt werden. Das „welt"umspannende Netz der Fugger'schen Korrespondenten hatte die mächtigen Handelsherrn über alle neuen Welt-, Wirtschafts- und sonstigen „Zeitungen" informiert, als sich zur Zeit des Kirchenkampfs die „echten" gedruckten Zeitungen noch in der Pubertät befanden. Als die Zeitungen mit den „Mess-Relationen" erwachsen wurden, profitierten sie von den Fugger'schen Nachrichtenverbindungen nicht nur quantitativ, sondern auch hinsichtlich der Güte und des Wahrheitsgehalts ihrer Meldungen.

Man kann ohne Übertreibung sagen, daß Deutschland im 17. Jh. zum Pressezentrum der Welt geworden war. Die Medienforscher Cortesi und Hagedorn registrierten im deutschsprachigen Raum dieser Zeit mehr Zeitungen, „als der Rest der Welt insgesamt aufweisen kann."[6] Ein weiteres Superlativ konnte das deutsche Zeitungswesen für sich verbuchen, als in Leipzig ab 1650 die erste Tageszeitung der Welt unter dem Titel „Einkommende Zeitungen" erschien. Mit ihr hatte der „Sekundenzeiger der Geschichte", wie Artur Schopenhauer die Zeitung nannte, zu ticken begonnen.

In Bayreuth nichts Neues

In Bayreuth, der Haupt- und Residenzstadt des Fürstentums Culmbach-Brandenburg, standen die Produktionsmittel für eine Zeitung schon seit dem Jahr 1659 bereit. Doch der Drucker der Stadt, Meister Johann Gebhard, war an Zeitungen nicht interessiert gewesen. Ein Blick in sein Verlagsprogramm zeigt nur Schönes, Erbauliches und Wissenschaftliches. So druckte und verlegte er die Weltchronik („Von den Weltaltern") der Markgräfin Erdmudh Sophia, der Gattin des Markgrafen Christian, brachte die Hohenzollerngenealogie („Der Ceder-Hain") des Hofpredigers Rentsch heraus und nahm die Werke des berühmten Barockdichters Sigmund von Bircken unter die Presse. Für die Stadt Bayreuth druckte er sogar umsonst, wie im „Bürgerbuch" nachzulesen ist: er hatte im Dezember 1666 den Stadtvätern „versprochen, statt des Bürgergeldes — wenn Bürgermei-

Ansicht der Haupt- und Residenzstadt Bayreuth von Norden, um 1680. Darüber: „Newe Zeytung" von 1523 (links) und „Wahrhafftige Newe Zeitung" von dem kaiserlichen Sieg in Tunis 1535.

ster und Rat etwas zu drucken haben — solches ohne Entgeld zu tun."⁷
Als Gebhard, Bayreuths erster Drucker und Verleger, 1687 starb, war mit seiner Persönlichkeit auch die Seele des Verlags erloschen. Seine Druckerei bekam einen Nachfolger, Amelung, doch sein Verlag blieb verwaist. Bayreuth mußte auf seine Zeitungen noch warten. Die Stadtrechnungen dieser Zeit belegen, daß man sich in Bayreuth mangels eigener Zeitungen mit den Nürnberger Blättern („Felseckerische Zeitung") behalf.

In anderen Städten Deutschlands gewann unterdessen das neue Nachrichtenmedium weiter an Boden. Besonders von Leipzig gingen starke Impulse für die Entwicklung der Presse aus. Bereits 1672 hielt Otto Mencke, Professor für Moral und Politik an der Leipziger Universität, Vorlesungen über das Zeitungswesen. Auch die erste zeitungswissenschaftliche Dissertation wurde 1690 an dieser Universität erarbeitet — Tobias Peucers „De Relationibus Novellis" / Von neuen Zeitungen. 1695 folgte aus Kiel die erste presserechtliche Dissertation — Friedrich Habens „Jus Novellarum" / Das Zeitungsrecht.⁸

Aber es gab auch Stimmen, die vor dem schädlichen Einfluß der üppig wachsenden Presse warnten. Anno 1642 machte ein Kritiker das neue Zeitungswesen z.B. für den Verfall der deutschen Sprache verantwortlich und hieß das Erscheinungsjahr seiner Zeitungskritik „das Jahr, in dem die teutsche Sprach' verderbet war". Der anonyme Tadler warf den Zeitungsherausgebern vor, daß sie allesamt „Sprachverderber und Kurtisanen" seien, weil sie die „alte teutsche Muttersprach' mit allerley frembden, latei-

Rechts: „Der Bot mit den Newen Zeitungen", Illustration von David Mannasser für eine Newe Zeitung aus Augsburg, um 1650.

Links unten: Entstehung einer Newen Zeitung. Die Person ganz links, die vor einem mit Newen Zeitungen gefüllten Kasten steht, ist der Zeitungsverleger Jehan Petagi selbst. Am runden Tisch im Hintergrund produziert derweil das „Welt-Urtheil" neue Nachrichten, „Avisen", die ein Bote huckepack ins Zeitungs-Comtoir bringt; dort werden die brauchbaren Neuigkeiten ausgewählt und der Druckerei übergeben. Ein Zeitungsverkäufer bringt die gedruckte Newe Zeitung ins Publikum. Der Mann mit der Narrenkappe lacht das Publikum aus, weil es sich durch Zeitunglesen selbst zum Narren mache: „Wer leichtlich glaubt, wird leicht belacht" (1632).

nischen, welschen [italienischen], spanischen und frantzösischen Wörtern so vielfältig vermischen, verkehren und zerstören, daß sie ihr selber nit mehr gleich siehet und kaum halb erkannt werden kann."⁹ Dieser Angriff auf die Presse wurde bezeichnenderweise auf einer Einblattzeitung vorgetragen.

„Die Deutschen", stellten Hagedorn/Cortesi fest, „entwickelten in dieser Zeit eine wahre Zeitungswut. Sie ist schon an den zahlreichen Publikationen sittenstrenger Moralapostel abzulesen, die vor den schlimmen Folgen dieser Gewohnheit warnten, wie 1679 der Lutheraner Joh. Ludwig Hartmann, der eifrig wider die unzeitige Neue-Zeitungssucht wetterte." Die Verordnung „Vom Hausieren mit Büchern" vom 28. November 1718 zeigt, daß das Bayreuther Fürstentum von der grassierenden Zeitungssucht auch infiziert gewesen ist. Zwar hatte Bayreuth noch immer keine eigene Zeitung vorzuweisen, doch sorgten sowohl die Nürnberger Zeitungen als

auch ein reger Haustürhandel mit „Calendern, geringen Historien-Fabeln und dergleichen Büchlein" zuverlässig dafür, daß den Bayreuthern der Lesestoff der leichteren Sorte nicht ausging. Auf Beschwerde der im Fürstentum ansässigen Buchbinder, zu deren Privilegien auch der Handel mit Drucksachen gehörte und die sich durch die Literatur-Hausierer in ihrer „Nahrung gekränkt" sahen, mußte Markgraf Georg Wilhelm schließlich den ambulanten Drucksachenhandel unter 12 Gulden Strafe stellen.

Diese Maßnahme stellte nur bedingt sicher, daß keine unliebsamen Meinungen verbreitet werden konnten. Um den Inhalt der Drucksachen noch besser kontrollieren zu können, verfügte Markgraf Georg Wilhelm am 28. Februar 1712 auf Drängen des „Consistoriums", der Kirchenbehörde, „daß nichts, so klein und gering es auch sein mag", ohne Vorwissen und Zensur des Konsistorium gedruckt und publiziert werden dürfe. Nach Ansicht der Bay-

reuther Theologen war die „Censur der Bücher und Schriften" schon längst fällig gewesen, — hätte doch die Verbreitung von „mancherlei unnützen, untheologischen, auch ärgerlichen, Zank und Streit veranlassenden Schriften" ein nicht akzeptables Maß erreicht.

Anscheinend hatte die kirchliche Kontrollmaßnahme nicht gut gegriffen, denn kaum eine Woche später erneuerte der Markgraf die Vorschrift in verschärfter Form: Drucker, Verleger und Händler mußten bei Zuwiderhandlung nun nicht mehr allein mit Geldstrafen und „Confiscation aller gedruckten Exemplarien" rechnen, sondern konnten sich auch auf eine empfindliche „Animadversion", eine Leibesstrafe gefaßt machen.[10]

Bayreuths erste Zeitung?

Markgraf Georg Wilhelms strenge Zucht des Pressewesens hatte die Bayreuther Drucker nicht gerade dazu ermutigen können, sich als Zeitungsverleger zu betätigen. Doch auch unter dem nachfolgenden Regenten des Bayreuther Fürstentums, dem pietistischen Markgraf Georg Friedrich Carl, wurde der steinige Acker der Bayreuther Presse noch immer in keinen publizistischen Nährboden für eine Zeitung verwandelt. Das hatte schon der markgräfliche Beichtvater, Superintendent Silchmüller, zu verhindern gewußt, — er war im Fürstentum Bayreuth zugleich oberster Sitten- und Pressewächter gewesen. Unter seinem Einfluß erneuerte der Markgraf am 22. März 1731 die Zensurvorschriften für die Presse seiner Residenzstadt. „Wegen der in andern Orten Unseres Landes befindlichen Druckereyen", teilte der Markgraf in dem Presseedikt mit, „werdet ihr das nöthige von selbst zu verordnen wissen."[11]

Ob es mit dem neuen Zensuredikt ein Ende hatte, daß Drucksachen „aus den hiesigen Buchdruckereyen zum Vorschein kamen, woran das Publicum sich gestoßen", mag bei Silchmüllers argwöhnischem Wesen bezweifelt werden. Wie Markgräfin Wilhelmine in ihren Memoiren dem Oberzensor nachgesagt hatte, besaß dieser Mensch „unter der Maske der Religion einen unermeßlichen Ehrgeiz, verbunden mit dem ränkesüchtigsten Geist."[12] Es erscheint deshalb zweifelhaft, daß ausgerechnet unter Silchmüllers Ägide ein so weltoffenes Medium wie eine „Zeitung" in Bayreuth erschienen war. So aber liest es sich bei Michael Heider, der in seiner pressegeschichtlichen Arbeit[13] die Geburtsstunde des Bayreuther Zeitungswesens am 22. Februar 1731 schlagen ließ, justament zur Hochblüte des Bayreuther Pietismus.

Doch Heider war einem Irrtum erlegen. Das von ihm zum Beweis zitierte „*Project, wonach in denen [Bayreuther] Landen die Policey-, Commercien- und andere dem Publico dienliche Zeitungen an- und eingerichtet werden sollen*", ist nachweislich nicht am 22. Februar 1731 projektiert, sondern erst fünf Jahre später unter Markgraf Friedrich in's Leben gerufen worden.[14] Und erst als die Verwirklichung des Zeitungsprojekts von 1736 zu scheitern drohte (wovon später noch die Rede sein wird), wurde am 22. Februar 1737 das von Heider erwähnte und auf 1731 datierte „Project" veröffentlicht.

Quellen zur Bayreuther Zeitungsgeschichte

Die Annahme, daß ein sittenstrenger Kirchenmann aus moralischen Gründen im Jahr 1731 das Erscheinen einer Zeitung verhindert habe, taugt als Beweis für Heiders falsche Datierung leider gar nichts. Denn Zeitungen gehörten auch nach Silchmüllers Abschiebung nach Kulmbach (von Markgräfin Wilhelmine initiiert) noch immer zu der Sorte von Lesestoff, der man in kirchlichen Kreisen zutiefst mißtrauisch begegnete. Als Bayreuth bereits seine eigene Zeitung hatte, mußte Hofprediger Schmidt, ein Mitarbeiter des Konsistoriums, im Mai 1744 die hochfürstliche Familie mit einer langen Predigt („im Zimmer gehalten") traktieren, worin er eindringlich vor den Gefahren des Zeitungslesens warnte. Ob er damit speziell die Bayreuther Zeitung gemeint hat, geht aus seiner Rede „von der unersättlichen Begierde der Menschen nach neuen Zeitungen" nicht hervor; er verhieß den hochfürstlichen Herrschaften lediglich: „Ich werde zeigen, wenn diese Begierde der Menschen 1) erlaubt und gut, 2) wenn sie sündlich und böse ist."[15]

Wahrscheinlich kam Prediger Schmidts Sermon nur bei der 12jährigen Prinzessin einigermaßen an. „Weder er [Vater Friedrich] noch ich lesen jemals solches Zeug", teilte Mutter Wilhelmine nach der Predigt ihrem Bruder mit.[16]

Doch zurück zu den Wurzeln. Wir wissen noch nicht, wie, wo und wann durch wen das Bayreuther Zeitungswesen seinen Ursprung nahm. (Falls Sie *schnell* zu den Wurzeln gelangen wollen, empfehle ich Ihnen das Folgende zu überspringen, denn es enthält nichts als die Aufzählung der verschiedenen Quellen). Beginnen wir bei den gedruckten Geschichtsquellen. Über sie läßt sich im Nachhinein mit Nietzsche sagen, „daß auch die taubste Nuß erst geknackt werden will". Schon die Schriftsteller des 18. Jh., die den Bayreuther Zeitungsursprüngen noch sehr nah waren, liefern

Zwei Bayreuther Pressewächter: Superintendent Silchmüller (links) und Hofprediger und späterer Superintendent Schmidt.

ein reiches Sortiment an tauben Nüssen. Sie verschwiegen entweder die Existenz einer Bayreuther Zeitung ganz oder wiesen nur ganz allgemein auf ihr Erscheinen hin. So schrieb z.B. 1795 der preußische Infanterieoffizier J. C. E. von Reiche in seinem Bayreuther Stadtführer: „Die Hagen'sche Buchdruckerey, die man auf dem Markte im Gasthof zum goldenen Adler findet, versieht das Drucken der hiesigen Zeitungen."[17]

J. H. Scherber, der Verfasser des „Gemeinnützigen Lesebuchs für die Bayreuthische Vaterlandsgeschichte" (1797), merkte schon etwas bestimmter an: „Um allerley interessante Nachrichten auf eine leichte Weise zur Kenntniß des Publikums zu bringen, [wurde] 1750 die Bayreuther Intelligenzzeitung eingeführt und solche fleißig mitzuhalten anbefohlen."[18]

Lokalhistoriker Heinritz sprach in seinem „Versuch einer Geschichte Baireuths" (1823) von *zwei* Bayreuther Zeitungen: „Seit 70 Jahren [= 1753] existirt die Baireuther privilegirte politische- und Intelligenz-Zeitung."[19]

Wilhelm Holle, sein Zunft- und Zeitgenosse, schrieb in seiner „Geschichte der Stadt Bayreuth" (1833) gleichfalls von zwei barocken Zeitungen, gibt aber keine Datierung an.

Holles Sohn Gustav, der die Stadtgeschichte seines Vaters 1901 in revidierter Form neu veröffentlicht hatte, datierte den Ursprung dieser Zeitungen mit 1736 bzw. 1763:

„Um die landesherrlichen Verordnungen, so wie auch Privatnachrichten zur allgemeinen Kenntnis zu bringen, wurden 1736 Intelligenzzeitungen eingeführt ... als einziges politisches Blatt bestand (bis zur Gründung des Bayreuther Tagblatts 1856) die Bayreuther Zeitung, welche schon vom Jahre 1763 an ... erschienen war."[20]

Nicht weniger karg bzw. widersprüchlich äußern sich die moderneren Geschichtsautoren. In Ulrich Thüraufs[21] pressegeschichtlicher Dissertation (1918) werden „mangels Quellen" überhaupt keine Angaben über den zeitlichen Ursprung der Bayreuther Zeitungen gemacht; Oskar Groß[22] wiederholt in seiner Dissertation über das fränkische Pressewesen (1928) lediglich Holles Datierungen. Karl Hartmann[23] führte die Entstehung der „Bayreuther Zeitungen" und des „Hochfürstl. Bayreuther Zeitungs-Comtoirs" auf das Jahr 1738 zurück; das Ersterscheinungsjahr der „Intelligenzzeitung" auf 1747. Alf Mintzel[24], der 1986 die jüngste Arbeit über die Entstehung der Bayreuther Zeitungspresse veröffentlichte, datiert die Gründung der Intelligenzzeitung mit 1736, die der „politischen Bayreuther Zeitung" mit 1753.

So ergab sich aus den Darstellungen der Literatur des 18.—20. Jh. als einzige glaubwürdige Übereinstimmung, daß es im barocken Bayreuth *zwei* Zeitungen gegeben hatte, wobei die Ersterscheinung der Intelligenzzeitung mit 1736 favorisiert worden ist.

Erhaltene Originalzeitungen

1. „Bayreuther Zeitungen"

Von den zwei Zeitungen bedurfte es bei der „politischen Bayreuther Zeitungen" der geringsten Mühe, um die meisten ihrer bisherigen Datierungen als „falsch" auszuscheiden. Ein erhalten gebliebenes Deckblatt der „Baireuther Zeitung"[25] des Jahrgangs 1803 trägt den Vermerk: „fünf und sechzigster Jahrgang". Demzufolge ist die Zeitung zum erstenmal 1738 erschienen.

Der Weg der „Baireuther Zeitung" von 1803 läßt sich in den reichen Originalzeitungs-Beständen der markgräflichen Kanzleibibliothek und der Bibliothek des Historischen Vereins von Oberfranken (HVO) bis 1750, als das Blatt noch „Bayreuther Zeitungen"

Der Zeitungskopf im Wandel von 1742 bis 1862. Unten die Bekanntgabe des Erlöschens der Bayreuther Zeitung in der ersten Ausgabe der „Neuen Bayreuther Zeitung" von 1863.

hieß, gut zurückverfolgen. Für diese Zeitspanne liegt die Bayreuther Zeitung in etwa 45 000 Seiten vor.

Die Auswertung dieses Zeitungsbestands geriet zum Gang durch „Bleiwüsten" zeitungsgewordener Bedeutungslosigkeit. Trotzdem ist es bedauerlich, daß dieser Zeitungsfülle aus der *zweiten* Hälfte des 18. Jh. nur ein kläglicher Rest von wenigen Einzelexemplaren aus der *ersten* Jahrhunderthälfte gegenübersteht. Zeitungsforscher Thürauf, der hauptsächlich die Bayreuther Zeitungen aus der Zeit der französischen Revolution durchforstet hatte, hegte zwar die Hoffnung, daß „noch manches Wertvolle in einem kleinen, verstaubten Stadtarchiv ein streng gehütetes, heimliches Dasein fristen mag", kam aber zur realistischen Gesamteinschätzung, daß „viele Jahrgänge der Bayreuther Zeitung anscheinend der gänzlichen Vernichtung anheimgefallen sind."

Dennoch war die Lage nicht ganz so aussichtslos. In Bayreuth fand sich als ältester Jahrgang der von 1748, in Zwickau (Stadtarchiv) der von 1743 und in Erlangen (Universitätsbibl.) gab es einige Einzelexemplare aus dem Jahr 1742. Noch ältere Bestände lassen sich nur noch unter der abstrakten Katalognummer „B 759" nachweisen: mit ihr wurden 1940 die „Bayreuther Zeitungen" der Jahre 1739 bis 1743 als Neuzugänge zur Bibliothek des HVO registriert.[26] Die dazu gehörigen Originalzeitungen sind mittlerweile spurlos verschwunden.

Der Überblick über den Zeitungsbestand hat gezeigt, daß trotz vieler Lücken und Verluste die Ersterscheinung der politischen „Bayreuther Zeitungen" sicher mit 1738 angenommen werden kann.

2. „Bayreuther Intelligenzzeitung"

Der Nachweis für das Alter der „Bayreuther Intelligenzzeitung" ließ sich mit Hilfe noch vorhandener Originalzeitungen nicht durchführen. Obwohl eine Zeitung dieses Namens zum erstenmal in der schon zitierten Verfügung[27] vom 22. Februar 1737 genannt wird, auch darauf hingewiesen wird, daß dieses Blatt schon „im vorigen Jahr", 1736 erschienen war, ist keine Zeitung dieses Titels erhalten geblieben. Das einzige Originalexemplar einer Zeitung dieses Jahres ist die „Bayreuthische Policey-, Commercien- und andere dem Publico dienliche Zeitungen" vom 28. Februar 1736. Die älteste Originalzeitung namens „Bayreuther Intelligenzzeitung" liegt erst vom 12. November 1757 vor. Diese Lücke von 21 Jahren kann nur durch Nachrichten aus handschriftlichen Quellen geschlossen werden.

Schon Gustav Holle d. J. hatte diesen Mangel an Originalzeitungen 1902 beklagt: „Die Bayreuther Intelligenzzeitung ist im Catalog [der Münchner Hofbibliothek] nicht aufgeführt", schrieb er an den Bibliothekar des HVO nach Bayreuth, „ich fand nur hin und wieder einzelne Exemplare in die Bayreuther Zeitung eingebunden. Es ist kaum möglich zu eruiren, wie lange die selbige erschien." Hinsichtlich seiner sonstigen Kenntnisse zur Bayreuther Zeitungsgeschichte teilte er mit: „Meine Notizen verdanke ich theils den angeführten Fußnoten, theils den Aufzeichnungen meines Großvaters bzw. Vaters."[28]

3. Handschriftliche Quellen

Die gedruckten Quellen ließen den zeitlichen Ursprung der Bayreuther Zeitungen erkennen, sagten aber nichts über die Entstehung der Zeitungen oder über Gründung und Entwicklung ihres Verlags, des „Hochfürstlichen Bayreuther Zeitungs-Comtoirs", aus. Diese Vorgänge konnten nur aus handschriftlichen Quellen ergründet werden. Aus den trüben Erfahrungen früherer Zeitungsforscher ging hervor, daß die Suche nach diesen Quellen der Suche nach der berühmt-berüchtigten Stecknadel im Heuhaufen gleichen würde. Heider stellte z.B. fest, daß zur Erforschung der „redaktionellen Entwicklung" für beide Zeitungen „die nötigen archivalischen Grundlagen fehlen". Thürauf beklagte, daß „teils durch zufällige Zerstörung, teils auch zufolge absichtlicher Vernichtung" die meisten Quellen verschwunden seien. Und auch Mintzel wurde „mit der mißlichen Tatsache konfrontiert, daß ... wertvolles Quellengut verlorengegangen ist". Die genannten Autoren sahen sich deshalb außerstande, die Ursprünge der Bayreuther Zeitungspresse zu erhellen. Umso erstaunlicher war es, daß sich doch noch einige erstklassige Quellen finden ließen. Ein umfangreiches Aktenstück aus dem Bestand des Bamberger Staatsarchivs entpuppte sich bei näherer Prüfung

Von J. C. Brunner, Bayreuths erstem Zeitungsverleger, gibt es leider kein authentisches Bildnis. Dafür zeugen zahlreiche schriftliche Belege von den Erfolgen und Mißerfolgen seiner Bayreuther Pressearbeit; unten: Bayreuther Intelligenzzeitung vom 5. Juni 1762; ganz unten: erste Seite von Brunners erstem Brief an Markgraf Friedrich: „...habe ich zu Beförderung dieses dem Publico dienlichen Wercks weder Mühe noch Kosten gescheuet" (16. Feb. 1737).

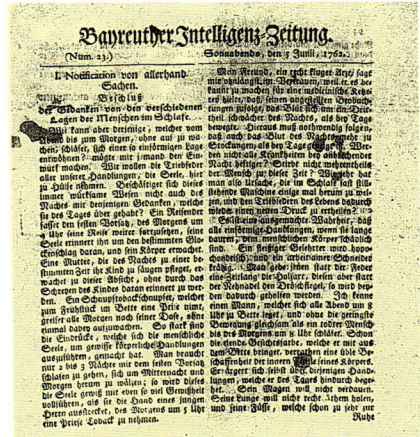

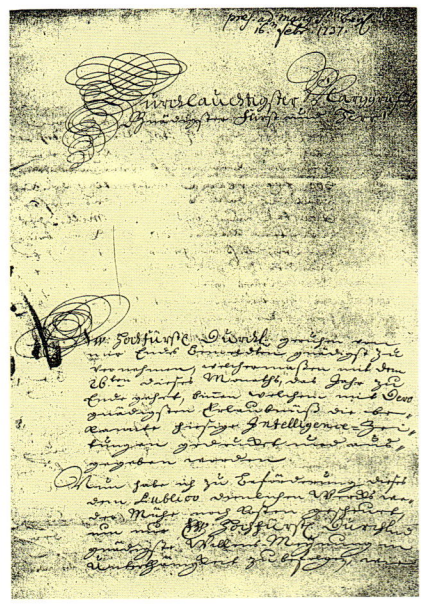

sogar als die markgräfliche Zeitungsakte höchstselbst. Sie war der geschichtlichen Aufmerksamkeit bisher vollkommen entgangen. Von da ab war die Erforschung der Bayreuther Presseursprünge eigentlich nur noch eine Frage der Zeit und — da der Inhalt der Dokumente im dichten Gestrüpp der unterschiedlichsten Handschriften verfilzt ist — des guten Willens gewesen.

Eine Überraschung erlebte der Autor, als er nach Durchdringung und Auswertung dieses kalligraphischen Dschungels auf einen alten Bayreuther Chronisten stieß, Justizrat König, der anscheinend schon gut zweihundert Jahre vor ihm in dieser markgräflichen Zeitungsakte geblättert hatte. Zumindest läßt sich das aus dem Wortlaut einiger seiner Mitteilungen[29] schließen. Das für die Zeitungsgründung so wichtige Jahr 1736 ist aus Königs Chronik leider verloren gegangen. Bemerkenswert ist, daß König jene Bestände der Zeitungen, die heute spurlos verschwunden sind, anscheinend noch aus eigener Anschauung gekannt hat. Bleibt noch auf die Gedenktafel an den ersten Bayreuther Zeitungsverleger hinzuweisen, die vom Autor durch puren Zufall[30] in der Sakristei der St. Martinskirche in Neustadt a. d. Aisch gefunden wurde. Die Stifter — Johann Caspar Brunners Witwe und deren Sohn — hatten außer den Lebensdaten auch einen kleinen Lobgesang auf das gedeihliche Leben des braven Mannes in die schwarze Marmorplatte einmeißeln lassen, goldverziert und verschnörkelt, wie es dem Brauch der Zeit entsprach.

Auch in den folgenden Kapiteln dieses Buchs hätte Brunners Wirken für das Bayreuther Zeitungswesen nicht minder teilnahmsvoll gepriesen werden müssen. Doch Zeitungsmachen war schon damals ein harter Job gewesen und Brunner hatte seine lästige Konkurrenz nicht gerade mit Samthandschuhen angefaßt. Der geneigte Leser wird sich deshalb auch einige Mißklänge über und von Brunner mit anhören müssen. Es sei hier nur das Jahr 1742 erwähnt, als Brunner den „gewinnsüchtigen Verfasser" der „voller Fehler seyenden Erlanger Auszüge" öffentlich[31] und nach allen Regeln der Kunst zur Schnecke gemacht hatte. Bitte überzeugen Sie sich auf S. 31 selbst davon, ob der Bayreuther Zeitungsverleger den „gewöhnlichen Geifer" und die „eitle Großsprecherey" des Erlanger Zeitungsverlegers zu Recht angeprangert hatte.

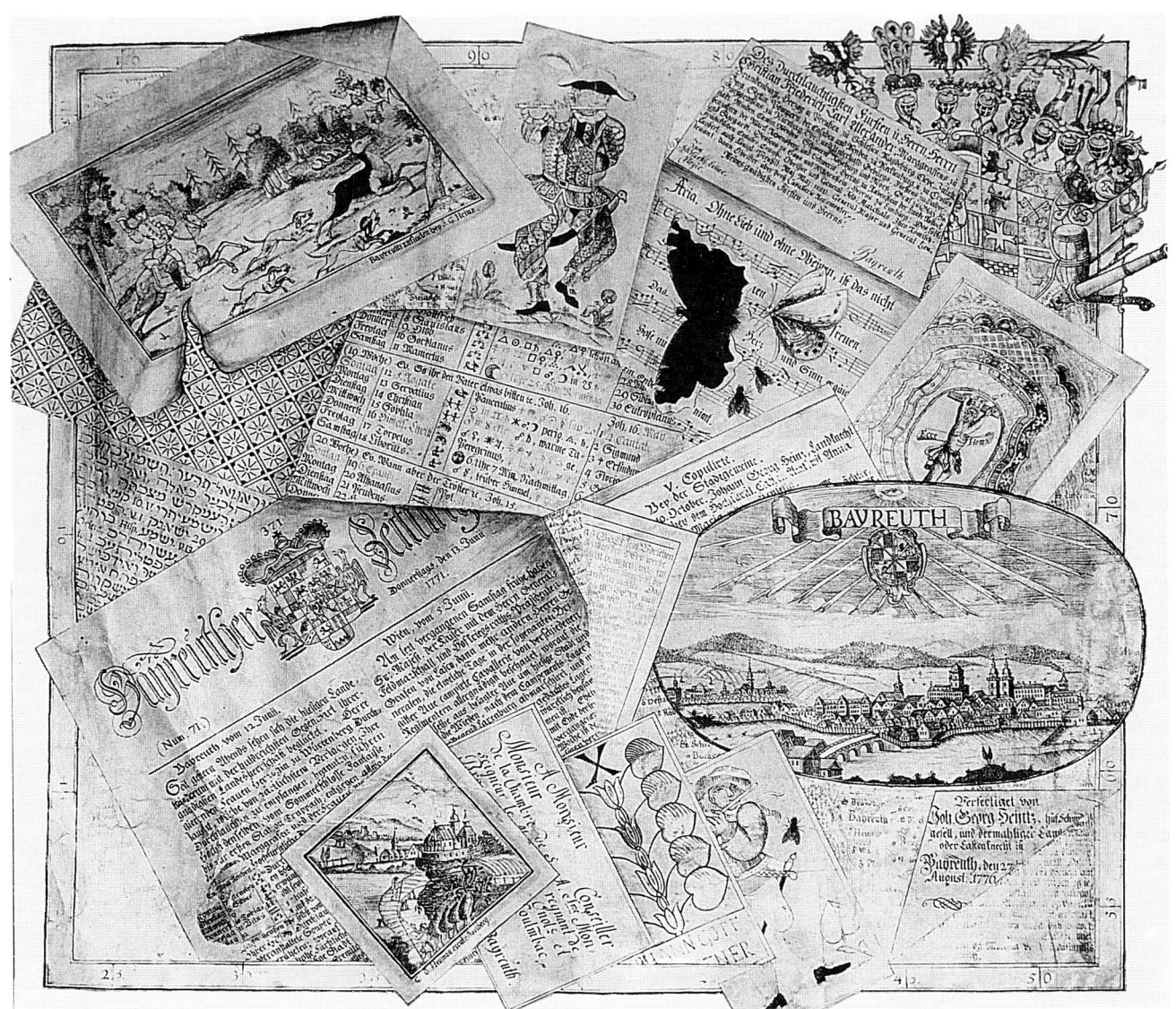

Quodlibet („Augenbetrüger") mit Bayreuther Zeitung, „verfertigt von Joh. Georg Heintz, Hufschmiedgesell" am 27. August 1776 — wohl in Erinnerung an seine Heirat mit Anna Maria Henselin, gemeldet in der von ihm abgebildeten „Bayreuther Zeitungen" vom 13. Juni 1771.

Der Urahn der Bayreuther Zeitungen, die Bayreuther Intelligenzzeitung, in ihrer Probeausgabe Nr. III vom 28. Februar 1736. Blattformat: 20,5/17,5 cm.

Kapitel 2

„DEM PUBLICO ZUM VERGNÜGEN UND DER NACHWELT ZUM BESTEN"
Die Gründungsphase des Bayreuther Zeitungsverlags

Im Jahr 1735 starb Markgraf Georg Friedrich Karl. Sein Sohn Friedrich übernahm die Regierung des Bayreuther Fürstentums „Culmbach-Brandenburg". Die Staatsmacht lag nun in den Händen eines Fürsten der Moderne. Wie dem vierundzwanzigjährigen Erbprinzen bescheinigt wurde, hatten ihm acht Genfer Studienjahre so ziemlich alles gegeben, was zur bestmöglichen Erfüllung seines Regierungsamts nötig gewesen war: „Französische Sprachkenntnisse, Geschichts- und Weltkenntnis, Verständnis für Kunst und Wissenschaft, staatsrechtliche und kameralistische Grundlagen. Seine Kavalierstour führte ihn bis an den Hof von Versailles. In Frankreich, Belgien und Holland studierte er auf seiner Durchreise eifrig die neuesten wirtschaftlichen, militärischen, verwaltungstechnischen und kulturellen Errungenschaften dieser Länder."[1]

Nachdem Friedrich als regierender Markgraf seine Kenntnisse und Erfahrungen in die Tat umsetzen konnte, gehörte zu seinen ersten Neuerungen die Einführung einer Zeitung, der ersten im Fürstentum überhaupt. Das Projekt schien anfänglich unter keinem guten Stern zu stehen. „Es würde nicht undienlich seyn", ließ Friedrich seine Landesvögte am 22. Februar 1737 wissen, wenn die in seinem kleinen Reich erscheinende Zeitung *mehr* als bisher gefördert werden würde. Gerade durch die Zeitung erhielte doch „ein Jedermann Kenntnis von den verschiedenen Vorfallenheiten im Lande." Die Vögte möchten deshalb künftig die neue Intelligenzzeitung mit allen Kräften fördern und unterstützen. Einzelheiten würden sie aus der dem Mahnschreiben[2] beigelegten gedruckten Erläuterung zum Zeitungsprojekt entnehmen können.

Soweit der Stand der Dinge, als die Bayreuther Intelligenzzeitung gerade ein knappes Jahr erschienen war. Was

Der 24jährige Markgraf Friedrich von Brandenburg-Culmbach/Bayreuth zur Zeit seines Regierungsantritts.

Unten: Die Hochfürstliche Residenz-Stadt Bayreuth, gestochen von J. P. Demleuthner für einen Kalender auf das Jahr 1714. Die Schloßturmhaube brannte 1689 ab und wurde erst 1727 wieder aufgerichtet.

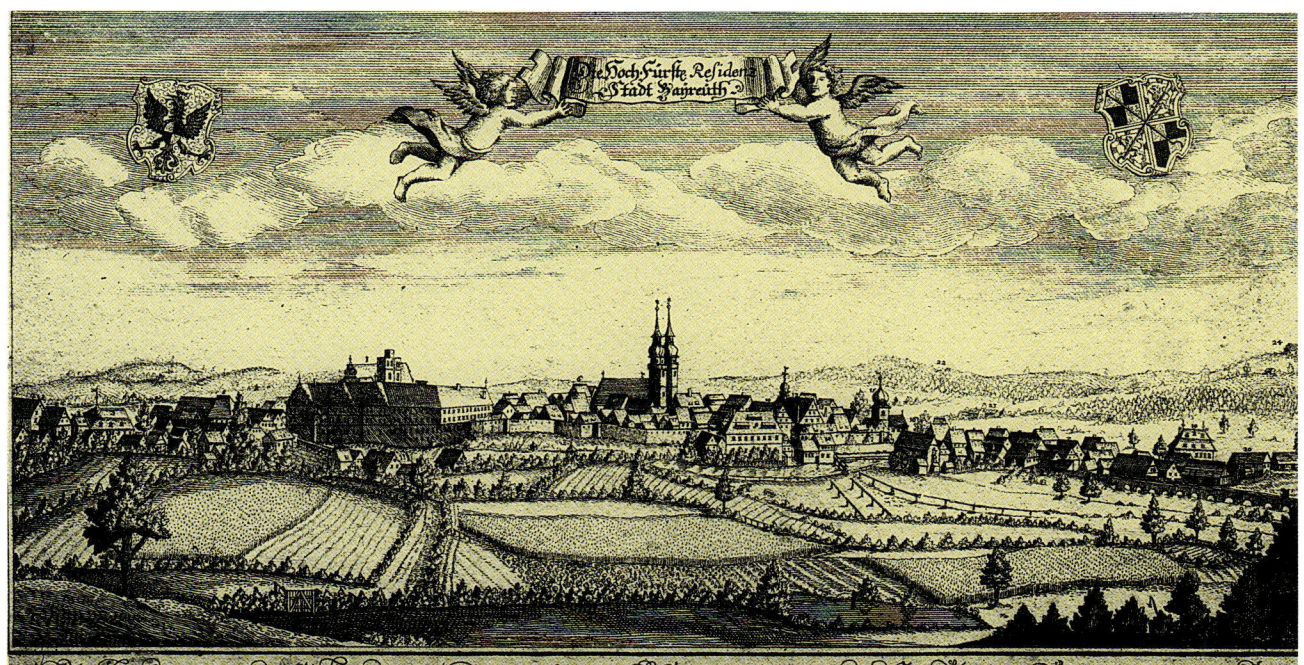

war ihrer Gründung vorausgegangen? Blenden wir wieder ins Jahr 1735 zurück. Es tritt Johann Caspar Brunner ans Licht der Geschichte. Er wird in diesem Jahr in Bayreuth zum erstenmal „aktenkundig" — nicht als Zeitungsverleger, sondern als frischgebackener Vater. Durch die Geburt seines Sohnes Friedrich stellt sich dennoch eine erste Verbindung zu Markgraf Friedrich her, welcher bei der Taufe des kleinen Brunner, im August 1735 in der Stadtkirche, als Pate am Taufbecken stand. Womit sich Familie Brunner diese Ehre verdient hatte, ist nicht bekannt. Ebenso wenig weiß man über die beruflichen Stationen, die Vater Brunner (zur Taufe seines Sohnes 38) bis zu diesem Zeitpunkt durchlaufen hatte. Aber wir wissen, daß er 1735 am Anfang einer neuen Karriere stand. Markgraf Friedrich hatte ihn zum „Commercienrath für das Bayreuthische Zeitungswesen" ernannt und mit der Verwirklichung des „*Projects, wonach in denen hiesig Hochfürstlichen Landen die Policey-, Commercien- und andere dem Publico dienliche Zeitungen an- und eingerichtet werden sollen*"[3] beauftragt.

Wenn bei diesem „Project" von mehreren einzurichtenden Zeitungen gesprochen wurde, so deshalb, weil der Begriff „Zeitungen" noch in der ursprünglichen Bedeutung von „Nachrichten" verwendet wurde. Brunner sollte die neuen Nachrichten aus dem Fürstentum natürlich nur in einer einzigen Zeitung, wöchentlich einmal, veröffentlichen. Für den Postversand würde das Blatt auf Quartformat (ca. 22/25 cm) gefaltet werden, Direktabholer sollten den Druckbogen ungefaltet zum Preis von drei Kreuzern im Zeitungs-Comtoir abholen können; (zum Preisvergleich: genau so viel wie die Zeitung kostete 1736 ein Laib Brot zu fünf Pfund). Brunner, dem weniger am Einzel- sondern am regelmäßigen Dauerverkauf seines Blattes gelegen war, warb mit einem Jahres-Freiabonnement als Prämie für Sammelbesteller: „Ein Jeder, der zehen Exemplaria anbringet, hat nur neune zu bezahlen und soll das zehende zur Vergeltung seiner Mühe umsonst bekommen."[4]

Am 13. Februar 1736, fünf Monate nach Markgraf Friedrichs Regierungsantritt, erschien in einer Auflage von 300 Exemplaren die erste Nummer der neuen Zeitung: herausgegeben „*mit Ihro Hoch-Fürstl.[ichen] Durchl.[aucht], des Regierenden Herrn Marggrafens zu Brandenburg-Bayreuth gnädigsten Privilegio und Befehl*", gedruckt beim Hof- und Kanzleibuchdrucker Johann Schirmer am Gänshügel am Ende der Friedrichstraße. Ein erhalten gebliebenes Exemplar (Abb. 16) dieser „Ur-zeitung" zeigt, daß sich das „Zeitungsproject" noch im Probelauf befand. Das vorliegende Blatt erschien am Dienstag, dem 28. Februar 1736 und war die dritte und letzte Probe- und Werbeausgabe der künftigen „Bayreuther Intelligenz-Zeitung". Brunner forderte zum Abonnement der neuen Zeitung auf:

„Nachdeme erinnerlich ist, daß in dem ersten Blatt dieser Zeitungen der 1. Martii [März] 1736 zum würcklichen Anfang ernennet worden, so werden diejenigen, so diese Zeitung ordentlich mitzuhalten belieben, hierdurch geziemend ersuchet, die helffte [Hälfte] des jährlichen Preises a 1 fl. Rheinl. [1 Gulden] gegen zurück zu erhaltende Quittung zu avanciren [anzukündigen] und innstehende künftige Woche zum Comtoir einzuschicken; wobey zugleich bekannt gemachet wird, daß dieses Blatt hinfüro alle Dienstag ordentlich ausgegeben werden solle."

Das Nachrichtenprogramm der Intelligenzzeitung

Nach Brunners Bewertung würde von allen Teilen der Bevölkerung des Fürstentums „der Landmann" den größten Nutzen vom Eintritt ins Zeitungszeitalter haben: „gestalten derselbe ohne Mühe und zu Hause erfahren kann, was im hiesigen Markgrafthum... geschehen sey."[5] Eigentlich versteht sich dieser Nutzen von selbst und Brunner hätte ihn nicht besonders anpreisen müssen. Doch ein Blick auf die historischen Wurzeln der *Gattung* Intelligenzzeitung macht uns verständlich, welcher nachrichtentechnische Fortschritt mit Einführung dieser Zeitung verbunden war und erklärt gleichzeitig den irreführende Zeitungstitel.

Der Begriff „Intelligenz" hatte nichts mit den intellektuellen Fähigkeiten des Lesers zu tun, sondern wurde vom

---

Das Herrschaftsgebiet der Bayreuther Markgrafen, zugleich Verbreitungsgebiet der Bayreuther Intelligenzzeitung, der „Staatszeitung" des Fürstentums. Die Fläche von Markgraf Friedrichs Fürstentum betrug rund 71 Quadratmeilen, das entspricht etwa 3 888 km². Die Größe des Staatsvolks kann wegen des spärlichen statistischen Materials nur ungenau angegeben werden.

Der „völlige summarische Zusammentrag aller Unterthanen des Fürstenthums", inklusive der „Weiber, Kinder, Knecht und Mägde" wurde bei der letzten sorgfältigen Volkszählung von 1686 mit 71 208 Einwohnern angegeben, bei der nächsten genauen Zählung im Jahr 1802 mit 236 650 (die Größe des Fürstentums war zu dieser Zeit um 500 km² vermindert). Die Einwohnerzahl zur Zeit der Zeitungsgründung lag bei etwa 130 000.

J. C. E. v. Reiche schrieb in seinem Stadtführer von 1795 über Größe und Einwohnerzahl Bayreuths: "Wenn man Bayreuth in der Ferne sieht, so sollte man nicht glauben, daß es nur 800 Häuser, 300 Scheuern und 9 400 Einwohner haben könnte, denn es stellt sich als eine wirklich große Stadt dem Auge dar." Etwa hundert Jahre zuvor, 1686, zählte Bayreuth inklusive aller „Köpfe in den Vorstädten" 2 664 Menschen, zusammen mit den Personen von Hofstaat und Konsistorium war des eine Gesamtbevölkerung von 3 695 Personen. Zur Zeit der Zeitungsgründung bewohnten etwa 7 000 Menschen die Stadt.

Wie groß die Anzahl der Analphabeten in Stadt und Land war, wurde nicht überliefert.

1 deutsche Meile (= 7,4 km)

0 km   10 km   20 km

Das Fürstentum Bayreuth

Schädliche Personen

„Es ist bißhero mißfälligst wahrzunehmen gewesen, daß sich dem allgemeinen Wesen schädliche Personen wie: Kamel-, Bären- und Affentreiber, Murmelthierträger und dergleichen, ferner Pfriemenstecher [für Ohrläppchen], Würfel-, Marionetten-, ingleichen Glückshäfen-Spieler, Gaukler, Seiltänzer und Marktschreier, wie auch Operateurs und Bruchschneider, dann Leier- und andere übelklingende Instrumenten-Spieler, — sowohl bey, als auch außer den Jahrmärkten in der häufigsten Menge in dem Brandenburgisch-Bayreuthischen Fürstenthum eingefunden haben. Es wird daher denen sämtlichen Behörden ernstgemessenst verordnet und anbefohlen, daß sothane Leute — falls solche mit keinem Paß von der Hochfürstlichen Regierung versehen [sind] — sogleich mit der Verwarnung von den Landesgrenzen ab- und zurückzuweisen sind. Woferne sie sich...dennoch in Hochfürstliche Lande einschleichen würden, an ihnen die Strafe der Land- und Leutebetrüger — als wofür sie billig zu erachten sind — ganz ohnfehlbar vollzogen werden solle." (IZ 31/2. 8. 1783)

„Intelligenzbüro" übernommen. Um sich in diesem Büro „intelligent" zu machen, mußte der Benutzer nur lesen können, denn dort lagen Listen mit amtlichen Verlautbarungen und privaten Nachrichten öffentlich aus. In diese Listen „Einsicht nehmen", darin „zwischen etwas auswählen" oder sich „kundig machen" — man fand zur Beschreibung dafür das lateinische Wort „intelligens" am besten geeignet. Die Idee des Intelligenzbüros gelangte von Frankreich (1630) über England (1637) nach Deutschland (1686). Der Wandel zur Intelligenz*zeitung* vollzog sich mit dem Vertrieb der Listen in gedruckter Form. Vorreiter dieser Entwicklung war das Königreich Preußen, wo schon um 1720 der „Intelligenzblatt-Zwang" eingeführt wurde.[6]

Bayreuths Markgraf Friedrich, verwandtschaftlich und politisch dem preußischen Königshaus eng verbunden, hatte sich bei Einführung der Bayreuther Intelligenzzeitung wohl am preußischen Vorbild orientiert. Die 1736 im Bayreuther Zeitungscomtoir erschienene und uns vorliegende Zeitung zeigt sich in den Titeln ihres Nachrichtenprogramms noch als echtes Kind des „Intelligenzbüros". Das Nachrichtenprogramm:

„(I). Sachen, die inn- und ausserhalb Bayreuths zu verkaufen seyn.
(II). Was inn- und ausserhalb Bayreuths zu verpachten und zu vermiethen stehet.
(III). Diejenigen, die Geld auf gewisse Hypothec zu verleihen haben oder diejenigen, die Geld aufzunehmen suchen.
(IV). Notification von allerhand Sachen.
(V). Sachen, so verlohren und gestohlen worden.
(VI). Personen, so Bediente verlangen oder Dienste suchen.
(VII). Was vor frische Waaren in Bayreuth angekommen seyn, und was vor einen Preiß selbige zu kauffen kommen.
(VIII). Was vor Fremde in der Residenz diese Woche angekommen und durch passiret: Ober-Thor, Unter-Thor.
(IX). [Was] in gelehrten Sachen, Patenten und dergleichen [ergangen].
(X). Was vor Promotiones [Beförderungen] diese Woche vorgegangen.
(XI). Was in Bayreuth diese Wochen copulirt [verheiratet] worden.
(XII). Was in dieser Woche in Bayreuth vor Kinder gebohren worden.
(XIII). Was in Bayreuth in dieser Woche begraben worden.
(XIV). Fleisch-Taxe.
(XV). Brod-Taxa.
(XVI). Marck-Tägiger Frucht-Preiß.
(XVII). Was vor Unglücksfälle in der Stadt und aufm Land vorgegangen.
(XIIX). Zeitungs-Extract."

Startprobleme

Die Verwirklichung der Vision vom zeitungslesenden Untertanen stieß zum Leidwesen Brunners gleich von Anfang an auf beträchtliche Schwierigkeiten. Die Tatsache, daß ein Großteil der Landbevölkerung weder schreiben noch lesen konnte, fiel dabei am schwersten ins Gewicht. Der markgräfliche Vogt Johann Müller aus Naila gab den Anteil der Analphabeten seines Distrikts mit etwa achtzig Prozent an: „Obwohl man sich der Intelligenzzeitungen gerne bedienen wolle", schrieb er am 12. März 1737 an die Bayreuther Regierung, könne „nur der zwanzigste Bürger solche [Zeitungen] auslegen und verstehen."[7]

So braucht es einen nicht zu wundern, daß Brunner nur sehr sorgenvoll in die Zukunft seines Zeitungs-Comtoirs blicken konnte. Bereits in seinem ersten Brief an den Markgrafen (16. Februar 1737) zog er eine düstere Bilanz: Sein „Durchlauchtigster Marggraf, gnädigster Fürst und Herr" werde sich erinnern, daß „mit dem 26ten dieses Monaths [Februar 1737] das Jahr zu Ende gehet, binnen welchen mit dero gnädigsten Erlaubniß benannte hiesige Intelligence-Zeitungen gedruckt und ausgegeben worden." Leider müsse er seinem

Seite 2 — 3 der Probezeitung Nr. III

Markgrafen nun eingestehen, daß sich das Hochfürstliche Bayreuther Zeitungs-Comtoir in einer schweren Krise befinde. Wenn nicht schleunigst Gegenmaßnahmen ergriffen würden, drohe dem Comtoir der vollständige Untergang. Er selbst habe sein Bestes getan und „zur Beförderung dieses dem Publico dienlichen Werkes weder Kosten noch Mühen gescheut." Trotzdem habe er „biß in die Mitte des zweyten [Monats] kaum 30 Stück [Zeitungen] anbringen können."

Mit anderen Worten: er war zu neunzig Prozent auf seiner Auflage sitzengeblieben; das waren 270 unverkaufte Zeitungsexemplare, die jeweils nach Erscheinen der neuen Wochenausgabe nur noch Altpapierwert besaßen. Angesichts dieser prekären Situation scheute sich Brunner nicht, den Markgrafen für diese beängstigende Entwicklung mitverantwortlich zu machen:

„Der geringe Verschluß [Absatz] der Zeitungen ist lediglich daher gekommen, weil das vor längst unterthänigst gebettene und sehnlichst angehoffte Ausschreiben an die sämtliche Beamte, dann Bürgermeister und Rath in den Städten und Flecken dieses Fürstenthums [zur Bekanntmachung der Zeitung] ... biß diese Stund' noch nicht ergangen"! So sei es geschehen, „daß man fast nur Dinge, die hier oder in der Nähe vorgekommen", in die Zeitungen setzen konnte. Ferner habe mit den spärlichen Nachrichten „kein völliger [Druck-]Bogen angefüllet werden können"; weshalb er gezwungen war, „öfters die Helffte deßelben mit einem Extract aus denen öffentlichen Gazetten (jedoch exclusive der zu Nürnberg gedruckten Felseneckischen Zeitungen, welche fast in jedermanns Händen)" aufzufüllen.

Auch Chronist König registrierte Brunners Notbehelf: „Die im vorigen Jahr (1736) angefangene Bayreuthische Zeitung wurde heuer auf gleiche Art fortgesetzt, sogar mit fortlaufenden Nummern [versehen], so daß das erste Blatt Nr. XLVII [= Nr. 47] ist: Nur vermehren sich die politischen Articel oder sogenannte Zeitungsextracte."[8]

Brunner sah zur Rettung des Comtoirs und der Bayreuther Staatszeitung zwei Auswege: 1) Veröffentlichung des geforderten Ausschreibens „nach dem hier anliegenden Project". 2) Die Schaffung einer neuen, besseren Zeitung: — „ordentliche, in jeder Woche zu 3 biß 4 mahlen auszugebende und aus denen besten Gazetten gezogene Zeitungen", natürlich unter Beibehaltung des „Intelligence-Blättgens", welches „zu Ende der Woche besonders ausgegeben würde."

Ziel der Verbesserung des Bayreuthischen Zeitungswesen müsse es sein, meinte Brunner, „daß die Unterthanen das auf die Nürnbergische und andere fremde Zeitungen bißhero angewandte Gold viel lieber auf die hiesigen Zeitungen [ver]wenden möchten, zumahlen wenn solche [Zeitungen] mit der Zeit mit noch mehr und besseren Nachrichten und Nouvellen versehen [sein werden] und deßen ungeachtet um einen weit leidentlichen Preiß [als] von fremden Zeitungen ausgegeben werden sollten."

Am Schluß seines Briefes stellt Brunner dem Markgrafen in Aussicht, daß bei Erfüllung seiner Vorschläge „vielleicht schon mit Anfang des künftigen Jahres, volente deo", so Gott will, „eine weit vollständigere und aus mehreren Bogen bestehende Zeitung" gedruckt werden könne. Gerne würde er „dieses Werck übernehmen und mit allen Fleiß und Accuratesse tractiren." Allerdings wäre die Verleihung eines „*besonderen Privilegiums*, um allen schädlichen Nachdruck zu verhindern", zur gedeihlichen Verwirklichung des Werks unumgänglich.

Sollte es sich der Markgraf jedoch anders überlegen „und die Zeitungen sollen gar aufhören, so erwarte ich bald gnädigste Resolution [Entschluß], damit mit Anfang des Monaths Marty [März 1737] entweder weitere Anstalt [zur Verbesserung] gemachet, oder das Werck gar unterlassen werden könne. — Unter Anhoffung baldig huldreichster Resolution in tiefster Subjection beharrend, Euer Hochfürstl. Durchlaucht unterthänigster gehorsamster J. C. Brunner. Bayreuth, den 16. Februar 1737."[9]

Die klare Entscheidung, die Brunner *für* oder *gegen* seinen Zeitungsverlag gefordert hatte, fiel bereits drei Tage später zu dessen Gunsten aus: der Markgraf verfügte den Fortbestand des Hochfürstlichen Bayreuther Zeitungs-Comtoirs. Sein Sekretär notierte den Hochfürstl. Entschluß am Rand von Brunners Schreiben: „Gleichwie Ihro Hochfürstliche Durchlaucht die bißherige Intelligenzzeitung ferner continuiren [fortsetzen] zu lassen gemeynet sind, alßo soll das anverlangte Ausschreiben fördersamst ergehen und dem Verfasser [Brunner] frey gelassen werden, solche [Zeitungen] auf eine convenable [passende] Weise zu vermehren. FMZB. Bayreuth den 19ten Februar 1737."

Schon drei Tage später wurde das Ausschreiben in die Hauptstädte des Fürstentums verschickt: Bayreuth, Kulmbach, Hof, Wunsiedel, Erlangen, Münchberg und Bayersdorf.

Den Amtshauptmännern dieser Orte wurde befohlen, ihre untergeordneten Beamten genau über das derzeit laufende Zeitungsprojekt zu informieren und zu instruieren. Ein gedrucktes Exemplar von Brunners Projektentwurf war dem Ausschreiben beigelegt. Darin wurde als Ziel vorgegeben, daß sich „jedes Ortes Bürger solcher Zeitungen bedienen, sonderlich Handwerker und Communen selbige [Zeitungen] um den billig gesetzten Preis halten mögen."[10]

Punkt 10 des Projektentwurfs erläuterte die geplante Verbesserung des Zeitungswesens: „Und weilen auch... *zur Auffüllung des Bogens ein reeller Extract aus den besten Teutschen und Frantzösischen Zeitungen bis anhero [in der Intelligenzzeitung] mit beygedruckt worden, so solle solcher [Extract] hinführo nicht nur ordentlich continuiret, sondern bey erwünschter besserer Einrichtung dieses Wercks eine vollkommenere, dem Publico nützliche und dienliche Zeitung aus denen neuesten gedruckt und geschriebenen Nachrichten mit angehänget werden, und dadurch mit der Zeit die auf auswärtige Zeitungen verwendeten Kosten ersparet werden."*

Seite 4 der Probezeitung Nr. III

Die Durststrecke des Zeitungs-Comtoirs

Im gleichen Maß, wie Brunner von seiner neuen Zeitungsidee zu optimistischen Höhenflügen inspiriert wurde, verdroß ihn die unverändert dahinkümmernde Intelligenzzeitung. Als einzigen Erfolg auf das Ausschreiben konnte er nur vier neue Abonnenten verbuchen.[11]

So mußte Brunner sich und seinem Fürsten die berechtigte Frage stellen, „ob die bißhero aufgewandten Mühen und Kosten verlohnen, zumahlen auch die sechs Hauptstädte — ohnerachtet der gnädigsten Verfügung — zur Zeit noch mit keinem Wort von ihrer Brot-, Fleisch- und Fruchttaxe Nachricht ertheilet haben."

Mit welcher Nonchalance man in manchen Städten des Fürstentum das Ausschreiben behandelte, läßt sich im Ratsprotokoll der Stadt Christian-Erlangen nachlesen. Dort wurde am 1. April 1737 ganz lapidar notiert, daß man es „von Ratswegen nicht für dienlich und profitabel" halte, „zur Bayreuthischen Intelligenz-Zeitung ein und andere Nachrichten, was hier passiret, in das darzu bestellte Comtoir wöchentlich oder monatlich einzuschicken."[12] Doch auch ohne Kenntnis dieses Vorgangs war es für Brunner klar, daß nur noch ein weiteres markgräfliches Ausschreiben die Lage entschärfen konnte.

Auf Brunners Drängen (Brief vom 25. Juni 1737) erließ Markgraf Friedrich am 1. Juli 1737 das zweite „Ausschreiben in eben dieser Sache". Darin legte er seinen Amtshauptmännern „nochmals gnädigst" ans Herz, daß „in den Städten und von den Beamten die bemeldten hiesigen Zeitungen gehalten werden mögen", sei doch „ein mercklliches daran gelegen, daß man von den Vorfallenheiten im Lande — sowohl ein als andern Orts — Nachricht habe."

Antwort des Vogts von Naila, 10. Dezember 1737: So gerne er auch immer die Intelligenzzeitungen abneh-

IV.
Notification von allerhand Sachen.

1.) Es suchet jemand gewiße zwey grosse und noch wohl conditionirte Kleider-Schräncke zu kauffen, wer dergleichen hat, könnte sich deßfalls beym Contoir melden.

2.) Möchte jemand gerne einen kleinen Bologneser-Hund haben.

3.) Wird nach einen halben Hauß gefragt, wer eines zu verkauffen hat, kan sich beym Contoir melden.

V.
Sachen so verlohren und gestohlen worden.
(Diese Wochen nichts.)

VI.
Persohnen so Bediente verlangen/ oder Dienste suchen.

1.) Zwey Cavaliers wolten zwey Bediente haben, welche schreiben, Perucquen accommodiren, und barbiren können.

2.) Ein Mädgen, welche so wohl mit aller Galänterie umgehen kan, als auch das Haußhaltungs-Wesen vollkommen verstehet, und schon in unterschiedlichen Adelichen Diensten gewesen ist, suchet ferner weit Condition.

3.) Ein Jung von 18. Jahren, welcher die Violin und Baß spielen, auch seinem Vorgeben nach, mit Haar-friliren und Zopff einflechten wohl umgehen kan, meldet sich um Dienst.

VII. Was

men wolle, so hinderten ihn nicht zuletzt seine „notorisch wenigen Diensteinkünfte" am Kauf dieses Blattes; zudem lebe man in einer „theuren und geldarmen Zeit", in der man genug damit zu tun habe, „das bedürfftige Brod, allübrige Leibesnahrung und Nothdurft" zu besorgen.[13] Mit anderen Worten: Die Landbevölkerung des Fürstentums Bayreuth hatte im täglichen Existenzkampf keine Zeit, ihre Gedanken an eine Zeitung zu verschwenden. Eine weitere Wurzel des Zeitungsübels legte Chronist König frei: „Mit der ... Intelligenz Zeitung wollte es Anfangs nicht recht fort gehen. Man war die in Nürnberg herauskommende Felseckerische Zeitung gewohnt, wo man alle bekannt zu machende Articel einrücken ließ".[14] Kommerzienrat Brunner machte beide Faktoren für den schlechten Fortgang des Bayreuther Zeitungsunternehmens verantwortlich. Ihm war längst klar geworden, daß mit der Intelligenzzeitung alten Stils kein großer Staat mehr zu machen sein würde. Einerseits hatten materielle Not, ungleich verteilte Bildungsgüter und ein bißchen Gleichgültigkeit Markgraf Friedrichs Projekt einer flächendeckenden Informationsebene zum Scheitern verurteilt. Andererseits verlangten diejenigen, die sich eine Zeitung leisten konnten, nach größerer Nachrichtenvielfalt. So blieb zur Durchsetzung der Zeitung nur zweierlei: dem preußischen Muster des „Intelligenzzeitungs-Zwangs" zu folgen oder die kärgliche Nachrichtenkost aufzubessern. Brunner griff erneut zur Feder.

**„Ad Manus Serenissimi" —
Zu Händen des Höchsten.**

Der neue Vorstoß, den der rührige Zeitungsverleger zur Verwirklichung einer Zeitung *seiner* Vorstellung am 6. November 1737 unternahm, wurde wie im letzten Brief mit einer kleinen Bilanz eröffnet: Hinsichtlich des „Intelligenz-Blättleins" sei keinerlei Veränderung zu spüren; nach wie vor weigerten sich Beamte, Bürgermeister und Städte das Blatt zu abonnieren oder das Zeitungs-Comtoir mit Nachrichten zu beliefern. So habe „deßwillen der Druck der Zeitung bißhero mehr Kosten verursacht, als Nutzen davon abgefallen." Endergebnis: „Die dem Publico nützliche Absicht, welche man bey Errichtung

Project,
Wornach in denen hiesig-Hochfürstl.
Brandenburgl. Culmbachl. Landen die Policey-
Commercien und andere dem Publico dienliche
Zeitungen an- und eingerichtet werden sollen.

Num. I.
Ausschreiben die Bayreuthische Intelligenz-Zeitung betreffend.

Num. II.
Ausschreiben in eben dieser Sache.

Friederich, M. z. B. C.

Lieber Getreuer, es ist bekant, was wegen der hiesigen Policey- und Intelligenz-Zeitung für ein allgemeines Ausschreiben ergangen. Alldieweilen aber die Anzeige geschehen, daß in den wenigsten Städten und Flecken Unsers Landes, auch von gar wenigen Beamten solche Zeitungen abgenommen werden, auch bis daher keine Nachrichten aus den Haupt-Städten über den Fleisch- Brod- und Frucht-Tax oder von andern im gemeinen Wesen vorfallenden Begebenheiten eingelaufen, um es in bemeldeten Zeitungen zur allgemeinen Wissenschaft bringen zu können, daran jedoch dem Publico öfters gelegen seyn mag; als befehlen Wir hiedurch nochmahls gnädigst, ihr sollet es dahin zu bringen suchen, damit in den Städten und von den Beamten die bemeldete hiesige Zeitungen gehalten werden, angesehen doch ein Merkliches daran gelegen, daß man von den Vorfallenheiten im Lande so wohl ein als andern Orts Nachricht habe. Besonders aber habt ihr auch die Anweisung zu thun, daß von Burgermeister und Rathe in den Haupt-Städten der Fleisch- Brod- und Frucht-Preise förderfamst zur Zeitungs-Commission eingeschicket, und künftig bey jedesmahliger Veränderung der gefallenen oder gestiegenen Preise dahin notificiret werde. Verlassen ꝛc. dem ꝛc. Datum Bayreuth, den 1. Jul. 1737.

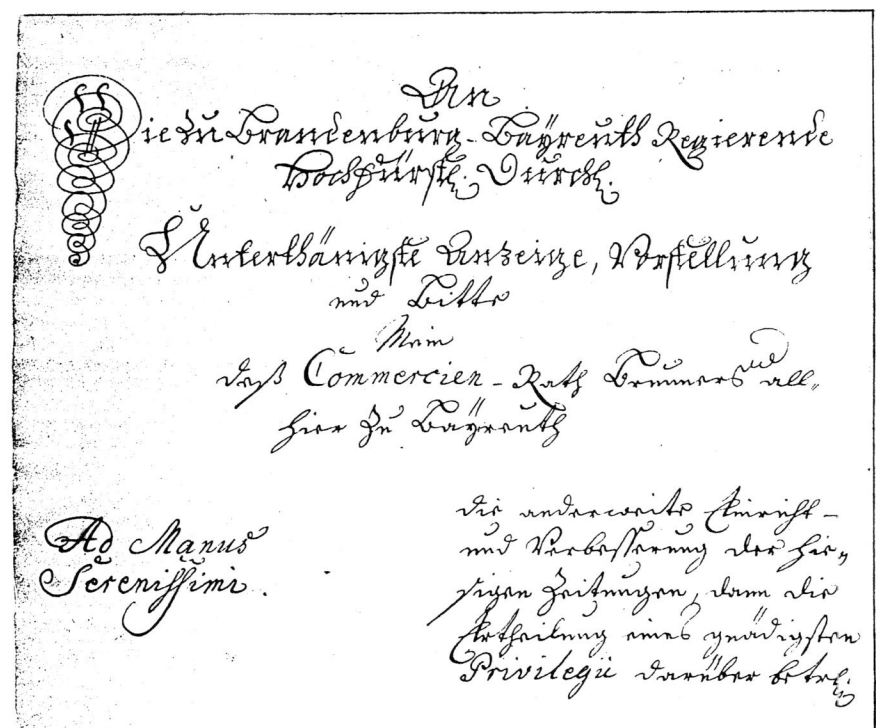

Anschriftblatt von Brunners Brief an Markgraf Friedrich vom 6. November 1737, „die anderweite Einrichtung und Verbesserung der hiesigen Zeitungen, dann die Ertheilung eines gnädigsten Privilegii darüber betrefflich".
Unten: Seite 5, rechts Seite 6 der Probezeitung Nr. III von 1736.

aufzulösen, packte ihn Brunner noch bei seiner Ehre: „Annebst wird es rühmlicher seyn, ein nunmehr unter *Euerer Hochfürstl. Durchl.* höchster *Autorität* angefangenes Werk fortzuführen und in besseren Stand zu setzen", als wegen einer „seithero geäusserten geringen Einbusse willen zu abandoniren", aufzugeben. Als Resumee des bisher Gesagten faßt Brunner zusammen: „Alß[o] habe ich den Entschluß gefasset, auf die Verbesserung der hiesigen Zeitungen dergestalt bedacht zu seyn, daß dieselben... nebst Beybehaltung der Intelligenz-Zeitung etliche mahle in der Woche

dieser Zeitung geheget, [konnte] nicht vollständig erreicht werden."

Also pochte Brunner weiterhin beharrlich auf den einzig richtigen Ausweg, den es aus dieser hoffnungslosen Situation seiner Meinung nach gebe: die Schaffung einer attraktiveren Zeitung. Die Chancen für deren Verkauf, prognostiziert Brunner, stünden auch im Ausland gut. Denn er habe bemerkt, daß von allen Rubriken der Intelligenzzeitung nur „der bißherige Zeitungs-Extract verschiedene Liebhaber gefunden und noch einigen Abgang [der Zeitung] verursacht hat, so daß auch Auswärtige, welche sich sonst um die hiesigen Particularitäten [Angelegenheiten] wenig zu bekümmern haben, sothane Zeitungen sich gefallen lassen." Es liege daher auf der Hand, den „Zeitungs-Extract" endlich vom Lückenfüller zur eigenständigen Zeitung zu erheben.

Mit dem Versprechen auf klingende Münze versteht Brunner seinem stets geldbedürftigen Fürsten einen weiteren Vorteil der neuen Zeitung schmackhaft zu machen. Man würde „dadurch nicht nur der fremden Zeitungen größten Theils überhoben seyn", sondern auch „manches Geld, so sonst ausser Landes gehet, in demselben behalten" und „noch darzu von auswärtigen Orten her Geld herein ziehen können." Damit Markgraf Friedrich nicht auf den Gedanken käme, das Comtoir ganz

unter dem Titul einer Post-Zeitung ausgegeben werden können."
Die gedeihliche Verwirklichung dieses Werkes sei allerdings von verschiedenen (schon im ersten Brief geforderten) „fürstmildest" zu schaffenden Vorraussetzungen abhängig: 1) „Ein gnädigstes Privilegium für mich und meine Erben dahin[gehend], daß weder diese Zeitungen irgendswo in den hiesig Hochfürstlichen Landen nachgedruckt, noch andere [Zeitungen] — sie mögen Nahmen haben wie sie wollen — darinnen errichtet und aufgeleget werden dörfen." 2) Die Gewährung der „Postfreiheit": „Denen im Land befindlichen Post- und Botten-Meistern zu injungiren [anweisen], daß sie die von *meinem* Verlag künfftighin dependirende [abhängige] Zeitungen, so wie es bey den bißherigen [Intelligenzzeitungen] geschehen ist, innerhalb [des] Landes ohne Anforderung eines Porto spediren und bestellen sollen; auch dasjenige, so von fremden Orten an das hiesige Zeitungs-Comtoir etwa addressirt wird (soweit es die Post im Land betrifft), franco [frei] einliefern lassen sollen." 3) Der Markgraf möchte dem Comtoir von interessanter Hofkorrespondenz Mitteilung machen, natürlich nur von „dienlichen und erlaubten Nouvellen" und dem Comtoir die bei ihm einlaufenden Gazetten überlassen. Diese Gunst, versicherte Brunner, „würde mir zur besonderen Gnade gereichen".

Um die Einsicht des Markgrafen in die Notwendigkeit all dieser Maßnahmen zu fördern, machte sich Brunner „erböthig, auch *mein* Risico zu unternehmen." Das sollte heißen, daß er die neue Zeitung nicht auf Staatskosten, wie die Intelligenzzeitung, sondern privatwirtschaftlich betreiben wollte.

Hinsichtlich der schmählichen Mißachtung von Friedrichs Befehlen wegen der Intelligenzzeitung erinnerte Brunner seinen Fürsten daran, daß dadurch „Euerer Hochfürstl. Durchl. eigener höchster Respect" zu schaden gekommen sei. Friedrich möge sich daher überlegen, ob er seine Anordnungen nicht „unter Androhung einer sonst unfehlbar erfolgenden Ahndung" durchsetzen wolle: Es werde dem Fürsten doch sicher nicht an Mitteln mangeln, „die sich widerspenstig erzeigende Beamte und Stadt-Obrigkeiten" dahin zu bringen, „daß denen erlassenen gnädigsten Befehlen der *prompte* und *ponctuelle* Gehorsam geleistet werde".

Am Schluß seines Briefes warf sich Brunner zum Beweis seines eigenen Gehorsams vor dem Markgrafen auf die Knie:

„Ich resignire mich also in den Willen Euer Hochfürstl. Durchlaucht [und] erwarte Höchstderoselben gnädigste Resolution und zuversichtliche Deferirung [...] meines unterthänigsten Bittens in tiefster Erniedrigung, und ersterbe mit profundesten Respect. Euer Hochfürstl. Durchlaucht unterthänigster gehorsamster Johann Caspar Brunner. Bayreuth den 6. November 1737."

Der Umschwung im Zeitungswesen

Brunners Durchhalteparolen und Appelle zeigten Wirkung. Zunächst verhinderten sie die drohende Auflösung des Hochfürstl. Bayreuther Zeitungs-Comtoirs, dann förderten sie die wohlwollende Prüfung der Argumente und Vorschläge für die Schaffung einer neuen Zeitung.

Am 17. Dezember 1737 trat das Hofratskollegium zu einer beratenden Sitzung zusammen. Brunners neues Zeitungsvorhaben wurde grundsätzlich begrüßt, doch machte das Gremium zur Auflage, daß dadurch „andere, auswärtige Zeitungen zu halten, nicht verwehrt würde." Ob dem Zeitungsverleger „die bey Höchstderoselben einlaufenden Correspondencien und Nachrichten" zugänglich gemacht werden sollten, möge Markgraf Friedrich selbst entscheiden. Bezüglich der Porto- und Postfreiheit wurde es Brunner anheim gestellt, „sich selbst dieserhalb mit denen Post-Ämtern zu verstehen [verständigen]".

Zwei Wochen nach der Sitzung genehmigte der Markgraf die neue Zeitung und befahl am 4. Januar 1738 seiner Regierung die Ausfertigung des gewünschten Privilegiums. Die

Wichtigkeit, die Friedrich dieser Anordnung beimaß, mag daraus zu ersehen sein, daß er die feuchte Tinte seiner Unterschrift mit Goldstaub durchmischten Löschsand bestreute, während es gewöhnlich der pure Sand tun mußte.

Mit Wirkung vom 9. Januar 1738 trat das Zeitungsprivilegium in Kraft: „Ist ihme, Commercien Rath Brunner, und seinen Erben über sothane Conceßion gegenwärtiges Decret zu seiner dißfallsigen Legitimation ausgeferttiget, und von Ihro Hochfürstl. Durchlaucht eigenhändig unterschrieben, auch mit Dero Regierungs-Innsiegel corroboriret worden. Signatum Bayreuth den 9ten Januarii Anno 1738. Friederich MZBC [Markgraf zu Brandenburg-Culmbach]." Brunners zähe Bemühungen um die Existenz seines Comtoirs und dessen Umwandlung in ein privatwirtschaftlich orientiertes Unternehmen hatten den ersten Erfolg errungen.

Die politischen „Bayreuther Zeitungen"

Obwohl es Brunner gestattet war, seine angestrebte und lang ersehnte „ordentliche Post-Zeitung" schon zu Anfang des Jahres 1738 herauszubringen, verzögerte sich ihr Erscheinen noch bis zur zweiten Jahreshälfte. Denn Brunner hatte in der Zwischenzeit auf eine neue Lösung hingearbeitet. Nicht zwei Zeitungen, sondern nur noch eine, *seine* Postzeitung, sollte im Fürstentum erscheinen. Anscheinend hatte er Markgraf Friedrich davon überzeugen können, daß auf die Intelligenzzeitung verzichtet werden müsse, falls Friedrich seine diesbezüglichen Befehle nicht zwangsweise durchsetzen lassen wolle. So wurde die Intelligenzzeitung der Postzeitung einverleibt.

Mit dieser eleganten Lösung hatte Brunner zwei Fliegen mit einer Klappe geschlagen. Er war die Scherereien mit der störrischen Beamtenschaft los und konnte — durch Übernahme der „Intelligenzen" — auch weiterhin mit regelmäßigen finanziellen Zuwendungen seitens der Hochfürstlichen Landesregierung rechnen. Chronist König notierte über die veränderte Zeitungsform: „Anstatt des bisherigen einzigen wöchentlichen Bogens der hiesigen Zeitung, erschienen in dem Jahr [1738] drei halbe [Bögen], alle Diens-, Donners- und Samstage, mit lauter politischen Nachrichten, denen nur in den sonnabendlichen [Zeitungen] die Intelligenzen vorgesetzt waren. Sie führte jetzt den einfachen Titel ‚Bayreuther Zeitungen'. [Sie] ... ward übrigens ordentlich paginirt [Seiten durchnumeriert] und bey dem Schluß mit einem Register versehen."[15]

Ausschaltung der Nürnberger Zeitungskonkurrenz

Am 8. September 1738 meldete Brunner seinem „Durchleuchtigsten Markgrafen" den neuen Stand der Dinge: Drei Ausgaben der „Bayreuther Zeitungen" hätten bisher die Druckpresse verlassen und „gar leicht" wäre er vermöge seiner „verschiedenen Correspondencien" im Stande gewesen, weitere Neuigkeiten „in einem Neuen, somit 4.ten Blättlein der hiesigen Zeitungen mitzutheilen, welches ich auch wegen Überfluß der Materien schon längst zum Druck befördert haben würde, wann nicht biß anhero die allzuvielen, unumgänglich aufzuwendende Kosten an Druckerlohn, Brief-Porto, Schreibgebühren und Gratialen" seine Kasse erschöpft hätten. Zusätzlich hätten sich etliche Abonnenten als säumige Zahler erwiesen.

Sei sein Blatt nicht gut genug oder habe gar sein Konzept versagt? Mitnichten: Der Markgraf werde gewiß „biß anhero gnädigst wahrgenommen haben, wie ich weder Mühe noch

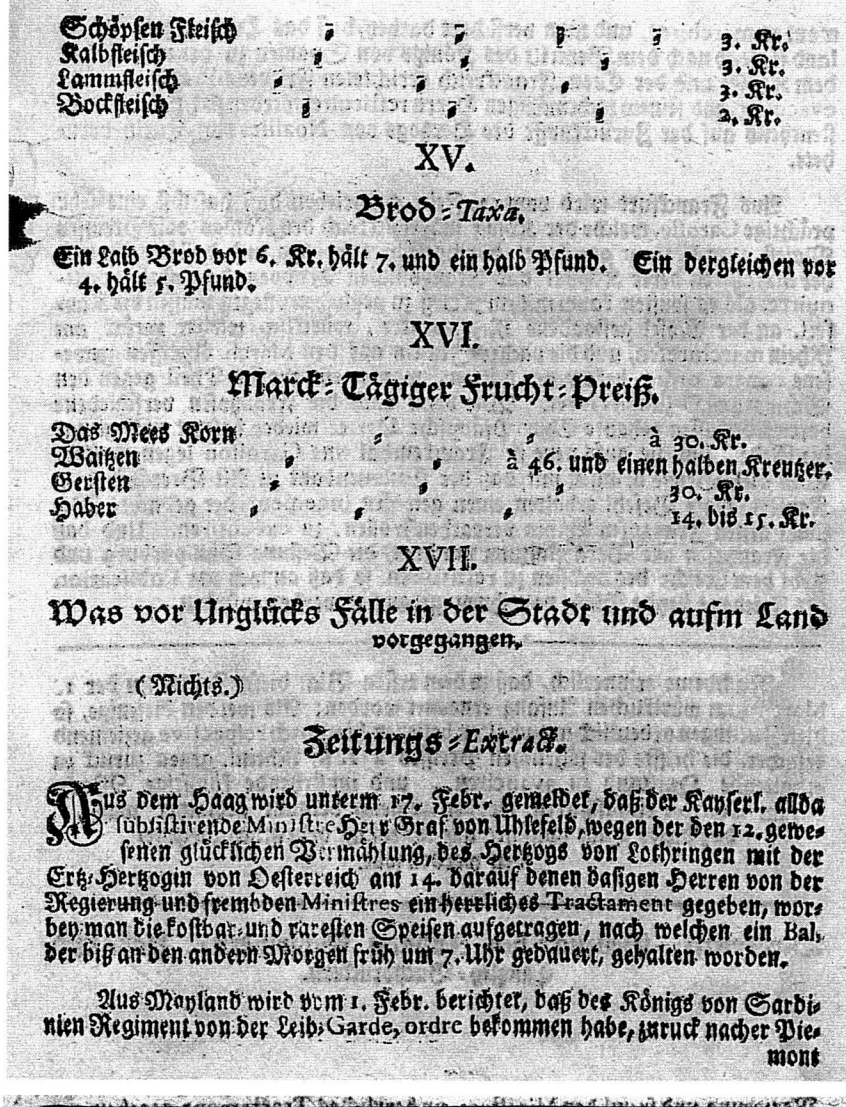

Seite 7 der Probezeitung Nr. III, darunter das Impressum (auf S. 8 ganz unten).

Eine der frühen Ausgaben von Brunners schärfster Konkurrenzzeitung, der seit 1673 erscheinenden Nürnberger „Felseckerischen Zeitungen".

Kosten gescheuet, die hiesige auf *Euer Hochfürstl. Durchl. Gnädigsten Befehl und Approbation* [Zulassung] angefangene Zeitungen" optimal verbessert habe: „Selbige seyn nicht etwa mit leeren, einander widersprechenden Nachrichten angefüllet", sondern enthielten „die hauptsächlichsten, ... von sicherer Hand kommenden Neuigkeiten." Daher sei er sich sicher, „daß die meisten derjenigen Personen, welche die hiesige Zeitungen lesen, der anderen, auswärtigen Nouvellen gar wohl entrathen können." Woran liege es dann, daß sein Zeitungscomtoir nicht aus den roten Zahlen komme? Nur an der ausländischen Zeitungskonkurrenz! Daß damals die beiden Ausschreiben „zur Beförderung des hiesigen Zeitungs-Negotii [Nutzens]" nicht gefruchtet hätten und „der Effect davon wider vermuthen nicht mit der geschöpften Hoffnung übereingekommen ..., kann ich keiner andern Ursache zuschreiben, alß daß das hiesige Fürstenthum schon von geraumen Jahren her mit verschiedenen auswärtigen, sonderlich den Nürnberger Zeitungen, allzusehr angefüllet ist."

Brunners Analyse der Situation erlaubt keinen Zweifel an der Notwendigkeit, die fremde Zeitungsflut durch einen Schutzzoll, „Impost", einzudämmen. Es werde wohl auch „Dero höchsterleuchte Einsicht deutlich finden und überzeugt seyn", daß man auf diese Weise der Kalamität des Bayreuther Zeitungswesens endlich Herr werden würde. Zugleich würde der Impost „zum Besten dero [Markgraf Friedrichs] Lande und der darin befindlichen Unterthanen gereichen."

Brunners Vorschlag: „auf jede Parthie der auswärtigen oder wenigstens der Nürnberger Zeitungen einen Impost von etlichen Jahren zu legen." Natürlich suche er nicht seinen eigenen Vorteil, beugte Brunner bescheiden vor. Ganz im Gegenteil: „es dürfte Euer Hochfürstl. Durchlaucht höchstem Interesse convenable [passend] seyn", da der Schutzzoll vor allem Friedrichs eigenem Geldbeutel („Hochfürstl. Durchl. Scatul"), zumindest aber der Staatskasse zugute käme.

Der Markgraf brauchte nicht viel Zeit zum Überlegen. Zwei Tage nach Erhalt von Brunners Brief verfügte Friedrich „zum Besten des hiesigen Zeitungs-Comtoirs ... auf die Nürnberger Zeitungen einen starcken Impost zu legen." Die Regierung wolle die nötigen Schritte dazu einleiten und sich wegen der zu erwartenden Einnahmen und der Verfahrensweise mit der Rentkammer ins Benehmen setzen.

Ende November 1738 wurden alle Postämter im Fürstentum von der Impost-Verfügung in Kenntnis gesetzt: Bayreuth, Culmbach, Hof, Wunsiedel, Neustadt/Aisch, Erlang, Bayersdorff, Neuhof, Münchberg, Hoheneck und Lichtenberg.

Den „Posthaltern und wer sonst zur Verschreib- und Einführung ermeldter Nürnberger Zeitungen gebraucht wird", wurde befohlen, „daß sie mit Anfang des nächst eintreffenden neuen Jahres [1739] von denen Nürnberger Zeitungen, welche in das Land kommen und zuerst bey ihren [Post-] Stationen abgegeben werden, ... von jeder Parthie 1 Reichsthaler erlegen lassen und diesen an die [Rentcammer-]Beamte liefern sollen."

Der Protest aus Nürnberg ließ nicht lange auf sich warten. Am 17. Januar 1739 traf die erste Beschwerde von „Bürgermeister und Rath der Stadt Nürnberg" bei der Bayreuther Regierung ein: „Es haben die hiesigen Jonathan Felseneckerische Erben uns vorgetragen", daß „auf ihre privilgirte wöchentliche Zeitung ein Impost abgetrieben werden wollte ...?" Dieses Vorhaben, befand der Nürnberger Stadtrat, gereiche „nicht allein zu großen Nachtheil ihres *Privilegirten* Zeitungsverlages, sondern auch zur Hemmung des freien Commercii". Darüber hinaus könnte der Impost zu Weiterungen führen, „die selbst dem Hochfürstlichen Haus Brandenburg beschwerlich fallen möchten."

Die von der Bayreuther Regierung zu Rate gezogenen Juristen wiesen die Nürnberger Antragsteller jedoch in ihre Schranken zurück: „Ein Dominus territoriale [Landesherr] ist sehr wohl befugt, die Commercien seines Landes in Besserung zu bringen", auch wenn sich daraus für Fremde unliebsame Konsequenzen ergeben könnten. Dementsprechend lapidar fiel auch das Antwortschreiben an die Nürnberger „besonders liebe Herrn und Freunde" aus: das „vorgeschützte und hierzulande unbekannte Privilegium" der Felseneckerischen Zeitung sei für Bayreuth nicht relevant, „wir zweifeln sehr, ob dessen Inhalt auf hiesiges Land und Fürstenthum angewendet werden könne. Mit diesem ungnädigen Bescheid war die Impost-Debatte beendet.

Johann Caspar Brunner hatte im Kampf um das Überleben seiner neuen Zeitung den entscheidenden Vorteil an Boden gegen seinen Nürnberger Hauptkonkurrenten gewonnen. Die fetten Jahre des Comtoirs begannen, die neuen „Bayreuther Zeitungen" florierten. Nur noch ein kleiner Schönheitsfehler mußte korrigiert werden: „Die hiesige Zeitung", teilte König über den Jahrgang 1739 mit, „war im ganzen zwar wie im vorigen Jahr, aber doch mit der Veränderung, daß die Intelligenzen dem Sonnabend-Blatt nun *hinten* angehängt waren."[16]

Der „Zeitungs-Extract", noch vor drei zähen, erfolgsarmen Jahren das Schlußlicht der staatlichen Intelligenzzeitung, war als Brunners private „politische Bayreuther Zeitung" zum Paradepferd des Hochfürstlichen Zeitungsverlags geworden. Der Verleger konnte zufrieden sein.

)(433)(

Bayreuther Zeitungen

Num. 109.

Sonnabends/ den 15 September
1742.

Anneci/ vom 2 September. Den 29 des vergangenen Monats, sind die Spanier würklich in das Piemontesische eingedrungen. Ihre Cavallerie ist durch Chambery, und ihre Infanterie, durch Maurienne eingerücket. Weil die Ordren des Königs, sich für dem Feind vorzusehen, einige Tage eher, als er selbst eingetroffen: So ist alles was an Königlichen Meublen in diesen Gegenden war; ingleichen die beste Kostbarkeiten der Privatpersonen, in Sicherheit gebracht worden. Der König von Sardinien rücket ihm nun mit starken Märschen entgegen; indem er befürchtet, es möchte ihm die Communication mit Turin abgeschnitten werden. Die Spanische Armee unter dem Herzog von Montemar, ziehet sich gegen Portohercule und Portolangone zurück, und die Neapolitanische, die sich von ihr abgesondert hat, theilet sich in 2 Corpo, von welchen das eine bey Gaeta; das andere aber bey Capua zu stehen kommen soll. Der Admiral Matthews, hat abermal verschiedene Spanische mit allerhand Provisionen beladene Schiffe weggenommen. Er ist mit einem grossen Theil seiner Flotte, gegen Neapolis geseegelt: Man fürchtet sich aber in diesem Königreich nicht mehr für einer Landung; seitdem die Spanier in Savoyen die unvermuthete Diversion gemacht, von welcher wir leztin die Nachricht gegeben haben. Man vernimmt durch gewisse Particulairbriefe, die man von Venedig erhalten hat, daß der Gesandte, welcher von der Republic vor einiger Zeit an den Hof zu Wien geschicket worden, von dorther wieder zurück gekommen seye. Auf die gemachten Vorstellungen, daß die Armateurs von Zeng, nicht nur Neapolitanische; sondern auch Venetianische Schiffe angehalten und weggenommen hätten, hat die Königin von Ungarn zur Antwort ertheilet: daß sie zwar gedachten Armateurs wollte anbefehlen lassen, die Flaggen der Republic in Zukunft zu respectiren, dabey aber bey den gegenwärtigen Conjuncturen sich nicht entschliessen könnte, dieselben ganz und gar aus dem Adriatischen Meer zurück zu ruffen, wie es wohl die Republic verlanget hätte. Sonsten sollte der zugefügte Schaden vollkommen wieder erstattet werden.

Paris/ vom 2 September. Der Cardinal von Tencin, sitzet würklich mit an dem Ruder der Affairen; doch solle er unter dem Cardinal von Fleury in derjenigen Maase stehen, wie ehemals der Cardinal von Mazarin unter dem von Richelieu gestanden hat. Ubermorgen wird der Marschall von Noailles von hier in die Niederlande abgehen, um daselbst, das über die dasigen Trouppen ihm aufgetragene Commando zu übernehmen. Man ist beständig in dem ganzen Königreich damit beschäftiget; wie man diejenigen 60000 Miliz aufbringen möge, zu deren Anwerbung der König leztin die geschärfte Ordre ertheilet hat. Als man von dem Zurückzug der Sardinischen Armee aus Italien leztin die Nachricht erhielt: So glaubte man, daß zwischen diesem und dem Spanischen Hof, würklich Friede sey geschlossen worden. Allein man weiß jezt, daß man sich betrogen, und der Krieg zwischen diesen beyden Mächten, in Zukunft ungleich heftiger seyn werde, als der bisherige gewesen.

Brüssel/ vom 4 September. An unsere Trup-

Die politischen „Bayreuther Zeitungen" in ihrer ältesten bekannten Form, Titelblatt mit dem Wappen des Fürstentums Bayreuth. Zeitung Nr. 109 vom Sonnabend, dem 15. September 1742; Blattformat: 23/19 cm.

Kapitel 3

BRUNNERS OFFENSIVE MARKTPOLITIK
Die Expansion des Bayreuther Zeitungs-Comtoirs

Die erfolgreiche Durchsetzung seiner „Bayreuther Zeitungen" ließ Brunner nicht lange ruhen. Nachdem der Verleger erkannt hatte, daß es „den politischen und ökonomischen Regel zuwider lauffet", wenn für auswärtige Zeitungen „jährlich ein ziemliches Geld-Quantum unnöthigerweise außer Landes gehet, davon nicht das mindeste wieder herein kommet"[1], drehte er den Spieß um. Innerhalb weniger Jahre erweiterte er das Verlagsprogramm des „Hochfürstlichen Bayreuther Zeitungs-Comtoirs" um weitere drei Zeitungen.

Wie auch die politischen „Bayreuther Zeitungen" erschöpften sich Brunners neue Blätter nicht in den Themen des Bayreuther Kleinstaates, sondern wollten auch den überregionalen Markt bedienen.

Die Nachrichtenpalette des Zeitungscomtoirs umfaßte bis zum Jahr 1742: Politische Nachrichten und Bayreuther Intelligenzen: *„Bayreuther Zeitungen"* (1738); Wissenschaftliche Nachrichten: *„Bayreuthische wöchentliche Auszüge aus denen neuesten Kirchen-, Gelehrten-, Natur- und Kunstgeschichten"* (1740); Französische Nachrichten: *„Gazette de Bareith"* (1741); Zeitgeschichtliche Nachrichten: *„Bayreuther Auszüge der merkwürdigsten Begebenheiten und Geschichte unserer Zeit"* (1742).

1. „Bayreuther wöchentliche Auszüge aus denen neuesten Kirchen-, Gelehrten-, Natur- und Kunstgeschichten"

Mit diesem Wochenblatt, einem Pressevorläufer unserer heutigen populärwissenschaftlichen Magazine, hatte Brunner am 1. Juli 1740 seine Verlagsoffensive eröffnet. Lieferanten der wissenschaftlichen Nachrichten sollten die „Fränkischen und anderen Herren Gelehrten" sein. Nach Gründung der Bayreuther Universität im Frühjahr 1742 eröffnete sich dem Blatt ein wahrer Hort der Gelehrsamkeit. Die neue Hochschule erleichterte Brunner nicht nur die Nachrichtenbeschaffung, sondern erweiterte auch den Leserkreis seines wissenschaftlichen Wochenblattes. Aus dem Inhalt der „Bayreuthischen Auszüge" dieses Jahrgangs: „Ob durch Annäherung eines Cometen zur Erden der Welt Untergang befördert werde? / Erscheinungen der electrischen Kraft kommen heraus. / Päpstliche Bulle, die Missionarien in China betreffend. / Erörterung zweyer Fragen zur Magnet-Nadel. / Bertrams Beurtheilung der alten und neuen Weltweisheit. / Perlenfischerei in Schweden. / Über die peruanische Fieberrinde."

Als im Januar 1743 der dritte Jahrgang der „Bayreuthischen Auszüge" anlief, versprach Brunner seinen Lesern, „daß man auch inskünftige fortfahren werde", dieses Blatt „immer mehr und mehr nützlich und beliebt zu machen."[2] Er eröffnete den neuen Jahrgang mit der Meldung von der Erfindung eines neuen Perpetuum Mobile: der allwissende Gott habe das Geheimnis des immerwährenden Maschinenlaufs dem Künstler Philipp Bernhard Lenz aus Warschau in einem Traum offenbart. Man dürfe jedoch das Funktionieren des mechanischen Wunderwerks getrost bezweifeln, da nur allzu bekannt sei, was bei derartigen Ankündigungen früher herausgekommen wäre.

Wenige Monate später wurde es für den Zeitungsverleger wieder schwieriger, das wissenschaftliche Niveau seines Blattes auf dem altbewährten Stand zu halten — die Bayreuther Universität war nach Erlangen verlegt worden.

Im Jahr 1748 war der Ruf von Brunners Wissenschaftsmagazin so weit gesunken, daß er schleunigste Rettungsmaßnahmen ergreifen mußte. In einer Annonce seiner „Bayreuther Zeitungen" kündigte er die Verbesserung des redaktionellen Konzepts an: *„Demnach sich viele unserer Leser — theils schriftlich, theils mündlich — wünschten, ... daß in unseren Nachrichten aus dem Reich der Wissenschaften[3] nebst unseren eigenen Ausführungen auch zuverlässige Auszüge aus allen deutschen gelehrten Zeitungen mitgetheilt würden: So haben wir den Entschluß gefasset, ihrem billigen Verlangen zu willfahren, und mit Eintritt des 1749ten Jahres damit den Anfang zu machen. Wir werden demnach den wöchentlichen halben Bogen unserer gelehrten Zeitung wie bißher ordentlich fortsetzen: dabey aber wöchentlich auch einen ganzen Bogen*

Kopf des 1740 gegründeten Wissenschaftsmagazins „Bayreuther wöchentliche Auszüge". Blattformat: 23/18,5 cm.

liefern, welcher nichts als die richtigsten Auszüge aus allen anderen deutschen gelehrten Zeitungen enthalten soll."

Die umfangmäßige und inhaltliche Verbesserung der Zeitung sollte sich schon rein äußerlich zeigen: „Der Druck wird neu seyn und man wird sich auch möglichst eines guten Papiers befleißigen." Verständlich, daß der Leser für die neue Qualität etwas tiefer in die Tasche greifen mußte: „In Erwägung all dessen und der aufgewandten Unkosten wird es unseren Lesern nicht zuwider seyn, wenn der Preis des ganzen Jahrganges um ein geringes nach Proportion wird erhöhet werden." (BZ 152/19. 12. 1748)

Künftig wollte Brunner das Blatt auch unter anderem Namen herausbringen. Bereits zwei Tage nach Erscheinen dieser Annonce schloß er mit der Universität Erlangen einen Vertrag (21. Dezember 1748), der ihm Titel und Verlagsrecht der „Erlangischen Gelehrten Anmerkungen und Nachrichten" sicherte. Die vielen Vorteile, die mit dieser Transaktion verbunden waren (wissenschaftliches Renommee, Übernahme der Abonnenten der Erlanger Zeitung etc.), kosteten Brunner jährlich 10 Gulden, zahlbar an die Universitätsbibliothek Erlangen. Dafür saß er wieder an der Quelle der Gelehrsamkeit.

Der Erfolg bestätigte Brunners Handlungsweise. Man könne von seinen Erlanger Zeitungen mit Recht sagen, warb Brunner 1753, „daß man hier den Kern der übrigen gelehrten Zeitungen beysammen finde"; das Blatt habe bisher „so viele Liebhaber gefunden, daß man Ursache hat, mit deren Beyfall zufrieden zu seyn." Neue Liebhaber „belieben sich an die nächsten Postämter zu addreßiren." (BZ 13/30. 1. 1753)

Einige Jahre nach Brunners Tod befand die Universität Erlangen, daß der Vertrag ungültig sei, weil sich Brunner den „sehr nachtheiligen Contract" durch üble Machenschaften ergaunert habe. Auf welche Weise die Erlanger Universität den Verlag der gelehrten Zeitung wieder an sich gerissen hatte, ist auf S. 86 nachzulesen.

2. *„Gazette de Bareith"*

Das Verlagsrecht dieser im März 1741 gegründeten französischen Zeitung hatte sich Brunner, laut Chronist König, mit einem Kompagnon geteilt: *„Am 17. März 1741 erschien hier nun auch eine französische Zeitung, wöchentlich 2 Blatt in Quart, Dienstags und Sonnabends, ... so der Commercienrath Brunner nebst dem Cammer-Consulent Joh. Xstoph Seidel herausgab, und darüber unter den 28. März [1741] ein ordentliches Privilegium erhielt."*[4]

Die Zeitung, „Avec Privilege de S.A.S. Monseigneur le Margrave de Brandebourg-Coulmbac" herausgegeben, bestand mehr oder weniger bloß aus einer Übersetzung der politischen „Bayreuther Zeitungen". Zielgruppe waren die Nachkommen der Hugenotten, die nach ihrer Vertreibung aus Frankreich im Fürstentum Bayreuth Aufnahme gefunden hatten, ferner die zahlreichen „Fremdlinge, welche schaarenweise wie Heuschrecken über den Rhein her"[5] von Friedrichs und Wilhelmines üppiger Hofhaltung angezogen wurden.

Links: Vorsatzblatt der „Bayreuthische wöchentliche Auszüge" für die Jahrgänge 1743 und 1744. Unten: Das Nachfolgeblatt der Bayreuter Auszüge, die 1749 von Brunners Verlag übernommene gelehrte Erlanger Zeitung. Blattformat: 20/11 cm.

Das weitere Schicksal von Brunners französischer Zeitung verliert sich im Dunkel. Es scheint, daß sich Mitherausgeber Seidel 1744 von Brunner wieder getrennt und das Blatt in Erlangen herausgegeben hatte. Im Verlag von „Rath Groß", Brunners Erlanger Konkurrenten, war es jedoch nicht erschienen. Denn Groß distanzierte sich ganz eindeutig von dem Blatt und verlieh ihm den Titel: „Mischmasch, possierlich, höflich und erbaulich", woran er selbst „nicht den geringsten Anteil nehme."⁶

3. „Bayreuther zuverläßige Auszüge derer merkwürdigsten Begebenheiten unserer Zeit"

„Mit dem Anfang des Jahres 1742", staunte Chronist König, „erschien hier schon wieder eine andere Zeitung durch den unternehmenden Commerc[ienrath] Brunner, ... dauerte aber nur kurze Zeit."⁷ Ein Inserat („Avertissement"), von Brunner in den „Bayreuther Zeitungen" vom 20. November 1742 veröffentlicht, beleuchtet die Hintergründe, die zur Entstehung der Geschichtszeitung führten.

Brunner hatte mit dem Blatt seinem Erlanger Konkurrenten Johann Gottfried Groß den Kampf angesagt. Er leitete das Avertissement mit einer kleinen Rückschau ein: „Das Jahr eilet nunmehr zu Ende, darinnen wir einen Theil der wichtigsten Geschichte, welche sich seit dem Entwerden Ihro letztverstorbenen Kayserlichen Majestät [Karl VI.] in denen Europäischen Staaten zugetragen, ... dem Publico mitgetheilet haben." Die Leser „werden nicht in Abrede stellen, daß sie ein Vergnügen daran gefunden haben, und daß alles theils so kurz und bündig, theils so vollständig und gründlich, als es nur immer möglich gewesen, vorgetragen worden ... Wir dürfen daher versichert seyn, daß unsere Auszüge mit Recht vor zuverläßig zu achten seyen, und daß solche den Kern der Geschichte jetziger Zeiten in sich enthalten."

Soweit sei alles in bester Ordnung, stellte Brunner fest. Aber „wäre es dem gewinnsüchtigen Verfasser der Erlangischen Auszüge nachgegangen, so hätte selbiges Werk gleich in seiner Geburt wieder ersticken müssen."

Brunner war auf Groß gram, weil mit dessen 1741 gegründeter Zeitung („Christian-Erlangischer-Zeitungs-Extract") zum erstenmal *zwei* Zeitungsverlage im Fürstentum Bayreuth tätig werden durften. Daraufhin hatte Brunner Anfang 1742 zum Gegenschlag ausgeholt und seine „Bayreuther zuverläßigen Auszüge" gegründet. Worauf Groß, der kurz zuvor sein Blatt in „Auszug der neuesten Weltgeschichte" umbenannt hatte, ihm Etikettenschwindel vorwarf. Brunners Erklärung: Als die Bayreuther Auszüge auf den Markt kamen, *„ist derselbe [Groß] nicht unbillig in Furchten gestanden, seine aus Ruhmsucht so genannte Zeitung aller Zeitungen werde zu einer Scarteque [alte, ihrem Inhalt nach wertlose Veröffentlichung] aller Scartequen werden... Er hat also solches [Brunners Blatt] mit seinem gewöhnlichen Geifer zu beschmitzen gesuchet und die eitle Grossprecherey so weit getrieben, daß er der Welt vorbilden wollte, als ob man den Stoff [für Brunners Zeitung] von seinem... Zusammentrag entlehnen müßte. Man hat aber diese und andere Verunglimpfungen keiner Antwort würdig geachtet, sondern das Gegentheil durch die That selbst gezeigt. Wie hätte man auch die voller Fehler seyende Erlanger Auszüge...zum Grund eines historischen Werks, als das unserige ist, setzen sollen?"*

Brunner fuhr in seinem „Avertissement" noch eine ganze Weile fort, gegen den Erlanger Zeitungsherausgeber zu räsonieren, bis er am Schluß seiner Tiraden die Umbenennung der „Bayreuther zuverläßigen Auszüge" ankündigt: „Wir scheuen uns sogar, dasselbe [Blatt] fernerhin als Auszüge zu benennen, weil auch die Gleichheit des Titels einigen Anstoß geben könnte. Die Fortsetzung soll mit Anfang künftigen Jahres unter dem ihm gebührenden Namen: *Kurz gefaßte und gründliche Historie unserer Zeiten* an das Licht treten." Im übrigen werde „überhaupt nichts unterlassen werden, um den geneigten Gönnern dieses Werks eine vollkommene Satisfaction

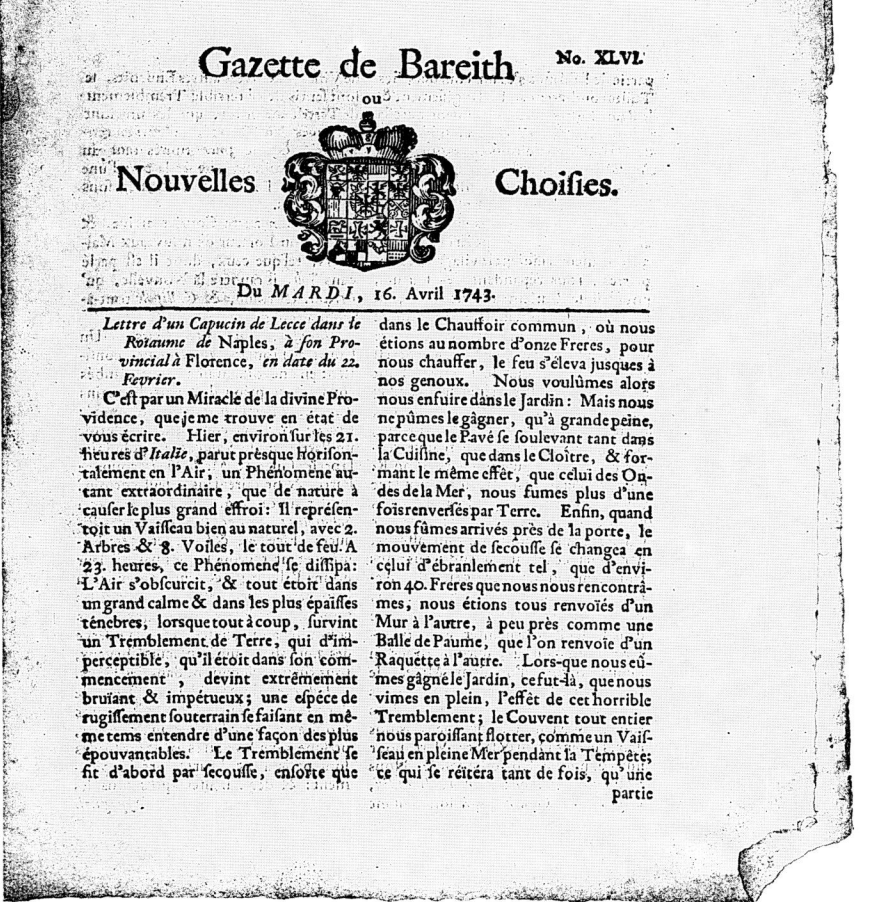

Titelblatt von Brunners „Gazette de Bareith", Nr. 46 vom 16. April 1743. Blattformat: 20/17,5 cm. (Eine Übersetzung untenstehender Meldung finden Sie in BZ Nr. 47 vom 18. April 1743, hier abgedruckt auf S. 53)

zu verschaffen. Bayreuth, den 20. Oktober 1742. Hochfürstlich-Brandenburgisches privilegirtes Zeitungs-Comtoir." (BZ 124/20. 10. 1742)

Ob Brunner seine Vorsätze in die Tat umsetzen konnte oder ob seine Geschichtszeitung wieder eingegangen war, ist nicht bekannt. Es hat sich weder ein Exemplar der umbenannten Zeitung erhalten, noch war über das weitere Schicksal des Blattes etwas aus handschriftlichen Quellen zu erfahren gewesen.

Geschäftspartner des Bayreuther Zeitungscomtoirs

Erfreulicherweise gab Brunners Geschichtszeitungs-Inserat nicht nur ein gutes Beispiel für den schlechten Umgangston im Zeitungsgeschäft, sondern lieferte auch einen genauen Überblick über Brunners weitverzweigte Geschäftsverbindungen. Im Kampf um den Kunden konnte sich der Zeitungsverleger auf folgende Außenposten stützen:

Altdorf: Herr Schüpfel; *Altona:* Herren Korte, Gebrüdere; *Anspach:* Herr Expeditionsrath Seefried; *Augspurg:* Herr Rath und Agent Gullmann; *Basel:* Herr Imhof; *Berlin:* Herr Haude, Herr Nicolai; *Braunschweig:* Herr Meyer; *Bremen:* Herr Rumpf; *Breßlau:* Herr Korn und Herr Hubert; *Cassel:* Herr Cramer; *Coppenhagen:* Rothens Witwe; *Danzig:* Herr Knoch; *Dreßden:* Herr Weigel; *Eisenach:* Herr Grießbach; *Erlang:* Herr Martius; *Frankfurt am Mayn:* Herr Andreä; *Freyberg:* Herr Matthäi; *Gotha:* Herr Johann Christ. Mevius; *Hamburg:* Herr Brand; *Hannover:* Försters Erben; *Hof:* Herr Vierling; *Jena:* Herr Krebs; *Leipzig:* Herr Caspar Fritsch; *Magdeburg:* Seidels Witwe und Herr Scheidhauer; *Nürnberg:* Herr Agent Schöll; *Regensburg:* Herr Secretarius Scheler; *Schwabach:* Herr Enderes; *Stuttgart:* Herr Erhards Söhne; *Tübingen:* Herr Berger; *Ulm:* Herr Samuel Wohler; *Weissenburg:* Herr Döderlein; *Windsheim:* Herr Rector Dietz; *Zürich:* Herr Johann Caspar Schintz.

Neugründung der Bayreuther Intelligenzzeitung

Zwölf Jahre nachdem die Bayreuther Intelligenzzeitung auf Brunners Betreiben in den „Bayreuther Zeitungen" aufgegangen war, durfte sie wieder fröhliche Urständ feiern. Die näheren Umstände, die zur Neugründung des Blattes geführt hatten, sind unbekannt. Chronist König teilte mit: *„Anfang des Jahres 1750 machte Brunner eine von der politischen ganz getrennte besondere Intelligenz-Zeitung, wovon er wöchentlich einen halben bis auf einen ganzen Bogen in Quart[-Format] herausgab. Die Beamte mußten nach dem Befehl vom 16. März die Nachrichten*

Werbezettel für die „Bayreuther zuverläßige Auszüge" (links), Brunners Antwort auf die Erlanger Konkurrenzzeitung (oben) von Joh. Gottfried Groß.

und Beyträge dazu einschicken, auch die Gemeinden und Gotteshäuser anhalten, sich diese Zeitung... anzuschaffen."[8]

Das älteste erhaltene Originalexemplar der *neuen* Bayreuther Intelligenz-Zeitung stammt aus dem Jahr 1757. Es entspricht im Nachrichtenprogramm weitgehend dem „Urmodell" von 1736. Diese Gliederung wurde auch für die folgenden Jahre beibehalten.

Gelegentlich wurde das nachrichtliche Einerlei feuilletonistisch etwas aufgelockert. So erschien im November 1757 eine „merkwürdige Nachricht vom Coffee", dem „Tagebuch des Professors Kalm über seine amerikanische Reise" entnommen. Darin wurde der Weg der Kaffeebohne vom Erzeugerland bis zum Endverbraucher geschildert und die Manipulationen angeprangert, denen die Bohne auf ihrem weiten Weg ausgesetzt war.

Interessant auch die „Gedanken von verschiedenen Lagen der Menschen im Schlaf", die sich der Vorfreudianer J. Longus für die Leser der Intelligenzzeitung im Juni 1762 gemacht hatte.

Neben solchen populär-wissenschaftlichen Beiträgen bot das Blatt auch praktische Tips und Kniffe für die Hausfrau und den Kammerdiener, z.B. ein sicheres Mittel, „wenn das Couleur [Farbe] in Sammet-, Seiden- und Wollzeuge verschossen ist."

All diese Beiträge fielen in die Rubrik „Notification von allerhand Sachen". Das besondere Augenmerk der Leser galt aber dem Bayreuther Fremdenverkehr. In der Rubrik „Was vor Fremde in der Residenz diese Woch angekommen und durch passiret" führte die Intelligenzzeitung genau Buch darüber, wer wann wo die Stadt betreten oder wieder verlassen hat. So können wir beispielsweise nachlesen, daß am 5. Juni 1762 „Herr Martini, ein Studiosus aus Erlangen" die Stadt durch das Kulmbacher Tor betreten hat (Bayreuth verfügte zu dieser Zeit über fünf Stadttore) — und „bey Herrn Peruquenmacher Limbach" logierte, während „Herr Baumann, ein Hopfenhändler aus Böhmen" im Weißen Lamm sein Quartier bezog.

Daß nicht alle Fremdlinge gern gesehene Gäste waren, zeigt ein Beitrag, den die Intelligenzzeitung in ihrer Funktion als „Policeyzeitung" im August 1783 veröffentlichen mußte (Kasten S. 19): Mißliebige Personen hatten sich an den Grenzkontrollen vorbeigeschli-

Ältestes erhaltenes Titelblatt der 1750 neugegründeten Bayreuther Intelligenzzeitung vom Sonnabend, dem 19. November 1757. Blattformat: 23/18 cm.

chen und trieben nun in Märkten und Städten ihr Unwesen. Beiträge dieser Art zeigten sehr genau die jeweilige sozio-kulturelle Ausrichtung Bayreuths unter seinen verschiedenen Landesherrn. Das Bild, das sich daraus von den Lebensumständen in Stadt und Fürstentum Bayreuth gewinnen läßt, wird im letzten Kapitel dieses Buches für die Zeit untersucht, als die Bayreuther Intelligenzzeitung unter das Kommando der französischen Besatzungsmacht geriet.

Zusammen mit der 1750 wiederaufgelegten Intelligenzzeitung umfaßte Brunners Verlagsprogramm nun drei Zeitungen: (1) Die politische Bayreuther- (2) die Erlanger gelehrte- und (3) die Intelligenzzeitung. Die französische „Gazette de Bareith" war aus unbekannten Gründen und zu unbekannter Zeit wieder aus dem Programm gestrichen worden.

Moralische Presse gefährdet das Zeitungs-Comtoir

Obwohl es einzig Herrn Kommerzienrat Brunner zu verdanken gewesen war, daß das Fürstentum Bayreuth eine eigene, respektable politische Zeitung vorweisen konnte, war Markgraf Friedrich nicht bereit gewesen, seinem Zeitungsverleger diese Monopolstellung auf Dauer zu erhalten. So mußte Brunner (fast tatenlos) zusehen, wie ihm mit dem Erlanger Zeitungsverleger Groß ein ernsthafter Widersacher vor die Nase gesetzt wurde.

Gottfried Groß, der Brunner den Markt der politischen Nachrichten ab 1741 strittig machte, war nicht der einzige inländische Konkurrent geblieben. Bald gesellten sich weitere Zeitungsherausgeber dazu. Gegen sie war Brunner vor allem deshalb machtlos gewesen, weil sie in ein von ihm unbeachtet gelassenes Marktsegment vorgestoßen waren, nämlich das der „Moralischen Blätter".

Diese Zeitungsgattung diente hauptsächlich dem Unterhaltungsbedürfnis der gehobenen Volksschichten. Ihr Anliegen war „die Besserung des Menschen". Welche Themen dafür bearbeitet wurden, erläuterte das Bayreuther moralische Wochenblatt „Der Spiegel", erstmals am 2. April 1751 erschienen:

„Dies ist eine moralische Schrift. Sie wird die Neigungen der Menschen, die Thorheiten unserer Zeit, die Häßlichkeiten der Laster, die Schönheit der Tugend, die Natur ihrer Reizungen, die Schriftsteller in ihrer Blöße, die Narren in ihrer Einbildung, den Weisen in seiner Demuth, den Stutzer in seinen Moden, das Frauenzimmer an ihrem Nachttische, die heimlichen Anschläge des Herzens im Lichte und die verborgenen Triebe gewisser Schälke, die sich für tugendhaft ausgeben, getreulich abschildern."[9]

Indes bewertete Kommerzienrat Brunner das Tun der selbsternannten Moralapostel ausschließlich von der geschäftsmäßigen Seite. Er konnte in keinerlei Zeitungskonkurrenz eine Tugend für seinen Kommerz erkennen, griff am 22. August 1753 zur Feder und machte gegen die vielen „in hiesigen Landen geschriebenen und aufgelegten Monaths- und Wochenschriften" bei Markgraf Friedrich mobil. Wie der Markgraf wisse, erinnerte Brunner, habe mit „Rath Groß aus Erlangen" diese verhängnisvolle Entwicklung ihren Anfang genommen. „Dem Exempel des Rath Großens ... sind gar balden mehrere nachgefolget", er wolle nur den „Spiegel" anführen. Obwohl „der Schaden, der dem hiesigen Zeitungswesen hieraus zugewachsen ist, nicht sofort einzusehen" war, habe es sich „dannenhero von Jahren zu Jahren" deutlich gezeigt, „daß je mehr dergleichen Monaths- und Wochenschriften herausgekommen [sind], desto weniger die Bayreuthischen Zeitungen anzubringen waren." Bislang habe er diese Entwicklung unbeanstandet gelassen, doch nachdem ihm nun ein „neuerliches Wochenblatt" vorliege, könne er „ohnmöglich mehr gleichgültig bleiben!"

Die Zeitung, die Brunners strapazierte Geduld endgültig erschöpft hatte, hieß „Der Dienstwillige" und ihr Verfasser war — „dem Vernehmen nach" — der Subrector Gräfenhahne. Brunner entwickelte seinem Markgrafen das Risiko, das sich in dem neuen Konkurrenzblatt verbarg: „Nun dörffte es zwar scheinen, als ob der sogenannte ,Dienstwillige' nur eine moralische Wochenschrift vorstellen solle, — allein da in solchen [Blättern] allerhand Neuigkeiten, Unglücksfälle und sogenannte vermischte Fälle vorgetragen, unter anderem auch politische Betrachtungen angestellt werden, so kann man im voraus gar leicht abnehmen, daß dergleichen Wochenblatt — und nu' vermerckt! [sic] — gar balden in eine ordentliche politische Zeitung degeneriren werde." Deshalb fordere er das Verbot des Dienstwilligen.

Der Markgraf ließ sich von Brunners gebieterischen Protestbrief nicht sonderlich beeindrucken, sondern wälzte die Entscheidung auf seine Hofräte ab. Nach einer knappen Woche war entschieden. Laut Hofkammerprotokoll vom 28. August 1753 durfte Subrector Gräfenhahne — außer „Politica und vermischten Fällen" — auch weiterhin „Moralisches schreiben und zum Druck befördern."

„Evenemens Interessans", die neue französische Zeitung

Die Schlappe, die Brunner wegen des „Dienstwilligen" einstecken mußte, forderte ihn zu Gegenmaßnahmen heraus. Er wollte die Hochfürstlich-Bayreuthische Zeitungslandschaft nun seinerseits um ein neues Blatt bereichern und kündigte es am 25. Dezember 1753 in den „Bayreuther Zeitungen" an:

„Das Publicum wird hiermit berichtet, daß von künftigen 1. Januarii [1754] an führohin zweimal in jeder Woche im hiesigen Zeitungs-Comtoir ein Französisches Blatt unter dem Titel **Evenemens Interessans** *distribuiret [vertrieben] werden wird. Man wird sich bemühen, diesem Blatt nichts zu inseriren als das, was den Namen merckwürdiger Begebenheiten verdienet [...]. Sonst will man von diesem Blatte zum voraus kein Rühmens machen, weil man hofft, das Werk werde sich selber loben, mithin die Liebhaber conteniren [zufriedenstellen]. Das Blatt wird nicht nur im hiesigen Zeitungs-Comtoir, sondern auch bey allen Postämtern zu haben seyn."* (BZ 154/25. 12. 1753)

Ende Januar 1754 gab Brunner bekannt, „daß von der neuen französischen Zeitung, welche allhier etabliret wird, nicht allein das Probe-Stück, ... sondern auch das erste [reguläre] Stück bereits die Presse verlassen hat." (BZ 13/29. 1. 1754). Als die Bayreuther Französische Zeitung am Ende des zweiten Jahrgangs angelangt war, meldete Brunner stolz, daß sie „täglich mehr Liebhaber" finde. Auch eine Verbesserung kündigte er an. Die Zeitung werde künftig „nicht nur unsere eigenen Nachrichten", sondern auch Meldungen „anderer französischer, italiänischer, englischer und deutscher

„Der Spiegel" (Nr. 1/2. 4. 1751), Brunners kurzlebiges Konkurrenzblatt (er erschien nur zweimal), blieb Bayreuths erste und einzige moralische Wochenzeitung.

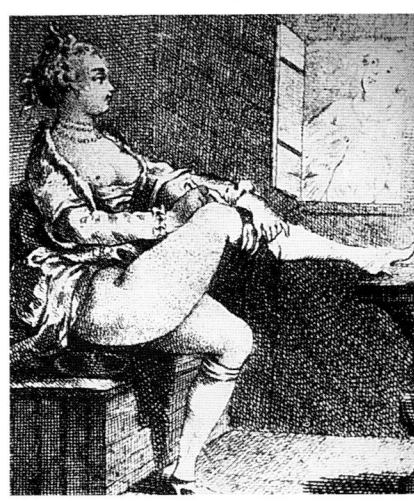

Obwohl zum Programm des Spiegels auch die moralische Betrachtung des „Frauenzimmers im heimlichen Gemach" gehörte, wäre er mit der unmoralischen Darstellung der Weibsperson sicher nicht einverstanden gewesen.

Zeitungen" enthalten. Dafür erhoffe er sich auch „künftig eben den Beyfall, welchen wir bisher durchgängig erhalten haben." (BZ/16. 12. 1755) Noch im Jahr zuvor war Brunners Optimismus erheblich gedämpft worden. Laut Aussage Heerwagens, Redakteur der „Bayreuther Zeitungen", war Hofbuchdrucker Dietzel offenbar mit der französischen Sprache überfordert gewesen und wollte sich „zum Druck der neuerlich hier etablirten französischen Zeitungen — unter allerhand Ausflüchten — auf keine Weise verstehen." (17. 4. 1754). Daraufhin wechselte Brunner den Druckort und ließ in Erlangen drucken. Der genaue Zeitpunkt der Verlegung ist unbekannt. Auf dem Deckblatt des ältesten erhalten gebliebenen Jahrgangs der „Evenemens Interessans", 1757, wird als Postanschrift angegeben: „A Erlang aux depens du Bureau des Gazettes de Bareit" — Nach Erlangen an die Niederlassung des Büros der Gazette de Bareit.

Ein Hinweis auf die Folgen der Verlegung ist einer Anzeige der „Bayreuther Zeitungen" vom 14. Januar 1758 zu entnehmen: „Nachdeme man wahrgenommen, daß man auswärts in der Meynung gestanden, als wenn die französische Zeitung, welche sonst in Bayreuth geschrieben und gedruckt worden, nicht mehr continuire [erscheine], so hat man für nöthig erachtet, dem Publico hiermit anzuzeigen, daß wir solche [Zeitung] gegenwärtig in Erlang nicht nur ordentlich fortsetzen, sondern auch wöchentlich um ein Blatt haben vermehren lassen." (BZ/14. 1. 1758)

Im Jahr 1770 verliert sich die Spur der französischen Zeitung. Einige Jahrgänge der „Evenemens Interessans" (1757—1770, lückenhaft) haben sich in der Bibliothek des HVO Bayreuth erhalten.

Verleihung des „General-Privilegiums"

Seinen eigenen Worten nach war Brunner ein sehr gewagtes verlegerisches Risiko eingegangen, als er im Jahr 1754 die alte „Gazette de Bareith" zur neuen „Evenemens Interessans" wiederbelebt hatte. Mit Brief vom 18. April 1754 machte er dem Markgrafen klar, daß er unter der schweren Bürde seiner nun insgesamt vier verschiedenen Zeitungen „große Gefahr erleiden" müsse, wenn er nicht durch gewisse Vergünstigungen des Markgrafen „sattsam genug gesichert seyn sollte." Dies stelle er sich so vor, daß im Fürstentum Bayreuth niemand außer ihm befugt sei, „weder eine politische deutsche- oder französische-, noch gelehrte- oder Intelligenz-Zeitung" herauszubringen. Ohne diesen Schutz könne er auch den „Hazard mit der französischen Zeitung" nicht länger fortsetzen.

Da nicht nur die französische, sondern auch „die übrigen Zeitungen mit vielen Kosten verknüpfet sind", wünschte sich Brunner außerdem noch, daß ihm „gnädigst erlaubt seyn sollte, eine eigene Druckerey zu errichten, so wie es andere Zeitungsverleger auch haben." Um dieser speziellen Forderung mehr Nachdruck zu verleihen, legte er diesem Antrag noch drei schlechte Zeugnisse gegen seinen Drucker Dietzel bei und reichte alles „zu Händen des Höchsten" bei der markgräflichen Regierung ein.

Markgraf Friedrich ließ Kommerzienrat Brunner auch diesmal nicht lange warten. Zwei Tage nach Eingang der Anträge verfügte der Fürst, daß dem Antragsteller unverzüglich das „General-Privilegium" zu erteilen sei. Am 28. Juni 1754 wurde es dem Zeitungsverleger „für sich und seine Erben" verliehen. (vollständiger Text im Anhang auf S. 38). Es enthielt den gewünschten „Musterschutz" für Brunners vier Zeitungen.

Die Erlanger Zeitung blieb davon unberührt. Das Privilegium des „Professori Groß" sollte auch „fernerhin seine behörige Krafft und Würckung" behalten. Außerdem sollte es den Bewohnern des Fürstentums Bayreuth weiterhin unbenommen bleiben, „sich zu ihren eigenen und privaten Gebrauch der ausländischen Zeitungen (und was die Nürnbergische betrifft, gegen Entrichtung der darauf gesetzten Abgabe) ohne jemandes Hinderung zu bedienen." Zum Ausgleich wurde Brunner „mit der Post-Freyheit allhier begnadiget".

Hinsichtlich der Bewilligung von Brunners gewünschter Druckerlaubnis empfahl der Markgraf seiner Regierung, diesen Passus möglichst „mit Vorsicht zu fassen". So wurde Hofbuchdrucker Dietzel erst einmal ausdrücklich ermahnt, beim Druck der ihm übergebenen Zeitungen „zu keiner Zeit mehr Unfleiß oder Saumsal" zu zeigen. Sollte er sich (wider verhoffen) doch nicht bessern und sich weiterhin „unfleißig, verdrossen, saumseelig und nachlässig bezeigen", dann würde es Herrn Kommerzienrat Brunner freigestellt sein, eine eigene Druckerei zu errichten.

Hofbuchdrucker Dietzels Verderb

Die Wahrscheinlichkeit, daß der 63jährige Hofbuchdrucker Friedrich Elias Dietzel die ihm zum letzten Mal gebotene Chance noch nutzen konnte, war nach Lage der Dinge äußerst gering. Der Drucker, der im Zenit seines Schaffens in die Bildnissammmlung „berühmter Buchhändler und Buchdrucker" aufgenommen wurde[10], hatte knapp dreißig Jahre später, zum Zeitpunkt der Auseinandersetzungen mit Brunner, seine produktiven Reserven erschöpft.

Geheimarchivar Lorenz Jacob Krauß, einst Redakteur der „Bayreuther Zeitungen", erinnerte sich 1754, daß Dietzel „während der Zeit, da ich die hiesige Bayreuther Zeitungen schrieb", die Zeitungsproduktion „theils durch langsames Setzen, theils durch Verzögerung des Abdrucks vielfältig behindert" hatte. Zudem habe Dietzel nicht von Fachkräften sondern von Lehrjungen „die politische Zeitung unglaublich langsam und dabey noch mit unzähligen Fehlern setzen lassen, — die corrigierten Fehler aber als seiner Meinung nach ganz unnöthige und überflüssige Sache nicht abändern wollen"; auch habe er „die Zeitungen nicht eher [zur Post] abliefern lassen, als wenn die Post bereits fortgegangen oder schon abgehen will." (Bayreuth, 21. April 1754)

Postmeister Gottlieb von Meyern bestätigte, „daß die Zeitungen so unordentlich und spät auf die Post gebracht werden", daß seine Leute „bis früh 1—2 Uhr aufbleiben, Licht verbrennen und auf die Zeitungen warten. Wünsche gesegnete Mahlzeit" [sic]. Der fromm angefügte Wunsch des Postmeisters bleibt etwas rätselhaft. (Bayreuth, 14. April 1754)

Verschiedene Beschwerdebriefe an den „Bayreuther Waisenhausverlag"[11] zeigen, daß Dietzels Abstieg etwa zur gleichen Zeit begann, als Brunners Zeitungs-Comtoir im Aufsteigen begriffen war, nämlich im Herbst 1738. Die Gründung von Brunners „Bayreuther Zeitungen" hatte dem Hofbuchdrucker anscheinend zu wenig freie Kapazität übrig gelassen, um auch noch den Rest seiner Druckaufträge zufriedenstellend ausführen zu können. „Es ist nicht genug, daß er mehr annimbt, als er fertigmachen kann, es wird hernach alles übereylt und besonders die Zahlen falsch gedruckt", beschwerte sich am 22. Juli 1739 der Erlanger Kantor Zabitzer (Herausgeber des „Hochfürstl. Schreib- und Adress-Calender") bei seinem Verlag, dem Bayreuther Waisenhaus. Am 21. November 1739 mußte Zabitzer den Waisenhausverlag abermals anmahnen, „den Buchdrucker Dietzel zu mehrern Fleiß anzuhalten und darauf zu sehen, daß keine solchen groben Schneezer [Schnitzer] wie in der fährtigen [vorjährigen] Edition geschehen."[12]

Seit dieser Zeit waren die Klagen über Dietzel nicht mehr abgerissen. Mehr als einmal mußte vor allem Brunner das verzögerte Erscheinen seiner Verlagsobjekte bekanntgeben, so z.B. das der gelehrten Erlanger Zeitung: „Denen *Herren Interessenten dienet hierdurch zur Nachricht, daß wegen allzuhäufiger Arbeit der Buchdrucker das morgende Stück Beytrag nicht aus der Presse bringen kann."* (BZ 1752)

Christoph Wilhelm Christian Heerwagen, Redakteur der „Bayreuther Zeitungen", wollte sogar „gleich nach übernommener Zeitungsarbeit wegen Wahrnehmung sothaner Unordnung (in der Hofbuchdruckerei)" seinen Dienst „gerne wieder quittieren", wenn er nicht von Kommerzienrat Brunner bekniet worden wäre, „bis anhero auszuhalten". (Bayreuth, 14. April 1754)

Die Minzelsche Zeitungsdruckerei

Brunner, der seinem Redakteur „schon dazumal zu beßerer Einrichtung Hoffnung gemachet", konnte sein Versprechen noch binnen Jahresfrist 1754 einlösen und durch Einrichtung einer eigenen Druckerei die Krise überwinden. Er hatte sich im Herbst 1754 den Hofer Drucker Johann Conrad Minzel nach Bayreuth geholt, dessen Zeitungsdruckerei in unmittelbarer Nähe der Hofbuchdruckerei, in der Schrollengasse (Jean-Paul-Straße, Abb. S. 82) am Gänshügel eingerichtet wurde.

Bereits Ende Dezember 1754 präsentierte Brunner seinen Lesern das erste Exemplar der „Bayreuther Zeitungen" aus der neuen Druckerei: *„Da sich bisher viele von den Herren Interessenten über den schlechten und unleserlichen Druck beschweret und geäußert haben, daß sie dieselben [Zeitungen] gar aufgeben wollen; so dienet hiermit zur Nachricht, daß künftighin die in diesem Blatte gebrauchte Schrift durchgängig beybehalten werden wird."* (BZ 158/31. 12. 1754)

Indes war der Wechsel der Druckerei nicht ganz so glatt und reibungslos verlaufen, wie er dem zeitgenössischen Zeitungsleser präsentiert worden ist: bei Inbetriebnahme der Minzelschen Zeitungsdruckerei hätte es der Bayreuther Hofbuchdrucker beinahe noch geschafft, seinen Konkurrenten Minzel aus dem Feld zu schlagen. Nach Darstellung Fikenschers[13] hatte Dietzel

---

Friedrich Elias Dietzel wurde 1691 in Eisleben als Sohn eines Druckers geboren. Im sächsischen Halle lernte er selbst das Drucken. Die weiteren Stationen seiner Druckerlaufbahn waren Römhilden (1727), Nürnberg-Fürth (1729) und Kulmbach (1731). Als im Frühjahr 1737 der Bayreuther Hofbuchdrucker Schirmer verstarb, wurde seiner Witwe „aus Gnaden und Mitleid" gestattet, den Betrieb ihres Mannes weiterzuführen, — falls sie einen „geschickten Faktor" als technischen Leiter der Druckerei einstellen würde. Sie besetzte die Stelle mit dem 46jährigen Dietzel. Fünf Jahre danach, 1742, kaufte Dietzel die Druckerei der Witwe für 770 Gulden ab. Das bewegliche Inventar bestand aus 2 Druckpressen mit Messingspindel, 31 Zentner 34 Pfund Bleibuchstaben in Schubkästen, 9 Zentner 15 Pfund abgelegte Schriften, 1 Kästchen mit Holzbuchstaben, 22 Schubladen mit geschnittenen Bildstöcken, 11 Winkelhaken. Am 16. Januar 1742, drei Tage nach dem Kauf, wurde ihm auch die zur Schirmer'schen Druckerei gehörige Druckerlaubnis, das Privilegium überschrieben, — gegen Bezahlung von 1.200 Gulden an die markgräfliche Kasse.

Da sein Privilegium die Zusicherung enthielt, daß in der Residenzhauptstadt Bayreuth keine zweite Druckerei errichtet werden dürfe, war Dietzel (zum Ärger des Zeitungsverlegers) zugleich zum Inhaber des Druckmonopols geworden. Friedrich Elias Dietzel druckte nun für den Fürstenhof, die Regierungskanzlei, das Gymnasium, das Waisenhaus, die Universität und für das Hochfürstliche Bayreuther Zeitungs-Comtoir. Nach schweren Attacken des Zeitungsverlegers wurde Dietzels Monopolstellung 1754 gebrochen. „Von der fliegenden Gicht ganz aufgerieben" starb Dietzel am 12. Dezember 1761. Es gelingt seinem Erzrivalen Brunner, der schon die Zeitungsdruckerei besitzt, auch die Hofbuchdruckerei an sich zu reißen (S. 38) und dadurch zum „wahren Dominus", zum Halter des Druckmonopols zu werden.

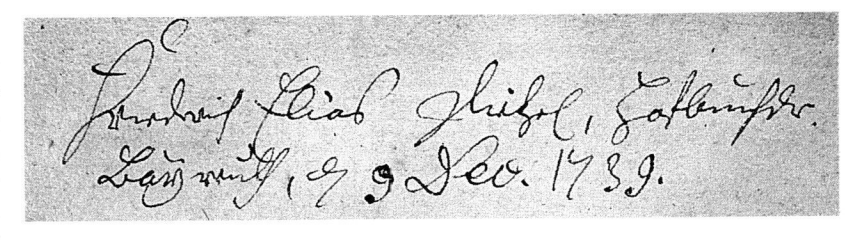

Autograph und Bildnis Dietzels

FRIDERICVS ELIAS DIETZEL

Links: Markgraf Friedrich im Frontispiz des „Corpus Constitutionum", Teil 1. Oben: Titelblatt des 1. Teils des „Corpus", Bayreuth 1746.

eingesehen, daß der neue Zeitungsdrucker Minzel „in der typographischen Kunst zu Hause war, ... merkte auch, daß ihm dadurch sein geringer Verdienst vollends entgehen würde und arbeitete deswillen gegen Minzel aus allen Kräften an, so daß — als dieser zu drucken angefangen hatte, — das Stadtvogtheiamt Befehl erhielt, ihm es zu verweisen und die Räumung der Stadt anzukündigen."

Mit Brunners Hilfe erreichte Minzel beim Markgrafen die Aufhebung des Befehls — allerdings mit der ausdrücklichen Auflage, nichts anderes als die Zeitungen zu drucken, „bei 100 Thaler Strafe" im Übertretungsfall. Für Dietzel nur ein kleiner Trost.

Das „Corpus Constitutionum"

Mit Errichtung seiner eigenen Zeitungsdruckerei hatte Brunner auch die letzte Hürde genommen, die ihn von seinem Ziel — der vollkommenen wirtschaftlichen Autarkie des Zeitungsverlags — noch getrennt hatte.

Für diese und die vielen anderen Vergünstigungen hatte er sich bei Markgraf Friedrich, seinem Fürst und Herrn, schon Jahre vorher mit der Herausgabe des „Corpus Constitutionum", der Bayreuther Landesverfassung, bedankt. Dieses dreibändige Werk (3.170 Seiten Gesamtumfang) „auf eigene Kosten" herauszubringen, sei nicht nur eine verlegerische Großtat, sondern auch ein großes Wagnis gewesen, meinte Brunner im Vorwort des ersten Bandes (1746). Dieses Risiko zu übernehmen „hatten sich viele vor mir nicht getrauet!" Doch habe er dies Werk „nicht aus Gewinnsucht" übernommen, sondern „um den Ruhm der Durchlauchtigsten Beherrscher dieses Marggrafthums noch mehr zu verewigen."

1748 gab Brunner in der Bayreuther Zeitung bekannt, „daß nunmehro der dritte Band der hiesig Hochfürstlichen Landes-Constitution die Presse verlassen hat". Da viele Besteller des Werks „die Ablangung" (Abholung) bisher hinausgezögert hätten und dies „damit entschuldigen, daß sie die hiesige politische Zeitung nicht hielten, mithin auch nicht wüßten, wann ein Band fertig würde; so hat der Herr Verleger sich entschlossen, die Exemplaria ... durch den bekannten Boten Wurm sowohl im Ober- als auch im Unterlande" des Fürstentums verteilen zu lassen. (BZ 70/11. 6. 1748)

Welch vermehrter „fürstmildester Förderung" sich Brunners Verlag nach Vollendung des Verfassungswerkes noch erfreuen durfte, wissen wir bereits.

„Der wahre Dominus" — Brunners letzter Brief

Am 26. Februar 1763 starb Brunners Schirmherr, Markgraf Friedrich. Ein Zeitzeuge erinnerte sich, daß man „laut auf den Straßen der Städte, laut in den Dörfern weinte und viele seiner Unterthanen in Ohnmacht fielen, als sein Tod bekannt wurde, den man sich beynahe nicht traute bekannt zu machen."[14]

Vermutlich war auch Zeitungsverleger Brunner über den Tod seines großgünstigen Gönners zutiefst erschüttert gewesen. Indes kam keine Reaktion von ihm, zumindest fehlt in den „Bayreuther Zeitungen" jeglicher Hinweis auf das Ableben des Markgrafen. Sollte Brunners Betroffenheit so groß gewesen sein, daß er die Veröffentlichung der Todesnachricht als unzulässige Profanierung des Andenkens seines großen Gönners empfunden hatte?

Ein Vierteljahr nach Tod seines Schirmherrn verfaßte Brunner ein Schreiben an dessen „Regierungsnachfahr", Markgraf Friedrich Christian. Er bat um die Bestätigung seiner von Markgraf Friedrich „höchstfürstmildest" gewährten Privilegien. Dieser Brief vom 30. Mai 1763 sollte Brunners letzter Brief werden.

Er ließ darin sein Geschäftsleben noch einmal von Anfang an vor seinem neuen Herrn Revue passieren: Allein er, Brunner, sei es gewesen, der — „bevor gar keine Zeitung war" — das Zeitungswesen im Fürstentum Bayreuth „mit entsetzlichen Mühen und Kosten" eingerichtet und seitdem ständig verbessert habe. Dann setzte Brunner den Markgrafen über die Rechts- und Eigentumsverhältnisse im Bayreuther Druckgewerbe ins Bild: Wegen „Eigensinn und Unordnung des vor wenigen Jahren verstorbenen Hof-Buch-Druckers Dietzel" habe er sich den „Buchdrucker Minzel von Hoff zum Zeitungsdruck" nach Bayreuth holen müssen.

Als „Minzel und seine Frau anno 1761 kurz hintereinander starben" und keine Nachkommen hinterließen, habe Buchdrucker Langbein die Zeitungsdruckerei übernehmen wollen. Da ihm zum Kauf der Druckerei „das nöthige Vermögen ermangelte, ... so sahe ich mich vermüssiget, diese Druckerey zu erkauffen und zu bezahlen."[15] Sogleich danach habe er den Betrieb Langbein zum Ratenkauf überlassen. Er habe sich jedoch „bey hiesiger Hochfürstl. Amtshauptmannschafft" die Herrschaft über die Druckerei „bis zu meiner völligen Befriedigung" rechtmäßig reserviert.

Die Dietzelsche Hofbuchdruckerei habe er erst 1763 gekauft, weil Dietzels Erben gegen den „Fleiß und Accuratesse des Langbein eyfferten, Eure Hochfürstliche Durchlaucht mit Vorstellungen behelligen und einen Proceß anfangen wollten. Deme auszuweichen habe [ich] von denen Hof-Buchdrucker

Autograph der Schlußformel von Brunners letztem Brief, 30. Mai 1763: „unterthänigst-treu gehorsamster Johann Caspar Brunner"

Das General-Privilegium vom 18. April 1754

Von Gottes Gnaden Wir Friederich, Marggraf zu Brandenburg [etc.] Thun kund und bekennen hiermit, welchergestalt bey Uns der Commercienrath Johann Caspar Brunner alhier die unterthänigst submissest Ansuchung gethan, daß ihme in gnädigsten Betracht er sich nicht nur durch verschiedene publique zum Druck beförderte Nachrichten, Avertissements und Zeitungs-Relationes viele dem publico nützliche occupation gegeben, sondern auch erst kurzhin mit dem Anfang des fortlaufenden Jahres annoch eine neue französische Zeitung unter dem Titul: evenements interessants zu ediren und dadurch die von Uns bereits gnädigst genehmigte hiesige politische- und Intelligenz-Zeitung dann Erlangische gelehrte Anmerckungen und Beyträge zu verbeßern zum würcklichen Effect gebracht habe, von Uns die hochfürstl. Gnade und Bewilligung über erstgenannte sämmtliche Zeitungen und gelehrten Anmerckungen ein Privilegium perpetuum cum jure prohibendi vor seine Person Erben und Nachkommen in behöriger Form, krafft welcher sich niemand in hiesig Hochfürstl. Landen wer und wo er auch seyn wollte, eine politische deutsche oder sogenannte Intelligenz-Zeitung oder französische oder gelehrte Zeitung und Anmerckung selbst zu ediren oder nachfertigen und solche darinnen, unter was für Nahmen es auch seyn kan und mag, divulgiren zu laßen, unterfangen solle, ertheilen und ausfertigen zu dürffen clementest gestatten werden mögte.

Wenn Uns nun wohl erinnerlich, daß Wir ermeldten Sollicanten und Commercienrath Brunner schon von geraumen Jahren für mit denen dahier im Eingang seiner Uns sub 18. April currentis anni gethane unterthänigster Vorstellung nahmhafft gemachten sowohl deutschen als französischen Zeitungen, Intelligenz-Blättern, gelehrten Relationibus und Anmerckungen durch mehrmalig erlassene Speciale Hochfürstl. Decreta zu Unseres Landes Nutzen und Besten an Handen gegangen sind, und Ihn noch überdieß zur Erleichterung und Beförderung ersagter öffentlicher Landes Veranstaltungen und derselben schleunigere Vertrieb in Unsere Lande, derselben Gränze und Nachbarschafften, mit der Post-Freyheit allhier begnadiget haben, gefolglich weder einiges Bedenken noch Umstand finden, dasjenige was Wir bereits Specialiter gnädigst genehmiget und indulgiret, auch noch fernerhin zu handhaben, zu bevestigen und bey sich ereignenden billigen und standhafften Umständen das Interesse publicum in noch immer mehrern und verbeßerten Stand zu setzen; Solchemnach mit allem reifen Bedacht und hocherleuchteter der Sachen Erwägung den gnädigsten Entschluß gefaßt haben, das Sollicirte Brunnerische Privilegium in der unterthänigst gebettenen Maas aus Landesfürstlicher Macht und Hoheit zu agriren und daßelbe zur Außfertigung gelangen zu laßen; Als thun Wir solches in krafft Unserer höchsten Landes Befugnis hiermit, und ertheilen mehr erwehnten *Commercien-Rath Johann Caspar Brunner*, dessen Erben und Nachkommen, das unterthänigst gebettene *Privilegium cum jure prohibendi perpetuo* höchstfürstmildest dahin dann also und dergestalt, daß Er sämtliche ihme bereits von Zeit zu Zeit aus besondern Gnaden nachgelaßen sowohl Deutsche politische und neuerliche *französische, sub rubro: Evenements interessants*, jüngsthin heraus gekommene Zeitungen, als auch die *Erlangische gelehrte Anmerckungen und Beyträge*, nebst dem in Verlag stehenden so betitulten *Intelligenz Blatt* fortwährend und beständig verfertigen, zum Druck bringen, verlegen, und sonder jemands Übernahme und Beschwerung um einen billig mäßigen Preiß inn- und außerhalb Unserer Lande und Fürstenthums, wohin er es für convenable, thun und billig ermessen wird, debitiren zu laßen die alleinige Freyheit, Macht und Befugnis haben und geniesen, gegen über aber sich niemand weder hiesigen Orts noch außerhalb Landes obbenannte hiesige öffentliche Zeitungen, Relationes und Anmerckungen zu drucken oder nachzufertigen, aufzulegen und zu distribuiren, unter was fürley Nahmen, Praetest und Vorschub es seyn könnte und mögte, unterfangen und anmaßen soll.

Dietzlischen Relicten [Erben] ihres Erblaßers... Druckerey mit allen Rechten und Privilegien vor wenigen Wochen käufflich an mich gebracht."
Auch diese Druckerei habe er „sofort dem Langbein auf gleiche Art wie die Minzlische überlaßen; jedoch dergestalten, wann Langbein wider Verhoffen nicht gut wirtschaften würde, oder in meinem Zeitungsdruck — welcher allen anderen Verrichtungen vorgehen muß — sollte liederlich und saumseelig werden, ich Fug und Gewalt hätte, ihme Langbein die ganze Druckerey wieder abzunehmen und an einen andern abzugeben. Ich bin also der wahre Dominus dieser gesamten Druckereyen."
Abschließend bat Brunner den Markgrafen „um huldreichste Confirmirung meines Zeitungs-Privilegii" nebst der „darinnen enthaltenen Befugniß zur Errichtung einer eigenen Druckerey vor mich und meine Erben." Ferner wolle der Markgraf die Güte besitzen, „auch das in Abschrifft anliegende, vor den verstorbenen Dietzel als Hof-, Canzley- und Gymnasien-Buchdrucker ausgeferttigte Privilegium auf meinen Unterkäufer Langbein... clementest [zu] transcribiren", mildest zu übertragen.

Am 17. Juni 1763 bestätigte Markgraf Friedrich Christian die privilegierten Rechte des Bayreuther Zeitungsverleger in vollem Umfang und erfüllte damit auch Brunners Wunsch nach dauerhafter Kopplung von Zeitungsverlag und -Druckerei. Die Übertragung der Rechte aus der Hofbuchdruckerei auf Langbein blieb vorerst ausgeklammert.

Anfang August 1763, wenige Wochen nach Regelung seiner Zeitungsgeschäfte, begab sich Kommerzienrat Brunner auf Erholungsreise nach Mittelfranken. Sein Ziel, Wildbad bei Bad Windsheim, hatte er nie erreicht, da ihn in Neustadt a. d. Aisch der Tod ereilte.

Ein Epitaph in der Sakristei der dortigen St. Martinskirche erinnert an Bayreuths ersten Zeitungsverleger:
„Hier ruhet der rechtschaffenste Mann, dessen redliches Herz unvergeßlich seyn wird — Der Weyl. wohlgebohrne Herr, HERR JOHANN CASPAR BRUNNER, Hochfürstl. Brand. Culmb. Hof-Cammer-Rath. Der auf dem Weg ins Wildbaad am 2. August 1763 in dem 65.ten Jahr seines ruhmvollen Alters allhier seine Reise und Leben beschloß."
Die erste Ära des Hochfürstlichen Bayreuther Zeitungs-Comtoirs war beendet.

Wie Wir dann zugleich allen Unsern Landes- Amtshaupt- auch Oberamtsmannschafften, Beamten, Vögten, Richtern, Verwaltern, Amts-Schultheißen, wie auch Bürgermeistern und Rath hierdurch gnädigst und ernstlich anbefehlen, daß sie mehrbesagten Commercien-Rath *Brunner* und deßen Erben jezt und allezeit bey dem erst beschriebenen Privilegio und mit extendirten Jure prohibendi auch allen ihme darinnen ertheilten Begnadigungen und Freyheiten wider alle Contraventiones, Anmaßungen, Einträge, so offt es die Nothwendigkeit erfordern- und er oder die Seinigen deßen bedürfftig seyn sollten, mit Nachdruck schüzen und wider alle vermeßene *Turbatores* vertheidigen sollen.

Dahingegen Wir Uns gäntzlichen versehen, es werde der von Uns in dem angezogenen Privilegio auf so viele favorable Weise aggratiirte Commercien-Rath Brunner die ihme hierunter angediehene Clemenz unterthänigst erkennen, hiernächst in allen emanirenden Zeitungen, Intelligenz-Blättern, politischen deutschen und französischen Nachrichten, dann gelehrten Anmerckungen und Beyträgen sich jederzeit solcher Materien, Arbeiten, Handlungen und Vorfälle bedienen, daß dabey an guten und nützlichen Realitaeten, wahrhafften Begebenheiten und zuverläßigen Neuigkeiten kein Mangel verspüret werden — alle indecente Ausdrückungen und alle unanständig Ingredientien aber, die Unserer Fürstlichen Hoheit und Dignitaet zu einigen ungnädigsten Mißfallen und Verachtung, auch dem Publico zu einem Despect und Abscheu gereichen könnten, vorsichtiglich vermieden bleiben mögen; zu welchem Ende dem allhier anwesenden Buchdrucker Diezel alles Ernstes und mit Vorbehalt geschärften Einsehens anbefohlen wird, an denen ihme von dem privilegirten Commercien-Rath Brunner und den Seinigen zum Druck übergebenen Zeitungen und Arbeiten zu keiner Zeit einigen Unfleiß oder Saumsal zu schulden kommen zu laßen, weniger durch eine an der Sachen Beschleunigung verursachte Verzögerung Gelegenheit zu geben, daß die Arbeiten und Verrichtungen zurück bleiben, und über den Abgang des Verlages weshalb er sodann nothwendig zur Verantworttung und Ersezung Straf und Kosten würde gezogen werden müßen, Klage und Beschwerung bey denen an sothanen Begebenheiten Theil nehmenden Interessenten geführet werden möge: Gestalten denn, daferne berührter Buchdrucker über Verhoffen an der schleunigen Befolgung der Ihme obliegenden Incumbenz sich unfleißig, verdrossen, saumseelig und nachläßig bezeigen sollte, dem Commercien-Rath Brunner hierdurch die Freyheit ausdrücklich vorbehalten wird, sich solchen falls auf Unsere Bewilligung mit einer eigenen Druckerey versehen- oder sonst in andere Weege zur Beförderung der zum Druck nöthigen Arbeiten diensame und ersprießliche Mittel ergreifen zu dörffen.

Da übrigens dasjenige Privilegium welches von Uns schon hiebevor auf unterthänigstes Ansuchen dem Professori Groß in Betreff der mit Unserer Hochfürstlichen Bewilligung errichteten und in Unsere Landen bishero debitirten Zeitungen bestehend in einem Auszug der neuesten Weltgeschichte und schönen Wissenschafften, aus Gnaden ertheilet worden, annoch fernerhin in allen seine behörige Krafft und Würckung behält, gleichwie auch allen Unsern Dienern, Beamten und Landes-Innwohnern die Freyheit, sich zu ihren eigenen und privat Gebrauch der ausländischen Zeitungen, und was die Nürnbergische betrifft, gegen Entrichtung der darauf gesezten Abgabe ohne jemandes Hinderung zu bedienen, in alle Weege referiret und nachgelaßen bleibt.

Urkundlich unter Unserer höchsteigenhändigen Subscription und Beyfügung Unsers Regierungs Canzley-Insiegels gegeben in Unserer Residenz-Stadt Bayreuth den 28.ten Junii Ao. 1754
Friederich MzBC.

Staatsarchiv Bamberg, Rep. C7/VIII, Nr. 2455 („Zeitungsakte 1"), pag. 68—71, in 2. Ausfertigung pag. 72—77.

Bayreuther Zeitungen

(Num. 25)   Sonnabends, den 27 Februarius 1745

London, vom 9 Febr. Am Montag legte der Cantzler auf Königlichen Befehl dem Oberhauß, den Tractat zwischen Engeland und der Königin von Ungarn vom 11 Augusti 1744 denn den mit Churmayntz vom 7 April 1744 und den mit denen Herren Generalstaaten vom 4 Jul. vorigen Jahres vor. Das Unterhauß aber beschlosse in einer grossen Committee, dem König 200479 Pfund Sterlings zur ordentlichen Marine auf dieses Jahr 12000 Pfund Sterlings zu Erkauffung eines Stück Landes bey Portsmuth und Erbauung eines Spitals daselbst, und 290528 Pfund Sterlings zu Unterhaltung der Truppen und Besatzungen in denen Plantationen auf der Insul Minorca und zu Gibraltar vor jetzo lauffendes Jahr zu bewilligen. Vor 3 Tagen wurde eine Bille vorgeschlagen, um das Parlament jährig zu machen, welches aber mit 177 gegen 113 Stimmen verworffen worden. Heute haben die Gemeinen in einer Subsidien Committee dem König 177421 Pfund Sterlings verwilliget um den Non Valeur derer Subsidien des vorigen Jahres gut zu machen. Zwey in Schottland liegende Regimenter haben Befehl nach Flandern zu gehen. Die Truppen dieser Nation daselbst sollen heuer in 28107 Mann bestehen. Auch ist Befehl ausgefertiget worden, viele Truppen von Infanterie zu werben, und nach denen Americanischen Colonien zu senden. Gestern hat das Marine Regiment Blackeney Befehl bekommen, am Bord der Flotte zu Portsmut zu gehen.

London, vom 13 Febr. Auf dem Schloß zu Windsor werden würcklich einige Zimmer vor den Marschall von Bellisle u. seinen Hrn. Bruder zurecht gemachet, u. man erwartet diese 2 Hrn. nächstens allhier. Diesen Nachmittag ist auch ein Detachement von der Garde dahin abgegangen, um die Wache zu halten. Die lezthin von Lissabon angelangte Kauffarthey-Flotte hat unter andern 18000 Fässer Wein am Bord gehabt. Wir haben in Europa 99 und in America 115 Armateurs würcklich in der See. Man saget unsere Indianische Compagnie wolle sich dem Project, die Farth durch Norden nach Indien einzurichten, wiedersetzen.

Haag, vom 19 Februarii. Der Herr von Hammerstein, Chur-Cöllnischer Ministre allhier, hat angehalten, das im Cöllnischen stehende Holländische Corpo noch mit etlich 1000 Mann zu verstärken, damit den Franzosen in ihren zu machenden Excessen Einhalt gethan würde. Hierauf ist selbigem geantwortet worden, daß so bald die 4te Truppen-Vermehrung complet seye, des Herrn Churfürsten Begehren willfahret werden, und derselbe versichert seyn sollte, daß die Republic die Waffen nicht eher niederlegen würde, bis derselbe wegen der durch die Franzosen in seinen Landen verursachten Schäden Satisfaction erhalten hätte. Der Lord Chesterfield hat denen Deputirten Ihro Hochmögenden in der ersten Conferenz mit selbigen declariret, daß Seine Großbritannische Majestät entschlossen seyen, Dero gantze Macht mit der von der Republic

---

Ab Januar 1745 präsentierte sich die politische Bayreuther Zeitung mit neuem Kopf. Satzspiegel und Layout blieben unverändert.

Kapitel 4

BETRÜGEN ZEITUNGSSCHREIBER?
Wesen und Unwesen der politischen Zeitungen

Die Zeitungsgattung, die sich selbst als „politisch" bezeichnete und der auch Brunners „Bayreuther Zeitungen" angehörte, mußte im Umgang mit ihren Nachrichten besonders sensibel sein. Denn politische Berichterstattung berührte die Interessen des Landesherrn unmittelbar. Die Themen der politischen Presse erklären sich aus der Definition des Begriffs „Politik". Es wird darunter laut Duden all jenes Handeln verstanden, was auf die Durchsetzung bestimmter Ziele, besonders im staatlichen Bereich, und auf die Gestaltung des öffentlichen Lebens gerichtet ist[1]. Politische Berichterstattung hätte also demnach in alle Bereiche des öffentlichen Lebens eingreifen können. Da diese Definition aber in Zusammenhang mit der zu Brunners Zeiten herrschenden Staatsform des Absolutismus gesehen werden muß, versteht sich fast von selbst, daß aus der politischen Zeitung des Fürstentums Bayreuth keineswegs Kritisches, sondern nur Ruhmvolles über die eigene Landespolitik zu erfahren war. Diese Behutsamkeit des Verlegers erstreckte sich natürlich auch auf die Länder der weitverzweigten Verwandtschaft des fürstlichen Herrscherhauses.

Über die Einhaltung des publizistischen Respekts vor den Taten des Landesherrn wachte die Zensur. Da ihr nicht an der „historisch zuverlässigen Wahrheit", sondern an Wahrung der Staatsraison gelegen war, lautete ihre erste und wichtigste Regel: Der Fürst ist dein Herr und du sollst nichts gegen

Schreiber, Verleger und Drucker mußten vor der Zensur stets auf der Hut sein. Am ungefährdetsten war der Zeitungsleser, es sei denn, er las Zeitung ohne zu bezahlen, wie der rechts abgebildete „Zeitungsleser ohne Geld".

Le nouvelliste sans argent.

41

ihn schreiben, drucken oder veröffentlichen, ganz gleich wie wahr die Nachricht auch sein mag. Schreiber, Drucker oder Verleger, die gegen diese Regel verstießen, mußten mit Geld-, Gefängnis- oder Leibesstrafe rechnen. Je nach Grad des Ungehorsams konnte regelwidriges Verhalten auch zum völligen wirtschaftlichen Ruin des Schuldigen führen.

Gegen diese Sanktionen war Zeitungsverleger Brunner in nahezu jeder Weise gefeit gewesen. Abgesehen davon, daß zu Markgraf Friedrichs Zeiten die Zensur ohnehin sehr liberal gehandhabt wurde, war Brunner seinem Herrn von selbst ein treu ergebener Diener, hatte sozusagen „die Schere im Kopf", wenn es um die Belange seines Fürsten ging. In geradezu vorbildlicher Weise erfüllte er alle Bedingungen, unter die Friedrich die Herausgabe der Bayreuther Zeitungen gestellt hatte: „daß alle indecente Ausdrückungen und alle unanständig Ingredientien aber, die Unserer Fürstlichen Hoheit und Dignitaet [Würde] zu einigen ungnädigsten Mißfallen und Verachtung, auch dem Publico zu einem Despect und Abscheu gereichen könnten, vorsichtiglich vermieden bleiben mögen." (Generalprivilegium, 28. Juni 1754)

Verluste an Wahrheit und Wirklichkeit

Weit schwieriger war für Brunner eine andere Forderung seines Fürsten zu erfüllen gewesen, nämlich „daß man an *guten* und *nützlichen* Realitäten, *wahrhafften* Begebenheiten und *zuverlässigen* Neuigkeiten keinen Mangel verspüre." (Generalprivilegium)

Zwar hatte Brunner schon am 8. September 1738 versprochen, seine „angefangenen Zeitungen in einen solchen Stand zu setzen, daß selbige [Zeitungen] nicht etwa mit einander *widersprechenden* Nachrichten gefüllet seyen", sondern „die *hauptsächlichsten* Neuigkeiten in sich enthalten mögen" — doch stellten sich diesem idealen Vorhaben beträchtliche praktische Hindernisse in den Weg.

Denn noch weniger als der heutige Zeitungsleser konnte sich der frühere sicher sein, ob seine Zeitung „lügt wie gedruckt" oder „schwarz auf weiß" die Wahrheit verbreitete. Das Unvermögen der Presse, die „objektiv" geschehene Wirklichkeit *in Wahrheit* wiederzugeben, ließ Artur Schopenhauer die Zeitung mit einem „Sekundenzeiger der Geschichte" vergleichen, der nur „selten richtig" ginge.

Der Unregelmäßigkeit lagen viele Ursachen zugrunde. Bereits im 17. Jh. hatte eine als Frau personifizierte Nachricht („new Zeittung") beschrieben, welchen vielfältigen Manipulationen sie auf dem Weg zu ihrem Leser ausgesetzt ist: *„Man trägt mich in dem Maul herum, schleust mich durch Briefe, macht mich krumm, verstümmelt, verkürzet oder verlänget, der Drucker unter der Press' mich pfränget!"*

Da man der Meldung nach ihrer Veröffentlichung nicht mehr ansah, wie sehr ihr Wahrheitsgehalt unter beschriebener Prozedur gelitten hatte, konnte die von den Zeitungen selbst favorisierte Form der Nachrichtenbeschaffung — das Abschreiben aus anderen Zeitungen — dann ein übriges zur Weiterverbreitung von Unwahrheit und Unwirklichkeit tun.

Der Bayreuther Zeitungsschreiber Johann Conrad Engelhard, der in über dreißig Jahren Zeitungsarbeit (1764—1797) etliche Falschmeldungen auf diese Weise produziert hatte, — „Zeitungen sind kein Evangelienbuch" —, hielt für den Widerruf von Falschmeldungen eine Standardformulierung parat. Sie entsprach in Sinn und Wortlaut etwa auch den Dementis der anderen Zeitungen: *„Diese Nachricht ist in allen und jeden der angeführten Umstände falsch, unbegründet und freventlich erdichtet. Deshalb hat man dieser lügenhaften und verwegenen Verbreitung hiermit öffentlich zu widersprechen."* (Engelhard anläßlich einer „Gespenstererscheinung in Dresden", BZ 1769)

Jean Paul, der in seiner Jugend ein eifriger Leser der von Engelhard geschriebenen „Bayreuther Zeitungen" gewesen war, stellte wegen derer vielen Fehlurteile fest, daß sich die Bayreuther Zeitungswahrheit erst dann ganz zeige, wenn man die Zeitungen „nicht blatt- sondern heft- und bandweise" lese, „weil sie erst im Spielraum eines ganzen Heftes Blätter genug zum Widerruf ihrer anderen Blätter gewinnen kann."[2]

Ein Mann in ständigem Umgang mit Lüge und Wahrheit, der Coburger Amtsrichter Georg Paul Hönn, hatte sein Beobachtungsergebnis über Zeitungsverzerrungen sehr viel präziser gefaßt. Sein lehrreicher Leitfaden zur Erkennung von Zeitungsbetrug ist in seinem „Betrugslexikon", Abschnitt „Zeitungsschreiber betrügen" (Coburg 1722, 1730) enthalten. Obwohl die „Bayreuther Zeitungen" bei Richter Hönns Diagnose noch nicht auf dem Markt waren, behielten die aufgezeigten Merkmale des Zeitungsschwindels auch für Brunners später erschienene politische Blätter ihre volle Gültigkeit bei:

„Zeitungsschreiber betrügen —

(1) — wenn sie zu den von andern Orten her erhaltenen Relationibus [Berichte] aus eigenem Gehirn und ohne Grund mehr dazutun, oder aber — zumal die Relation [Nachricht] ihre eigene Religion betrifft, — das Beste davon weglassen.

(2) — wenn sie eine Begebenheit, welche sich an einem Orte zugetragen haben soll, ohne Noth vielfältig wiederholen und — nur damit die Blätter voll werden mögen — von vielen Orten her confirmiren [bestätigen].

(3) — wenn sie zur Ausfüllung der Blätter Dinge, die zwar möglich, aber zu der Zeit nicht geschehen sind, fingiren, und es hernach als eine wahrhaffte Geschichte in die Welt schreiben.

(4) — wenn sie bey Ermangelung der Materie [Stoff], die Blätter voll zu machen, alte Histörchen in die Zeitung mit eindrucken lassen, und solche für neue, als ob sie erst kürzlich passiret wären, ausgeben.

(5) — wenn sie aus Mangel dessen, was sie schreiben sollen, Dinge berichten, an deren Wissenschaft der Welt doch nichts gelegen, z.B. daß dieser oder jener vornehme Herr sich mit der Jagd, Comödien, Opern, Schlittenfahrt und dergleichen divertiret [unterhalten hat], oder an dem Fuß Ader gelassen.

(6) — wenn sie nach geschehener Censur und wider derer Censorum vorbewußt ein und andere nachtheilige Passage mit einfliessen lassen und noch nachschicken, um dadurch dieser oder jener Parthey zu flattiren [schmeicheln].

(7) — wenn sie bey geschehenen Treffen [Gefechten] den Verlust derer Feinde grösser, hingegen den Verlust der Ihrigen desto geringer machen.

(8) — wenn sie vom Auctore [Autor] oder Verleger eines Buches Geld nehmen und dasselbe [Buch] — ohnerachtet denen Gelehrten oder dem

Mit der Radierung „Verbesserung der Sitten" (1786) nahm Chodowiecki den Berliner Kupferstecher Merino aufs Korn, der aus dem Themenkreis schöpfte, den Hönns Betrugslexikon bei zu häufiger Verwendung durch die Zeitungen als Betrug klassifizierte. Chodowiecki nennt die Themen: „Weihnachten, Neujahr, Ball, Schlittenfahrt, Hochzeit, Uneinigkeit, Ehescheidung, Concert, Schauspiel, Diebstahl, Mordbrenner, Picknick, Krankheit".

Publico gar wenig oder nichts daran gelegen, — mit unverdienten Lobsprüchen recommendiren [empfehlen] und kund machen.
(9) — wenn sie gegen einen Recompenz [Lohn, Entschädigung] dieses oder jenes Mannes Thaten, wie er sie ihnen angibt (um sich in der Welt bekannt und damit groß zu machen), in ihre Advisen [Ankündigungen] setzen.

Hönns Betrugs-Brevier erwies sich gleich nach Erscheinen als echter Renner auf der Leipziger Büchermesse. Das Buch sei „dergestalt wohl aufgenommen worden", teilte der Autor später mit, „daß sich in der ersten Messe sogleich die ganze Auflag von 2000 Exemplaren verlohren hat" und man noch während der Messe nachdrucken mußte. Doch nicht alle Leser seien gleichermaßen begeistert gewesen: „Ich bin ehemals gewarnt worden", merkte Hönn seiner Erfolgsmeldung noch an, „mich in gewissen Orten vorzusehen, als woselbst man wegen einiger vermeyntlich nachtheiliger in meinem Betrugslexicon enthaltenen Passagen auf mich hefftig erzürnet wäre."[3]

In welchem Maß die Zunft der Zeitungsschreiber dem Richter zürnte, ist nicht belegt. Zu ihrer Verteidigung sei jedoch (mit Karl Kraus) gesagt, daß es manchmal geradezu die pure Wahrheit gewesen war, die diesen Berufsstand so sehr in Mißkredit gebracht hatte, denn „es kann keiner die Fackel der Wahrheit durchs Gedränge tragen, ohne jemanden dabei den Bart zu versengen."

Selbst Richter Hönn hatte den Zeitungsmachern einräumen müssen, daß man ihnen nicht allein alle Manipulationen an Wahrheit und Wirklichkeit anlasten konnte. So sprach er vorsichtshalber in Punkt sechs seiner Lügenliste erst dann von Betrug, wenn der Zeitungsschreiber einem Artikel *nach* der Zensur etwas angefügt hatte. Mit anderen Worten war all das, was vorher die Schranken der Zensur anstandslos passiert hatte, nach Hönns Auffassung als „die Wahrheit" zu betrachten gewesen. Daß dem „in Wirklichkeit" nicht so gewesen sein konnte, erklärt sich schon aus der bereits geschilderten Funktion der Zensur.

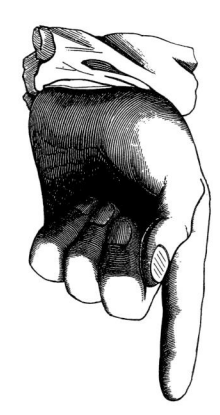

„Der Herr Zeitungsschreiber ist sofort verhaftet worden!"
Der Fall Johann Gottfried Groß

Obwohl wir von keinem Fall wissen, in dem ein Zeitungsschreiber aus Brunners Comtoir jemals mit der Zensur in Konflikt geraten wäre, gibt es sichere Anzeichen dafür, daß auch im Fürstentum Bayreuth die Presse in politischer Ohnmacht gehalten wurde. Die Hauptindizien dafür liefert Brunners Erlanger Konkurrent, Johann Gottfried Groß. Sein Fall zeigt exemplarisch, an welch dünnen Faden die Existenz desjenigen Zeitungsschreibers hing, der es gewagt hatte, sich kritisch in die Politik einzumischen oder — wie es Friedrich der Große gegenüber seiner Schwester

Wilhelmine formulierte — „die Stirn hat, gekrönte Häupter so frech zu beleidigen."

Daß wir mit der näheren Betrachtung dieses Falles das spezielle Untersuchungsgebiet „Residenzstadt Bayreuth" verlassen, wird durch dreierlei Nutzen gerechtfertigt: — es zeigt sich für den ganzen Gültigkeitsbereich des Fürstentums Bayreuth, wo für einen Zeitungsschreiber die Grenze des politisch Möglichen verlief (was in Brunners angepaßter Presse nie richtig ausgelotet worden ist); — es kann der Mechanismus Hochfürstlicher Machtvollkommenheit demonstriert werden; — und es gibt eine Art Happy End, in dem sich Markgraf Friedrich als echter Fürst der Aufklärung erweist*) und — sehr zu Brunners Verdruß — seine Herrschaft über die Presse nicht zu deren Unterdrückung, sondern zur Förderung der Mündigkeit seiner Untertanen eingesetzt hatte. Doch bevor die Huld des Fürsten über dem Erlanger Zeitungsverleger wieder ruhte, mußte derselbe Johann Gottfried Groß, seinerseits mutiger Aufklärer, eben deshalb erst einen langen, dornenreichen Weg gehen.

Bevor Groß als Aufklärer und „Erlanger Zeitungsschreiber" sein Werk begann, war er als „Cabinetts-Prediger der verwittibten Fürstin von Anhalt-Cöthen" tätig gewesen. 1740 wurde der 37jährige als Lehrer für Geschichte an die Erlanger Ritter-Akademie berufen. 1741 gründete er seinen „Christian-Erlangischen-Zeitungs-Extract". Als 1743 die Universität von Bayreuth nach Erlangen verlegt wurde, bot man Groß eine Professur an, — „er schlug sie aber aus und beschloß, sich einzig und allein mit seiner Zeitung zu beschäftigen."⁵

---

*) Was Aufklärung eigentlich sei, hat die „Berlinische Monatsschrift" erst sehr viel später, im Dezember 1784, griffig auf den Punkt gebracht: „Beantwortung der Frage: Was ist Aufklärung? Aufklärung ist der Ausgang des Menschen aus seiner selbstverschuldeten Unmündigkeit. Unmündigkeit ist das Unvermögen, sich seines Verstandes ohne Leitung eines anderen zu bedienen. Selbst verschuldet ist diese Unmündigkeit, wenn die Ursachen derselben nicht am Mangel des Verstandes, sondern der Entschließung und des Muthes liegt, sich seiner ohne Leitung eines andern zu bedienen. Sapere aude! Habe Mut dich deines eigenen Verstandes zu bedienen! ist also der Wahlspruch der Aufklärung. (Immanuel Kant)"⁴

Wir erinnern uns, wie Brunner im Jahr 1742 die Früchte dieses Entschlusses madig gemacht hatte (S. 31). Das Bayreuther Markgrafenpaar Friedrich und Wilhelmine brauchte wesentlich länger, um die Schädlichkeit der Groß'schen Zeitungen zu erkennen. Das lag hauptsächlich daran, daß „weder er noch ich jemals solches Zeug liest", wie Wilhelmine ihrem Bruder gestand. Friedrich der Große war dagegen ein sehr aufmerksamer Leser der Groß'schen Postille gewesen und hatte seine Schwester auf das unverschämte Treiben des Erlanger Zeitungsschreibers erst aufmerksam gemacht: „Ich weiß nicht, womit ich seine Ungnade verdient habe; wohl aber weiß ich, daß ich in meinem Lande nicht gestatte, daß dergleichen Frechheiten gegen meine Verwandten gedruckt werden!" (13. 11. 1744)⁶

Vermutlich wegen Schwierigkeiten mit Friedrich d. Gr. wollte Groß schon nach dem ersten Jahr seiner Zeitungsgründung das Fürstentum Bayreuth verlassen und ins unabhängige Ausland nach Coburg gehen. Damals war der Coburger Herzog dem Groß'schen Ansinnen nicht abgeneigt gewesen, hielt aber eine „Warnung vor allen Exceß" für angebracht: „Weil Impetrant [Bittsteller] in seinen wöchentlichen Auszügen manchmal etwas frei, obgleich dem Leser auf eine nicht unangenehme Weise zu räsonnieren pflegt." (30. April 1742)⁷

Durch Vermittlung des Markgrafen Friedrich konnte die Unstimmigkeit mit Berlin wieder bereinigt werden und Groß gedachte in Erlangen zu bleiben. In dem Brief, in dem sich Groß am 27. November 1742 beim Markgrafen für dessen Hilfe bedankte, stellte Groß auch die Bedingungen vor, unter denen er sich das künftige Arbeiten als Zeitungsverleger in Erlangen optimal vorstellen würde: „Meine eigene Druckerei, da mich die Schmazische nicht fördern kann" und den Verkauf des Hauses Nr. 15–17 in der Erlanger Hauptstraße.

Laut Kaufvertrag vom 1. November 1742 wurde ihm das gewünschte Haus für 1.800 Gulden verkauft und auch das Recht gewährt, „zu mehrer Förderung seines Verlags einen offenen Buchladen, wie auch seine eigene Druckerei in diesem Gebäude fortzuführen."⁸

1744 war Zeitungsverleger Groß erneut in die Schußlinie Friedrichs d. Gr. geraten. Wir wissen zwar wieder nicht, was den Unmut des preußischen Königs diesmal erregt hatte, aber Markgraf Friedrich mußte auf König Friedrichs Betreiben das Blatt von September bis Oktober 1744 im Fürstentum Bayreuth verbieten.

Indes begriff Groß das Verbot seiner Zeitung nicht als persönliches Schreibverbot, sondern setzte seine aufklärerische (politisch zersetzende) Tätigkeit in einem Blatt neuen Namens unverdrossen fort. So konnten seine Leser ab 10. September 1744 im „Schauplatz der Zeit", erhältlich beim Universitätsbuchdrucker Montag, die Groß'sche Beurteilung der Weltpolitik gespannt weiterverfolgen.

Die Umgehung des Zeitungsverbots war für Groß eine riskante Aktion gewesen. Ohne Hochfürstlich-Bayreuthisches Wohlwollen wäre der „Schauplatz der Zeit" mitsamt seinem Herausgeber zum sicheren Untergang verurteilt gewesen. Daran hätte auch die Tatsache nichts geändert, daß Groß sowohl durch ein *markgräfliches*, als auch durch ein *kaiserliches* Privilegium zur Herausgabe einer Zeitung legitimiert war. Der Markgraf hätte ihn trotzdem ohne weiteres ins Gefängnis werfen können. Daß er es nicht tat, scheint Groß vor allem Markgräfin Wilhelmine zu verdanken gehabt haben: als im Oktober 1744 das Verbot der alten Groß'schen Zeitung wieder aufgehoben wurde⁹ und sich kaum einen Monat später Friedrich der Große erneut über die „Ungnade" und „Frechheiten" des Erlanger Zeitungsschreibers bei Wilhelmine beklagte, schien sie Groß immer noch verteidigt zu haben. Denn Friedrich d. Gr. wies Wilhelmine etwas unwillig auf die Briefe hin, in denen er dem Markgrafen schon vor einem halben Jahr seine Ansichten darüber mitgeteilt hatte:

„Was den unglücklichen Erlanger Zeitungsschreiber betrifft, der die Stirn hat, gekrönte Häupter so frech zu beleidigen, so beziehe ich mich auf die Schreiben, die ich am 4. Juli und 1. August 1744 an Deinen Gemahl, den Markgrafen, gerichtet habe, und will auf ein so widerwärtiges Thema hier nicht weiter eingehen."
(Berlin, 20. Dezember 1744)¹⁰

Beim Schreiben dieses Briefes wußte der preußische König noch nicht, daß wenige Tage zuvor der Markgraf schon selbst erneut gegen den „Schauplatz der Zeit" eingeschritten war und das Blatt (wegen eines kritischen Berichtes über die Räumung der Stadt Prag durch die Preußen) konfiszieren ließ. Andererseits hatte sich Groß auch von dieser markgräflichen Zwangsmaßnahme nicht einschüchtern lassen und seine eigene Linie der politischen Berichterstattung beharrlich weiterverfolgt. Denn wenig später, am 2. Januar 1745, konnte Friedrich d. Gr. seiner Schwester neue Beispiele Großscher Unverschämtheiten vorlegen:

„Im Verfolg meines letzten Briefes schicke ich Dir nur zwei Proben der letzten Veröffentlichungen Eures streitbaren Zeitungsschreibers. Sie werden Dich ein wenig über seine Denkweise und über seine Rücksichtslosigkeit gegen mich aufklären. Wie dem aber auch sei, entschuldige bitte, daß ich Dich mit solchen Lappalien unterhalte." (Potsdam, 2. Januar 1745)[11]

Obwohl wir den Inhalt der beanstandeten Zeitungsmeldungen auch diesmal nicht kennen, bezeugt Wilhelmines Antwortbrief, daß die „Lappalien" zur Verhaftung des Zeitungsschreibers ausgereicht hatten. Am 12. Januar 1745 meldete sie ihrem Bruder den Vollzug der Strafmaßnahme:

„Ich erhielt diese Woche zwei Briefe von Dir, liebster Bruder, die ich nebst den beigelegten Erlanger Zeitungen sogleich dem Markgrafen übergeben habe. Der Herr Zeitungsschreiber ist sofort verhaftet worden. Auf Grund Deiner Briefe an den Markgrafen war seine Zeitung schon einmal verboten worden. Da weder er noch ich jemals solches Zeug liest, haben wir sein unehrerbietiges Benehmen nicht erfahren." (Bayreuth, 12. Januar 1745)[12]

Was Markgräfin Wilhelmine zum Zeitpunkt ihres Schreibens nicht wußte: Groß hatte sich seiner Verhaftung durch Flucht entziehen können. Der kluge Mann hatte sich schon bei Zuspitzung der Krise, im Herbst 1744, in Nürnberg einen Fluchtpunkt aufgebaut: am 5. November 1744 legte er dem Nürnberger Stadtrat sein kaiserliches Zeitungsprivilegium zur Begutachtung vor, Ende des Jahres kaufte er „den sogenannten Rohlederers Garten bei St. Johannis vor der Reichsstadt Nürnberg ... und übersiedelte dorthin."[13]

Die ersten Nummern seines „Schauplatz der Zeit" von 1745 wiesen im Impressum noch aus: „zu finden in Christian-Erlang". Die folgenden Zeitungsausgaben wurden aber schon „bei Fleischmann in Nürnberg" gedruckt. Während der gefährlichsten Zeit, kurz nach dem Haftbefehl vom 12.(?) Januar 1745, war Groß der Boden offenbar auch in Nürnberg zu heiß geworden und er hatte sich nach Wien abgesetzt[14]. Währenddessen wurde seine Zeitung (1745, Nr. 5—25) vom Nürnberger „Winkeladvocaten Christ. Gottlieb Richter" herausgegeben.

Friedrich d. Große, der über diese Vorgänge nicht informiert gewesen war und den Erlanger Zeitungsschreiber schon in harter Festungshaft auf Plassenburg wähnte, hatte dem kühnen Kämpfer inzwischen wieder verziehen. Er reagierte auf Wilhelmines Nachricht von dessen Verhaftung mit der Bitte um Gnade für den armen Tropf, freilich unter der Vorraussetzung, daß künftig ein Zensor Herrn Groß genau auf die Finger schauen werde:

„Liebste Schwester! Ich erhielt Deinen Brief über den Erlanger Zeitungsschreiber. Meine Rache geht nicht soweit, wie Du annimmst; ich bitte Dich, ihn freizulassen. Wenn irgend ein Zensor verhindert, daß er das Volk, dem Du entstammst, lächerlich macht, so bin ich ganz zufrieden." (Berlin, 19. Januar 1745)[15]

Doch für Reue war es jetzt zu spät. Wilhelmine an Friedrich:

„Es ist sehr hochherzig von Dir, daß Du Dich für den kecken Sterblichen interessierst, der Dein Mißfallen erregen konnte. Der Herr ist verschwunden und hat, glaube ich, die Lust verloren, Zeitungen zu schreiben." (Bayreuth, 28. Januar 1745)[16]

Wie wir wissen, täuschte sich Wilhelmine hier abermals, denn Groß hatte keineswegs die Lust am Zeitungsschreiben verloren, nur steuerte er sein Nachrichtengeschäft nun von Nürnberg aus. Darüber hinaus war er auch noch als „K.-K. Rath und Agent" in die Dienste von König Friedrichs politischer Rivalin, Maria Theresia, getreten.

Obwohl Groß 1746 seinen „Schauplatz" wieder in „Christian-Erlanger Auszug der neuesten Weltgeschichte" umbenannte und damit vielleicht ein Zeichen zur Entspannung setzen wollte, wurde das Blatt weiterhin in Nürnberg geschrieben und gedruckt.

Die Beteiligten am „Erlanger Zeitungsstreit", v.l.n.r.: Der preußische König, Friedrich II; dessen Schwester, Markgräfin Wilhelmine und deren Gemahl, Markgraf Friedrich. Vom Urheber des Skandals, Zeitungsverleger Groß, stand leider kein Bildnis zur Verfügung.

Die Chancen für eine Fortsetzung der Zeitung im markgräflichen Erlangen standen zu dieser Zeit schlechter als je zuvor: Friedrich d. Gr. hatte im Gefolge eines Streites mit seiner Schwester (bei dem es auch um die Affäre des Markgrafen mit Dorothea v. Marwitz gegangen war), auch gegenüber dem Erlanger Zeitungsschreiber wieder seinen Großmut vergessen:

„Dann hast Du es geduldet, daß ein schuftiger Zeitungsschreiber in Erlangen mich wöchentlich zweimal zerpflückte; statt ihn zu bestrafen, ließ man ihn entkommen!"
(Potsdam, 16. April 1746)[17]

Diesen Vorwurf wies Wilhelmine entschieden zurück:

„Nun komme ich zum zweiten Punkt, dem Erlanger Zeitungsschreiber. Hier fällt mir die Rechtfertigung nicht schwer. Meine Schwester in Schweden machte mich, lange bevor Dein Brief eintraf, auf sein freches Benehmen aufmerksam. Ich teilte es sofort dem Markgrafen mit, der ihm einen scharfen Verweis erteilen ließ und ihm mit der Festung drohte, falls er in seinen Frechheiten fortführe. Da wir beide keine Zeitungen lesen, konnten wir nicht voraussehen, daß er nach diesem Denkzettel dem Willen des Markgrafen zuwiderhandeln würde. Wir hätten ja närrisch sein müssen, wenn wir dergleichen Dinge hätten gutheißen wollen, die uns vor der Welt im Grunde mehr geschadet hätten und auch wirklich [mehr] geschadet haben als Dir.

Du siehst also, daß der Markgraf, statt ihn entlaufen zu lassen, sehr froh gewesen wäre, ihn in Händen zu haben, um Dir glänzende Genugtuung zu geben, den ihm angetanen Schimpf zu ahnden und das Publikum eines besseren zu belehren. Er hatte sogar Leute ausgeschickt, um ihn in sein Land zu locken, als Du mir schriebst und um seine Begnadigung batest."
(Bayreuth, 3. Mai 1746)[18]

Nach diesem Brief mußte Johann Gottfried Groß noch zwei Jahre auf Gunst

Nicht zu Unrecht galt im 18. Jh. Schreib- und Druckpapier, dank seiner liebevollen Verarbeitung, als besonders geduldig. Die Abbildung zeigt die Herstellung von „hölzern Papier". Diese Novität erwies sich jedoch auf Dauer als weniger widerstandsfähig als das aus Lumpen hergestellte Papier. Die Herstellungsschritte waren für beide Papiersorten die gleichen:
  I. = Zerfasern der Rohmasse in der „Holländer" genannten Stampfmaschine
 II. = Der Papierbrei, versetzt mit Bindemitteln, wird mit dem Sieb aus der Bütte geschöpft
III. = Nach Ablaufen des Wassers wird das feuchte Blatt vom Sieb gelöst und zum Trocknen aufgehängt
 IV. = Der Papierbogen wird mit einem Reibholz geglättet und zum Versand aufgestapelt.

und Gnade des Markgrafen und der Markgräfin warten. Erst Ende 1748 durfte er seine (nun „Auszüge der neuesten Weltgeschichte" genannte) Zeitung wieder in Erlangen herausgeben. 1752 wurde Groß von Markgraf Friedrich zum „Hochfürstl. Brandenburg. Rath und Historiographus" ernannt und am 27. August 1753 wurde an ihm der letzte Akt der Wiedereingliederung ins Fürstentum Bayreuth vollzogen: Markgraf Friedrich verfügte, „daß seinem Gesuch wegen Etablirung und Aufenthalts zu Erlangen und Fortsetzung der Wochenblätter mit eigenem Druck, ohne der Universität Censur und Jurisdiction [wie sonst für Erlanger Drucker und Verleger üblich] zu willfahren sei."[19]

Dieser Vorgang ist umso bemerkenswerter, als wenige Tage zuvor der Markgraf einen Brief seines Bayreuther Verlegers Brunner erhalten hatte (22. August 1753), in dem sich dieser eben über „Rath Großens Erlanger Zeitung" heftig beschwerte und seinen Konkurrenten am liebsten zum Teufel gewünscht hätte. Doch der Markgraf hatte sich in seiner Wertschätzung gegenüber Groß weder von diesem, noch von späteren Schreiben Brunners beirren lassen, sondern stellte fest: „Dasjenige Privilegium, welches von Uns schon hiebevor auf unterthänigstes Ansuchen dem Professori Groß in Betreff der mit Unserer Hochfürstlichen Bewilligung errichteten und in Unseren Landen bishero debitirten Zeitungen — bestehend in einem Auszug der neuesten Weltgeschichte und schönen Wissenschafften — aus Gnaden ertheilet worden, — behält annoch fernerhin in allen seine behörige Krafft und Würckung." (1754, Generalprivilegium)

Als Markgraf Friedrich in seinem Lande ausdrücklich zwei politische Zeitungen privilegierte, hatte er sich sicher nicht allein von Menschenfreundlichkeit, sondern auch von purem Pragmatismus leiten lassen. „Denn ein jeder Fürst", postuliert das Handbuch der Publizistik[20], „war darauf bedacht, in seiner Residenz oder anderswo in seinem Lande ein Organ zu besitzen, das seine Außenpolitik offen oder verdeckt unterstützte." Und bei allem Respekt vor Kommerzienrat Brunner: Der Vollblutjournalist war Groß gewesen.

Abgesehen von diesem kleinen Eigennutz, handelte Markgraf Friedrich sonst ganz im Sinne vernünftiger Aufklärung: Die Pressevielfalt in seinem Land und Fürstentum dürfe weder durch Brunners, noch Großens Zeitungen gemindert werden; es soll „allen Unsern Dienern, Beamten und Landes-Innwohnern die Freyheit [bleiben], sich zu ihren eigenen und privat Gebrauch der ausländischen Zeitungen (und was die Nürnbergische betrifft, gegen Entrichtung der darauf gesezten Abgabe), ohne jemandes Hinderung zu bedienen." (Generalprivilegium 1754)

Kapitel 5

DAS NEUESTE AUS BAYREUTH UND ALLER WELT
Die „Bayreuther Zeitungen" in ihren Meldungen

Die Geschichte der ersten Ära des „Hochfürstlichen Bayreuther Zeitungs-Comtoirs" würde unvollständig sein, wenn dessen wichtigstes Verlagsprodukt, die politische Bayreuther Zeitung, am Schluß nicht selbst zu Worte käme. Allerdings wirft es einige Probleme auf, die „Bayreuther Zeitungsstimme" im Originalton ihrer Meldungen erschallen zu lassen: Zum einen sind alle Zeitungsbestände, die vor 1742 erschienen sind, sang- und klanglos verschwunden (s. S. 13f.); zum anderen sind für die Zeit bis 1763 noch immer ca. 12 000 nachrichtengesättigte Zeitungsseiten erhalten geblieben. Um diese bombastische Datenfülle auf den hier zur Verfügung stehenden Raum reduzieren zu können, mußte sich der Autor zuerst von allen Regeln der Objektivität verabschieden. Indes entspricht seine Methode der subjektiven Meldungsauswahl durchaus dem Wesen der Zeitungen selbst, — so man dem Forschungsergebnis eines der ersten Zeitungswissenschaftler Deutschlands Glauben schenken will. *„Zeitungen"*, befand 1697 Kaspar von Stieler, *„sind gedruckte Erzählungen der hin und wieder vorgegangenen Dinge, — ohne gewisse Ordnung und Beurtheilung, nur zur Ersättigung der lesenden Neugierigkeit und zur Benachrichtigung von denen Welthändeln [-handlungen] erfunden."*

Die Meldungen und Berichte, die diesem zeitgezeugten und unter „politischen" Gesichtspunkten bereits vorsortierten Sammelsurium namens „Bayreuther Zeitungen" entnommen wurden, spiegeln die Vorstellung wieder, daß Bayreuth für die Zeitung der Nabel der Welt gewesen sei und dem Neuesten aus Bayreuth deshalb der meiste Platz in den Zeitungen gebührt hätte. Dem war in Wirklichkeit nicht so. Bayreuth, der Verlagsort, geriet relativ selten in die „Schlagzeilen" von Brunners Blättern. Dazu mußte sich schon etwas Außergewöhnliches ereignet haben, z.B. 1748 das „Höchstbeglückte Hochzeitsfest" der Prinzessin Elisabeth Frederike Sophie (das Hoffest des barocken Bayreuth schlechthin, S. 60), oder der Brand des Hochfürstl. Bayreuther Residenzschlosses, 1753: noch während das Schloß lichterloh brannte, erschien schon der erste Zeitungsbericht, vermutlich vom Geheimen Archivarius Jakob Lorenz Krauß verfaßt (S. 68).

Außerordentliche und somit berichtenswerte Ereignisse waren selbstverständlich alle Hochzeits- und Geburtstagsfeste, Verwandtschaftsbesuche

Höfisches Leben und Treiben auf der Eremitage in der Vorstellung des Zeichners Josef Puschkin, als Holzstich in der „Illustrierten Welt" von 1868 veröffentlicht. Unten: Ausschnitt aus einer Landkarte von J. F. Weiß, 1753.

und -Empfänge, Ankünfte und Verabschiedungen von Mitgliedern des Hochfürstlichen Bayreuth-Brandenburgischen Herrscherhauses. Dieser Zeitungspflicht verdanken wir z.B. den Bericht vom großen Fest auf dem Brandenburger See bei St. Georgen, 1745, anläßlich Wilhelmines 36. Geburtstag: Gnädigste Hohe Herrschaften und Noblesse erschienen in Matrosentracht und betraten das „auf 5 Schiffen erbaute Theatro"; währenddessen spieen schreckliche „See-Monstris" bunte Feuer aufs Wasser und „in der ganzen Peripherie des Hafens stiegen die Lufftkugeln, Raqueten und andere Lufftfeuer in solcher Menge auf, daß Lufft und Wasser mit Feuer angefüllet schiene." (S. 58)

Leider wird der Leser aus dem 20. Jh. in seiner „Ersättigung der Neugier" zunächst etwas gebremst: einmal durch die lästige Angewohnheit der Bayreuther Barock-Reporter, ihre Zeitungsberichte mit zahllosen ehrfurchtsvollen „Ihros", „Deros" und „Hochfürstliche Durchleuchtigkeiten" zu durchtränken, ein andermal, weil Satzbau, Grammatik und Wortschatz der barocken Bayreuther Zeitungssprache an sich schon sehr gewöhnungsbedürftig sind. Vermutlich werden etliche Leser den vorangegangenen Text dieser Veröffentlichung zum erstenmal als wahre Erholung empfunden haben. Bevor Sie sich selbst ein Bild vom barocken Bayreuther Zeitgeist machen, hier noch die Erwähnung einiger äußerer Merkmale der Zeitung. Format: 1/4-Bogen (Quart), ca. 19 cm/23 cm. Umfang: 4 Seiten. Erscheinungsweise: dreimal wöchentlich, Samstags, Dienstags und Donnerstags. Ein Jahrgang umfaßte durchschnittlich 624 Seiten. (Heutige Zeitung: durchschnittlich 11.000 Seiten*). Der Lesestoff wurde in hochverdichteter Form angeboten: keinerlei Bildmaterial, sparsamste typographische Ausgestaltung des Textes, keine Hervorhebung durch Schlagzeilen. Die Meldungen gingen nahezu nahtlos ineinander über, nur durch Ort und Datum der jeweiligen Meldung (halbfett gedruckt) von einander getrennt. Fremdwörter wurden statt in Fraktur- in Antiquaschrift gesetzt. Der Inseratenteil wurde vom redaktionellen Teil durch Verwendung einer kleineren Schrifttype unterschieden (gelegentlich auch im normalen Schriftgrad gesetzt). Insgesamt präsentierten sich die Bayreuther Zeitungen als Bleiwüste.

Erfreulich vielfältiger und abwechslungsreicher gestaltete sich dagegen Brunners geographischer Nachrichtenumgriff. Im Fenster, das der Bayreuther Zeitungsverleger dem Fürstentum Bayreuth zur großen weiten Welt geöffnet hatte, traten z. B. 1743 folgende Meldungsorte in Erscheinung:

+ Altona + Arnheim + Arzberg + Andernach + Augsburg + Aachen + Basel + Bonn + Bayreuth + Baaden i. d. Schweiz + Breßlau + Berlin + Brüssel + Bern + Bologna + Cölln + Constantinopel + Coppenhagen + Corregio + Chambery + Carlsruhe + Coblenz + Donauwerth + Dünkerken + Danzig + Darmstadt + Dresden + Dietz + Debreczin + Düsseldorf +

*) Nordbayerischer Kurier 1992, Ausgabe Bayreuth: Ein ganzer Jahrgang von Brunners „Sekundenzeiger der Geschichte" hätte bequem in fünf Tagesausgaben unserer heutigen Zeitung gepaßt.

Erlang + Eger + Ebersdorf + Entin + Fano + Forli + Fontainebleau + Freyburg i. Brißgau + Frankfurt + Florenz + Ferrara + Gent + Genua + Gibraltar + Genf + Germersheim + Haag + Hamburg + Hannover + Hanau + Hof + Hünningen + Hildesheim + Ingolstadt + Imola + Jena + Kemnath + Köstritz + Königsberg + Lausanne + Lübeck + Lion + London + Lissabon + Livorno + Landshut + Leuwarden + Luxemburg + Montmelian + Mannheim + Mez + Moscau + Mietau + Madrid + München + Münster + Modena + Mayland + Mastricht + Mantua + Maynz + Mirandola + Neapolis + Neuwied + Niza + Nürnberg + Nördlingen + Nancy + Ostende + Oettingen + Petersburg + Passau + Prag + Paderborn + Pesaro + Paris + Regensburg + Rom + Rimini + Rufstein + Reinhausen + S. Julien + Speyer + Stockholm + Schirnding + Schaffhausen + Straßburg + Straubing + Saalfeld + Turin + Thiersheim + Trarbach + Utrecht + Versailles + Venedig + Weissenburg i. Elsaß + Worms + Wertheim + Williamsburg i. Virginien + Waldsassen + Weyden + Wien + Zweybrücken + Zürich.

Die genannten Orte erfüllten hauptsächlich die Funktion von Brückenköpfen. So verbarg sich z. B. hinter einer Meldung „aus Amsterdam" der Bericht von einem Geiseldrama, das sich an der marokkanischen Küste bei Tetuan abgespielt hatte. Insgesamt zeigen die Korrespondentenberichte der „Bayreuther Zeitungen", daß die Briefe mit den „neuesten Zeitungen" schon damals rund um den alten Erdball gelaufen sind. Es hat nur etwas länger gedauert. Die Geschwindigkeit der Nachrichtenbeförderung wurde durch die technischen Möglichkeiten begrenzt (am schnellsten war der reitende Bote), vor allem aber durch die unberechenbaren Launen des Wetters in Zaum gehalten. Ihm war die Zeitung bis ans Ende ihrer Tage hilflos ausgeliefert. So wurde z.B. 1788 der Mangel an neuen Nachrichten mit der Begründung entschuldigt: „Wind und Wetter

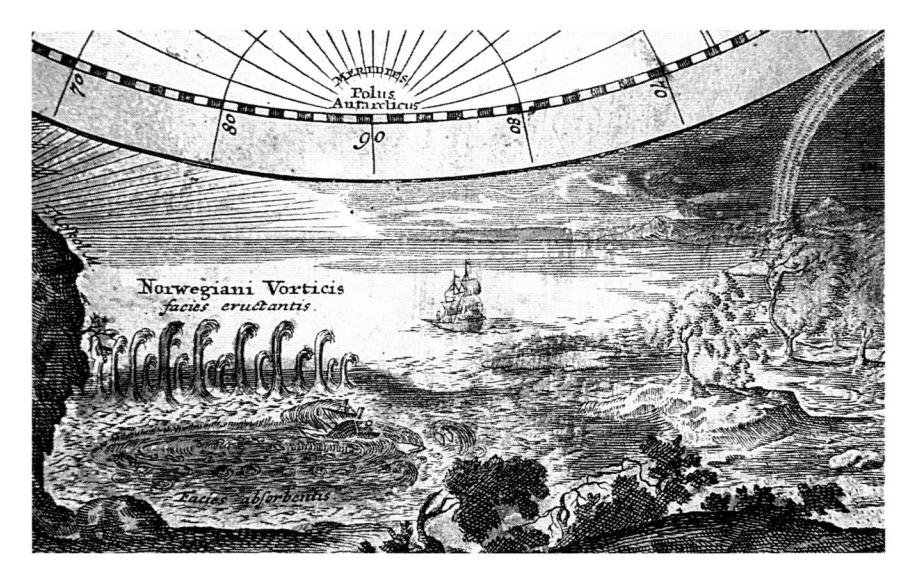

Eine Randillustration der rechts oben abgebildeten Weltkarte zeigt die Hauptgefahr, die auf den Seefahrer des 18. Jh. lauerte, die „Norwegischen Kräfte". Das waren eruptierende Wassermassen und ein alles verschlingender Strudel.

haben gestern — so gerne wir unser Tagwerk wieder angefangen hätten — uns einen Feyertag gemacht. Die mit Schnee und Regen, Frost und Wärme abwechselnde Witterung hat die Posten allerwegen aufgehalten." (BZ/27. 12. 1788) Mehr zur Verbindung von Post- und Zeitungswesen im letzten Kapitel.

Der redaktionelle Teil der Zeitung nahm etwa neunzig Prozent des Raums ein. Entsprechend gering war das Aufkommen der „Werbung". Es beschränkte sich pro Zeitungsausgabe in der Regel auf ein bis zwei Inserate, „Avertissements" genannt, die meist aus kurzen, knappen Sätzen bestanden. Gelegentlich wurde der übliche Umfang durch ein ganzseitiges Avertissement gesprengt, so mehrmals 1752, als in den Bayreuther Zeitungen um Neusiedler für Amerika geworben wurde. (BZ 2/4. 1. 1752, Abb. S. 75)

Das Normalmaß der „Werbung" von 1752, am Beispiel der BZ vom 6. Juni: *„Gestern Abend ist in dem Hochfürstlichen Schloß allhier ein Pack Seiden von 3 bis 4erley Schattierung verlohren worden. Wer solche gefunden, wird freundlichst ersuchet, selbige gegen ein raisonables Douceur [angemessene Belohnung] an den Crepinmacher [Seidenmacher] Schemer auszuhändigen."* Bleibt für die folgenden Meldungen noch darauf hinzuweisen, daß gemäß dem Abschnitt über „Zensur und Zeitungsbetrug" (S. 42) keinerlei Anspruch auf Wahrhaftigkeit, Wirklichkeit oder Objektivität an sie geltend gemacht werden kann.

Merkur, der Götterbote, den sich die alten Zeitungen zum Symbol ihres Metiers ausgewählt hatten. Sein von Schlangen umwundener Heroldsstab weist darauf hin, daß er auch der Beherrscher der Heilkunst war, außerdem soll er das Alphabet und die Tonleiter erfunden haben. Die Griechen, die ihn Hermes nannten, hielten ihn für den klügsten aller Götter. Grund genug für die frühen Journalisten, sich ihn zu ihrem Sinnbild zu erwählen. Einige der zahllosen Neuigkeiten, die Merkur im 18. Jh. nach Bayreuth gebracht hatte, können Sie auf den folgenden Seiten nachlesen.

Weltkarte aus dem kartographischen Verlag Homann in Nürnberg, um 1745.

≫❦)(552)(❦≪

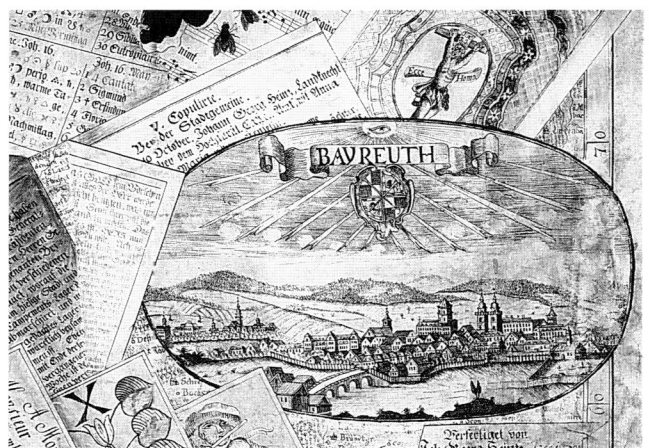

Hof. Es hat das Ansehen nicht, daß er in seiner Unterhandlung glücklich seyn werde. Der Staatsminister, der jüngere Herr Baron von Münchhausen, wird morgen der teutschen Canzley nach London folgen.

München/ vom 9 Nov. Wir vernehmen mit ganz besonderm Vergnügen, daß Ihro Durchlaucht die Frau Gemahlin des Herrn Pfalzgrafens Joseph Carls, gebohrne Pfalzgräfin bey Rhein, Herzogin zu Sulzbach ꝛc. sich schon einige Monat gesegneten Leibes befinden. Am Sonnabend wurde das Jahrgedächtniß des herrlichen Sieges, welchen die Tapferkeit der Churbayrischen Waffen im Jahr 1620 auf dem weißen Berge ohnweit Prag erfochten, mit einer feyerlichen Procession und gewöhnlichen Solennitäten celebriret, wobey sowohl die Besazung, als auch die Burgerschaft paradirte, und endlich dieser Festivität durch eine dreymalige Salve den Schluß machte.

Erlang/ vom 14 Nov. Gestern des Abends um 6 Uhr langten der regierenden Frau Marggräfin von Onolzbach Königliche Hoheit bey vollkommen hohen Wohlseyn allhier an, und wurden von unseren gnädigsten Landesherrschaften auf das zärtlichste empfangen. Diese hohe Ankunft wird zu vielen Bals, Masqueraden und anderen Lustbarkeiten Anlaß geben. In der Nacht verwichenen Freytags zum Sonnabend, um 12 Uhr haben wir dahier einen grossen Schrecken ausgestanden, indeme auf einem Getraidboden gegen der lincken Seiten der Französischen Kirche über eine unvermuthete Feuersbrunst ausgebrochen, und das Dach nebst einem ziemlichen Theil des Hauses, worinnen das Feuer entstanden, von der Flamme verzehret worden ist. Das Dach des gleich danebenstehenden Hauses brannte gleichfalls ab, und die andern benachbarten Häuser litten nicht weniger grossen Schaden. Jedoch ist die grosse Gefahr, so der hiesigen Stadt und insonderheit dem Französischen Tempel dräute, mittelst der schleunigen Hülfe, so jedermann aus allen Kräften zu leisten bemühet war, und welche mit der Hülfe Gottes allen gewünschten Erfolg hatte, in Zeiten glücklich abgewendet worden.

AVERTISSEMENT.

Es ist in der Nacht des 6ten dieses Monats Nov. um 10 Uhr herum von einer starcken wenigstens aus 16 Mannspersonen und einem Weibsbild bestandenen auch mit Geschoß wohl versehenen Diebs- und Räuberbande, die einen also genannten Lieutenant zu ihrem Befehlshaber unter sich hatte, zu Elgersdorff bey den Bauer Johann Michael Thaler, nach stiller Eröffnung des Hauses die Stuben-Kammerthür, worinnen Thaler alleine geschlafen, mit einem Scheidholz eingestossen demselben nach einiger Gegenwehr, weniger nicht denen übrigen Leuten im Hauß, zweyen Mägden und zweyen Dienstpurschen die Hände auf den Rücken und die Füsse gebunden, ersterer unter vielen Stössen mit heissem Oehl 3 mal auf den Rücken gebrennet, ihme eine in der Stuben-Kammer gestandene Truhe erbrochen und ein Schranck eröffnet, sofort an daraus eine beträchtliche Summe baares Gelds und über 600 Ellen leinen Tuch, wie auch 3 Pistohlen, weniger nicht denen Mägden 5 Weibs-Halßtücher, theils weiß theils blau roth und schwarz gestreift, nebst 2 Hauben eine weiß die andere schwarz Seiden geraubet, auf die zu Hülfe gekommene Nachbarn aber hefftig geschossen, und diese somit lange abgehalten worden die Hülfe zu leisten, biß durch deren etliche Gegenschüsse die Diebe sich genöthiget gesehen, mit Zurucklassung weiteren aus denen Behältnissen schon gerissenen gehabten Raubes an Kleidungen und anderen Sachen wieder abzuziehen. Woferne nun jemand von diesen Räubern oder denen gestohlenen Sachen etwas in Erfahrung bringen solte, wird hierdurch geziemend gebetten, an hiesiges Hochfürstlich-Brandenburg-Culmbachisches Justizamt Nachricht zu ertheilen. M. Emskirchen, den 9ten November 1752.

Satzspiegel (16,5/14,3 cm) und Schriftbild der „Bayreuther Zeitungen" Nr. 138 / 1752. Originalgröße. Das Blatt enthält Meldungen aus München und Erlangen sowie das Avertissement des Raubüberfalls einer Räuberhorde auf einen Bauernhof.

Bayreuth 1741:

Die Bayreuther Freymäurer ziehen zur neuen Stadtloge
Zweck, Nutzen und Einrichtung der Freymäurerey ist schön, gut und vortrefflich

Bayreuth, vom 5. Dec. Die Exempel der weisesten Monarchen, der klügsten, größten Fürsten, so nicht allein vor [für] ihre allerhöchst und höchste Personen in den Freymaurer-Orden eingetretten, sondern auch in Dero Landen und Residenzen eine und mehr Logen aufzurichten gnädigst erlaubet und sogar befohlen haben, — beweisen allen denen, welche nicht muthwillig blind seyn wollen, daß die Einrichtung, der Zweck und der Nutzen der Freymäurerey schön, gut und vortrefflich sey. [...] Den allerneuesten Beweis davon haben wir im Monat December verwichenen Jahres [1740] gesehen, da unser gnädigster Landesfürst und Herr [Markgraf Friedrich] nicht allein in seinem Schlosse die Zusammenkünfte der Freymaurer unter seinem höchsten Vorsitz erlaubet und authorisiret, sondern auch — da die Zahl der Freymäurer so gar merklich zugenommen — noch eine zweyte Loge in seiner hochfürstlichen Residenz Bayreuth gnädigst aufzurichten anbefohlen. Diese zweyte Loge ist demnach vorgestern [3. Dez. 1741] mit vielen Solennitäten [Feierlichkeiten] öffentlich errichtet und eingerichtet worden.

Zu dem Ende [Zweck] verfügten sich Ihre Hochfürstl. Durchl[aucht] von Dero Schloß unter Begleitung der sämtlichen Ordensbrüder allhier nach dem daselbst am Markte gelegenen sogenannten ‚Goldenen Adler', als woselbst die zweyte Loge hinfühhro Montags soll gehalten werden, errichtete und weihete solche mit gewöhnlichen Ceremonien ein, beehrten auch die versammelten und an diesem Festtage angenommenen Brüder mit Dero höchster Gegenwart bey Tafel.

Die Procession gieng in folgender Ordnung vom Schloß zu Fuß nach dem goldenen Adler: 1. Zwey Pförtner der Loge mit blosen Schwerdtern, 2. Zwey Stuards oder Marschälle mit ihren Orden und weißen Stäben, der erstern Loge Großer Schwerdtträger (allein), 4. der Secretair der Loge mit derselben Gesetzbuch auf einem blauen sammeten Küssen, mit goldenen Tressen und Frantzen besetzt, tragend. Hierauf folgte: 5. Ihre Hochfürstl. Durchlaucht als Ordensmeister zwischen denen zweyen Aufsehern der Schloßloge, 6. der von dieser bestellte Meister der zweyten Loge zwischen seinen Aufsehern, 7. die übrigen Ordensbrüder zwey und zwey — fünfzig an der Zahl.

Vor dem Hause, wo die Loge aufgerichtet wurde, waren zwey Schildwachten gesetzt und wurde die sämtliche Procession mit einer prächtigen Music unter Paucken und Trompeten empfangen. Der Anfang dieses Festes geschah um 4 Uhr Nachmittags und es wurden verschiedene Candidaten in den Orden aufgenommen, wie auch einige Gesellen zur Ehre der Meisterschaft gelangten.

Diese Festivität endigte sich in vollkommener Ruhe, Freude und Vergnügen ohngefähr um Mitternacht, da der Durchlauchtigste Meister [Markgraf Friedrich] von seinen getreuen Freymäurern nach dem Schloß begleitet wurde und sich nachmals ein jeder zu [nach] Hause begab, um des folgenden Tags als ein treuer Unterthan und Diener seines gnädigsten Fürsten und Herrn seinen ihme obliegenden Pflichten gebührend nachzuleben. (BZ 146 / 6. 12. 1741)

Ältester bekannter Bericht der „Bayreuther Zeitungen" — zugleich eines der ältesten Dokumente der deutschen Freimaurerei. Der Bayreuther Freimaurer Petermann schrieb ihn 1790 von der Zeitung ab und übergab ihn dem Stadtlogenarchiv. Die dazugehörige Originalzeitung existiert nicht mehr. Ein zeitgenössischer Nachdruck wurde von der Zeitung „Europäische Fama" (1741, Nr. 79) mit geringfügigen Änderungen veröffentlicht.

Der Zug der Freimaurer von der Französischen Schloßloge (A — über dem Durchgang zum inneren Schloßhof), zur neugegründeten Deutschen Loge im Gasthof Goldener Adler (B), eingetragen in den Riedigerplan von 1745.

Augspurg/Wien 1743:

Wiener Freymaurer-Nest ausgehoben
Sieben Thüren aufgesprengt, 30 Freymaurer verhaftet

Augsburg, vom 22. März. Man siehet allhier folgende besondere Relation [Bericht] vom 10. März aus Wien, wie es bey der Arretirung derer Freymaurer zugegangen. Vergangenen Donnerstag, heißt es, ohngefähr um 6 Uhr des Abends, ist eine Loge derer Freymaurer durch ein Detachement [Sonderkommando] Cuiraßiers, so ein Obrist-Lieutenant commandirte, überrumpelt worden. Das Haus wurde alsobald mit Wachen besetzt. Sieben Thüren, durch welche man zu dem innersten Zimmer derer Freymaurer gelangen konnte, wurden aufgesprengt, und bey allen Zugängen Schildwachen gestellet. Nachdem sie die letzte Thür aufgebrochen, so sind zwei Officirs mit zwanzig Carabiniers, so die Carabiner gespannet hatten, in die Loge hineingetreten. Es geschahen dabey zwei Schuß, [von] welchen man sagte, daß sie aus Unachtsamkeit geschehen wären. Sie fanden daselbst bey dreißig Freymaurer, mehrentheils Personen von ersten Rang und so gar Prinzen aus dem Reich (Der Rest folgt künftig). (BZ 39 / 30. 3. 1743)

Augspurg/Wien 1743:

Die Hintergründe der Freymaurerverhaftung
Mehrere Damen hatten sich unter männlicher Verkleidung in den Orden geschlichen, um das Geheimniß zu entdecken

(Folget der Rest von Augspurg) Alle Freymaurer hatten ihren ordentlichen Habit und kleine Schurzfelle. Man sahe daselbst nichts als Ehrbarkeit, Ordnung und Ernsthafftigkeit; das stille Wesen, so daselbst ware, nebst einer edlen Großmuth, welche die Unschuld natürlicher Weise einpflanzet, verursachte bey dieser Cuiraßirinfanterie eine Art eines Schreckens. Einer von denen Brüdern befragte sie [die Carabiniers] — indem er auf Befehl des auf einem Stuhl sitzenden Meisters ihnen das Palladium [Geheiligtes] vor der Nase weggenommen — ganz ernsthafft, woher eine solche Verwegenheit komme? Als die Officiers antworteten: Wie die Königin [Maria Theresia] sie abschickte, um sie in Arrest zu nehmen; so hat besagter Freymaurer solches dem Meister hinterbracht, welcher denn die Glieder der Loge anredete und ihnen sagte: *Meine Brüder! Wir wollen unserer Königin zeigen, daß sie keine so unterthänige Unterthanen als uns hat. Es wäre schimpflich, wenn wir unsere Gesetze und Verordnungen nur in unserm Archiv bewahrten.* Auf diese Worte haben die vereinigte Brüder, ob sie gleich der Wache hätten die Spitze bieten können, nicht den geringsten Widerstand gethan, sondern so bald der commandirte Officier die Degen von ihnen verlanget, alle biß auf diejenigen, welche entweder wegen ihrer Geburt, oder wegen ihres unverletzlichen Characters nicht unter dem Gouverno stunden, sich selbst entwaffnet, und ihre Degen dem Meister zugestellet, welcher — da er sie auf einen Lehnstuhl legte, wo sie von der Wache bewahret wurden — den commandirenden Officier bat, *Ihro Majestät die Königin zu versichern, daß sie mit eben dem Gehorsam und Hochachtung, welcher ihnen ihre Degen so geschwind ablegen machte, auch den letzten Blutstropfen vor Dieselbe daran setzen würden, wenn Sie es vor gut befände, sich dessen zu bedienen.* Zu gleicher Zeit trug man vor den Thron unterschiedlich in der Loge gefundenes Geräthe, als einen Compaß, ein Winkelmaaß, eine Bleywage, einen Hammer, ein halb gearbeitetes Stück Stein, einen Säbel, einen Haufen Sand, zwey Beutel mit elfenbeinern Kugeln, davon die eine weiß und rund, die andern aber eckigt waren, und einige Schürzen von Manns- und Weibspersonen. Ein Regierungssecretair zeichnete gleich alle gegenwärtige Freymäurer auf, und ein Officir überbrachte solches Verzeichniß der Königin. Ihro Majestät haben darauf befohlen, daß sowohl die Prinzen, als andere in öffentlichen Character stehende Personen, die Freyheit fortzugehen haben sollten. Die andern Personen vom Stand sind auf ihre Parole [Wort] in ihren Zimmern zu bleiben, loßgelassen worden. Ein englischer Abt, der allerehrlichste Mensch von der Welt, ist in den Bischofhof, und andere 8 geringe Personen in das Rumorhauß [Gefängnis] geführet worden. Alles oben gemeldte Geräth ist weggenommen und zur Stadthalterschafft gebracht worden, wo man sehr beschäfftiget ist, zu errathen, wozu solches gehöret. Man weiß noch nicht, ob man mit Gewalt den unter diesen Emblematibus [Zeichen] versteckten Verstand heraus zu bringen suchen wird? Denn die wichtigsten Stücke, welche einigermaassen das Geheimniß entdecken können, sind gerettet und in Sicherheit gebracht worden. Man redet jetzo von nichts, als dieser besonderen Begebenheit. Die, so gewohnet sind, davon zu reden, wie der Blinde von der Farbe, billigen dieses Verfahren: Aufrührerische Zusammenkünfte, die Trennung des ehelichen Standes, schismatische Gesellschaften, — das sind die vornehmsten Namen, unter welchen man diese Gesellschafften abmahlet, welche doch niemahls eine Aufruhr noch Trennung in der Religion erreget, und dessen Alterthum keine Verwandtschafft mit der Zerstörung des menschlichen Geschlechts hat. Man sagt, die Ursache ersterzehlten Verfahrens seye diese: Viele Damen, indem sie sich bemühet, das Geheimniß zu entdecken, hätten sich unter Verkleidung in männlichen Habit gemeldet, um als Glieder dieses Ordens aufgenommen zu werden; weil sie aber nichts als Schande und Verwirrung davon getragen, so hätten sie darüber beschlossen, der ganzen Welt zu zeigen, daß man eine Dame, welche sich mit allen ihren Annehmlichkeiten darbiethet, nicht ohngestraft abweise. Diese Damen, welche noch mehr durch die abschlägliche Antwort als durch das ausgestandene Examen gereitzet worden, hätten also alles bey der Königin angewendet, um eine solche Gesellschafft, in die man nicht kommen kann, überfallen zu lassen etc.
(BZ 40 / 2. 4. 1743)

Der um 1740 in Frankreich gegründete und von Markgräfin Wilhelmine adaptierte „Mopsorden" bot auch den Damen die Möglichkeit zu „freimaurerischem" Tun.

Lecce/Königreich Neapel:

Feuriges Lufftzeichen als Vorbote eines schauerlichen Erdbebens
Augenzeugenbericht: „Das ganze Closter schiene wie ein Schiff im offnen Meer bey einem Sturm zu schwimmen"

Schreiben eines Capuciners von Lecce im Königreich Neapel an seinen Provincial [Vorsteher der Ordensprovinz] in Florenz, vom 22. Febr. 1743: Es ist ein Wunder der göttlichen Vorsehung, daß ich im Stand bin, Ihnen zu schreiben. Gestern um 21 Uhr welschen Zeigers [italienischer Zeit] sahe man gerade in der Lufft ein Lufftzeichen, welches sowohl ausserordentlich war, als auch den grösten Schrecken verursachte. Es stellte ganz natürlich ein Schiff mit 2 Mastbäumen und 8 Segeln vor, alles voll Feuer. In einer Stunde darauf verschwande dieses Lufftzeichen. Die Lufft verdunkelte sich, und alles war in der grösten Stille und dicksten Finsternuß, als auf einmal ein Erdbeben darauf folgte, welches so unbegreiflich es anfangs gewesen, so tobend und ungestümm, auf die Art eines unterirdischen Brüllens geworden, und sich zu gleicher Zeit auf die erschröklichste Art ausgebreitet hat. Das Erdbeben erhobe sich mit einem Stoß solchergestalt, daß in der gemeinen Stuben, wo wir uns Brüder, 11 an der Zahl, befanden, um uns zu wärmen, das Feuer biß an unsere Knie in die Höhe sprang. Wir wollten darauf in den Garten entfliehen, wir konnten aber nicht anders als mit grosser Mühe dahin zu gelangen, weil sich sowohl in der Kuchen [Küche] als dem Closter das Oesterrich [Fußboden-Estrich] wie die Wellen des Meeres in die Höhe hob, und uns mehr als einmal zu Boden warff. Als wir endlich nahe bey der Thür anlangten, so veränderte sich der Stoß solchergestalt in eine Erschütterung, daß er ohngefehr 40 Brüder — so zusammen kamen — von einer Mauer zur andern fast wie ein Ball, welchen man von einer Raquette [Tennisschläger] zur andern schicket, warff. Da wir endlich den Garten erreichet, so sahen wir erst recht die Würckung dieses Erdbebens. Das ganze Closter schiene wie ein Schiff im offnen Meer bey einem Sturm zu schwimmen, und dieses geschahe so offt, daß — da ein Theil des Gebäudes sich krümmte — die Ziegel herunter fielen. Das Getöne und Geräusche unter der Erden dauerte mit eben der Hefftigkeit fort, und das Erdbeben wurde immer stärker. Hierzu kam noch das Geschrey unserer Brüder und das Geheul einer Menge Menschen — sowohl Männer als Weiber als Kinder — von welchen sich einige die Haare ausraufften, andere an die Brust schlugen und die dritten sich das Gesicht mit denen Steinen zerrissen, dabey aber Thränen vergossen, ein klägliches Geschrey von sich hören liessen, und öffentlich ihre Sünden bekannten, welches dieses ohnehin traurige und betrübte Spectacul [Spektakel] noch viel entsetzlicher machte. Unser ganzes Closter ist zerschmettert, und in der Stadt ist nichts ganz, wo die Häuser, Kirchen, Clöster und alles umgekehrt ist. Sie werden, ehrwürdiger Pater, von unserm Zustand während dieser Veränderung urtheilen können. Ich glaube nicht, daß wir bey dem allgemeinen Gericht etwas erschröklicheres oder fürchterlicheres spühren werden. Eben da ich dieses schreibe, kommet das Geschrey und Häulen der Stadt, welche ganz in der Trauer und Buße ist, biß zu uns, ob wir schon eine halbe Meile davon liegen.

Ich bitte Euer Ehrwürden, in alle unsere Clöster Abschrifften von meinem Brief zu schiken, damit alle unsere Brüder GOTT und seine heilige Mutter wegen dieses verwüsteten Königreichs anflehen. Wir erhalten Nachricht, daß Nardo, Brindisi, Leguila und San Cäsaria — so auch Städte sind — und viele andere Orte dieses Erdbeben empfunden haben, und daß die einen in die Erden versuncken, andere umgestürzet und die 3ten sowohl an Gebäuden Schaden gelitten, als auch dabey eine unzählige Menge Menschen unter denen Ruinen begraben worden. (BZ 47 / 18. 4. 1743)

Der Absatz des italienischen „Stiefels", in dem das Epizentrum des Erdbebens lag (Pfeil auf Leccie, Ort des Berichterstatters).

Avertissements ★

Neues Portrait Marggraf Friedrichs in Kupfer

Durch den hiesigen Hoffracturisten Herrn Köppel ist nun zum zweytenmal das Portrait Ihro Hochfürstlichen Durchlaucht des Herrn Marggrafen zu Brandenburg-Culmbach in ordentlicher Kleidung in Kupferstich gebracht worden, und wird das Stück auf weiß Regalpapier vor 2 ggl. verkaufet. Bey demselben ist auch eben dergleichen Portrait im Harnisch von dem Kupferstecher Knorr in Nürnberg verfertiget, vor 1 ggl. zu haben. (BZ 16 / 5. 2. 1743)

Energiespar-Ofen zu verkaufen

Es ist ein künstlicher Ofen um sehr civilen Preiß zu verkaufen. Man braucht zum Einheizen nicht mehr als eine Handvoll kurzgesegt und klein gehauenes hartes Holz, und kan doch mit diesem wenigen eine Stube vollkommen erwärmen, daß also mehr als der sechste Theil Holz des Jahres über ersparet wird. Auch sind allerhand Schränke und Mobilien zu verkaufen (BZ 18 / 9. 2. 1743)

Billard, Pomeranzen- und Citronenbäume zu verkaufen

Auf dem Lande sind an einem gewissen Ort folgende Stücke zu verkaufen, als: Ein schön Billard von starken Birnbaumholz, mit grün feinen Tuch überzogen, bey 4 und einer halben Ellen lang und 2 und einer halben breit [.?.], nebst denen darzu gehörigen Stöcken, für 50 fl. [= florin = Gulden]; 14 Stük Pomeranzen- und Citronenbäume 4 bis 5 Schuh hoch [1.20-1.50 m], iedes Stük 4 fl.; 20 Stük dergleichen 3 und einen halben Schuh hoch [1.05 m], iedes Stük 2 fl.; 20 Scherben [Tontöpfe] mit indianischen Gewächsen von unterschiedlichen Sorten, iedes Stük 4 fl.

Wohlgewachsener Privatsecretair gesucht

Ein Mensch, der eine saubere Hand schreibet, den Casum im Latein wenigstens setzen kan, und wohl gewachsen ist, wird zur Schreiberey gesucht. Er bekommt jährlich eine neue Livrée, für Besoldung und Trunk 59 fl. Rhein. [Rheinische Gulden], zu Hause die Kost, auf Reisen ein convenables Kostgeld, zum neuen Jahr aber 4 bis 6 Gulden. (BZ 36 / 23. 3. 1743)

Evangelische Busthränen

In Johann Gottlieb Vierlings Buchladen allhier [Bayreuth, Maxstr. 24] und in Hof ist zu haben: Evangelische Busthränen über die Sünden seiner Jugend und besonders über eine Schrift, die man ‚Muffel der neue Heilige' betitult, 8. [= Oktavformat] 3 ggr. [Gute Groschen] (BZ 111 / 14. 9. 1743)

[Verfasser der „Buß-Thränen" war Joh. Simon Buchka. Sein erstes Buch, „Muffel der neue Heilige", war ein satirischer Angriff auf die pietistische Auslegung des evang. Glaubens. Ironie der Geschichte: „Muffel" wurde erstmals 1737 im Verlag des Bayreuther Waisenhaus herausgegeben, dessen Direktor Joh. Christoph Silchmüller war, der Bayreuther Hauptvertreter des Pietismus.]

> **Evangelische**
> **Buß-Thränen**
> über
> die Sünden seiner Jugend,
> und besonders
> über eine Schrift,
> die man
> **Muffel**
> **der neue Heilige**
> betitult,
> mit poetischer Feder entworfen,
> von dem
> **Verfasser**
> **des sogenannten Muffels,**
> oder besser
> M. Oufle.
> ———
> Andere Auflage.
> Leipzig und Bayreuth, 1740
> Im Verlag
> der Buchhandlung des Bayreuthischen Waysenhauses.

Die Kunst zu schwimmen

In Vierlings Buchladen allhier und zu Hof ist zu haben: Die Kunst zu schwimmen. Oder: Erfindung, vermittelst welcher man sich allemal aus einem Schiffbruch erretten, auch bedürftigen Falls ganze Armeen über die bereitesten Flüsse bringen kan. 8. [Oktav] Kostet 2 ggr. (BZ 135 / 9. 11. 1743)

Bayreuth 1744:

Zwey sehr prächtige Illuminationes auf der hiesigen Eremitage
Die Allee war mit viel tausend Lampen völlig illuminiret. Ganz transpirant illuminirtes Theatrum und ausnehmend schöne Ballets

Bayreuth, vom 20. Juli. Vor einigen Tagen sind bey Gelegenheit des hohen Geburts-Fests Ihro Königl. Hoheit, der regierenden Frau Marggräfin, unser allergnädigsten Landes-Mutter [Wilhelmine], dann des Vermählungs-Fests der Preußischen Prinzeßin Louise Ulrica Königl. Hoheit [Wilhelmines Schwester] auf der hiesigen Eremitage zwey sehr prächtige Illuminationes zu sehen gewesen, welche auf Ihro Hochfürstl. Durchlaucht des regierenden Herrn Marggrafen [Friedrich] allergnädigsten Befehl von denen 2 Hofbauinspectoribus Herren S. Pierre und Richter inventiret [erfunden] und aufgeführet worden, und mit viel tausend Lampen — deren die meisten mit bunten Wassern gefüllet gewesen — beleuchtet waren.

Erste Illumination zu Markgräfin Wilhelmines Geburtstag
Die erste präsentirte ein grosses Rondell, in dessen mittlern Hauptouvertour [Haupteingang] ein ganz transpirant-illuminirtes Theatrum war, in deren 2 Nischen zwischen der Architectur zur Rechten der Apollo, zur Lincken die Philhimnia gestanden, in dem Frontispitio [Vorderansicht] aber Ihro Königl. Hoheit Namen in einer Glorie zu sehen ware. Die 2 grossen, an das Theatrum anschließende Arcaden — denen zu jeder Seiten 2 Nischen mit der Caliope, Clio, Euderpe und Tersigore [Terpsichore] gestanden — waren mit vergoldeten Ornamenten — unterschiedliche Instrumenta und Mußicalia vorstellend — verzieret, auf deren Haupt-Tableau die Prudentia und Constantia in hohen, auf Grotten und Eremitage-Art ver-

Wilhelmines Gedankenwelt wurde von den Göttern der griech.-röm. Mythologie beherrscht. Die Gestalten, die 1743 den nächtlichen Eremitagepark bevölkerten, waren allerdings keine kraftvollen Gottheiten mehr, sondern harmlos verspielte Kreaturen, ähnlich den rechts abgebildeten „Götterchen": ganz oben Chronos, der Zeitgott mit Sanduhr und Sense, ganz unten Hermes-Merkur, der Götterbote. Unten: Die Schauplätze der Illuminationes, eingetragen im Riedigerplan: (a) = 1. Illum. (Standort nicht gesichert), (b) = 2. Illum.

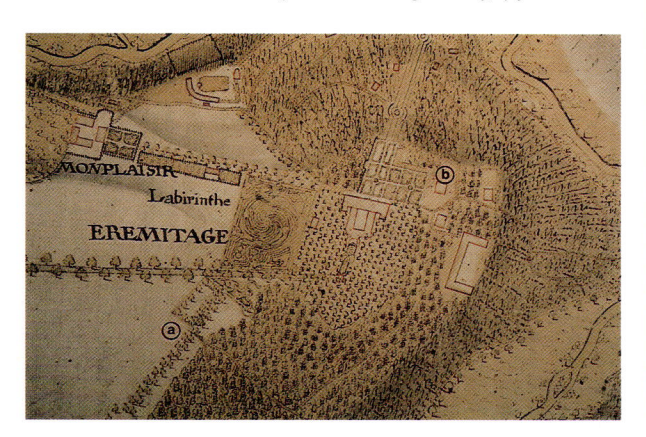

Avertissement *

Recept für Immanuelispillen heimlich abgespicket, verfälscht und nachgestümpelt

Um das Publicum von dem irrigen Wahn zu desabusiren [die Augen öffnen], welcher durch ein den Nürnbergisch-Felßekerischen Zeitungen einverleibtes, recht unbesonnenes, boshaftiges, wider das Hochfürstliche gnädigste Privilegium gerichtetes und mit Neid angefülltes Avertissement aufgebürdet werden wollen, meldet Johann Michael Kößling — zur Steuer der Wahrheit — daß die von ihme, unter einem Hochfürstlich gnädigst-ertheiltem Privilegio verfertigende Immanuelispillen, die gerechten, wahrhaften und unverfälschten seyen, und solche schon 13 Jahr bey ihme in Erlang präpariret werden.

Anbey wird iedermänniglich kund gemacht, daß diesem Nürnbergischen bos- und schalthaftigen, wie auch neidischen Avertissement um so weniger Glauben beyzumessen seye, als Johann Michael Kößling annoch des Erfinders der berühmten Immanuelispillen eigene Handschrift, mit welcher er das Rezept geschrieben und solches der Kößlingschen Schwiegermutter verehret, in Händen hat. Der Nürnbergische Verfertiger hingegen seine Abschrift nur von einem Deutschen Schulmeister Namens Johann Arnoldt bekommen [hat], der damals des Inventoris [Erfinders] Enkel informiret, und indem dieser abwesend gewesen, mittlerweilen das Recept heimlich von des Autoris Pulpet [Schreibtisch] abgespicket, und nachgehends seinem Tochtermann [Schwiegersohn] Johann Kirberg, der den 8. Juli 1708 und nicht schon vor einem halben Seculo [Jahrhundert] mit einem kayserlichen allergnädigsten Privilegio versehen worden, zugestellet hat. Aus diesen der Sachen wahren Verlauf wird ein ieder von selbsten urtheilen können, wo die belobten Immanuelispillen gerecht, aufrichtig und nach der Vorschrift des Autoris verfertiget, und hingegen, wo solche nachgestümpelt und verfälscht zu finden sind. (BZ 55/7. 5. 1744)

[Wozu die berühmten Immanuelispillen gut waren, wird in dem Avertissement leider nicht mitgeteilt]

zierten Postamenten und andern Ornamenten gesessen. Die gegenüber zu sehende 2 andere grosse Arcaden repräsentirten die Justiz und Temperanz, in deren 4 Seiten-Nischen die übrigen Musen, als die Urania, Thalia, Erato und Melpomene zu sehen waren. Über dem Haupt-Portal des Eingangs war der Pegasus gedoppelt und transpirant illuminiret. In denen Mitten zwischen denen Arcaden waren 2 Cascaden von 26 Schuh [ca. 7 m] hoch mit Spiegel-Wasser. Die grosse Tafel vor [für] 70 Couverts war in Form eines Bassins, in deren Mitten ein auf anderer Art figurirter Bassin mit Strahlen lebendigen Wassers war. Das Parterre war von Fasson in Form einer grossen Muschel. Die darzwischen liegenden Gänge waren mit weissem Sand, und alles rings herum mit Kugeln von bunten Wassern illuminiret. Der gantze Platz des Rondells war im Durchschnitt 150 Schuh [ca. 45 m], und die Allee ist über 500 Schuhe [ca. 150 m] lang und völlig illuminiret gewesen. Bey dem Eintritt der Höchsten Herrschaften und sämtlicher Noblesse machte ein singender Prologue von denen italiänischen Arien den Anfang; auf diesen folgte eine frantzösische Comödie und grosse Tafel, und den Schluss machte ein Ball en Masque.

[Zwischenbemerkung des Autors: Wer dem Zeitungsschreiber bis hierher folgen konnte, ohne in Verwirrung geraten zu sein, wird auch beim Lesen der 2. Illumination seine Vorstellungskraft nicht allzu sehr strapazieren müssen. Ich habe den Text vielleicht zehnmal gelesen, bis ich ein einigermaßen klares Bild von der Illumination gewinnen konnte. Dabei hat der damalige „Reporter" nichts anderes getan, als mit sprachlichen Mitteln das prächtige Bild der Eremitage-Beleuchtung zu vermitteln. Diese — in unserer fotoverwöhnten Zeit weitgehend überflüssige — Form der Bildvermittlung wird den unvorbereiteten Leser auch in der Beschreibung der zweiten Illumination ein hohes Maß an Bereitschaft zum „Umdenken" abverlangen. Ganz abgesehen davon, daß genaue Kenntnisse der griech.-römischen Mythologie kaum mehr zum heutigen allgemeinen Wissensschatz gerechnet werden dürfen. Foto links: Eremitage, Nymphäum.

Zweite Illumination zum Vermählungsfest der Prinzessin Louise Ulrica

Bey der andern Illumination, so in dem bereits zur Hälfte stehenden massiv-steinernen Theatro [„Ruinentheater"] vorgestellet worden, ware folgende Ordnung: die grossen steinernen Colonnen und Imposten, Gewölb und Pfeiler war alles in schönster Ordnung und reich mit Lampen illuminiret; auf dem Mittel des Bogens aber stunde ein auf 20 Schuhe [ca. 6 m] in die Höhe transpirant-illuminirtes Tableau, vorstellend die Königliche Hoheit unter dem Bildnüß der Durchlauchtigsten Hohen Prinzeßin Braut, von der Fortuna getragen, dem Mare Baltico [Ostsee] und den Grenzen des Königreichs Schweden zueilend, wobey die Tritons, Nereiden und Nagaten [allesamt Meergötter] sich im Triumph repräsentirten, in deren vorderen Grund das Baltische Meer in Gestalt eines alten Wassergotts sasse. In dem Mittel zuoberst war des Durchlauchtigsten Thronfolgers [Adolph Friedrich v. Schweden] und Ihro Königlichen Hoheit Namen [Louise Ulrica] ineinander geschlungen und durch die Ewigkeit umgeben mit Strahlen zu sehen. Das oberste und Haupt-Ornament über dem Tableau war mit denen 3 Cronen

Die Meeresgötter, die sich in den Wellen am Rand einer alten Landkarte tummeln, könnten der 2. Eremitage-Illumination entsprungen sein, wenn die Nereide ganz links statt des kaiserlichen Doppeladlers die Namen des Brautpaars hochhalten würde.

des Schwedischen Reichs und dem preußischen Adler embelliret [versehen] und die ganze Einfassung des Tableau auf theatralische Art gemahlet und überall mit Lampen illuminiret. Zu beyden Seiten über den Colonnen auf denen Haupt-Pfeilern befanden sich zwey Neben-Tableaux, rechter Hand die Vermählung des Cupido mit der Psyche, zur lincken aber die 3 Gratien vorstellend. Diese Tableaux waren mit Muschelwerk und Tuffstein umgeben und mit jungen Fichten und Tannenbäumen en Pyramide embelliret. Der zweyte und dritte Bogen nebst denen Pfeilern waren mit Cascaden von lebendigen Wasser und reich mit Lampen illuminiret, der 4. und 5. Bogen grün verbunden und mit Lampen illuminiret, statt der Cascaden aber 4 transpirante Statuen in Nischen und hinter dem Theatro in einiger Entfernung ein groß Rondell in 3 Alleen en Perspektiv, grün mit vielen Lampen beleuchtet. In dem Mittel der Hauptallee war eine große Cascade, an deren Abfall vom Wasser ein Bassin von 8 Strahlen befindlich. Im Amphitheatro war eine Colonne mit Blumen umwunden und mit denen Preußisch- und Brandenburgischen Wappen nebst andern Ornamenten embelliret, mit einem Zelttuch [versehen], worunter die Hohe Herrschaften nebst vielen fremden Standespersonen und sehr zahlreichen Noblesse saßen. Dieses ganze Werk sowohl die 2 daran stoßenden Pavillons waren mit vielen Lampen illuminiret. Bey dem Eintritt Höchster Herrschaft liesse sich sowohl die Vocal- als Instrumental-Music auf dem Theatro

Das Ruinentheater, bespielt nach Vorstellung der Leipziger Illustrierten Zeitung „Über Land und Meer" von 1872.

trefflich hören und wie diese nebst denen ausnehmend schönen Ballets sich endigte, folgte eine Frantzösische Comödie, nach welcher grosse Tafel an eben dem Ort und sodann Ball en Masque gewesen.
(BZ 87 / 21. 7. 1744)

Bayreuth 1744:

Grundsteinlegung der neuen Reformirten Kirche am Hofgarten
In einem Gezelte ist das hölzerne Modell der Kirche mit dem Glocken-Thurn zu ersehen

Bayreuth, vom 28. August. Nachdeme Ihro Hochfürstl. Durchl. unser gnädigst-regierender Landes-Fürst und Herr [Markgraf Friedrich] resolviret [entschieden], eine neue Kirche vor die hiesige Reformirte Gemeinde erbauen zu lassen, und darzu einen schönen Platz in Dero Hof-Garten geschencket, ingleichen die Bau-Materialien nebst freyen Fuhren um solche herbey zu schaffen, verwilliget, der Anfang zu diesem Bau auch bereits vor einigen Wochen gemachet, die Legung des Grund-Steines aber auf gestrigen Tag fest gestellet worden. Als[o]

Ing.-Capt. Riediger zeichnete 1745 die Reformierte Kirche bereits als fertig in seinen Stadtplan ein. Doch der Bau wurde nie vollendet, sondern mußte 1753 dem Schloßneubau weichen (Rennbahn = Ludwigstr., Rennweg = R.-Wagner-Str.).

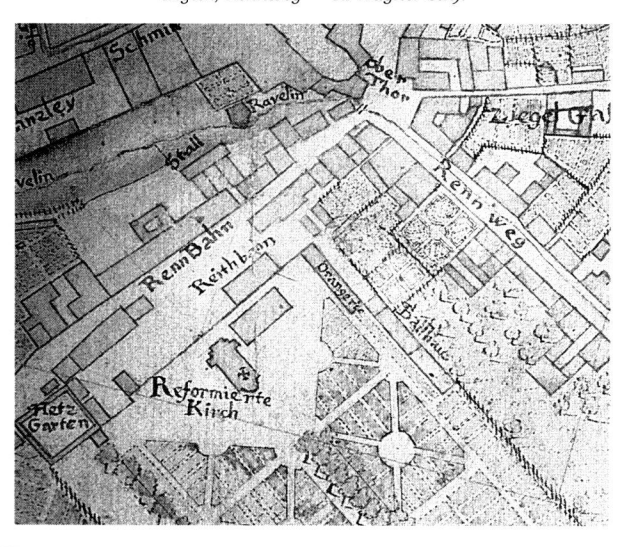

wurden auf gnädigsten Befehl Höchstgedacht-unser gnädigst regierenden Landes-Herrschaft sämtlichen Hochfürstl. Ministres und Collegiis, auch allen hier befindlichen Beamten, dann Burgermeister und Rath intimiret [mitgeteilt], Nachmittag um 4 Uhr sich bey dem Bau einzufinden und diesem Actus beyzuwohnen; welcher gnädigsten Intimition zu gehorsamster Folge zur gesetzten Zeit alle Vorgeschriebene sich in bemeldeten Hof-Garten einfanden, und die Ankunfft der gnädigsten Herrschafft erwarteten. In mehr besagten Hof-Garten waren 2 grosse Gezelte aufgeschlagen; unter dem einen das von Holz verfertigte Modell der neu zu erbauenden Kirche mit dem Glocken-Thurn [Turm] zu ersehen war. Sobald Sr. Hochfürstl. Durchl. und Ihro Königl. Hoheit, dann die Durchlauchtigste Printzeßin mit dem prächtigen Hofstaat unter Paradirung der Garde du Corps angelanget, wurde mit Paucken und Trompeten das Signal gegeben, nach Endigung dieses von dem allda befindlichen Cantore und Schülern das Lied: ‚Es wolle uns GOtt gnädig seyn etc.' abgesungen, nach diesem vom Herrn Hof-Prediger Boller eine wohlgesetzte Standrede gehalten. Als hierauf zum 2ten mal sich Paucken und Trompeten hören liessen, und Se. Hochfürstl. Durchl. nebst Ihro Königl. Hoheit, dann der Durchl. Printzeßin und Dero Comitat Sich in den aufgegrabenen Grund begaben, wurde der Grund-Stein gesetzet, und in den Stein eine grosse zinnerne Tafel mit einer lateinischen Inscription, dann eine Schachtel mit Medaillen geleget, und nach der gewöhnlichen Art etliche Kellen voll Kalch auf den Grund-Stein geworffen. Bey Endigung dieses solennen Actus wurde das Lied: ‚Nun lob mein Seel den HErrn etc.' abgesungen, und darauf unter Abfahrung gnädigster hoher Landes-Herrschafft, zum drittenmahl mit Paucken und Trompeten musiciret.
(BZ 104 / 29. 8. 1744)

Bayreuth 1745:

Prächtiges Seefest in St. Georgen —
das Wasser schiene in lauter Feuer verwandelt zu seyn

Auf 5 Schiffen erbautes Theatrum. Gnädigste Hohe Herrschaften und Noblesse erschienen in Schiff- und Schifferinnen-Habit. Gräßliche See-Monstris

Bayreuth, vom 2. August. Den 20sten passato [Juli] wurde zu St. Georgen am See das auf Ihro Königlichen Hoheit, unserer gnädigsten Landes-Mutter hohes Geburts-Fest veranstaltet gewesene Schiffer-Festin sehr prächtig celebriret. Gnädigste hohe Herrschaften und die Noblesse erschienen dabey in Schiffer- und Schifferinnen-Habit. Die Haupt-Entrée war die auf beyden Seiten mit Pyramiden und Lampen — so mit colorirten Wassern angefüllet waren — besetzte 400 Schuh lange Brucken aus dem Hochfürstlichen Schloß-Garten in die Insul oder grosses Rondell, an deren Eingang sowohl von der Brucken als nach dem Hafen sich 4 auf 12 Säulen stehende Pyramiden präsentirten. In der Mitte dieses Rondells war ein Saal auf 16 freystehenden Säulen ruhend, mit einer grossen Kuppel und Crone auf dem Gipfel, in welchem Saal eine Tafel von 70 Couverts [Gedecken], nach aufgehobener Tafel aber ein Ball en Masque war. Zu beyden Seiten dieses Saals waren 2 grosse Cascaden von 30 Schuh [ca. 9 m] hoch, 40 lang und 24 breit, aus deren obern Theilen unter dem Gesims aus 3 grossen Delphins-Köpfen Spiegel-Wasser gesprungen, und durch einen 6fachen Abfall sich in die grossen Bassins ergossen, in deren jeden 7 Wasser-Strahlen von 20 Schuh [ca. 6 m] hoch gesprungen. Auf den 4 andern Seiten des Rondells waren 4 kleine Cascaden, die beyden grossen aber mit Grotten, Vasen, Delphins und Orange embelliret, die Parterre mit bunten Kugeln beleuchtet, die Circumferenz [Umkreis] mit Pyramiden garniret, und alles mit Lampen reichlich und vortrefflich illuminiret.

Hinter dem 360 Schuh [ca. 108 m] im Durchschnitt haltenden Rondell war der mit 26 grossen transparanten Tableaux illuminirte und mit bunten Lampen beleuchtete Hafen. Die Mahlereyen [der Tableaux] stellten grosse, mit Tritons, Nereiden und Wasser-Nymphen besetzte Grotten und Cascaden vor; zwischen jedem Tableau aber war ein Delphin, welche nebst den 4 grossen — mehr als 20 Schuh [ca. 6 m] langen See-Monstris — eine so grosse Menge Feuer in das Wasser auswarffen, daß dadurch, wie auch durch die Refraction [Wiederschein] von so viel 1000 Lampen, das Wasser in lauter Feuer verwandelt seyn schiene. Bey der Ausfahrt des See-Hafens stunde das auf 5 Schiffen erbaute Theatrum, welches transparant gemahlet und nebst dem Amphitheatro und der Herrschafft Loge allenthalben mit Lampen erleuchtet ware. Der hintere Haupt-Prospect stellete einen Triumph von dem Neptuno und der Galathea vor, welche den Namen Ihro Königl. Hoheit [Wilhelmine] empor hielte. Der Triumph-Wagen wurde von 4 Seepferden gezogen und von einer Menge Meer-Götter und Nymphen umgeben. Das 76 Schuh [ca. 23 m] lange und 46 breite Theatrum war von 12 Flügeln, deren die 6 hintern mit Grotten-Werck, die vordern 6 aber mit Cascaden waren, wo wechselweise ein rother und schwarzer Adler Wasser auswarffen. An beyden Seiten der Haupt-Ouvertour des Theatri stunden 2 grosse Schiffe, deren Bords und Masten reich illuminiret waren und dem ganzen Werck ein ausnehmendes Ansehen gaben.

So bald die hohe Herrschafft sich der Brücke nahete, wurde auf gegebenes Signal die Canonen zum ersten mal, bey Annäherung zu dem Saal des grossen Rondells zum 2ten mal und bey Anlangung in dem Hafen zum dritten mal gelöset. Ihro Königliche Hoheit bestiegen sodann Dero mit Delphins gezeichnetes

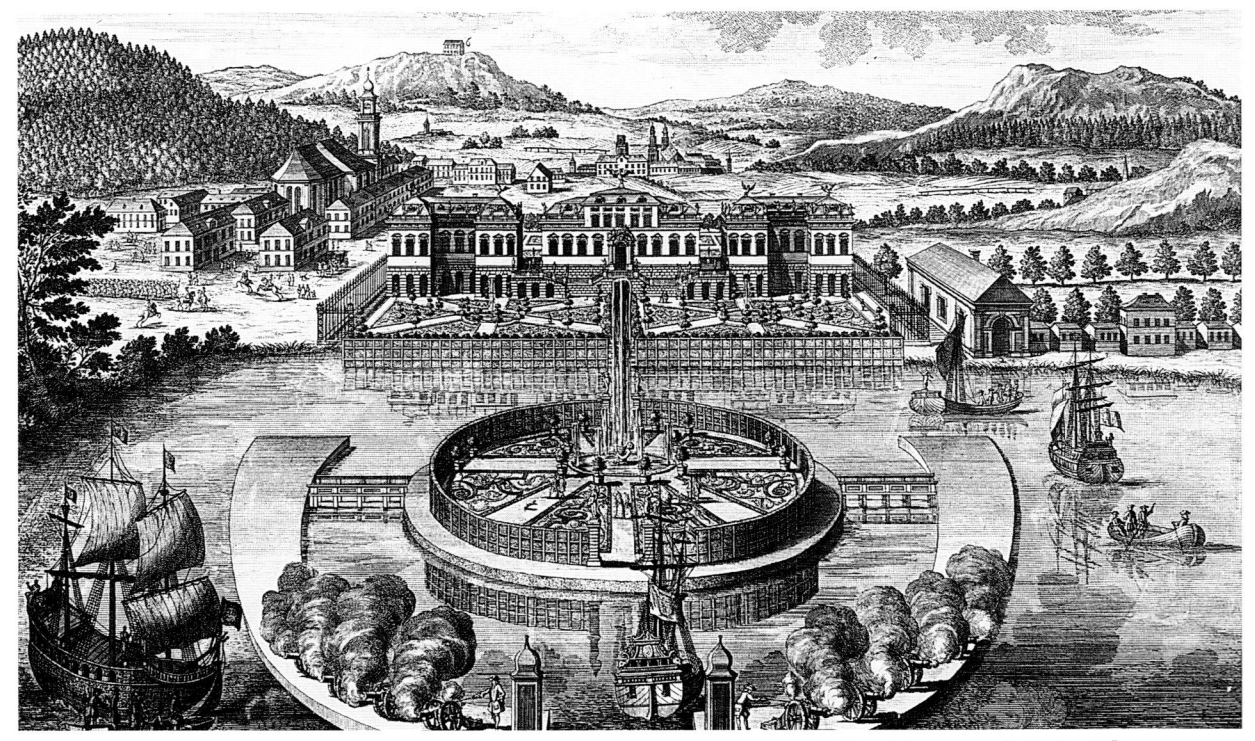

Blick auf St. Georgen von der Seeseite, 1714 gestochen von A. Delsenbach nach der Vorzeichnung von P. Decker d. Ä.

St. Georgen am See im Riedigerplan, von späterer Hand coloriert.

und sowohl an Masten als Segeln schön illuminirtes Schiff, und liessen sich unter einer grossen Muschel nieder, die Ankunft eines gleichfalls illuminirten Schiffes erwartend, auf welchem die Virtouosen befindlich waren, welche eine vortreffliche Serenade gemachet. Nach deren Endigung gieng die Music voraus, Ihro Königliche Hoheit aber folgten in Dero Schiff und stiegen par terre des Theatri aus, um eine artige Französische Comödie anzuhören, wobey die Magnificenz der Kleider und Vortrefflichkeit des Ballets von jedermann admiriret [bewundert] worden. Nach geendigter Comödie verfügte sich hohe Herrschafft nebst der Noblesse nach dem Rondell zurück; alle Kunstfeuer der See-Monstrorum und Delphins aber wurden durch viele andere Feuer vermehret, und nach gegebener Haupt-Salve — sowohl von denen Schiffen als vom Lande — stieg der hohe Namen Ihro Königlichen Hoheit auf dem Mittel des Theatri hinter einem hohen Felsen im Feuer mit colorirten Strahlen auf und brannte eine halbe Stunde. Hinter diesem waren zu beyden Seiten Feuer-Räder und in der ganzen Peripherie des Hafens stiegen die Lufftkugeln, Raqueten und andere Lufftfeuer in solcher Menge auf, daß Lufft und Wasser mit Feuer angefüllet schiene. Als dieses Feuerwerck mit vollkommenster Approbation [Anerkennung] abgebrannt ware, erhub sich gnädigst hohe Herrschafft zur Tafel in den Saal, ausser welchem par terre noch 2 Tafeln unter Zelten stunden. Nach aufgehobener Tafel wurde in erwehntem Saal der Ball eröffnet, von welchem gnädigst hohe Herrschafften Morgens um 4 Uhr sich höchst vergnügt retirirten [zurückzogen]. Diese von allen respective Zuschauern bewunderte und ausnehmend schöne Illumination ist Freytags als den 30. passato [Juli] wegen der glücklichen und erfreulichen Entbindung Ihro Königlichen Hoheit der Cronprinzeßin von Dännemarck mit einem Prinzen auf Befehl gnädigst hoher Herrschafft mit höchstem Contentement [Zufriedenheit] wiederholet worden. (BZ 92 / 3. 8. 1745)

Rechts:
Demoiselle Catrin Bösch aus Bayreuth beim Fasching anno 1992.

Avertissements *

Venetianische Nobelmasquen beim Oertel-Bäcker

Es wird dem Publico hiermit zu wissen gemacht, daß allhier in Bayreuth bey dem Oertel Becken oben auf nachfolgende Venetianische Masquen das Stück vor 4 ggr. [gute Groschen] zu bekommen sind. Als nehmlich weisse, rothe, blaue und schwarze Nobelmasquen; Halb schwarz und halb weisse Frauenzimmer-Masquen und natürliche Gesichts-Masquen mit kleinen Bärthen und Moustachen [Schnurrbart]. Natürliche Manns- und Frauenzimmer Gesichts-Masquen mit goldnen und andern Blumen gemahlet. Das Stück a 6 ggr. (BZ 4 / Januar 1748)

Warnung vor Faschingsbetrügerin

Dem Publico wird hiermit bekannt gemachet, daß sich vor 14 Tagen eine ihrem Vorgeben nach seyende verwittibte Obristlieutenantin von Monfels aus Schlesien und gebohrne von Meyerhöfern aus Steyermark, einen Laquais und ein Mädgen bey sich habend, allhier eingefunden und bey denen Carnevalslustbarkeiten in propren Masquen auf dem grossen Redoutensaal erschienen. Da sichs aber am Ende veroffenbahret, daß selbige bey einem hiesigen Handelsmann verschiedne Gold- und Silberwaaren diebischer Weise entwendet; als wird das Publicum gewarnet, sich vor dieser Betrügerin wo sie etwan hinkommen möchte, in Acht zu nehmen und vor Schaden zu hüten. (BZ 25 / 27. 2. 1748)

Magd gesucht

Es wird eine Magd, so nebst der Hausarbeit mit Nähen und Plätten oder Biegeln umgehen kan, gesuchet, und man hat sich bey Herrn Bauern, Jägern vorm Unternthor zu melden.
(BZ Mai 1748)

Bayreuth 1748:
Höchstbeglücktes Hochzeitsfest der Durchl. Prinzeßin Elisabetha Friderica Sophia und des Herzogs Carl von Würtenberg-Stuttgardt Hochfürstl. Durchlaucht
Unzählich viele und große Brillanten der Prinzeßin Braut warfen die hellsten Strahlen von sich. Fackeltanz der Minister. Feuerwerk und Masqueraden, Italiänische Opera, Französische Comödie. Auf der Herrenwiese gebratener Ochse und Hammel nebst Wein aus zweyerlei Brunnen.

Ankunft und Einzug des herzoglichen Bräutigams in der Residenz-Stadt Bayreuth

Bayreuth, vom 21. September. Verwichenen Mittwoch langten Ihro Durchlaucht, der regierende Herr Herzog von Würtenberg-Stuttgardt unter drey maligem Abfeuern von 24 schweren Canonen allhier an.

Höchstgedachten Ihro Durchlaucht waren der Herr geheime Rath Baron von Heßberg mit 1 Cammerherrn, 2 Cammerjunkern und übriger Aufwartung nebst Küchen und Keller bis Erlangen entgegen gesendet worden. Auf der nächsten Poststation von hier erwarteten Ihro Durchlaucht eine Companie Husaren; auf der hohen Strassen aber [erwarteten den Herzog] der hiesige Amtshauptmann, Herr geheime Rath Baron von Lüchau mit 2 Stallmeistern und 3 Paradecarossen, nebst denen unter hiesiger Amtshauptmannschaft stehenden Beamten und complimentirten [begrüßten] Se. Durchlaucht im Namen hiesiger hoher Herrschaften, worauf sich Ihro Hochfürstliche Durchlaucht in die erste Paradecarosse setzten, den Herrn geheimen Rath Baron von Lüchau zu Sich in den Wagen nahmen, und unter Vorreitung der Beamten hiesiger Amtshauptmannschaft, eines Jägercorps von 50 Oberförstern und Wildmeistern, so durch den Herrn Hofjägermeister geführet worden, einer Husarencompagnie, auf welche der Herr geheime Rath von Heßberg in einem 6spännigen Wagen, zwey Herren Stallmeister, dann die aufwartenden Herrn Cavaliers, und sodann Ihro Hochfürstliche Durchlaucht selbst folgeten, Dero Einzug hielten. Vor und neben dem Wagen Ihro Durchlaucht giengen die herrschaftlichen Läufer, Laquayen und Heyducken, und den Schluß des Trains [Zug] machten Ihro Hochfürstlichen Durchlaucht Comitat.

In der Stadt (a) wurden Ihro Durchlaucht von dem daselbst postirten Infanterieregiment, und auf der Hauptwache von einem Capitain mit der Fahne und klingendem Spiel salutirt. In dem innern Schloßhof (b) wurden Ihro Durchlaucht von des regierenden Herrn Marggrafens Hochfürstlichen Durchlaucht mit Dero sämtlichen Ministers und Cavaliers von Hof auf das zärtlichste empfangen, und unter einer Entrée von Paucken und Trompeten zu Ihro Königlichen Hoheit, der regierenden Frau Marggräfin, wo sich die Durchl. Prinzessin [Braut] und des Prinzen Heinrichs und Ferdinand von Preussen Königl. Hoheiten befanden, von da aber in Dero Zimmer gebracht (c). Den folgenden Tag zu Abends trafen auch Ihro Durchlaucht, die verwittibte Frau Herzogin von Würtenberg allhier ein und wurden mit gleicher Parade eingeholet, und von sämtlichen Durchlauchtigsten Herrschaften auf das zärtlichste bewillkommnet; worauf den 26sten dieses [Monats] das Beylager Ihro Durchlaucht des Herrn Herzogen von Würtenberg mit der Durchlauchtigsten Prinzeßin von Brandenburg-Culmbach vor sich gehen wird. (BZ 114 / 21. 9. 1748)

(a) Laut Bericht des Stadtgeschichtsforschers Heinritz sollte die Stadt Bayreuth zum Empfang des Bräutigams ihr schönstes Gesicht zeigen: „Alle Einwohner in Baireuth sollten ihre Häuser anstreichen und bei schwerer Strafe wenigstens von den Vordergebäuden in den Hauptstraßen die Schindeldächer abnehmen." (Heinritz: Gesch. d. Stadt Baireuth; 1825)
(b) Um für Empfänge im inneren Schloßhof mehr Platz zu haben, wurde der große Kunstbrunnen schon früher in den äußeren Schloßhof versetzt. Da er bei der bevorstehenden Hochzeit auch dort im Wege stand, wurde der Brunnen an der Rennbahn, der heutigen Ludwigsstraße aufgestellt, wo er heute noch steht. Das dort befindliche „Neue Schloß" wurde erst fünf Jahre später, nach dem Brand des „Alten Schloßes" gebaut.
(c) In einem anderen zeitgenössischen Hochzeitsbericht heißt es ausführlicher: „So bald des Herrn Herzogs Hochfürstl. Durchleucht in die ... auf das prächtigste zubereitete Zimmer gebracht, und darauf allein gelassen worden; so kleideten Sie sich schnell um und verfügten Sich sogleich wieder zu Höchst-Denenselben in das Zimmer Ihro Königlichen Hoheit der regierenden Frau Marggräfin. Man brachte allda in Vorschlag, die Französische Comödie zu sehen: es unterblieb aber, weil man besorgte, es möchte sich solche zu spät endigen." (Wilh. Friedr. Schönhaar, Stuttgart 1749)

Solennitäten und Lustbarkeiten der Hochzeits-Vorwoche

Bayreuth, vom 30. September. Nachdem des Herrn Herzogs von Würtenberg-Stuttgardt Hochfürstliche Durchlauchtigkeiten am 18. und 19. [Sept.] in höchst erwünschtem Wohlseyn allhier eingetroffen, so sind sowohl vor als nach der Höchstbeglückten Vermählung bey hiesigem Hof folgende Solennitäten und Lustbarkeiten vorgefallen:
Am 20. [Sept.] nahmen die Durchlauchtigsten Herrschaften in dem grossen Saal an einer Tafel von 30 Couverts [Gedecken] das Mittagsmahl ein, wobey das Confect [essbare Tischdekoration] den Winter vorstellte. Des Abends war in dem neuen Opernhauß (a), welches in Ansehung der Grösse und Pracht wenig seines gleichen in Europa hat, französische Comödie (b), nach deren Endigung die Höchsten Herrschaften an einer Tafel von 30 Couverts speisten.

Am 21. [Sept.] speisten gnädigste Herrschaften ebenfalls im grossen Saal an einer Tafel von 30 Couverts, auf welcher das Confect den Frühling repräsentirte. Des Abends um 6 Uhr fanden sich sowohl die Durchlauchtigst-Königlich und Fürstlichen Personen, als auch die inn- und ausländische Noblesse zahlreich in dem grossen Saal ein, wo Ball en Domino [Maskenkostüm: langer, meist seidener Mantel mit Kapuze] ware. Um 10 Uhr soupirten die hohen Herrschaften an einer Tafel von 60 Couverts. Nach eingenommenen Souper wurde der Ball bis um 1 Uhr Nacht fortgesetzt.

Am 22. [Sept.] speisten die Durchlauchtigsten Herrschaften abermals im grossen Saal an einer Tafel von 120 Couverts, wobey das Confect den Sommer vorstellte. Des Abends erschienen sämtliche Damen en Robbes [Festkleid] und machten den Hochfürstlichen Herrschaften Cour. Sodann nahmen Durchlauchtigste Herrschaften an einer Tafel von 30 Couverts das Souper ein.

Am 23. [Sept.] Vormittags geruheten der 2 preussischen Prinzen Königliche Hoheiten, dann des Herrn Marggrafen und des Herrn Herzogs von Würtenberg Hochfürstl. Durchl. mit einem zahlreichen Gefolg von Cavaliers unter Vorreutung [Vorreitung] des Herrn Oberforstmeister und Cammerherrn von Schirnding mit denen Oberförsters und Wildmeisters Sich mit Jagen zu erlustigen. Des Mittags speisten die Durchlauchtigsten Herrschaften bey Ihro Hochfürstlichen Durchlaucht, der verwittibten Frau Herzogin von Würtenberg, in dem Churfürstenzimmer en Famille [im Familienkreis] an einer runden Tafel. Abends nach 5 Uhr erhob sich der gesamte Hof nach dem Opernhauß, wo die Opera *Le Triomphe d'Ezio* vorgestellet wurde (c), nach derselben Endigung aber um 11 Uhr in dem grossen Saal an der Fürstlichen Tafel von 30 Couverts gespeiset wurde.

Am 24. [Sept.] nahmen die hohe Herrschaften abermals bey der verwittibten Frau Herzogin von Würtenberg-Stuttgardt Hochfürstlichen Durchlaucht an einer runden Tafel das Mittagsmal ein. Des Abends ware Französische Comödie (d), und nach derselben Endigung ein Feuerwerck auf dem Theatro,

Das neuerbaute Opernhaus, Blick zum Himmel über der Fürstenloge. Text in der Kartusche: Pro Friderico Et Sophia / Josephus Gallus Bibiena Fecit — Anno Dom. MDCCXLVIII.

wobey der Nahme Sr. Hochfürstlichen Durchlaucht, des Herrn Herzogs Carl von Würtenberg, im Feuer brannte. Sodann fieng sich in dem von oben bis unten mit grünem Reißig verbundenen, mit grossen Spiegeln behängten, und mit vielen Blumen-Festons [Ornamenten], dann Lichtern ausgezierten und illuminirten Redoutensaal die Masquerade an, während welcher auf dem alten Theatro (e) an einer Tafel von 90 Couverts soupiret wurde.

Am 25. [Sept.] ware zu Mittags die Fürstliche Tafel wieder im grossen Saal und von 30 Couverts, wobey das Confect den Herbst vorstellte. Des Abends nach der Französischen Comödie (f) wurden in Ihrer Hoheit [Wilhelmine] Apartement an einer Tafel von 13 Couverts das Souper eingenommen. Diese Tage über wurden Mittags und Abends 2 Marschall-Cavaliers und eine Officiers-Tafel, jede von 24 biß 30 Couverts gehalten.

(a) Planung und Baubeginn des Opernhauses ab 1744 unter Hofbaumeister Joseph St. Pierre; ab 1746 wird Carlo Galli-Bibiena aus Wien hinzugezogen; von März bis Sept. 1748 legt Carlos Vater, Guiseppe G.-Bibiena, der berühmteste Theaterarchitekt seiner Zeit, letzte Hand an den Innenausbau des Theaters. Ausser dem Opernhaus ist noch ein neues Comödien-Theater im Schloß errichtet worden.
(b) Es wurden zwei Stücke gegeben: „Le Grondeur" von Brueys und Delaprat und „Les Vacances" von Dancourt.
(c) „Le Triomphe d'Ezio" — Der Triumph des Aetius: Musik von Joh. A. Hasse nach der Textvorlage von Pietro Metastasio. Inhalt: Aetius, der berühmte römische Feldherr, schlägt bei Challons die Horden des Hunnenkönigs Attila in die Flucht und kehrt siegreich nach Rom zurück. Dort wird ihm aber — verursacht durch das Intrigenspiel des Patriziers Maximus — vom Kaiser nach dem Leben getrachtet...
(d) „Polixene"
(e) Das alte Komödienhaus befand sich in dem links an das Opernhaus angrenzenden Gebäude.
(f) „La Gouvernante"

Fremde in Bayreuth

Weil dieses Blatt die in dieser Woche angekommene viele Fremde dermalen nicht einnimmt, werden sie mit Stillschweigen übergangen. (BZ 117 / 28. 9. 1748)

Das Bayreuther Residenzschloß in der Darstellung eines unbekannten Künstlers. Um Platz für die Hochzeitsfeierlichkeiten zu schaffen, wurde 1748 der Brunnen vom äußeren Schloßhof an die Rennbahn versetzt.

Die Höchstbeglückte Vermählung

Am 26. [Sept.] als den zur Hohen Vermählung der Durchlauchtigsten Prinzeßin von Brandenburg-Culmbacg mit des regierenden Hrn. Herzogs von Würtenberg-Stuttgardt Hochfürstlicher Durchlaucht angesetzten Tag, ließ man zu frühe von 10 biß 12 Uhr die reichen Kleider, Galanterien, weisses Zeug nebst Gold- und Silberwaaren der Durchlauchtigsten Prinzeßin Braut in drey Zimmern öffentlich sehen. Um 11 Uhr ware Wachparade, wobey die Garde zu Pferd in ihrer propren Montur mit aufgezogen. Des Mittags speisten Durchlauchtigste Herrschaften im vergoldeten Zimmer bey des Herrn Marggrafen Hochfürstlicher Durchlaucht an einer Tafel von 60 Couverts. Nach der Mittagstafel wurden ein Ochse, zwey Hirschen und acht Schöpfen [Hammel] gebratner[weise] auf der Herrenwiesen dem Volck Preiß gegeben (a), wobey man zugleich zweyerley Wein und auch Bier springen ließ. Abends gegen 7 Uhr versammleten sich sämtliche Ministres, Dames und Cavaliers vom Hof in Ihro Königlichen Hoheit, der Frau Marggräfin Vorgemach, wornach Se. Hochfürstliche Durchlaucht der Herr Marggraf in Begleitung der sämtlichen Herrn Ministres und Cavaliers den Durchlauchtigsten Herrn Bräutigam selbst abzuholen, und in Ihro Königlichen Hoheit Audienzzimmer, wo sich die Durchlauchtigste Prinzeßin Braut nebst denen übrigen hohen Herrschaften schon eingefunden hatten, zu führen geruhet. Nach 8 Uhr wurde mit Trompeten und Paucken zu dem Trauungsactu das Signal gegeben, worauf sich die Durchlauchtigsten Herrschaften nach dem grossen Saal verfügten: voran giengen sämtliche Herrn Ministres und Cavaliers, dann der Oberhofmarschall und der Oberschänke mit denen Marschallsstäben. Sodann kam das Durchlauchtigste Brautpaar (b), auf diese [folgten] die hohen Herrschaften und endlich die Hofdames. Die hohen Herrschaften stellten sich unter den Dais [?] vor die daselbst gestandenen 7 sammete Lehnsessel, die Dames und sämtliche Herrn Ministres und Cavaliers aber rangirten sich zu beyden Seiten. Die Trauung verrichtete Herr Dr. Theol. General-Superintendent und Oberhofprediger, German August Ellrod, nach einer gehaltenen kurzen doch schönen Rede. Sobald die Trauung verrichtet [war], wurden nach dem mit Trompeten und Paucken gegebenen Signal dreymal 56 Canonen abgefeuert, die höchste Herrschaften aber begaben Sich unter einem Entrée von Trompeten und Paucken nach dem Audienzzimmer Ihro Königlichen Hoheit, und bald darauf nach dem grossen Saal zur Tafel, woran nur alleine die 7 Durchlauchtigsten Personen gespeiset. Es blieben bey selbiger die 2 Hofdamen, so der Durchlauchtigsten Braut Schleppe getragen, nebst denen aufwartenden Herrn Ministres und Cavaliers stehen; die Speisen wurden durch den Cammerherrn von Schirnding vorgeleget, und durch den Cammerjuncker von Oberländer an die hohe Herrschaften überbracht. Bey denen Gesundheiten [Trinksprüche] liessen sich jederzeit Trompeten und Paucken hören, und die Canonen wurden beständig — so

(a) Ochse und Hammel wurden — laut Heinritz (1825) — dem Volk nur unter der Bedingung preisgegeben, „daß die Teilnehmer bei der Zerstückelung kein Messer gebrauchen durften. Dieser Spaß, dem die Herrschaft vom Schlosse aus zusah, erregte gewaltiges Gelächter; aber auch bey dem hie und da sichtbaren Streben nach größeren Portionen manchen blutigen Kopf."
(b) Die Hochzeitskleidung: „Das Kleid, welches der Durchleuchtigste Herr Bräutigam angelegt hatten, war ein sehr kostbares Silber-Stück, mit vielerley Arten von goldenen Blumen auf das reichste untermenget. Die Knöpfe schimmerten auf das prächtigste, weil sie mit den kostbarsten Brillanten besetzt waren. .. Der Prinzeßin Braut Hochfürstl. Durchl. waren gleichfalls auf das prächtigste angekleidet. Ihre Fürsten-Crone, Ohren-Gehänge und Kehl-Band ... hatten so unzählich viele und grosse Brillanten und Birn-Perlen, daß sie die hellsten Strahlen von sich warfen, und wegen ihres fast unschätzbaren Werths bey allen Kennern und Zuschauern Verwunderung erweckten." (Schönhaar, 1749)

lange Gesundheiten getrunken wurden — gelöset (c). In dem Nebengemach des grossen Saals ware eine Tafel von 30 Couverts, woran die anwesenden Herrn Gesandten und die sämtlichen Herren Ministres speisten. An der zweyten Tafel von 24 Couverts speisten die übrigen Hofdamen nebst den übrigen verheyratheten Damen aus der Stadt, mit denen anwesenden fremden Cavaliers vom zweyten Rang und denen Cammerherrn am hiesigen Hof. An den übrigen Tafeln, jede von 24 Couverts, speisten die übrige Cavaliers und Officiers nach ihrem Rang.

Nach aufgehobener Tafel wurde unter Trompeten- und Paukkenschall der Fackeltanz gehalten (d), und um 1 Uhr das Durchlauchtigste Brautpaar unter einer Entrée von Trompeten und Paucken nach dem Schlafzimmer geführt. Voran gingen die Herrn Ministres und Cavaliers, denen der Oberhofmarschall und der Oberschenke mit den Marschallsstäben folgten. Sodann kamen des Herrn Marggrafen Hochfürstliche Durchlaucht, das Durchlauchtigste Brautpaar, der verwittibten Frau Herzogin Hochfürstliche Durchlaucht — von des Prinzen Ferdinands Königlichen Hoheit geführt — dann der Frau Marggräfin Königliche Hoheit von des Prinz Heinrichs Königlichen Hoheit geführt; den Schluß machten die Hof- und sämtliche Stadtdames. Nachdem das Durchlauchtigste Brautpaar aufs Paradebett gebracht worden, wurden abermals 56 Canonen zu 3en malen gelöset und damit dieser höchsterfreuliche Tag beschlossen.

(c) Nach dem Gesundtrinken „traten die zwey Castraten Zaghini und Stephani auf und liessen sich mit einer vortrefflichen VocalMusic hören" (Schönhaar). Giacomo Zaghini sang als höchstbezahlter Tenor elf Jahre (1737—48) an der italienischen Oper in Bayreuth.
(d) Beim Fackeltanz („Ceremonienball") tanzten voraus: „Die zwölf Herren Ministres, derer zwey und zwey mit brennenden weissen Wachs-Fackeln, auch zweyer Marschalls mit silbernen Stäben" (Schönhaar).

Fleckentferner für kleckernde Hochzeitsgäste

Von Regensburg ist allhier angekommen Johann Heinrich Semmerig, welcher alle Flecken aus Sammet-, Seiden- auch Wollen-Zeugen herausbringen kan, sie mögen bestehen, in was sie wollen. Er logirt bey der Frau Hopfenmüllerin und es sind auch französische Devisen bey ihm zu bekommen.
(BZ 116 / 21. 9. 1748)

Das festlich illuminierte Opernhaus in Erwartung der Gäste.

Am 27. [Sept.] gegen 10 Uhr Frühe wurde dem Durchlauchtigsten Paar der Morgen-Seegen mit Trompeten und Paucken gemachet. Um 11 Uhr zog die Wache und Garde zu Pferde wieder — wie Tags vorhero — auf. Des Mittags speisten die hohen Herrschaften im grossen Saal an einer Tafel von 30 Couverts, wobey das Confect die 10 malige beglückte Vermählungen der Durchlauchtigsten Häuser Brandenburg und Würtenberg vorstellete. Im Vorsaal speisten die Dames, Herrn Cavaliers und Officiers an 4 Tafeln. Des Abends wurde das Opernhauß nach geendigter Französischer Comödie (e) herrlich illuminiret, und auf dem Theatro an einer figurirten Tafel von 80 Couverts gespeiset, während welcher auf dem Theatro ein Aufzug — die vier Theile der Welt repräsentirend — ware. Die übrigen Herrn Cavaliers und Officiers speisten par terre an einer Tafel von 30 Couverts.

Vorgestern als am 28. [Sept.] ware zu Mittag die Fürstliche Tafel von 30 Couverts im grossen Saale (f). Eben daselbst nahmen auch die Durchlauchtigsten Herrschaften an einer grossen figurirten Tafel von 70 Couverts das Souper ein, und erhoben sich sodann nach dem Redoutensaal, wo Masquerade ware (g). Gestern Frühe [29. Sept.] haben der verwittibten Frau Herzogin von Würtenberg-Stuttgard Hochfürstliche Durchlaucht die Rückreise nach Stuttgart angetreten. Nach geendigter Vormittagspredigt in der Schloßkirchen wurde das Te Deum wegen glücklich vollendeter Vermählung unter 3 maliger Lösung der Canonen gesungen. Die Durchlauchtigsten Herrschaften nahmen das Mittagsmahl im grossen Saal an einer Tafel von 30 Couverts ein. Nach aufgehobener Tafel machten die Stadtdames bey der verwittibten Frau Herzogin Hochfürstlichen Durchlaucht Cour und nahmen zugleich Abschied.

Des Abends wurde eine neue Opera im Opernhauß repräsentiret (h), während welcher die hohen Herrschaften in der Loge gespeiset. Die Marschalls- und 1 Officierstafel waren diese Tage über Mittags und Abends wie vor ordingirt.

(e) „Les Jeux de l'amour & du hazard".
(f) „Das hiebey aufgetragene Confect hatte Japanische Vorstellungen. In der Mitte war ein Tempel mit einem Altar, worauf die Priester ihr Gebet zu verrichten und ein Opfer anzuzünden schienen" (Schönhaar).
(g) „Zur öffentlichen Masquerade im Redoutensaal hatte niemand ohnverkleidet die Entrée. Die Verkleideten erschienen aber in den reichsten Masquen" (Schönhaar).
(h) „Artaxerxes". Die Hochfürstl. Herrschaften begaben sich zu diesem Ende in vier neuen kostbaren Staats-Wägen in das prächtige Opernhauß."

Heute Frühe [30. Sept.] um 9 Uhr giengen des Herrn Marggrafens Hochfürstliche Durchlaucht und des Prinz Ferdinand Königliche Hoheit in Begleitung einiger Cavaliers zu Pferd nach Streitberg voraus. Ihro Hochfürstlichen Durchlaucht, die regierende Frau Herzogin von Würtenberg wurden, nachdem Höchstdieselben von Dero Durchlauchtigsten Frau Mama auf das zärtlichste Abschied genommen, nach 10 Uhr unter einer Entrée von Trompeten und Paucken von Dero Durchlaucht Herrn Gemahl nach dem Wagen geführet. Bey Höchst Deroselben saßen im Wagen Dero Frau Oberhofmeisterin von Schönning, dann die Hofdamen Fräuleins von Virchir und Berlichingen. Des Herrn Herzogs von Würtenberg-Stuttgard Hochfürstliche Durchlaucht hingegen setzten sich in Dero Reißwagen, Dero Oberstallmeistern Herrn Baron von Röder, Herrn Geheimbden Rath von Hartenberg und Herrn Obermarschall Baron von Wallbrunn bey sich habend, worauf die Reise unter 3maliger Lösung der Canonen, unter vielen 1000 Glückwünschen aller gethreuen Unterthanen und unter Bedeckung des Husaren-Corps angetretten, in Streitberg das Mittagsmahl eingenommen, und sodann biß Erlang die Reise fortgesetzet worden. Morgens werden des Herrn Herzogs von Würtenberg und Dero Frau Gemahlin Hochfürstliche Durchlaucht (i) die Reise nach Ludwigsburg fortsetzen. (BZ 18 / 1. 10. 1748)

(i) Die 1742 von den Eltern angebahnte Ehe führte 1744 zum Verlöbnis; bei Heirat waren der Bräutigam 20, die Braut 16 Jahre alt. Die Ehe verlief unglücklich und wurde 1759 geschieden. Elisabetha Friderica Sophia lebte nach ihrer Scheidung bis an ihr Lebensende, 1780, auf Schloß Fantaisie bei Bayreuth.

Avertissements *

Sonata da Camera für Marggraf Friedrich

Sei Sonate da Camera, Flauto Traversiere Solo e Cembalo, dedicate a Sua Altezza Serenissima Federico, Marggravio di Brandenburgo-Culmbac & c. composte da Giacomo Federico Kleinknecht il secondo Maestro di Concerto, auf Super-Royal-Papier gedrukt, sind bey dem Autore in Bayreuth zu haben vor 1 Rthl. [Reichsthaler] (BZ 116 / 26. 9. 1748)
[Kammersonate für Solo-Querflöte und Cembalo, gewidmet Sr. Hochfürstl. Durchl., Marggraf Friedrich von Brandenburg-Culmbach und komponirt von Jakob Friedrich Kleinknecht, zweiter Konzertmeister]

Schnabel kein Hofbildhauer

Da in No. 99 der hiesigen [Bayreuther] Zeitungen unter dem Verzeichnuß der Verstorbenen, nach dem Kirchenzettul der Schnabel als Hofbildhauer angegeben worden — dieser aber niemals als Bildhauer in Herrschaftlichen Diensten gestanden ist —, als hat man vor nöthig erachtet, diesen Fehler — wie hiermit beschiehet — zu verbessern. (BZ, Sept. 1748)

Gerücht von Ickelheimer Viehseuche ausgesprenget

Demnach von einigen boßhaften Gemüthern aus gewissen darunter begebenden schändlichen Absichten von dem in diesig Hochfürstl. Brandenburg-Culmbachischen Oberamt Hoheneck gelegenen und in dessen geschloßenen District gehörigen Ort Ickelheim, eine angeblich graßirende Viehseuche vorsezlich ausgesprenget, solches aber auf darüber angestellte gerichtliche Untersuchung grundfalsch und erdichtet befunden worden, so wie es jedermann in der ganzen Refier [Revier] nunmehro ohnehin bekannt ist; als hat man auch auswärtige, zumal man in Erfahrung kommen, daß dieses falsche Gerücht sogar ausserhalb Land und auf die Nürnbergische und andere Viehmärckte erschollen, hiervon avertiren [anzeigen] wollen, damit die Handelsleute und Viehhändler dieserhalben keinen Anstand nehmen, noch sich [... unleserlich] machen lassen mögen, diese Gegend und Strassen zu paßiren, allermassen das ausgesprengte falsche Gerücht seine Erfinder von selbst beschämen wird. Sign. Ickelheim, den 14. Sept. 1748 (BZ 114 / 21. 9. 1748)

Stellengesuch

Ein junger Mensch, der eine saubere Hand schreibet und Livree tragen will, suchet Dienste, und man kann bey Herrn Bauer, Jäger vor dem Unternthor mehr Nachricht erlangen. (BZ 120 / 5. 10. 1748)

Pränumeration für Schönhaars authorisierte Hochzeitsbeschreibung

Es haben Se. Regierende Hochfürstliche Durchlaucht von Würtemberg-Stuttgard unterm 21. August dieses Jahres [1748] dem Fürstlichen Oberhofmarschallen Amts-Secretario Wilhelm Friedrich Schönhaaren ein gnädigstes Special-Privilegium ertheilet, die auf Dero Fürstliches Beylager und Heimführung angeordnete und vorgesagte Solennitäten zu beschreiben, und nebst denen darzu gehörigen Piecen und Kupfern im Druck herauszugeben und zu verkauffen. Es wird dahero bemeldeter Herr Secretaire Schönhaaren diese Beschreibung nächstens zum Druck befördern, damit selbige zu Anfang des Januarii künftigen Jahres die Presse verlassen könne. Er ist Willens, selbige auf Pränumeration [Vorbestellung] drucken zu lassen, und denen Herrn Liebhabern, so darauf pränumeriren, das Exemplar gegen 1 Rthlr. zu überlassen, und [es] wird allhier auf diese Beschreibung bey Herrn Krausen Pränumeration angenommen. (BZ 120 / 5. 10. 1748)

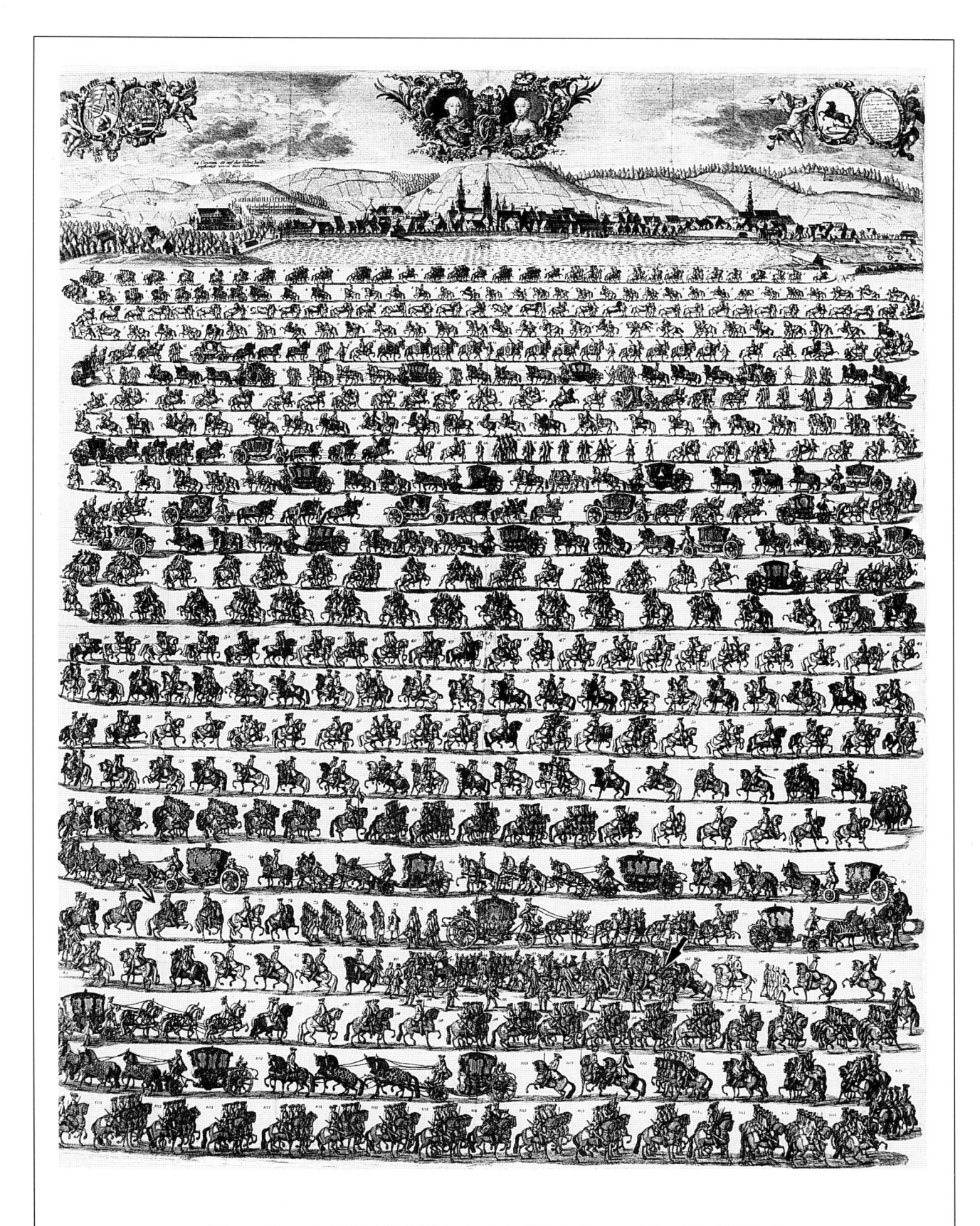

„Solenner Einzug in die Hochfürstl. Würtembergische Erste Residenz- und Haupt-Stadt Stuttgart".

Der Zug kam am Samstag, 12. Okt. 1748, nachmittags 1 Uhr vor Stuttgart an. Der Brautwagen (Pfeil) war eine „mit acht gold-falchen Würtembergischen Gestüths-Hengsten bespannte prächtige, ganz neu verfertigte vier-sitzige Leib- und Staats-Carosse", wegen der starken Bedeckung leider kaum zu erkennen. Der Bräutigam (kleiner Pfeil) ritt auf einem „sehr prächtigen Dänischen Apfel-Schimmel-Hengst" und war „in dem reichsten Gold-Etoffe bleu de Roy gekleidet, wobey man so Rock als Weste mit grossen Brillanten-Knöpfen von fast ohnschätzbarem Werth besetzt sahe".
(Bild und Text aus Schönhaars Hochzeitsbeschreibung)

Berlin 1752:

Erschütterungsfreyer Meilen-Zähler für Kutschen

Diese Maschine kann sehr bequem an jeden Wagen angemacht werden

Vor einiger Zeit ist der königl. Academie der Wissenschaften [Berlin] von einem Posamentirer [Posament = Verzierung aus Borten, Quasten etc. für Polstermöbel, Kleidung etc.] allhier, namens Helefeld, eine von ihm selbst erfundene und verfertigte Maschine zur Beurtheilung vorgeleget worden, vermittelst welcher man auf Reisen die Weite des Weges in Meilen und Theilen der Meile sehr bequem messen kann. Die Hauptmaschine hat das Ansehen einer grossen Taschenuhr und kann in dem Wagen, wo man es verlanget, angeschraubet werden. Die Uhr bekömmt ihre Bewegung von einer andern Maschine, die unter der Achse der Hinter-Räder angeschraubet wird [...] Diese Maschine kann sehr bequem und ohne Umstände an jeden Wagen angemacht werden und der Künstler hat alles so einzurichten gewußt, daß das Schüttern des Wagens dem ordentlichen Gange dieser Uhr nicht den geringsten Nachtheil bringet. Die Königl. Academie hat besagter Maschine ihren vollkommenen Beyfall gegeben.

Eben dieser Künstler verspricht zur Aufnahme der Geographie eine noch weit wichtigere Maschine. Er getrauet sich einen Reisewagen so errichten zu lassen, daß man nach vollendeter Reise alle Krümmungen des Weges, auch alle Höhen und Tiefen desselben, auf einer Rolle aus Pergament deutlich und in richtigen Verhältnissen abgezeichnet finden kann. Weil aber hierzu eine besondere Einrichtung des Wagens gehört, so hat er dieses Werck nicht ausgeführt, sondern wartet auf einen vornehmen Liebhaber, der die erforderlichen Kosten darauf verwenden will. (BZ 8 / 16. 1. 1752)

Amsterdam/Tetuan 1752:

Geiseldrama an marokkanischer Küste

Schiffbrüchige Marinesoldaten aus den Niederlanden von Mohren verschleppt.
Die Auslösung wird einen namhaften Schatz kosten.

Amsterdam vom 18. Februar. Allhier hat man von dem traurigen Schicksale des Kriegsschiffes Das Hauß im Busche genannt, mit Briefen aus Tetuan [Marokko] vom 27. Dec. 1751 folgende zuverlässige Nachricht erhalten:

Nachdeme gedachtes Schiff vom 18ten bis auf den 20ten November einen der erschröcklichsten Stürme ausgestanden, wurde es an diesem Tage zwischen zwölf und ein Uhr des Nachmittags an die Küsten zwischen Ceuta und dem Vorgebirge Porkas verschlagen, wo selbiges strandete... Der Himmel war damals so trübe, daß man nicht erkennen konnte, wo sie an Land gekommen, — auf dem Gebiete der Spanier oder der Mohren. Und gleichwie die Nacht herannahete und zugleich ein starcker Regen fiel, so wurde — ohnerachtet man keine Lebensmittel hatte — beschlossen, die Nacht allda zu verbringen, in der Hoffnung, des andern Morgens einige Entdekkung zu machen. Während dieser Zeit kamen noch 9 Mann von der Equipage [Besatzung] eines holländischen Schiffes, welches ebenfalls auf eben dieser Küste gestrandet... Mit anbrechenden Tag begab sich der Capitain mit seinen Leuten [136 Mann] auf den Marsch, um zu trachten, nach Ceuta zu gelangen, und nahm seinen Weg nordwärts. Allein sie wurden gar bald von einer grossen Anzahl Mohren entdecket und umringet und sämmtlich zu Gefangenen gemachet. Diese Barbaren plünderten sie bis aufs Hemd aus, und nöthigten sie mit Stockschlägen zu marschiren, — ja sie begiengen sogar die Grausamkeit, 2 Matrosen, welche ihrer Willen nicht geschwind genug marschirten, zu massacriren. Des Abends wurden sie in die Ställe eines Schlosses eingesperret... Den 22sten und 23sten setzten sie ihren Marsch auf eben diese Weise fort... Den 26sten langten sie zu Tetuan an und wurden wie im Triumph in die Stadt eingeführt, wo sie unter Begleitung einer unzähligen Menge Volcks — so herbey gelaufen — bis sie an das für sie bestimmte Gefängnis geführt wurden. Dieses Gefängnis war ein Loch eines Grabens, welches ungemein tief und finster war, und in welches man mittels einer Leiter hinunter steigen mußte. Man nöthigte den Capitain Steenis, so lange zu Pferde zu bleiben, bis der letzte Mann von seiner Equipage in dieses abscheuliche Gefängnis hinunter gestiegen war. Endlich mußte er selbsten hinuntersteigen, nachdem er die ganze Zeit über das Gespötte des Pöbels ausgestanden... Der Englische Consul und die andern zu Tetuan angesessene Christen haben die Barmherzigkeit, denen Gefangenen verschiedene Erquickungen zuzuschicken, sonsten müßten sie vor Hunger und Elend sterben. Den 27sten hat der Gouverneur einen Expressen an den Kayser von Marokko geschicket, um ihm von dieser Prise [Beute] Nachricht zu geben. Der Staat hat indessen bereits den Entschluß gefaßt, so wohl den Capitain als die Equipage los zu kaufen, ohngeachtet man schon zum voraus sieht, daß die Auslösung des Capitains ganz allein einen namhaften Schatz kosten werde. (BZ 26 / 29. 2. 1752)

Tunis 1752:

Barbarische Grausamkeiten des alten Dey von Tunis
Die Anhänger seines Sohnes ließ er würgen, geißeln, pfählen und enthaupten

Tunis, vom 30. August. Von den lezthin nur kürzlich berührten Executionen, so der alte Dey [Herrscher] gegen die Anhänger seines rebellischen Sohnes [hat] vornehmen lassen, kann man nun folgende umständlichere Nachricht mittheilen:

Da der alte Dey die Oberhand über seinen rebellischen Sohn hat erhalten, und alle mögliche Mühe angewendet, denselben durch sein ganzes Gebiet mit den Waffen und sogar in den Algerischen Staaten mit List, jedoch fruchtlos, aufzusuchen und zu erwischen, hat er seine wütende Erbitterung gegen die Anhänger des widerspenstigen Prinzens auf eine fast unglaubliche und gewiß recht barbarische Art gewendet und ausgeführt; massen in Zeit [innerhalb] von 8 Tagen, nämlich vom 29. July bis den 6. August, die Scharfrichter ihre Hände in dem Blute von mehr als 250 unglücklichen Personen gewaschen. Am 29. [Juli] sind 34 theils gewürgt, theils enthauptet, am 30sten 18 lebendig gepfählt worden, davon die mehrsten im Gesichte der Stadt 2 Tage lebendig an den Pfählen geblieben; den 31sten wurden 22 grausamlich gegeißelt, sodann ihnen die rechte Hand abgeschnitten, und sie hernach erwürgt. Den 11ten Aug. hat man einen abtrünnigen Christen, so von Viterbo in Italien gebürtig seyn soll, nach dem Gerichtsplatz an dem Schweif eines Africanischen Esels mit den Füssen gebunden, durch die vornehmsten Strassen der Stadt geschleifet, und ihm — weil er dem rebellischen Prinzen Pulver und anderes Kriegszeug für grosse Geldsummen geliefert, — zum ersten die Augen ausgestochen, hernach die Zung durch den Nacken heraus gerissen, alsdann beyde Ohren abgeschnitten, und die rechte Hand abgehauen. In solcher mißlichen Gestalt ist er durch selbigen Esel ausser[halb] die Stadtthore nach einem Haufen Unflath geschleppet, woselbst er — unter Bewachung von 18 Janitscharen — wenige Stunden darnach in seinem Blute ersticket. Selbigen Tags sind auch 107 Mohren mit dem Strange hingerichtet worden. Am 27ten sind 7 Verschnittene [Eunuchen] des Serails gepfählet, und 43 andere gewürgt, den 3., 4. und 5. August aber bis 20 enthauptet worden; allein der 6te und lezte Tag ist erschröcklich gewesen für 3 Weiber und Concubinen des alten Deys, welche Mittel gefunden hatten, dem Glücke seines unglückseligen Sohnes zu folgen. Selbige sind um 9 Uhr Morgens ganz entblößt und nackend in lederne Säcke — jede mit 2 Schlangen vergesellschaftet — eingenäht, und nachdeme diese 20 bis 23jährige Weibspersonen an den Seewellen in ihren Säcken einige Stunden gehangen, hat man sie abgeschnitten. (BZ 133 / 4. 11. 1752)

Avertissements *

Überfall einer Diebs- und Räuberbande auf einen Bauernhof

Es ist in der Nacht des 6ten dieses November [1752], um 10 Uhr herum, von einer starcken, wenigstens aus 16 Mannspersonen und einem Weibsbild bestandenen, auch mit Geschoß wohl versehenen Diebs- und Räuberbande, die einen also genannten Lieutenant zu ihrem Befehlshaber unter sich hatte, zu Elgersdorff bey dem Bauern Johann Michael Thaler, nach stiller Eröffnung des Hauses die Stuben-Kammerthür, worinnen Thaler alleine geschlafen, mit einem Scheid Holz eingestossen, demselben nach einiger Gegenwehr, weniger nicht [außerdem] denen übrigen Leute im Hauß — zwey Mägden und zweyen Dienstpurschen — die Hände auf den Rücken und die Füsse gebunden, ersterer [Bauer Thaler] unter vielen Stössen mit heissem Oel 3 mal auf den Rücken gebrennet, ihme eine in der Stuben-Kammer gestandene Truhe erbrochen und ein Schranck eröffnet, sofort an daraus eine beträchtliche Summe baaren Geldes und über 600 Ellen [?] leinen Tuch, wie auch 3 Pistolen ... geraubet, auf die zu Hülf gekommene Nachbarn aber heftig geschossen (...), bis durch deren etliche Gegenschüsse die Diebe sich genöthigt gesehen, mit Zurücklassung weiteren Raubes an Kleidung und anderer Sachen, wieder abzuziehen.

Woferne nun jemand von diesen Räubern oder denen gestohlenen Sachen etwas in Erfahrung bringen sollte, [so] wird hierdurch geziemend gebeten, an hiesiges Hochfürstlich-Brandenburg-Culmbachisches Justizamt Nachricht zu ertheilen.
Markt Euskirchen, den 9ten November 1752. (BZ 1752)

Benennung der neuen Brücken, Umbenennung des Neuenweegs

Es ist Sr. Hochfürstlichen Durchlaucht gnädigster Wille, daß die neu gepflasterte Strasse, so bishero der Neuweg genannt worden, anstatt des Neuenweegs die Jägerstrasse, die dortselbsten neu erbaute Brücke auch die Brandenburger-Brücke [heissen solle], die vor dem Unternthor neu erbaute Brücke aber die Culmbacher-Brücke heissen solle. Weswegen ein solches zu jedermanns Wissenschaft hiemit bekannt gemachet wird. Bayreuth, den 11. Dec. 1752 (BZ 149 / Dez. 1752)

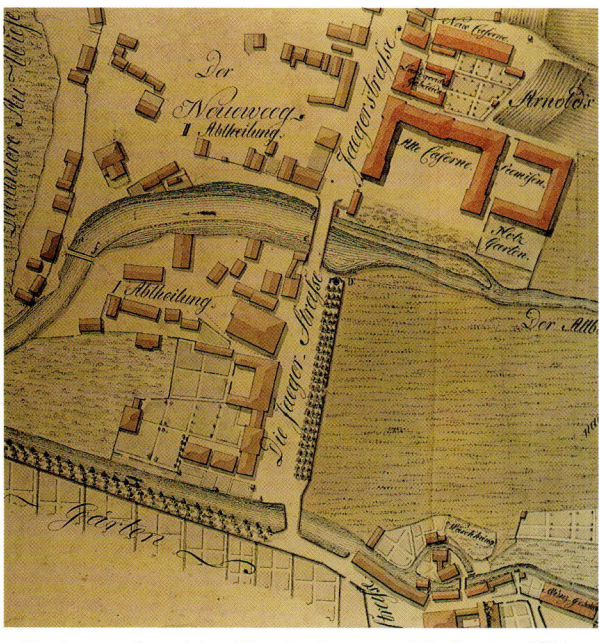

Die Jägerstraße auf dem Plan des Geometers Joh. Gerstner, 1814.

Bayreuth 1753:

Das Hochfürstliche Residenz-Schloß zu Bayreuth steht in Flammen!
Der unglückseelige Brand hat leider! bis diese Stunde nicht gelöscht werden können

Bayreuth, vom 27. Januar. Gestern des Abends nach 8 Uhr wurden wir durch eine in dem allhiesig Hochfürstl. Residenz-Schlosse unvermutet ausgebrochene Feuersbrunst in das äusserste Schrecken gesezet. Die Flamme wütete von ersagter Zeit bis diesen Morgen mit solcher Heftigkeit, daß dadurch nicht allein der größte Theil gedachten Hochfürstl. Schlosses bereits in die Asche geleget, sondern auch der Schloßkirchen-Thurm von der gewaltigen Glut ergriffen, und sowohl innenher ausgebrannt, als dessen Haube gänzlich von der Flamme verzehret wurde (a). Die Gefahr war hiebey um soviel grösser, je mehr der Wind, der sonderlich gegen Morgen ungestümmer wurde, gerade in die Stadt herein wehete, und auf selbige öfters gleichsam einen Feuerregen herab fallen ließ (b). Inzwischen können wir es dem Höchsten nicht genugsam verdanken, daß durch seinen Beystand und die angewandte schleunige Rettungsmittel derjenige Flügel von erwehnten Hochfürstl. Residenzschlosse, worinnen die Naturalien-Kammer ist, noch von der Flamme befreyet geblieben, widrigen Falls — wegen der vielen darinnen befindlichen Spirituum [Alkohol] und anderen leichtlich feuerfangenden Materien — unsere gute Stadt nicht weit von ihrem gänzlichen Untergange hätte entfernt seyn dürfen.

P.S. Da leider! dieser unglückseelige Brand bis diese Stunde noch nicht hat gelöschet werden können; sondern selbiger vielmehr — aller angewandten Mühe ungeachtet — die schöne Schloßkirche nunmehr gleichfalls gänzlich eingeäschert hat, mithin immer noch mehr um sich greift; so stehet zu unserem größten Leidwesen — welches Gott jedoch in Gnaden verhüten wolle — zu befürchten, es dürfte auch der bis anher von der Flamme noch unversehrt gebliebene Flügel obgedachten Hochfürstl. Residenzschlosses gar darauf gehen. Inzwischen hat man soviel Zeit gewonnen, viele Seltenheiten (c) und insonderheit das, was unsere Furcht — wegen der dem Feuer Nahrung gebenden Materialien hätte vergrößern können — völlig daraus hinweg zu schaffen. (BZ 12 / 27. 1. 1753)

(a) Joh. Adam Riediger, Ingenieur-Capitain in markgräflichen Diensten, schrieb über die Brandursachen- und Umstände an seinen Freund, Pfarrer Boller: „Es hat angefangen in ihr Durchlaucht [Markgraf Friedrichs] Cabinet, in der dritten Etage, oberhalb des Haushofmeisters Wohnung... Der Ofen und der Camin waren neu und sorglos gebauet, daher schlug die Flamm gleich unter dem Dach aus, steckte solches an und lief ringsherum... Es war eine durchdringende Kälte. Das Wasser, welches man bey der Münz geschöpfet, ist in den Schläuchen und Spritzen sogleich gefroren gewesen, also daß man in Bräukesseln das Wasser zuvor erwärmen mußte." (Brief v. 31. Jan. 1753)

(b) Riediger an Pfarrer Boller: „Es ist nit möglich, alles fürchterlich genug zu beschreiben... Die Funken, so über die Stadt getrieben, waren wie ein recht dicker Feuerregen anzusehen... Die ganze Nacht hat man nit aufgehört, mit allen Glocken zu läuten, und alle Tambours [Trommler] rührten ihre Drumelen, davon ich etlich Täg die Ohren noch voll hatte."

(c) Markgräfin Wilhelmine an ihren Bruder Friedrich: „Der Sänger Stefanino hat alles aufs Spiel gesetzt, um meine Bibliothek zu retten" (Brief v. 4. Feb. 1753)

Der Brandverlauf

(A) Der Brandherd, Markgraf Friedrichs Pavillon
(B) Schloßkirche
(C) Mittelflügel mit Durchgang zum Innenhof
(D) Komödienflügel
(E) Westflügel

1) Ausbruch des Brandes: Freitag, 26. Januar 1753, ca. 19 Uhr
2) Löschwasserentnahme aus dem Main bei der Münz'.
3) Das Wasser gefriert wegen der klirrenden Kälte in den Schläuchen und muß in Bräukesseln vorgewärmt werden.
4) Haupteinsatz der Löschkräfte.
5) Das Feuer breitet sich am schnellsten über den Mittelflügel aus,
6) der heftige Ostwind hemmt zunächst das Vordringen der Flammen in die Schloßkirche.
7) Am Morgen des zweiten Brandtages sind der marktseitige Schloßflügel und der Turm abgebrannt,
8) die Schloßkirche brennt nieder
9) Der erst im Vorjahr neu ausgebaute Flügel „zur Aufführung französischer Comödien" brennt lichterloh. Wenn das Feuer auf den Westflügel übergreifen wird, besteht „höchste Gefahr für die ganze Stadt bis zum Mühlthörle".
10) Der Ostwind — „besonders gegen Morgen ungestüm" — treibt ein Meer von Funken über die Stadt.
11) „Spiritus" und andere hochentzündliche „Materien" werden aus dem „Kunst und Naturalienkabinett" geschafft.
12) Im Schloßhof werden Kanonen aufgefahren, um notfalls eine Bresche in den Komödienflügel zu schießen.

Am Spätnachmittag des 27. Januar wurde „durch den Beystand des Höchsten" und „die hiesige Soldadeska" der Brand gestoppt. Noch Tage nach Abglühen der Schuttmassen schlagen bei den Aufräumungsarbeiten einzelne Flammen aus den Trümmern. Es war „nit anders als in einem heftigen Krieg" gewesen, schrieb Ing.-Capt. Riediger an seinen Freund, Pfarrer Boller.

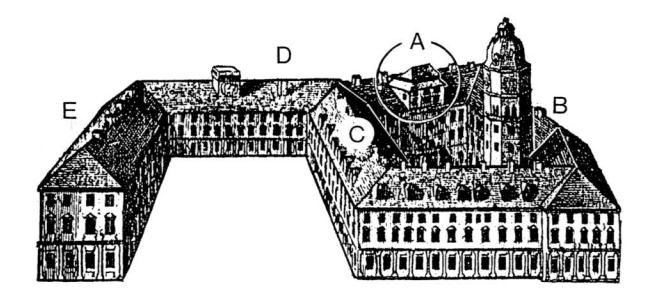

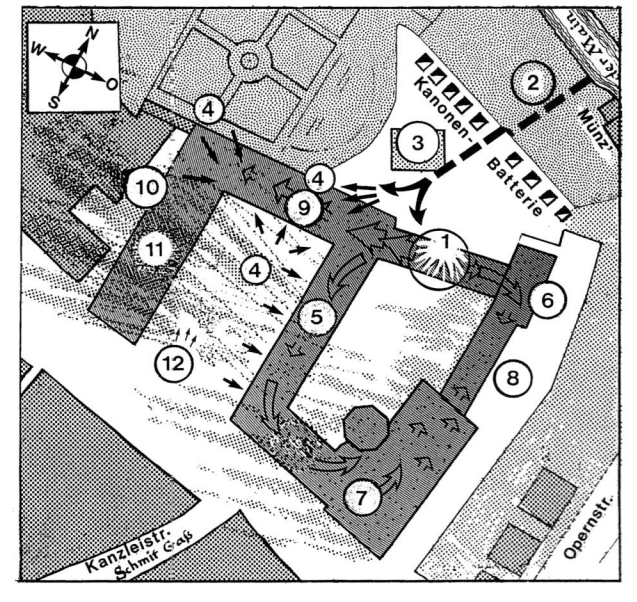

Der „gar arg schreckliche Brand" des Schlosses, malerisch nachempfunden von Hofjuwelier Adolph Wich, (1845) und von Tagblattverleger Carl Gießel um 1900 auf einer Ansichtskarte verewigt.

Bayreuth 1753:

Größte Gefahr gebannt — Brandursachen ungeklärt
Jedermann mit Graus und Schrecken erfüllendes Schauspiel

Bayreuth, vom 30. Januar. Die letztens gemeldete Feuersbrunst, so in dem vordern Theile des allhiesig Hochfürstl. Residenzschlosses, ober dem so genannten Reutersaal [Reitersaal] auskam, ohne daß man bis anher noch den eigentlichen Ursprung dieses unglücklichen Vorfalls hat entdecken können, und mit sothaner [solcher] Geschwindigkeit um sich griff, daß binnen einer Zeit von etlichen Stunden fast dieses ganze weitläufige und prächtige Gebäude in vollen Flammen stunde, — ist nunmehro, dem Allerhöchsten sey es gedankt, durch seinen kräftigen Beystand und mittelst getroffener sehr guter und ersprießlicher Anstalten zur Rettung, gänzlich gedämpft, wobey sich sonderheitlich die hiesige Soldateska (a) trefflich signalisiret hat, und wir dadurch von aller Furcht und Gefahr wiederum befreyet worden.

Inzwischen dauerte dieses jedermann mit Graus und Schrecken erfüllende Schauspiel vom lezt abgewichenen Freytage [26. Jan.] Nachts um 8 Uhr bis fast den ganzen andern Tag hindurch, während welcher Zeit wir durch das beständige Lermenschlagen der Trommeln und Läutung aller Glocken — sowohl hier in Bayreuth als zu St. Georgen am See — in einem bey nahe unaufhörlichen Allarm erhalten wurden. Der durch diese verzehrende Flamme erlittene beträchtliche Schaden ist leichtlich daher zu ermessen, weil dadurch — allein den an die Hauptstrasse stossenden linken Flügel ausgenommen — das ganze obgedachte Hochfürstl. Residenzschloß, nebst dem mit in dessen Bezirk befindlichen schönen, zur Andacht des Hofes gewidmeten Tempel [Schloßkirche] und dem dazu gehörigen Thurm, auch so gar der erst vorigen Sommer an dem Hintertheile gedachten Schlosses ganz neuerlich aufgeführte [erbaute] und zu Repräsentirung der Französischen Comödien adaptirte Flügel, elendiglich im Rauche aufgegangen und in einen beweinenswürdigen Steinhaufen verwandelt worden ist, — der Kostbarkeiten, Mobilien und anderer Sachen, die wegen

Stadtansicht von Bayreuth (Ausschnitt) des Kupferstechers Kilian, nach 1727. Die Figur der Bellona auf dem Schloßturm (links im Bild) war schon vor dem Brand von 1753 nicht mehr vorhanden.

(a) Wilhelmine an Bruder Friedrich: „Mehrere Soldaten, die sich zu weit gewagt hatten und nicht mehr zurück konnten, sind aus dem dritten Stockwerk gesprungen, ohne Schaden zu nehmen" (Brief v. 4. Feb. 1753) Die von der Zeitung gepriesenen Rettungsmaßnahmen wurden von Wilhelmine differenzierter bewertet: „Am schmerzlichsten war uns der böse Wille der hiesigen Leute, die gar nicht helfen wollten, sich versteckten oder fortliefen, um nicht arbeiten zu müssen. Nur das Militär, der Hof und die Fremden haben das wenige, was uns geblieben ist, gerettet" (Brief an Friedrich v. 31. Jan. 1753)

der schnell um sich greiffenden Flamme nicht alle gerettet werden konnten (b), gar zu schweigen.

Sonsten ist annoch anzumerken, daß uns diese gewaltige Gluth hauptsächlich zu der Zeit den entsezlichsten Anblick verursachte, da mittelst derselben obgedachter Schloßkirchenthurm dermassen erhitzet wurde, daß sich selbiger anfänglich wegen des sich innerhalb desselben entzündeten Holzwerkes dem Auge wie eine erleuchtete Laterne zeigte, aus den an dessen Haube sich befindlichen Fenstern sich nachhero von allen Seiten gleichsam Wolken von dichtem Rauche mit darauf erscheinenden hellen Flammen wälzeten. So groß aber auch das Unglück ist, so uns gegenwärtig betroffen hat, so haben wir dennoch auf der einen Seite die Güte Gottes zu preisen, daß er diese grausame Gefahr, so unserer ganzen Stadt den völligen Umsturz dräute (c), noch so gnädig abgewendet hat, auf der andern [Seite] aber seine weise Obsicht, so er auf die Menschenkinder richtet, zu bewundern, indeme auch nicht einmal eine einzige Person bey diesen so gefährlich gewesenen Umständen verunglücket ist. (BZ 13 / 30. 1. 1753)

(b) Über Wilhelmines eigenen Einsatz bei den Rettungsarbeiten gibt es nur widersprüchliche Darstellungen. Sie selbst schrieb an ihren Bruder: „Ich lag schwerkrank zu Bette, man hat mich mitten aus den brennenden Balken gerettet" (Brief v. 31. 1. 1753) — dagegen schrieb am selben Tag Riediger an Boller: „Ihre Hoheit versäumten sich sehr lang im Schloß, um ihre besten Sachen zu salviren [retten], bis man sie mit Gewalt beredet, sich selbst in acht zu nehmen; doch hat sie ihr meistes salviret, Spiegel, Malereien, silberne Sessel, Leuchtertische etc."

(c) Die Stadt nach dem Brand, von Riediger geschildert: „Mehr als 8 Tage darnach hat es allhier ausgesehen, nit anders als in einem heftigen Krieg, indem die ganze Stadt mit ihrer Hab sich weggeflüchtet und hernach wieder eingezogen; also daß den ganzen Tag lauter Wägen, Karren und Schlitten auf der Fahrt zu sehen waren, die solche Hab wieder herbey führten."

Geschmolzene Gold- und Silberklumpen in der Brandstätte
Der Schaden am Residenzschloß wird auf 1 Million Thaler geschätzt.
Über die Brandursache herrschen Gerüchte, die aus Dummheit oder gar Bosheit erdichtet worden.

Drei Wochen nach dem Brand mußte die Bayreuther Zeitung Gerüchten entgegentreten, die von der „Leidener Französischen Zeitung" in die Welt gesetzt worden waren. Dieses Blatt hatte als Quelle — „man weiß nicht, nach was für einer abentheuerlichen Saga" (BZ) — einen „Artickel aus Bayreuth vom 30. Januar" angegeben. Es sei falsch, dementierte die Bayreuther Zeitung ...

„... daß der sich letztens an dem hiesig Hochfürstlichen Residenzschlosse unglücklich ereignete Brand — der wohl von nichts anderem als einem sich schon lang verhaltenen Feuer, so das Gebälk ins Glimmen gebracht, herrühren mag, — von einem hiesig Hochfürstlichen Kammer-Bedienten, der in der Garderobe mit einer Tobackspfeiffe im Munde eingeschlafen war, causiret [verursacht] worden wäre (a); also hat man diesem sich fälschlich verbreiteten Gerüchte, so aus Kurzweil oder gar aus Bosheit erdichtet worden, hierdurch öffentlich zu widersprechen nicht umhin gekonnt.

Sonsten hat man seit der Zeit leider! zu vernehmen gehabt, daß ohngeachtet man dafür gehalten, man habe die mehrsten Pretiosa [Kostbarkeiten] vor der Wuth dieser verzehrenden Flamme gerettet, sich dennoch gefunden, daß so viele kostbare Meubles [Möbel] verlohren gegangen, daß deren Verlust wenigstens auf eine Million Thaler geschätzet wird (b). Bey Gelegenheit der Wegräumung des Schuttes, womit man anjetzt sehr beschäftigt ist, entdecket man noch immer viele deutliche Spuren der erboßten Flamme, so auf dieser Stelle geraset, indeme man nicht nur noch immer viele Stucken geschmolzenen Goldes, Silbers und anderen Ertzes findet, sondern auch noch ganze glimmende Balken ausgräbt." (BZ 21 / 17. 2. 1753)

(a) Anderen Gerüchten zufolge hätte Markgraf Friedrich den Brand verursacht — aus lauter Begeisterung über ein neues Bild seines Hofmalers Wunder hätte er beim Verlassen seines Geheimcabinets vergessen, den Wachsstock zu löschen. Ein weiteres Gerücht (?) besagte, daß ein Bauernmädchen aus Altenplos den Brand aus der Ferne beobachtet hatte, — Stunden, bevor er wirklich ausgebrochen war.

(b) Markgraf Friedrich stand nur noch im Hemd da: „Kleider und mit Diamanten befasste dänische und hiesige Orden, nebst völliger Wäsche sind verbrannt worden, also daß er nur sein eigen Hemd auf dem Leibe rettete" (Riediger). Wilhelmine teilte über die Verluste ihres Gemahls mit: „Der Markgraf hat alles verloren, was in seinen Gemächern war. Sehr beklagt er den Verlust seiner Flöten und Noten" (Brief v. 31. 1. 1753 an Bruder Friedrich)

Die Bekrönung des Schloßthurms in neuer Form; nicht ausgeführtes Wiederaufbauprojekt.

Worüber die Zeitung nicht berichten durfte ...

... waren die Begleitumstände der „sehr guten und ersprießlichen Anstalten zur Rettung" des Residenzschlosses. Zwei der vielen unfreiwilligen Brandbekämpfer gaben ihr Leid zu Protokoll.

1) Der Bierkärrner Johann Köhler aus Meyernberg:

„Bey dem Anno 1753 im Hochfürstlichen Residenzschloß entstandenen Brand, mußte ich als Bierkärrner 3 Täg und soviel Nächt bey der damalig strengsten Kälte das Wasser aus denen Bräuhäusern unausgesetzt beyfahren und habe meine Gesundheit völlig verloren". (aufgez. am 4. 10. 1781; Stadtarchiv Bth.)

2) Johann Wolfgang Dölz schilderte seine Erlebnisse am 1. Mai 1753, gleich nachdem er sich wieder vom Krankenlager erhoben hatte:

„Ich mußte mich bey der damaligen großen Kält und Näße 9 bis 10 Stunden lang äußerst abstrappaziren und habe meine Glieder an Händen und Füßen verderbet. Dabey hatte ich weiter das Mißgeschick, daß mich — als ich des Morgens zwischen 4 und 5 Uhr zu meiner Schwester lauffen wollte, um mich nur in etwas zu erwärmen, — ein ungeschliffener Musquetier-Corporal an der Ecke der Braut-Gaß mit unschuldigen [unverdienten] Schlägen wieder zurück und biß Sonnabends halb 10 Uhr fort zu arbeiten von neuem antrieb." — [Als Dölz den Musketier fragte,] „... ob dieses mein Tränkgeld seyn solle, er in Zorn broullirte [brüllte] und mich Sonntags darauf noch überdem auf die Wacht gesetzet und erst um Mitternacht wieder entlassen hat... Durch die ausgestandenen und erlittenen Fatiquen [Belästigungen] wurde ich dergestalt ruinirt, daß ich 8 Tag darauf an Händen und Füßen 16 ganze Wochen lang das Podagra [Gicht] bekommen habe."

Rechts oben: „Das niedergebeugte Bayreuth", Titelblatt des Schloßbrandgedichts von Hofbuchdrucker Dietzel. Unten: Der Wiederaufbau des Schlosses nach Vorstellung des Architekten Gontard, 1753/54; nicht verwirklicht. (Oben: Fassade zum heutigen Luitpoldplatz; unten: Fassade zum Markt.)

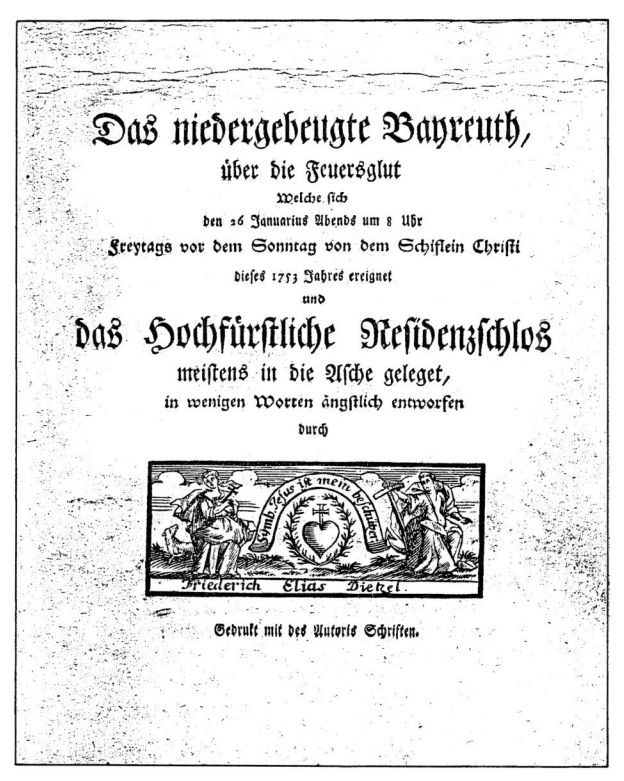

Avertissement *

Predigt nach Schloßbrand

In der Vierlingischen Buchhandlung allhier und in Hof ist für 1 Batzen zu haben: Herrn Consistorial-Rath und Hofprediger Schmidts in der Hospitalkirche zu Bayreuth gehaltenen Predigt nach einer überstandenen grossen Feuers-Brunst, welche das Hochfürstl. Residenz-Schloß meistentheils, die aber darinnen befindliche Schloss-Kirche ganz in die Asche geleget.
(BZ 30 / Sa. 10. 3. 1753)

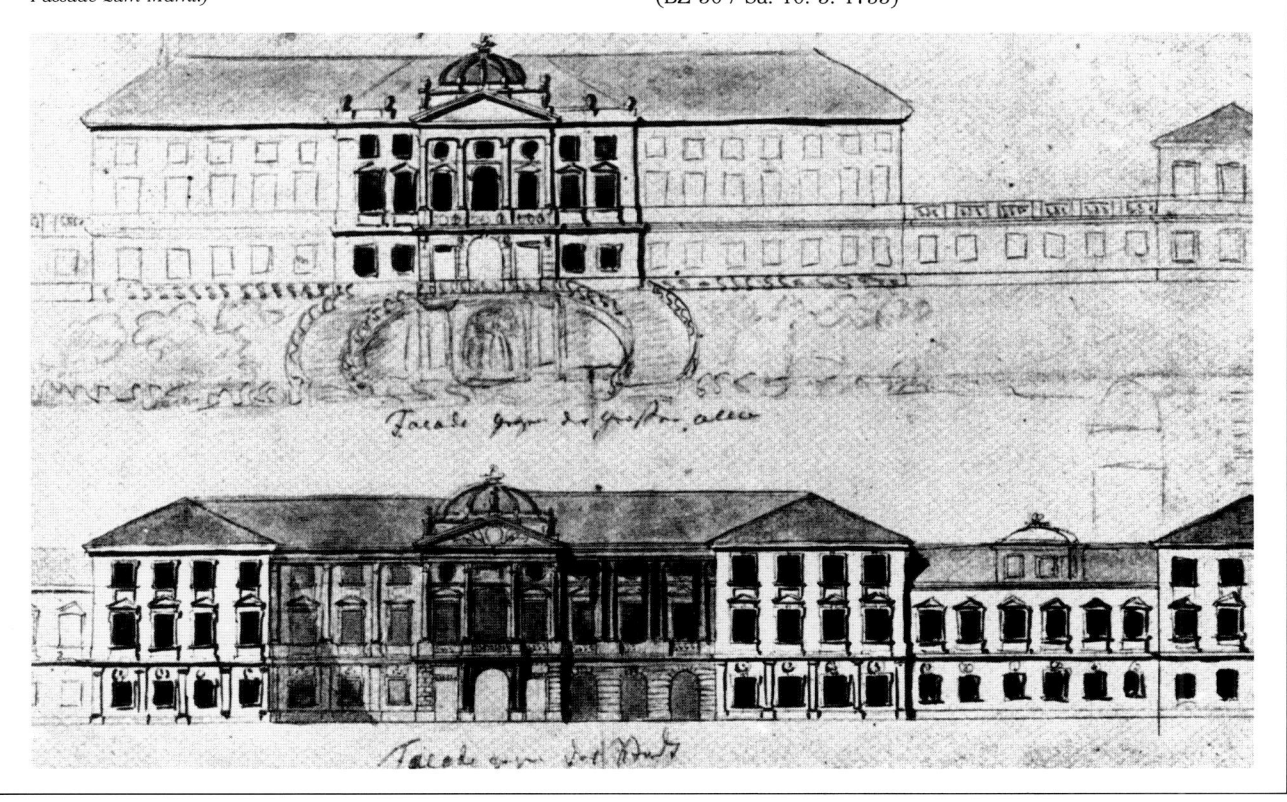

Bayreuth 1753:
Marggraf Friedrichs 42. Geburtstag
Die Herrschaften verfügten Sich in 3 prächtigen 6spännigen Staatscarossen in hiesiges Opernhaus zur Oper „Semiramis"

Bayreuth, vom 11. May. Bey hoher Anwesenheit Sr. Königlichen Hoheit, der regierenden Frauen Marggräfin von Anspach [...,Wilhelmines Schwester], wurde vorgestern die Tragödie *Alcira* im hiesigen Comödienhaus aufgeführt (a), und nachhero ein schönes Feuerwerk angezündet. Gestern als dem eingefallenen erfreulich-hohen Geburtstag unsers gnädigsten Landesfürsten und Herrn [Markgraf Friedrich], geruheten unsere gnädigste hohe Herrschaft Se. Königliche Hoheit, Frau Marggräfin von Anspach, wie auch des Herrn Marggrafen und Stadthalter von Schleßwig und Holstein nebst Dero Frau Gemahlin, Hochfürstliche Durchlaucht, Durchlaucht, dann der Prinzeßin von Weimar Hochfürstliche Durchlaucht, Mittags an einer Tafel en particulier zu speisen, sodann aber Sich in 3 prächtigen 6spännigen Staatscarossen in hiesiges Opernhaus zu verfügen, wo eine ganz neue, *Semiramis* betittelte Oper aufgeführt, und nach deren Endschaft in dem Redouten-Salette an einer Tafel von 60 Couverts in bunter Reihe soupiret wurde. Heute frühe um 7 Uhr beliebten Se. Königliche Hoheit, nach einem von allerseits Herrschaften zärtlichst genommenen Abschied,

Hirschjagd bei Stuttgart, 1748.

Bayreuth 1753:
Hirsch-Jagen im Limmersdorfer Forst

Bayreuth / vom 25. August. Den 22. dieses [Monats] ist unter der Direction des Herrn geheimden Raths u. Ober-Jägermeisters Baron v. Gleichen, in dem Limmersdorfer Forst, ein solennes Hirsch-Jagen, in höchster Gegenwart des Durchlauchtigsten Landes-Regentens [Markgraf Friedrich] und Sr. Hochfürstlichen Durchlaucht des Herrn Marggrafen Friederich Ernsts, Königlich-Dännischen General-Gouverneurs von Schleßwig und Hollstein, auch dessen Frauen Gemahlin Hochfürstliche Durchlaucht, und einer Menge von etlich tausend Zuschauern unter prächtiger Paradirung der Hochfürstlichen Jägerey, dann Trompeten- und Paucken-Schall gehalten, auf solchen 75 Hirsch, worunter 2 von 18 Enden befindlich waren, und in allen 130 an Roth- und Schwarzem Wildpret abgeschossen worden. Nach vollendeter Jagd, wurde unter 2 Jagd-Zeltern ein grosses Tractament gegeben, und damit diese magnifique Jagd beschlossen. (BZ 103 / 28. August 1753)

Redoutenhaus (links) und Opernhaus; Lithographie von Stelzner, 1860.

wieder von hier aufzubrechen, und Dero Ruckreise vollends nach Anspach fortzusezen. (BZ 57 / 12. 5. 1753)

(a) Die Meldung zeigt, daß auch der kurz zuvor erfolgte Schloßbrand den Gang des leichten Hoflebens nicht hemmen konnte. Da „der erst im vorigen Sommer ganz neuerlich aufgeführte und zur Repräsentierung der Französischen Comödien adaptirte Flügel" des Residenzschlosses im Januar 1753 „zum Raub der Flammen" geworden war, wurde für die Tragödie „Alcira" das alte „Comödien- und Redoutenhaus" wieder in Betrieb genommen. (Abb. oben).

Bayreuth 1754:
Einweihung des neuen Hochfürstl. Comoedien-Hauses

Bayreuth, vom 25. Januar. Gestern als den 24. hujus [Januar] wurde der eingefallene hohe Geburtstag Ihro Königlichen Majestät des Königs von Preussen bey hiesig Hochfürstlichen Hof solenniter celebriret. Es erschien daher sämmtliche Cavaliers in prächtiger Gala und die Dames zur Cour en Robe. Nach geendigter Mittagstafel wurde die *Comoedie Le Depit amoureux* aufgeführt und dadurch das neu-erbaute prächtige Comoedien-Hauß feyerlich eingeweyhet (a). Abends war eine zahl-

Unbekannte Theaterschönheit.

reiche Tafel in einer bunten Reihe. Se. Hochfürstliche Durchlaucht geruheten an diesem Tage, den Kammerherrn und Ober-Directorem der Opera, von Passewitz, zu Dero Schloßhauptmann und den ehemalig Herzoglich Braunschweigischen Hauptmann von Schack auf Rhaden zu Dero Kammerherrn gnädigst zu ernennen. (BZ 12 / 26. 1. 1754)

(a) Zum Bau des Komödienhauses wurden Teile der Fassade der neuen, teilweise wieder abgebrochenen Reformierten Kirche am Hofgarten verwendet. Die übriggebliebenen Teile der Kirche wurden in den Neubau des Neuen Schlosses einbezogen. 1759 wurde das neue Komödienhaus wieder abgerissen, weil man in der Reithalle (heutige Stadthalle) ein besseres Theater einrichten wollte. Der stehengelassene Teil der Theaterfassade dient heute als Eingang zum Hofgarten.

Plaisant Point/Neu-England 1754:

Deutsche Auswanderer besiedeln englische Colonien in America
Luft und Wasser sind sehr gesund und viel reiner als in Deutschland.
Das Bier wird aus einer Art Tannenbaum gebraut.

Americanische Nachrichten. Auszug eines aus Plaisant Point in Neu-England, denn 22. Jänner [1754] nach Deutschland abgelassenen Schreibens: Unsere Reise ist wohl eine der glücklichsten gewesen, die man jemals gethan hat, indem wir nicht den geringsten Sturm gehabt haben, und wann wir soviel Ost-Wind als West-Wind gehabt hätten, wären wir wohl in 2 1/4 Wochen [hin]überkommen. Die Leuthe sind also auch meistentheils wohl überkommen, ausgenommen diejenigen, welchen man schon in Deutschland den Tod auf der Zungen hat sitzen sehen, nämlich pure Hectici [Schwindsucht]; hingegen haben wir eine Frau von etlich 70 Jahren glücklich hinüber gebracht, und etliche Weiber, welche nicht warten wollten, bis wir an Land kamen, sind auf dem Schiff glücklich ins Kindbett gekommen. Den 6ten October sind wir glücklich in der *Madomokock-Bay,* und den 10ten in *St. Georges-River* angelangt, da dann das Volk in Schaluppen gebracht und vollends nach der Broadbay geführt wurde, weil daselbst nicht Wasser genug vor das grosse Schiff war. Dieses Land gehöret nun alles dem Herrn General Waldo; nemlich *Casco Bay, Georges Bay* und River Madomokock und Broad Bay. Erstere [Bays] sind mit Engeländern etc., die letzte aber mit Deutschen besetzt. Vor dem Lande her, in der See, liegen eine große Menge Insuln unterschiedener Größe, hinter welchen die See in schmalen Streifen manchmal 14 und mehr Meilen Wegs ins Land hinein gehet... Zu beyden Seiten der See ist schon alles mit Deutschen besetzt, daher die mit mir gekommenen, ihre Stadt an dem Fluße *Madomock* angeleget haben, und zwar so, daß sie ein ordentliches 4-Eck mitten auf ihr Land gebauet haben, mithin alle gleichweit vom Wasser abliegen (...).

Die verfaulten Bäume haben eine neue superficiem [Oberfläche] über die Erde gezogen, welche — sobald man ihr Lufft und Sonne gibt, — den schönsten Klee freywillig hervor bringt. Die alten Colonisten haben aller Sorten Getreyde und Gemüse, so schön wie ich es jemals gesehen habe. Luft und Wasser sind sehr gesund und viel reiner als in Deutschland. Jagd und Fischerey ist jedermann erlaubt. Jährlich kommen dreyerley Gattungen Streich-Fische, nemlich im December, April und May, in so großer Quantität, daß man sie mit Händen fangen kann — ja bey Ebbe bleiben viele 1000 am Ufer liegen. Diese

Fische sind nun sehr delicat, und weil sie in allzu großer Menge kommen, so daß die Einwohner ohnmöglich in 4 Wochen verzehren können, was sie in etlichen Stunden gefangen haben, so lassen sie solche frieren und sonst trocknen und füttern hernach die Schweine damit, welche ohnehin das ganze Jahr nichts anderes fressen, als Muscheln oder Mast, dahero die Leute soviel halten, als sie nur ziehen können und im Herbst soviel fangen, als sie nur schlachten wollen. Mit dem Rindvieh hat es fast gleiche Bewandnis, denn es gehet Tag und Nacht im Walde auf der Wayde und kommt nur nach Hause, sich melken zu lassen.

Die Anno 1752 gekommenen Colonisten haben den Winter gleich brav Bäume umgehauen, das Land gebutzet, den Sommer über Welschkorn [Reis] und Rüben darauf gezogen, und es nun den Herbst mit Korn und Waitzen besäet, inzwischen sie nun in solcher Manier in ihrer Waldung fortfahren, so daß wer 2 Jahr im Lande in Frieden gewohnet hat, von sich selbst bestehen kann und keiner Hülfe mehr bedarf. Ich darf nicht vergessen, auch des sogenannten Spreuß-Biers zu erwähnen, welches ein gesunder, wohlschmeckender Trank ist, welchen ich gemeinen Wein weit vorziehe. Es wird solches nemlich von einer Art Tannen gekocht, deren es auch im Harzwald genug gibt, und dessen Spitzen fast wie Wacholder riechen; hiervon nimmt man die zarten Äste, kochet sie mit Wasser, und machet es mit Molosser [Melasse-Zucker] etwas gelinde; wann nun dieses Bier mit etwas Hefe etliche Tage gegohren hat, so ist es ein angenehmer Tranck, an Farbe wie das schönste Lufft-Maltz, und es hat einen etwas piquanten Geschmack, so auf eine Wein-Säure kommt.

Die dieses 1753ste Jahr gekommenen Colonisten sind nun alle in ein expresse [schnell] vor sie gebautes Haus à 160 Schuh lang [ca.48 m] gekommen, welches 5 mal unterschiedlich [unterteilt] ist, wo sie so lange bleiben, bis sie sich selbsten Häuser auf ihre Loose [zugeteiltes Land] gebauet haben, welches hier zu Land bald und ohne Kosten geschieht. Ihnen ist auf 6 Monate Proviant an Korn, Kartoffeln, Rüben, Rind-, Schweine-Fleisch und Saltz gegeben worden, so daß jede Fracht die Woche 2 Pfund Fleisch hat... Viele der diesjährigen Colonisten haben — ihrem Versprechen zuwider — ihre Frachten nicht bezahlt, und waren doch allezeit die ersten mit losen Mäulern, da ihnen alle die Wohlthaten nicht genug waren. Sie sind übel angesehen worden, denn da sie auf der Reise immer das Beste haben und kauffen mußten, so wollte man ihnen nicht glauben, daß sie kein Geld mehr hätten, doch ist ihnen aber an dem versprochenen Guth und Lebens-Mitteln nichts entzogen worden. (BZ 74 / 20. 6. 1754)

Avertissement ∗

Pränumeration auf Reisebeschreibung

In dem hiesigen Hochfürstlichen Zeitungs-Comtoir wird auf D. Shaws Reisebeschreibung durch die Barbarey und das Morgenland u.s.w., welche aus dem Französischen und Englischen übersetzt und zu Erlangen in Joh. Caspar Müllers Verlag herauskommen wird, Pränumeration angenommen. [...] Eine ausführliche gedruckte Nachricht von ersagtem Werke kan man gleichfalls in dem hiesigen Hochfürstlichen Zeitungs-Comtoir bekommen [...] (BZ 82 / 9. 7. 1754)

Landkarte von Massachusetts aus Homanns Kartenverlag, um 1750. Weder der Meldungsort Plaisant Point, noch der Madomokock-Fluß sind eingezeichnet, wohl aber Boston, die Hauptstadt des Landes. Nebenstehendes Avertissement von 1752 meldet, daß Boston „schon seit 150 Jahren angebauet ist".

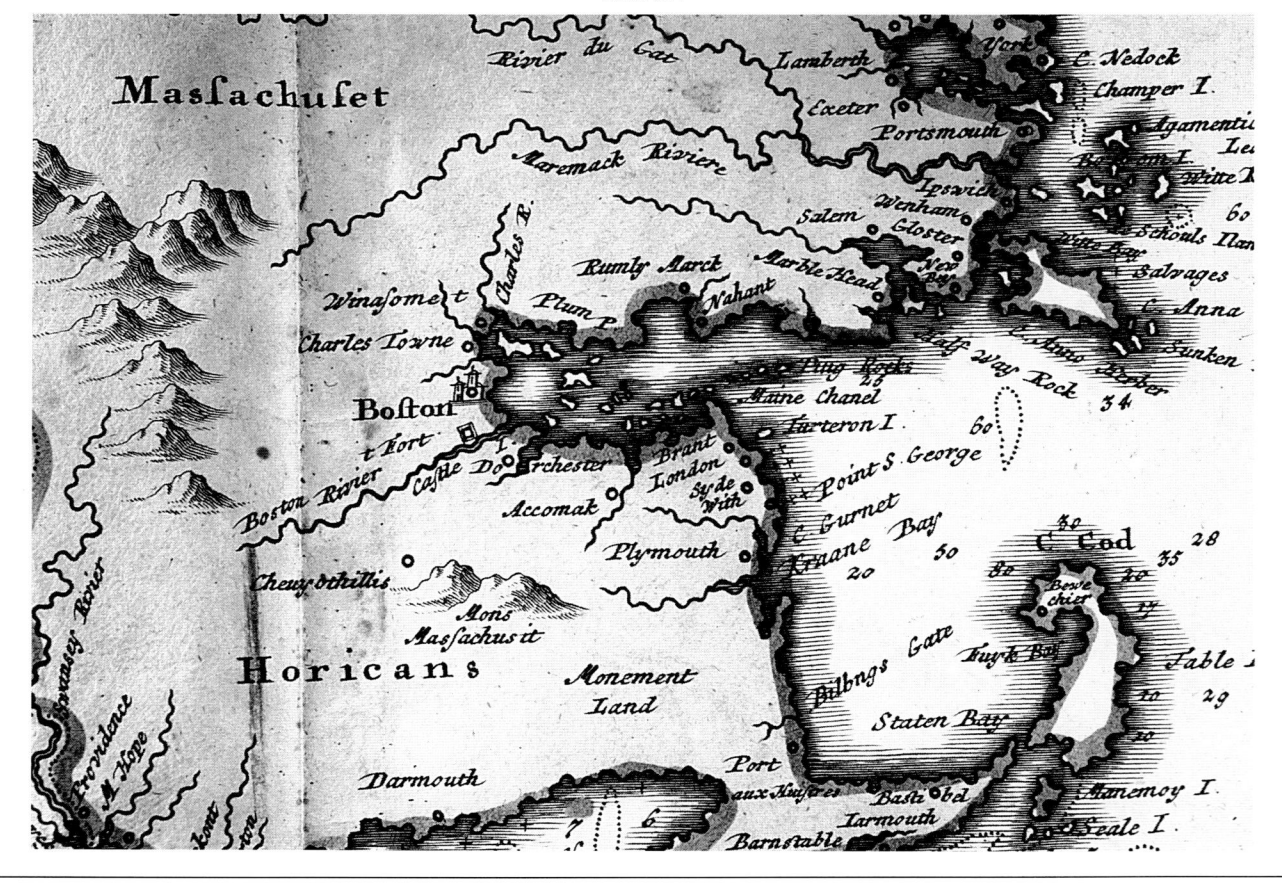

AVERTISSEMENT.

Nachdem man seit zweyen Jahren in Engeland den Anfang gemachet, die Americanische Colonien mit mehrern Leuten zu besezen, auch zu dessen Beförderung denen auswärtigen Protestanten die Niederlassung und Etablirung darinnen zu verstatten; so hat es zwar nicht an Familien gemangelt, die sich dahin begeben, es ist aber theils von denen Schiffs-Patronen so selbige übergeführet, theils von denen hierzu verordneten Commissarien so schlechte Veranstaltung getroffen worden, daß viele von diesen Familien entweder unter Wegs verstorben, oder doch kränklich ans Land gekommen. Damit nun diesem Ubel vorgebeuget wurde, so hat man nicht allein zu Boston in Neu-Engeland wegen Einführung der Teutschen eine Verordnung dahin gemachet, daß kein Schiffs-Patron mehr Menschen einnehmen und aus Engeland dahin führen sollte, als er nach dem beschriebenen Raum vor jeden Platz hat, oder mit hinlänglichen Proviant vor selbige versehen ist, bey Straffe 5 Pfund vor jeden Reisenden den er dahin übel bringen wird. rc. sondern man hat zu Verhütung des Betruges vieler herum schweiffenden Leute, welche aus dem sogenannten neuen Lande zu kommen, vorgeben, die vornehmsten Bedingnüsse und Umstände vor die auswärtige Protestanten, so sich in der Provinz Massachusetts Bay niederzulassen gesonnen seyn möchten durch den Druck bekannt zu machen, vor nöthig ermessen. Diese Provinz so unter dem 41. 42 und 43 Grad Latitud. lieget, bestehet in grossen Bezircken, welche entweder der Regierung selbst, oder denen vornehmsten Eingesessenen, oder auch in Engeland wohnenden Herren zuständig sind. Die Hauptstadt darinnen, Boston, ist schon seit 150 Jahren angebauet, und lieget zwischen Philadelphia und Hallifar in Neu-Schottland, und gehet von Boston nach Pensylvanien eine wohl gebahnte Landstrasse. Das Clima in dieser Provinz ist gesund, und der Erdboden überaus fruchtbar. Mit Eichen, Buchen, Eschen und Mespeln sind die meisten Wälder bewachsen, auch ist der Hanf und Flachs in grosser Perfection daselbst, und an Wilpret kein Mangel zu finden. In dieser Provinz nun sind 4 Amts-Districte, jeder über 20000 Morgen starck zur Etablirung vor fremde Protestanten gegen nachstehende Conditiones ausgesezet. 1) Sollen 120 Familien beysammen in einem Amts-District wohnen. In jedem District der Kirche 200 Morgen, dem ersten sich allda niederlassenden Prediger 200 und der Schule 200 jeder der 120 Familien aber 120 Morgen zugetheilet werden, dem, so sein Gut 7 Jahre in Person, oder durch andere besitzet, solches Gut vor sich und seine Erben eigenthümlich verbleiben. Ledige Personen von 21 Jahren und drüber, so ihr Land anzubauen getrauen werden vor 1 Familie gerechnet, und mithin jeder 120 Morgen zugetheilet. 2) Sollen die neu ankommenden das Recht wie andere Großbritannische Unterthanen geniessen, und sobald ein District beysammen, selbige einen Deputirten in die Rathsversammlung zu senden, berechtiget, auch ihnen das freye Religionsexercitium vergönnet seyn. 3) Sollen aus einen per Subscription gesammletem Capital denen ankommenden Familien 4 bis 6 Monat nothdürfftiger zugetheilet. 4) Jeder Amts-District von 120 Familien innerhalb 5 Jahren beruffen und unterhalten werden. 5) Sollte einem oder 2 Protestantischen Predigern ledigen Standes, so gleich anfangs sich zur Mitreise entschliessen, nebst der freyen Uberfahrt 15 Pfund Sterling Zulage auf 2 Jahr. 6) Jeder die freye Wahl haben, in einen Amts-District sich zu sezen, auch frey stehen, bey Privat-Herren auf gleiche Art anzusetzen. 7) Alle Ankömmlinge in einem Meerhaven oder Fluß anlauben, und sich allda ihren Sitz erwählen, damit ihnen Holz und anderes benöthigte um wohlfeilen Preiß desto bequemer zugeführet werden könne. Zu obersagten Boston ist vor einigen Monaten ein Werck unter dem Titel: Kurze Vorstellung merkwürdig-historischer und politischer Sachen, von den Englischen Colonien in Nordamerica sowohl in Ansehung ihrer ersten Pflanzung, als auch ihrer immerzu noch wachsenden Verbesserung, besonders von ihrem gegenwärtigen blühenden Zustande, aus der Presse gekommen. Da übrigens der Neu-Engeländische Commissarius, Herr Creß in kurzem wieder nach Franckfurt kommen wird; so können die, welchen darum zu thun, alsdann daselbst nähere Nachricht von dieser ganze Sache erlangen.

Ganzseitiges Avertissement der „Bayreuther Zeitungen" Nr. 2 vom 4. Januar 1752, zur leichteren Lesbarkeit etwas vergrößert.

In dem Avertissement wird u. a. angezeigt, daß man wegen „Einführung der Teutschen" in die amerikanischen Kolonien Englands eine Verordnung erlassen hat, die das Vollpferchen der Auswanderungsschiffe verhindern soll. Künftig soll es dem „Schiffs-Patron" für jeden Reisenden, den er „übel" nach Amerika bringt, 5 Pfund Strafe kosten. Das Avertissement beschreibt ferner die klimatischen, landwirtschaftlichen und infrastrukturellen Eigenschaften der „Provinz Massachusetts Bay" und die Bedingungen für jene, die sich hier „niederzulassen gesonnen seyn möchten".

Bayreuth 1754:
Große Bühnen-Vorstellung des MENSCHEN für Friedrich den Großen
Seine Majestät schienen über die Opera ganz vergnügt zu seyn

Bayreuth, vom 22. Juni. Am Mittwoch, als den 19. dieses [Monats], geruheten Seine Majestät, der König von Preussen, die erste (a) Vorstellung des MENSCHEN, eines allegorischen Stücks, das von dem erhabenen Geiste und den vortrefflichen Gemüthseigenschaften seines Urhebers (b) zeuget, auf dem hiesigen großen Theater mit anzusehen.

Seine Majestät schienen ganz vergnügt über das Gedicht (c), die Musik, die Tänze und Maschinen. Man kann aber auch sagen, daß diese Opera wirklich mit ebenso grosser Accuratesse als Pracht aufgeführet worden. Gestern Mittags trafen Ihro Hochfürstliche Durchlaucht, der Herr Marggraf und des Erb-Prinzen von Anspach Hochfürstliche Durchlaucht zum größthen Vergnügen des hiesigen Hochfürstlichen Hofes auf der Eremitage ein. Dahingegen des Königs von Preussen Majestät Dero Rückreise heute in der Nacht wiederum angetreten haben. Unser Hof verhoffet, die Anspachische hohe Herrschaften noch etliche Tage allhier zu bewirthen. (BZ 76 / 22. 6. 1754)

(a) Die Premiere hatte schon im Jahr zuvor stattgefunden. Wilhelmine schrieb darüber ihrem Bruder: „Nach Verlust der Garderobe [im Schloßbrand] und hundert anderen Mißgeschicken, die eine frühere Aufführung verhindert haben, ist sie auch noch mißlungen. Alle Maschinen haben versagt. Das Durcheinander war schrecklich, trotz allen meinen Anordnungen. Am nächsten Donnerstag soll sie wiederholt werden... Die Darsteller haben göttlich gespielt und gesungen, so daß nicht gezischt worden ist"(16. 5. 1753)
(b) Textdichtung: Markgräfin Wilhelmine, inspiriert von Texten ihres Freundes Voltaire; Musik: Andrea Bernasconi, zwei Arien von Wilhelmine.
Der Mensch, „L'Homme", wurde später von Hofdichter Luigi Stampaglia aus dem Französischen ins Italienische übersetzt.

Die Markgräfliche Loge des Opernhauses

(c) Inhalt des Einakters: Herr Anemon wird durch Frau Velusia verführt und betrügt dadurch gleichzeitig seine Geliebte, Fräulein Animia. Trotz der Einflüsterungen eines bösen Genius läßt Frl. Animia in ihrer Liebe zu Anemon nicht nach. Als Anemon durch Negiorea endlich zur Einsicht in sein schändliches Tun gebracht wird, will er sich vor Scham in den Fluß stürzen, — was Animia im letzten Augenblick verhindert. Ihre Tat — der Sieg des guten über den bösen Genius — wird mit einem Hymnus an die Sonne gefeiert, Ende.

Hamburg 1755:
Medicinische Rathschläge zur Rettung von Erfrorenen
Dem Tode einen Schritt mehr von seinem Gebiet abgewinnen

In dem Hamburger Correspondenten finden sich unterm 1. März folgende Gedanken, die wir auch unsern Lesern bekannt machen wollen.
Aufmunterung zu Versuchen mit erfrornen Personen.
Es ist unverantwortlich, daß man an vielen Oertern die erfrornen Personen, die man von ungefähr findet, entweder ohne Untersuchung begraben, oder doch nur besichtigen, allenfalls auch zergliedern läßt, ohne den geringsten Versuch zu machen, ob vielleicht eine solche Person wieder zum Leben gebracht werden könnte. Da man Gehenkte, Ertrunkene, und vom Blitz gerührte Personen öfters wieder herstellen kann; so ist es begreiflich, daß es noch viel eher mit den erfrornen angehe. Diesen Leuten ist keine Gewalt geschehen... Die Heftigkeit der Kälte hat bloß den Umlauf des Geblüts in den äußerlichen Theilen gehemmet, und die Bewegung der Lebensgeister in den Nerven unterbrochen, ... und dieses ist auch die Ursache, warum man bey strenger Kälte so steif wird. [...] Man sollte also billig mit ihm vorher einige Versuche anstellen, ehe man ihn begrübe oder zergliederte. Die Physici und Wundärzte haben hierzu die beste Gelegenheit; und sie würden sich durch solche Versuche einen großen Ruhm erwerben können... Man könnte solche Personen erst in kaltes Wasser legen, damit die äußersten Gefäße nach und nach aufthaueten. Der ganze Leib wird alsdann mit einer Eisrinde überzogen, wie man bey dem erfrornen Obste siehet, wenn es ins Wasser gelegt wird. Alsdann müßte man den Körper in ein Zimmer bringen, das weder kalt noch warm wäre, und müßte ihn anfänglich mit kalten, und nachher mit warmen Tüchern fleißig reiben. Man müßte ihm sowohl in die Lunge, als in die Gedärme Luft einblasen, und beständig hin und her wälzen. Man könnte dabey scharfe Clystiere und blasenziehende Pflaster appliciren, und alles Mögliche thun, um das Geblüt wieder einigermassen in den Gang zu bringen ... Es ist bey solchen Personen, die man für todt annimmt, erlaubet, alle nur mögliche Versuche anzustellen; und vielleicht könnte man hierdurch dem Tode einen Schritt mehr von seinem Gebiete abgewinnen (...). (BZ, 15. 3. 1755)

Berlin/Brandenburg 1755:
Betrunkene Wildgänse entführen Spaziergänger in die Lüfte
Bisher noch keine Nachricht, wo derselbe hingekommen

Zum Trost und Beyspiele allen, die gerne aufschneiden, wollen wir unsern Lesern aus dem 29. Stücke der Berliner Zeitungen (a) folgende Legende mittheilen:
In der letzten großen Kälte gieng ein Schlitten mit einem Stückfasse voll Brandtewein über den mit Eis bedeckten Elbstrom. Unterwegs schlug der Fuhrmann mit dem Schlitten um, dergestalt, daß der Boden des Fasses entzwey fiel, den Brandtewein auf dem Eise herum trieb, und eine Pfütze ausmachte. Nachdem aber der Schlittenfahrer mit seinem Schlitten und dem wieder darauf geworfenen leeren Fasse davon gefahren war, kam ein Zug wilder Gänse geflogen und ließ sich auf diese Brandtweinpfütze nieder, in der Meynung, daß es ein offenes Wasserloch und Nahrung darinnen wäre. Die Gänse, die davon mit gutem Appetit kosteten, wurden darüber trunken und blieben auf der Stelle liegen. Ein Mensch, der hernach vorbey gieng, näherte sich der taumelnden Gänsegesellschaft, freuete sich über solch unverhoffte Braten und dachte darauf, wie er selbige bequem fortbringen möchte. Zum Glücke — oder vielmehr zum Unglücke — hatte er einen langen Strick bey sich, mit welchem er so viel Gänse an den Beinen zusammen band, als er schleppen konnte. Da er sich nun damit tüchtig umwunden hatte, gieng er unter schwerer Last seinen Gang recht vergnügt fort. Indessen erholten sich aber die Gänse von ihrem Rausche wieder, fiengen an zu flattern und flogen endlich mit ihrem geduldigen Träger, an welchen sie geheftet waren, gar davon, so daß man bisher noch keine Nachricht hat, wo derselbe hingekommen ist. (BZ / 20. 3. 1755)

(a) Angeblich soll diese Geschichte den Berliner Blättern von C. F. Hieronymus Freiherr v. Münchhausen (1720—1797) anläßlich seines Winteraufenthalts 1754/55 in Neucölln erzählt worden sein. (vgl. A.W. Birchli: Baron v. Münchhausen — Der Unsinn seines Lebens, S. 69; Leipzig 1833)

Troppau 1755:
Neues Unwesen der böhmischen Vampyrs
Erstlich wurden den Vampyrs die Köpfe abgehauen, dann das Herz durchstoßen und die Körper zu Asche verbrannt

Troppau, vom 31. März. Die berüchtigten Blutsauger oder so genannten Vampyrs, haben lange nichts von sich hören lassen; nunmehro aber kann man aus hiesiger Gegend folgende zuverläßige Nachricht davon ertheilen. Schon vor 2 und einem halben Jahre verstarb zu Hermsdorf oberhalb Troppau eine Weibsperson, welche man in ihrem Leben die Tyroler Doctorin genennet. Diese Weibsperson curirte auf dem Lande herum und konnte dabey allerhand vermeintliche Zauberkünste vorstellen. Man sagt, sie habe vor ihrem Absterben ihrem Manne aufgetragen, nach ihrem Tode ihr den Kopf abzuhauen, und sie nicht auf dem katholischen Friedhof begraben zu lassen. Inmittelst hat sich bald nach ihrem Absterben allerhand geäußert, davon man überzeugt worden, sie sey eine Vampyre gewesen; wie denn nach und nach in dem Dorfe Hermsdorf viele Personen gestorben, von denen man glaubte, daß sie von Blutsaugern zu todt gequälet worden. Da dieses Übel weiter gieng, und mehrere Personen sturben, auch dabey verharreten, daß die Vampyrs ihren Tod verursacheten, so wurde verordnet, eine Untersuchung gerichtlich anzustellen, die dahin ausfiel, daß man die als Blutsauger in Verdacht gerathenen Personen diesem obrigkeitlichen Befehle zu Folge ausgraben sollte, und es wurden an der Zahl 30 ausgegraben; 10 davon wurden unschuldig befunden und wieder verscharret; bey 19 erwachsenen Personen aber — und einem Kinde — wurde noch Blut gefunden, ungeachtet die Leichname ein Jahr, auch etliche 2 Jahr und darüber bereits in der Erde gelegen hatten; diesen wurden als Vampyrs erstlich die Köpfe abgehauen, das Herz durchstossen und sodann die Körper zu Aschen verbrannt. Diese Execution ist auf kaiserlichen Befehl vor 6 Wochen in dem Dorfe Hermsdorf geschehen, wozu Knechte und Scharfrichter von Troppau, Jägerndorf, Teschen und den umliegenden Orten gezogen worden. (BZ 12 / 12. 4. 1755)

Avertissement ∗
Ein Knabe von 10 Jahren ist verschwunden

Es ist letzthin *medio Januarii* [Mitte Januar] ein Knabe von 10 Jahren, mit einem grünen tuchenen Rock, schwarzen Camisol [Leibweste] und dergleichen Hosen, auch schwarzen Strümpfen bekleidet, dann einen Huth nebst einer blonden Zopfperuque aufhabend, von Hof aus dasigem Alumneo [Heim] weggegangen. Nun hatte man vermuthet, es habe sich solcher nach Nürnberg begeben; alleine, da er allda nicht erfraget werden kann, mithin zu befürchten ist, er müsse bey damals gefallenen tiefen Schnee verunglücket seyn, oder sich anderswo verborgen halten: Als werden diejenigen, so von bezielten Knaben und dessen Aufenthalte Wissenschaft haben, hierdurch dienstfreundlichst ersuchet, dieses an das Zeitungscomtoir hieher nach Bayreuth gütigst zu notificiren, wovor man alle schuldige Dankbarkeit zu bezeigen, erbötig ist.
(BZ 35 / 22. 3. 1755)

Abwerbung von Bayreuther Porcellainemahlern

Da die Herren Johann Christoph Mühlhausen, Dieterich und Wilhelm Ter-Hellen in Bremen, auf ihre zur Auen nahe bey Bremen gelegenen Porcelainfabrique, worauf *Monsieur Ferrat* Meister ist, noch einige Blaumahler nöthig; als haben obgedachte Herrn solches zu dem Ende öffentlich bekant machen wollen, damit sich die Mahler darnach richten, und bey diesen Herren in Bremen angeben können.
Bremen, den 16. März 1755. (BZ 35 / 22. 3. 1755)

Markgraf Friedrich En Bronze

Nachdeme Ihro hochfürstliche Durchlaucht den beyden Bildhauer Renzischen Söhnen die gnädigste Erlaubniß gegeben, Höchstderoselben *en relief* possirtes Bildniß *En Bronze* oder auf Metallart an Liebhaber verkaufen zu dörfen: so wird dem Publico gemeldet, daß nunmehro dasselbe für zwey und einen halben Reichsthaler bey gedachten Renzen zu haben ist. (BZ 23/21. 2. 1758)

Einweihungspredigt Schloßkirche

Die vom Herrn Consistorialrath und Hofprediger Johann Christian Schmidt bey dem Einweihungsfest der neuerbauten hochfürstlichen Schloßkirche 1758 zu Bayreuth gehaltene vortreffliche Predigt ist bey dem Buchbinder Senft zu haben.
(BZ 60 / 17. 5. 1758)

Versandhandel mit „wunderbarer Essenz" — Gesundheit das ganze Jahr

Weil die bequeme Herbstzeit nicht weit mehr entfernet, um mit der unter des großfürstlichen Assessoris Herrn Schwers Aufsicht in Altona habenden, und überall wegen ihren erstaunlichen Effect so betitulten *wunderbaren Essenz*, die Blutreinigungs-Cur vorzunehmen; so hat man hieran erinnern und ermelden sollen, daß durch sothane Cur und wenigen Gebrauch im Jahr, ein Mensch das ganze Jahr gesund seyn kann, massen das verstockte Geblüt durch diese Essenz fast unvermerkt verdünnet, wie auch vom Schleim, Schärfe und überflüssiger Hitze gründlich gesäubert wird; nicht weniger fast alle übrigen Krankheiten, insbesondere die Gicht, völlig curiret, und alle podagrische Schmerzen ohne Gefahr stillet, welches alles vielen tausenden bekannt seyn muß. Um so mehr hat man auch Ursache seinen Nebenchristen an diese Cur zu erinnern, als diese wunderbare Essenz bekannter massen die im verwichenen Winter und Frühjahr, fast in ganz Deutschland in dem Schwang gegangene Krankheiten, nächst GOtt, mit aller Menschen Verwunderung einzig und allein curiret.

Diese Essenz ist beständig auch in Nürnberg, und zwar nur einzig und allein bey Herrn Hieronymus Jacob Bittner, Handelsmann daselbst, neben dem Walfisch am weißen Thurm, im goldnen Lämmlein wohnhaft, um den kostenden Preis, nämlich a 1 fl. 9 kr. gegen baare Bezahlung in guter Münz, gerecht und unverfälscht zu haben. Dahero auswärtige Freunde ihre Briefe nicht nur Franco einsenden, sondern auch zu guter Verwahrung und Einpackung derselben, ingleichen für den Briefträger einige Kreuzer mehr beyzulegen, sich werden gefallen lassen.

NB. Sollte etwa daselbst durch andere diese Essenz zum Verkauf angebothen werden, so ist dieselbe für falsch zu halten, dahero jedermann sich hierinnen wohl vorzusehen gewarnet wird. (BZ / 11. 10. 1759)

Bayreuth 1758:

Marggräfin Wilhelmine im 50sten Jahr mit Tode abgegangen
Beysetzung der Bayreuther Landesmutter in der Schloßkirche

Bayreuth, vom 14. October. Diesen Morgen um 2 Uhr sind Ihre königliche Hoheit, unsere gnädigst regierende Landesfürstin und Frau, Frau Friederika Sophia Wilhelmina, königl. Kronprinzessin von Preußen, im 50sten Jahre Dero Alters zum größten Leidwesen des hiesigen hochfürstlichen Hofes und des ganzen Landes mit Tode abgegangen. Ihre königliche Hoheit sind den 3. Julius 1709 gebohren und den 20. November 1731 an Se. hochfürstliche Durchlaucht, unsern gnädigst regierenden Landesherrn vermählet worden. Aus welcher Verbindung Ihre hochfürstliche Durchlaucht, die regierende Frau Herzogin von Würtemberg den 30. August 1732 gebohren worden. (BZ / 14. 10. 1758)

Am 18. dieses [Monats] zu Nachts um 10 Uhr sind Ihre königliche Hoheit, unsere höchstseelige Landesfürstin, der Disposition gemäß, welche Höchstdieselben vor Dero Absterben zu machen geruhet, ohne alles Gepränge und Aufwand in der hiesigen Schloßkirche in der neuerbauten Gruft beygesezet worden. (BZ / 19. 10. 1758)

Markgräfin Wilhelmine im Alter von etwa 35 Jahren, wie sie ein Maler aus der Werkstatt von Antoine Pesne sah.

Bayreuth/Hof 1759:

Ein glücklicher Tag der Freude für das ganze Land
Marggraf Friedrichs zweytes Hochzeitsfest und Empfang
der neuen Landesmutter im Fürstenthum Bayreuth

Cavaliers und Dames feyerten in der Reitercaserne, die Freymäurer im alten Schloß, Marggraf Friedrich aber in Braunschweig. Bei Ankunft der Durchlauchtigsten Frau Marggräfinn im Fürstenthum Bayreuth am 4ten October warfen eine Anzahl jungfräulicher Personen von 12 bis 18 Jahren haufenweis lebendige Blumen Ihrer Hochfürstlichen Durchlaucht in die Chaise.

Bayreuth, vom 19. September. Sämtliche hier in Garnison stehende Herren Officiers, sowohl von der Cavallerie als Infanterie, ... haben gestern wegen der in Braunschweig vorseyenden Vermählung unsers durchlauchtigsten Landesvaters ihre unterthänigste Devotion auf folgende Art bezeiget: Um 5 Uhr Nachmittags kamen sämtliche zu diesem Fest gebetene Cavalliers und Dames, sowohl von der Garnison als vom Hofe, in die am Mayn liegende Reitercaserne en Gala zusammen. Das Fest selbst aber eröffnete eine immerwährende Musik, von denen bey hiesigem löblichen Husarencorps stehenden Trompeten und Paucken, dann des sämtlichen Hautboistencorps [Oboenkorps] vom hiesigen hochfürstl. Leib-Grenadierbatallion, und dieses in zweyen Chören, allezeit wechselweise [gespielt]. Bis gegen 8 Uhr spielte man an unterschiedenen Tischen. Abends gegen 7 Uhr sahe man die ganze Caserne in allen Fenstern illuminiret. Um 8 Uhr wurde im großen, mit vielen Wandleuchtern erleuchteten Saale, eine Tafel von 48 Couverts serviret, und daran gespeiset. Während der ganzen Tafel ließen sich bey allen auf das Wohl der hochfürstlichen Personen getrunkenen Gesundheiten, die im Casernenhofe gepflanzte Canonen beständig hören, und die Musik continuirte wechselweise unaufhörlich. Nach der Tafel war Ball, welcher bis am Morgen dauerte, und wobey man mit allen erforderlichen Refraichissements [Erfrischungen] servirte; endlich wurde durch die Musik dieses Fest auf das vergnügteste beschlossen. Die hiesige wohllöbliche Gesellschaft der Freymäurer hat dieses Fest in dem hiesigen alten Schloß unter Trompeten- und Pauckenschall auf das solenneste celebriret. Auch haben verschiedene Herrn Räthe und Personen von Distinction dieses Fest auf das feyerlichste begangen und sich mit Musik bis gegen den Morgen divertiret. Ingleichen hat die Akademie zu Erlang über diese glückliche Vermählung große Feyerlichkeiten angestellet. So gar auch das Städtchen Lichtenberg hat seine unterthänigste Beyfreude an den Tag geleget, indem sich daselbst die sämtliche Bürgerschaft, Geistlichkeit, Schuldiener und Kinder auf dem obersten hohen Schloßplatz versammlet und unter dreymaliger Salve und Abbrennung einiger Pöller, Trompeten- und Pauckenschall das Te Deum gesungen, auch [ist] von einem dasigen Geistlichen aus einer darzu verfertigten Laubhütte eine rührende Stand-Rede gehalten worden. Es war überhaupt dieser glückliche Tag dem ganzen Lande ein Tag der Freude.
(BZ / 20. 9. 1759)

Nachtrag zu den Hochzeits-Lustbarkeiten
Bayreuth, vom 12. October. Zu denen, wegen vollzogener höchstbeglückten Vermählung Seiner hochfürstlichen Durchlaucht, unsers gnädigsten Landes-Fürsten, allhier angestellten Lustbarkeiten, ist noch anzumerken, daß am vergangenen Dienstage [9. Okt.] — nach aufgehobener Mittagstafel, welche abermals auf das schönste serviret war — Concert gehalten worden, und der hinter dem hochfürstlichen Residenzschloß befindliche Hofgarten, nebst der zu dem abgebrannten Feuerwerk (a) aufgerichteten Maschine, welche einen auf einem Berge stehenden Tempel vorstellte, mit vielen Ampeln auf das prächtigste erleuchtet zu sehen gewesen. Vorgestern aber war in dem Comödienhause großer Ball en Masque. Nach dessen Endigung des regierenden Herrn Marggrafens von Anspach hochfürstliche Durchlaucht, des Morgens um 4 Uhr wiederum nach Dero Residenz abgereiset sind. Der kaiserlich-königliche und königlich-französische Gesandte, nebst dem königlich-französischen General, Monsieur de la Touche und vielen andern hohen Fremden, befinden sich noch allhier; wöchentlich wird 3mal französische Comödie aufgeführet. (BZ / 16. 10. 1759)

(a) Bayreuths Hof- und Kunstfeuerwerker war zu jener Zeit Monsieur Louis Brunet, wohnhaft in der Schrollengasse Nr. 254 [Jean-Paul-Str. Nr 22] Das 1744 erbaute Feuerwerkslaboratorium befand sich am Main, in der Nähe der Münzmühle (s. Abb. S. 67).

Bericht aus Hof über den Einzug der neuen Landesmutter ins Fürstentum Bayreuth
Hof, vom 18. October. Zu Bezeigung ihrer Devotion [Ehrfurcht] über die glückliche Vermählung ihres Durchlauchtigsten Landes-Regenten, hat am 19ten September die hiesige privilegirte Stahl- und Vogelschützen-Compagnie auf hiesigen obern Schießhaus ein solennes Vogelschießen angestellet, und aus ihren Mitteln ein Tractement unter Paucken und Trompetenschall gegeben, worzu nebst dem Landeshauptmannschaftl. Verwesern [Verwalter] der hiesige Herr Ausschuß-Oberste von Wallenroth, die Beamte, ingleichen einige Abgeordnete von hiesigen Stadtrath eingeladen worden und erschienen, wobey auf die hohe Gesundheit des vermählten Fürsten-Paars getrunken und etliche Stücke [Kanonen] und Böller gelöset worden. Als aber den 4ten October die Durchlauchtigste Frau Marggräfinn [Sophie Caroline Marie] sich hiesiger Stadt genähert, und Dero Gemahl Ihro von Bayreuth aus bis hieher entgegen gegangen, [da] haben nicht nur die hiesigen Herrn Beamten und Deputirte des Stadtraths Se. Durchlaucht den Herrn Marggrafen oberhalb des Münsters unterthänigst empfangen und sind Denenselben vorgeritten, sondern auch als Dieselben der theuersten Frau Gemahlin bis über das Dorf Zedwitz entgegen geritten, [da] haben die Landeshauptmannschaftl. Herrn Verweser, Beamte und Deputirte des Raths Se. Durchlaucht dahin vorreitend begleitet.
Als nun die Durchlauchtigste Landesfürstinn über das Dorf Zedwitz heraus gekommen, so geschahe der Einzug in hiesige Stadt in folgender Ordnung: Auf dem Studentenberg hielte das in schönster Uniform und Montur neugekleidete Husaren-Corpo — unter Anführung des Herrn Oberst-Lieutenants

Baron von Reitzenstein und der subalternen Herrn Officiere — mit Trompeten und Paucken, ingleichen das mit einer neuen grün mit Silber stark besetzten Uniform gekleidete Jäger-Corpo unter Anführung des Herrn Hof-Jägermeisters Baron von Schirnding und Herrn Oberforstmeisters Baron von Künsperg, da denn der Zug in folgender Ordnung geschahe: Erstlich ritten die Herrn Beamten und Rathsdeputirte, diesen folgte das Jäger-Corpo unter dem Klang der Waldhörner, hierauf kam das Husaren-Corps unter Trompeten- und Pauckenschall, so denn die Piquer der Parforce-Jagd unter dem Klang der Parforce-Hörner, darauf folgte die Durchlauchtigste Frau Marggräfin — vorwärts alleine und rückwärts 2 Hofdames — in einer mit 6 Hof-Postpferden bespannten Chaise, und darauf [folgte] noch eine mit 6 Pferden bespannte Kutsche von ihrer Suite; Se. Hochfürstliche Durchlaucht aber, der Herr Marggraf, nebst etlichen Herren Cavalliers ritten immer an der Chaise her. Sobald man von den Stadtthürmen den Herzug sahe, wurde mit allen Glocken zusammen geschlagen und auf den Thürmen der Kirche zu St. Michaelis und des Rathhauses mit Trompeten und Paucken musiciret.

Außer[halb] der Stadt paradirte der Herr Ausschuß-Oberste von Wallenrod mit einem Batallion von dem Höfer Ausschuß-Regiment, und in der Vorstadt die Raths- und Bürgercompagnie. Von den untern Thor bis an das ehemalig Graf Schönburgische, jetzo Kastenamtmann Rentische Haus, woselbst gnädigste Herrschaften abstiegen und pernoctirten [übernachteten], stunden eine Anzahl jungfräulicher Personen von 12 bis 18 Jahren — weiß gekleidet und mit blauen Bändern und Kränzen gezieret — in zweyen Reihen einige Schritt von einander, hinter welchen Commandirte vom Ausschuß stunden, um das Andringen des Volkes zu verwehren, damit keine von jenen [Mädchen] etwan ein Unglück haben möchte. Als die Durchlauchtigste Fürstinn zum Thor herein kam, warfen die jungen, vorbenannten Personen haufenweis lebendige Blumen Ihrer Hochfürstlichen Durchlaucht in die Chaise. Als aber Dieselben in dem vorgedachten Hause an der Treppen abgestiegen, präsentirte der Frau Marggräfin eines Raths Membri [Mitglied] Tochter ein Paquet und wünschte Höchstdenenselben in einigen kurzen Versen unterthänigst Glück, welches Ihre Hochfürstliche Durchlaucht mit aller Gnade angenommen und über die Begebenheit des jungen weiblichen Geschlechts Dero gnädigsten Wohlgefallen bezeiget. Oben in dem Vorsaal des vorgedachten Hauses, bezeigten die Landeshauptmannschaftlichen Verwesere, die Geistlichkeit, Beamte und Burgermeister und Rath im Vorbeygehen ihre unterthänigste Devotion, wonach eine kleine Weile darauf die Geistlichkeit zuerst, hernach die andern zu gnädigster Audienz gelassen, so dann gnädigst dimitiret wurden[?].

Nachts um 7 Uhr kamen oben von der Stadt herunter bis an das Haus, aus den Berg-Ämtern Goldkronach, Wunsiedel und Naila die Knappschaften in ihren Berg-Habit [Kleidung], die Grubenlichter in der Hand habend, unter Anführung des Herrn Bergmeister Trommlers von Naila und angestimmter Musique, worauf von diesen eine auf weißen Atlas gedruckte und in blauen Sammet mit silbernen Spitzen eingebundene Glückwünschungs-Cantate den gnädigsten Herrschaften überreichet, und außen vor dem Haus musicalisch abgesungen wurde. Hierauf speiseten die Durchlauchtigsten Personen öffentlich an einer Tafel von verschiedenen Couverts und begaben sich zeitlich zur Ruhe.

Markgraf Friedrich im Alter von etwa 50 Jahren, wie ihn ein Maler aus der Werkstatt von Per Krafft d. Ä. (?) sah.

Des andern Tages nach genossenen Frühstücke traten um 11 Uhr die beyden Fürstlichen Personen in einer Chaisen beysammen, die Reise in Dero Residenz Bayreuth an... Gott erfülle an denen Durchlauchtigsten Personen in reicher Maaße, was zu Deren unverwelklichen Flor [Blüte], vor Dero langes Leben und höchsten Segenswohl alle getreue Diener, Unterthanen und Landeskinder von Gott wünschen und inbrünstig erbitten. (BZ / 27. 10. 1759)

Bayreuth 1763:

„Weinende Menschen-Massa" — Markgraf Friedrichs Ende
Man getraute sich kaum dessen Tod bekannt zu geben. Bayreuths goldene Zeiten sind zu Grabe gegangen

„Am 26. Februar 1763 ist unser vielgeliebter Landesherr, der Durchlauchtigste Herr Marggraf, MARGGRAF FRIEDERICH, mit Tode von uns abgegangen. Nie werden wir die Wohlthaten vergessen, der wir uns unter dem allergnädigsten Zepter der fürstmildesten Regierung Seiner Hochfürstl. Durchlaucht erfreuen durften."

So oder so ähnlich hätte die Bayreuther Zeitung ihren Bericht über Friedrichs Tod beginnen können. Indes suchen wir in den Zeitungen die Nachricht über das Ableben des Markgrafen vergeblich. Wir blättern drei verschiedene Ausgaben der Bayreuther Zeitungen des Jahrgangs 1763 durch und finden Markgraf Friedrich auch nicht einmal am Rande erwähnt. Das mag Zufall gewesen sein und möglicherweise wird ein „Extrablatt" von dem traurigsten Ereignis des Jahres 1763 künden, wenn ein weiteres, viertes Original der Bayreuther Zeitungen dieses Jahres gefunden wird. Doch nach Lage der Dinge scheint es viel eher wahr gewesen zu sein, daß Friedrichs Tod die Hof- und Volksseele wirklich katastrophal erschüttert hatte. Ein Zeitzeuge erinnerte sich jedenfalls nur noch mit Schaudern an diesen entsetzlichen Tag:

„Man weinte laut auf den Straßen der Städte, laut in den Dörfern und viele seiner Unterthanen fielen in Ohnmacht, als sein Tod bekannt wurde, den man sich beynahe nicht traute bekannt zu machen. Ich vergesse diesen Tag in meinem Leben nie! — nie den Anblick einer weinenden Menschen-Massa, die alle in das Sterbezimmer ihres Fürsten sich drängten, um ihn noch einmal zu sehen und endlich — da sich auch das Landvolk hinzu gesellte — durch Wachen abgehalten werden mußte.

Freund! wenn ich gebohren wäre zu herrschen, so würde ich mir solche Unterthanen wünschen und mich selig preisen, wenn ich hoffen könnte, daß bey meiner Bahre ein minderes Maas solcher Thränen flösse" (a).

Verständlich — auch aus heutiger journalistischer Sicht betrachtet — daß Brunners „Bayreuther Zeitungen" die Todesmeldung nicht zur Sensation verkommen ließen und sie buchstäblich totgeschwiegen hatten. Dennoch hätte Brunner damals besser daran getan, seine moralische Hemmschwelle zu überwinden und seinem großen Gönner ein letztes wahrheitsgetreues Zeitungszeugnis auszustellen. Denn kaum, daß 1794 die oben zitierten Erinnerungen in den „Vertrauten Briefen" veröffentlicht waren, meldete sich das Hofer Intelligenzblatt zu Wort und tat sie geringschätzig als Tratsch und Klatsch ab: *„Alles, was über Markgraf Friedrich gesagt wird, riecht nach Garküchen, Zapfschänken und Marktplätzen."*

Aber so leicht war die Glaubwürdigkeit des zitierten Zeitzeugen nicht zu erschüttern gewesen. *„Mein ehrwürdiger Alter"* — stellte der Verfasser der „Vertrauten Briefe" über seinen Gewährsmann fest — *„spricht und urtheilt hierüber ganz anders!"* Wann immer im Gespräch seines Friedrichs gedacht werde, *„giebt tausendmal die Thräne, die seine welkende Wange herabrollt, das Flammenbild von unserm Stümpfchen Licht wieder. ‚Gott segne den guten Fürsten', spricht er, — ‚er zeigte sich seinen Unterthanen, die ihn liebten, wie ein Vater seinen Kindern. Er redete auf der Straße und im Palast traulich mit seinen Bürgern… Man erkannte allgemein sein menschenfreundliches Herz, aber auch den schädlichen Mißbrauch, den Fremdlinge damit trieben, welche schaarenweise wie Heuschrecken über den Rhein her zu ihm zogen… Mit Friedrich sind Bayreuths Augustus und dessen goldene Zeiten zu Grabe gegangen'".* (b)

(a) Anonym: Vertraute Briefe über das Fürstenthum Baireuth; Berlin und Bayreuth 1794.
(b) Anonym: Briefe zur Berichtigung der Vertrauten Briefe über das Fürstenthum Baireuth; o. O. 1794.

Zeitungsrückblick:

„Bayreuth — Eine beständige Fete des Geistes"

Die Bayreuther Zeitung besann sich erst 1797 wieder auf Friedrich und Wilhelmines längst vergangene Epoche, als im Zeichen der Französischen Revolution neue, schreckliche Zeiten auf das Fürstentum zugekommen waren. Vergessen, daß unter Wilhelmine und Friedrich der aufgeblähte Hofstaat Unsummen verschlungen hatte — vergeben, daß Bayreuths alte Pracht und Herrlichkeit nur durch eine „ungeheuere Verschwendungslust" und eine ebenso unglaubliche Verschuldung des Bayreuther Kleinstaats zu Stande gekommen war. Die Bayreuther Zeitung zeichnete den Nimbus des Fürstenpaares mit dem goldenen Pinsel der Erinnerung nach:

„Wilhelmine, die Lieblingsschwester Friedrichs II., die durch Beschützung der Künste und Wissenschaften, durch edlen Geschmack im Schönen, und in den Ergötzungen des Geistes sozusagen Er selbst war, gab Bayreuth eine neue Schöpfung. Die ersten Meister der Baukunst, der Malerei und anderen bildenden Künsten, wurden hierher gerufen. Frankreich, welches damals in der Grazie des gesellschaftlichen Umgangs den Ton angab, schickte uns mehrere seiner geistreichen und kenntnisvollen Personen, zu eben der Zeit, wo dem Theater in Bayreuth französische und italienische Schauspieler einen Rang vor vielen in Deutschland gaben.

Der menschenfreundliche Character des Landesherrn selbst, [Markgraf Friedrich], der alles um sich her so gerne glücklich und vergnügt machte, zog aus jeder Gegend Deutschlands Reisende nach Bayreuth, welches damals der Sitz italienischer Kunst, französischen Witzes und deutscher Biederkeit und Fröhlichkeit war — sozusagen eine beständige Fete des Geistes." (BZ 65 / 1. April 1797)

ENDE der ersten Handlung.

Bayreuth 1763:
Regierungsantritt des Marggrafen Friederich Christian
Regungen der Ehrfurcht, Liebe und Treue

Bayreuth, vom 7. May. Gestern Abends nach 6 Uhr haben wir das unschätzbare Glück von Gotte gehabt, Se. hochfürstl. Durchl. unsern gnädigst regierenden Herrn Marggrafen, Friederich Christian (a), unter Abfeuerung der Kanonen in höchst erwünschten Wohlseyn, in hiesiger Residenz eintreffen zu sehen. Das hochfürstl. Jäger- und Husaren-Corps bedeckte die Carosse, worinnen sich Se. hochfürstl. Durchl. befanden, worauf eine zahlreiche und prächtige Suite [Gefolge] folgte. Die Garde du Corps, das Grenadier-Bataillon nebst denen Musquetier-Bataillons und den hiesigen Bürger-Compagnien, machten in der schönsten Ordnung Parade. Die Stadt und das ganze Land wurde durch diese frohe und beglückte Ankunft ihres durchlauchtigsten Landesvaters in die entzückendste Freude gesezet, und sämtliche treue Einwohner und Unterthanen bemüheten sich in die Wette, ihrem durchlauchtigsten Trajan durch ihre Wünsche für Höchstdero unschäzbares Hochergehen und theuerste lange Erhaltung die Regungen der Ehrfurcht, Liebe und Treue an den Tag zu legen. (BZ 55 / 7. 5. 1763)

(a) Friedrich Christian, geb. am 17. Juli 1708, Onkel des verstorbenen Markgrafen Friedrich, war der letzte Sproß der Bayreuther Hauptlinie des Hauses Brandenburg. Er lebte vor Regierungsantritt in Hamburg/Wandsbeck und zeigte „völlige Abneigung gegen die Annahme der Regierung". Seine Bedingung, daß noch vor seiner Ankunft in Bayreuth „alle Franzosen und Italiener" fortgeschafft werden sollten (gemeint waren hohe Hof- und Zivilbeamte), wurde von Hofmarschall v. Treskow absichtlich mißverstanden, um auch „schnell alle Sänger, Tänzer und Schauspieler abzudanken". (Holle, AO 1852)

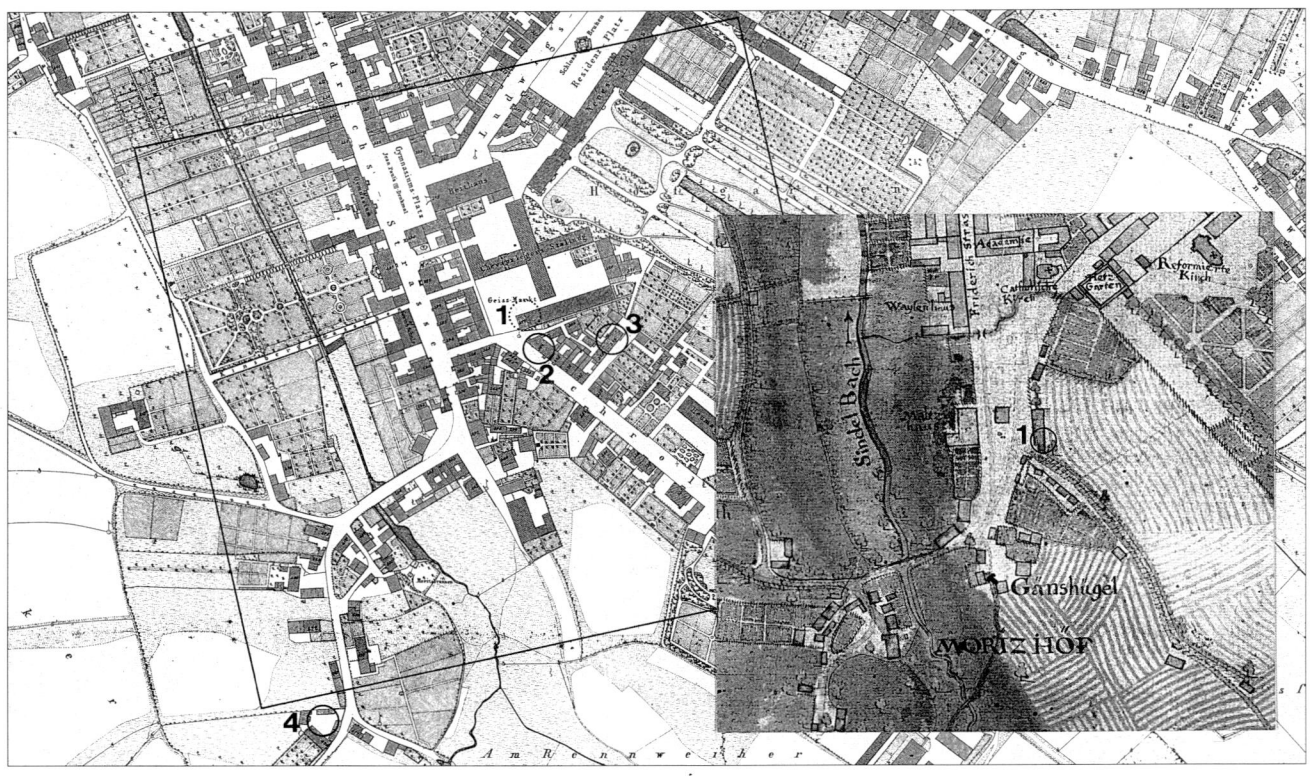

Die Standorte der Zeitungsdruckereien.
Die ersten Bayreuther Zeitungen wurden ab 1736 in der Schirmer'schen Hofbuchdruckerei (1) auf dem „Gänshügel" gedruckt. Mit Ausbau der Friedrichstraße in den 50er Jahren des 18. Jh. wurde auch ein Teil des Gänshügels neu bebaut und in seiner Struktur völlig verändert. Der Riedigerplan von 1745 (eingeklinkt in den Urkataster von 1852) zeigt das Gebiet noch in seiner ursprünglichen Gestalt. Buchdrucker Dietzel, der 1742 die Schirmer'sche Druckerei übernommen hatte, errichtete 1751 eine neue Druckerei (2). 1752 nahm die eigens für die Zeitungen gegründete Druckerei (3) von Mintzel ihren Betrieb auf. Ab 1786 befand sich die Zeitungsdruckerei im Hagen-Gut (4).

Kapitel 6

„ZEITUNGEN SIND KEIN EVANGELIENBUCH!"
Die zweite Ära des Hochfürstlichen Bayreuther Zeitungs-Comtoirs

„Denn all' was ich webe und all' was ich hab', kommt mir mit dem Fuhrmann der Zeiten, — und lädt mir der Fuhrmann nur Segelgarn ab, da webe der Teufel Seiden..."
(Aus dem „Lied eines Zeitungsmacher-Gesellen"[1], 1777)

Als Zeitungsverleger Johann Caspar Brunner auf seiner Reise nach Wildbad am 2. August 1763 gestorben war, hatte nach den damals herrschenden Gebräuchen vermutlich sein Sohn Friedrich, 28, den Verlag übernommen. Er hatte in Bayreuth das Gymnasium besucht, an der Universität in Erlangen studiert und war nach Abschluß seines Studiums wieder nach Bayreuth zurückgekehrt.[2]

Allerdings hatte er die Bayreuther Zeitungsgeschäfte nicht lange leiten können. Denn „so schnell als wie von einem Blitze"[3] wurde er plötzlich und unerwartet vom Tod getroffen. Die Kirchenbücher der Bayreuther Stadtkirche verzeichnen, daß „Friedrich Brunner, weyl. [weiland][4] Herrn Johann Caspar Brunners, gewesenen Hochfürstl. Brandb. Hofkammerraths, nachgelassener einziger Sohn" nur ein Vierteljahr nach seinem Vater, am 2. November 1763, verstorben war.

Die Verantwortung für das Bayreuther Zeitungscomtoir lag nun allein in den Händen der verwitweten Frau Kommerzienrat Johanna Margaretha Brunner, 52. Auf der Suche nach einem geeigneten Ehepartner, der ihr das Leben erleichtern und die Zeitungsbürde abnehmen konnte, war ihre Wahl auf Christoph Heinrich Hagen gefallen, 46, den Mann ihrer im August 1763 verstorbenen, „redlichsten Freundin Rosina Regina Sophia".[5]

Am 13. Februar 1764 fand die Hochzeit statt. Ob dieses Datum aus Gründen der Pietät gewählt wurde — es war der Jahrtag von Brunners Zeitungspremiere (13. Feb. 1736) — entzieht sich unserer Kenntnis. Sicher ist, daß weiland Kommerzienrat Brunner und der neue Chef des Bayreuther Zeitungscomtoirs, „Cammer- und erster Banco-Rath" Hagen, einander gut gekannt hatten. Denn sie trafen sich etwa sechzehn Jahre lang regelmäßig an Sonn- und Feiertagen in der Bayreuther Stadtkirche „auf der hölzern Empor", wo sich ihre Sitzplätze (Nr. 21 und 22) direkt nebeneinander befunden haben.[6]

Unbekannte Dame in Comtoir, abgebildet in der „Historie Frankenlandes", Bayreuth 1760. Man mag sich die verwittibte Frau Kommerzienrat Brunner in ihrem Comtoir, nach ihrer zweiten Heirat, ähnlich heiter-gelassen vorstellen. Von den sieben Kindern, die ihr zweiter Mann in die Ehe einbrachte, fehlen allerdings drei...

Der Zeitungsschreiber Engelhard

Bevor wir das Bayreuther Zeitungscomtoir hinsichtlich seiner innerbetrieblichen Weiterentwicklung betrachten, müssen wir des Mannes gedenken, der die zweite Ära des Verlags journalistisch gestaltet hatte: Johann Conrad Engelhard.

Er war Hagens Mann der ersten Stunde gewesen: unmittelbar nach seiner Hochzeit hatte sich Hagen an Gottlieb Christoph Harleß, Universitätsprofessor für Beredsamkeit und Dichtkunst, gewandt und ihn gebeten, „ihm einen geschickten Mann als Schreiber der Baireuther politischen Zeitung zu empfehlen."[7] Wir wissen nicht, warum die Redakteursstelle neu zu besetzen war oder wer sie vorher inne hatte, jedenfalls empfahl Harleß, der in Zeitungsdingen selbst Erfahrung besaß[8], als neuen Redakteur der Bayreuther Zeitung den Erlanger Theologiestudenten Johann Conrad Engelhard.

Der einundzwanzigjährige Engelhard war zu diesem Zeitpunkt kurz vor seinem Abschlußexamen gestanden, hatte aber — nach Meinung seines Biographen Fikenscher — gerade noch rechtzeitig erkannt, daß er „wider seine Neigung einen Stand gewählt hatte, für den er nicht genug Selbstverleugnung besaß."[9]

Er nutzte die Chance, die ihm das Bayreuther Zeitungscomtoir bot und wechselte von der Gottesgelahrtheit ins Zeitungsfach. Am 8. März 1764 trat er seinen Dienst in Bayreuth an. In nachfolgenden dreiunddreißig Redakteursjahren prägte Engelhard wie kein Zweiter den Stil der Bayreuther Zeitung.

Die Art, wie er in dieser langen Zeitspanne die Geschicke seiner Zeitung gesteuert hatte, brachte ihm wärmstes Lob, aber auch erbittertste Ablehnung ein. Sein schärfster Kritiker hatte 1793 in einem anonymen Zeitungsartikel über ihn gehetzt: „Der elende Lohnknecht Engelhard ist ein Narr und Wahnsinniger, der sich auf allen Zeilen widerspricht und sich wie eine versoffene Sau in allen Gräben herumwälzt."[10] (die näheren Umstände dieser üblen Beschimpfung sind auf S. 101 nachzulesen) Die meisten Tadler begnügten sich mit weniger deftigen Ausdrücken: „Herr Zeitungsschmierer! Sie erlauben, daß ich Ihnen auf Ihre ausgestreuten Lügenblätter einen Beweis vorlege, wonach Sie künftig lernen, ihre Schreibart auf bessere und gegründetere Vernunftschlüsse der Welt darzulegen", „Sie Lügenbeutel!" (BZ 149/13. 12. 1788)

Indes muß zu Engelhards Ehrenrettung festgestellt werden, daß ihn die Mehrzahl seiner Leser für den Prototyp des verantwortungsvollen Journalisten hielt: „Ich lese bereits lange Jahre ihre Zeitungen", wurde ihm z.B. 1795 geschrieben, „und immer mit Vergnügen, da ich sehe, daß Sie meist aus sicheren Quellen schöpfen." Ebenso positiv beurteilte der Erlanger Professor Fikenscher, Engelhards Zeitgenosse, die Fähigkeiten des Bayreuther Zeitungsschreibers: „Engelhard ... ist ein sehr fähiger, witziger, und in Hinsicht auf Theologie hellsehender Kopf", der „mit ungemeinem Beifall und in einer kernhaften Schreibart die Zeitung verfaßte."

„Lindern Sie meine Schmerzen!"

Wie zahlreiche Beispiele zeigen, war Engelhard nicht nur ein äußerst streitbarer, sondern auch fairer Redakteur gewesen. Es sei nur der Fall des „Königlichen Cammer-Musicus Mara", Cellist, zitiert. Engelhard brachte über ihn den Bericht eines Wiener „Privat-Correspondenten" (BZ 117/1780), in dem zu lesen stand: „Wir haben hier Dilletanten, die dieses rauhe Instrument besser zu tractiren wissen als dieser Virtuose."

Dieses Sätzchen hatte genügt, um den „berühmten Tonkünstler Mara" zu einer zornigen, mehrseitigen Anklage gegen Engelhard zu provozieren: „Sie brauchen nicht gleich wie eine Spinne aus ihrem Winkel zu fahren" und „Sie werden ohnfehlbar erröthen oder — wenn es Ihr Alter oder Ihre moralischen Umstände verhindern — sich doch wenigstens innerlich schämen" müssen, eine solch boshafte Kritik veröffentlicht zu haben.

Engelhard, der sich weder von Leserschelte einschüchtern ließ, noch die Meinung des Publikums scheute, veröffentlichte den Brief des beleidigten Musikus in voller Länge, — „ungeheißen und aus freyer Bewegung", wie er betonte. Der Brief nahm fast die Hälfte der Zeitung (BZ 138/1780) ein. „Hoffentlich", meinte Engelhard am Schluß, „wird sich nunmehr der Verfasser ... mit dem Zeitungsschreiber versöhnen ... Wer von beiden am meisten gefehlt, mag das Publicum entscheiden!"

Es war natürlich nicht ausschließlich Engelhards journalistischer Fairness zu verdanken gewesen, wenn er derlei Schmähungen, Angriffe und Kränkungen vor aller Öffentlichkeit ausbreitete, sondern es lag wohl mehr an seinem untrüglichen Gespür für publikumswirksame „Stories". Für eine gute Geschichte machte Engelhard auch vor heikelsten Angelegenheiten nicht halt. So griff er z. B. den Selbstmordversuch eines „Minneknäbleins" als willkommene Gelegenheit auf, um die „politische" Bayreuther Zeitung ein wenig mit „Moral" zu würzen. Der junge Mann hatte sich laut Zeitung (BZ 83/11. 7. 1778) „wegen nicht erhörter Liebespein eine Pistolenkugel so unglücklich durch die Gurgel gejagt, daß er unglücklicherweise davongekommen ist und ein elendes Leben führen wird." Die unverkennbare Ähnlichkeit mit der Leidensgeschichte des „jungen Werther" (der Hauptfigur aus Goethes gerade aktuellem Roman), inspirierte Engelhard zu der Schlußfolgerung: „Wenn sich mehr solche Exempel ergeben sollten, so werden die Schönen mehr in sich gehen, und Manchem aus Furcht vor einer Mordthat ein gnädiges Gehör angedeyhen lassen müssen. Welches wir allen bedrängten und geängstigten Liebhabern grundmüthigst anwünschen."

Die sehr subjektive Auslegung dieses Unglücksfalls führte zu einem Nachspiel. Einige Tage nach Veröffentlichung der Geschichte erhielt der Bayreuther Zeitungsschreiber eine Gegendarstellung: Er kenne zwar Goethes neuen Roman vom Hörensagen, teilte ihm der „Jüngling" mit, habe ihn aber niemals selbst gelesen. Noch weniger verdiene er den Namen eines „neuen Werther", da er keine „unerbittlich grausame Priesterstochter" kenne, wegen der er „romantisch schwärmend wider sein eigenes Leben rasen" würde. *„Ich bin"*, appellierte er an Engelhard, *„solange Sie nicht revociren [widerrufen] und vor der Welt meine Unschuld erklären, ein doppelt Unglücklicher. Lindern Sie dadurch meine Schmerzen, die ich gehäufter und anhaltender durch Ihren Zeitungsartikel erdulde, als meine Wunden mich spüren lassen!"*

Selbstredend, daß Engelhard widerrief (BZ 25/27. 2. 1779), — so sicher, wie er wohl gern noch mehr von diesem Stoff in die Bayreuther Zeitung gebracht hätte. Seine Suche nach interessanten Themen ging sogar soweit, daß er (laut Fikenscher) „lustige Aufsätze und Geschichten" erfand oder Erlebnisse, die sich in seiner Umgebung zugetragen hatten, „als in der weiten Welt vorgefallen" zum Besten gab.

Doch wäre die Betrachtung von Engelhards Themenpalette unvollständig, wenn nicht auch der glückbeseelten Töne gedacht würde, die der Zeitungsschreiber besonders in seinen Berichten „Für Liebhaber der Tonkunst" von sich gab. Als Beispiel sei hier seine Lobeshymne auf den Cellisten Reicha zitiert: „Mehr als tausend Instrumente ließ uns Herr Reicha die Wonne der Musik empfinden ... Alles stand gerührt im Craiße [Kreis] um den Künstler herum; es war im ganzen Saal [Gasthof Goldener Adler, Bayreuth] sein Violoncello so zu sagen allein, was athmete, weil jedermann zu athmen vergaß, um keinen Laut der affectvollen Sprache zu überhören, die Reicha so meisterhaft sein Zauberinstrument reden ließ." (BZ 25/27. 2. 1779)

„Politische Staatsgrübler"

Die eigentliche Domäne Engelhards war aber die Politik. Hier zeigte er seine ganze realpolitische Sprachgewalt, hier beanspruchte er für sich beinahe schon Unfehlbarkeit und er kämpfte mit harten Bandagen, wenn dies seine Leser in Zweifel zogen. Allerdings faßten ihn auch seine Gegner nicht gerade mit Samthandschuhen an: „Sie Lügenbeutel!", grollte ihm 1788 der „Schulmeister aus Caransebes", als Engelhard aus einer holländischen Zeitung die Meldung übernommen hatte, daß die Kampfmoral der österreichischen Armee schlechter als die der türkischen sei. „Wie können Sie es wagen, solche Hauptlügen ganz keck in Ihre Zeitungsblätter einzuschalten?" — „Glauben Sie ja nicht, daß sich die K.u.K. Monarchie vor türkischen Lumpengesindel jemals fürchtet!"

Engelhards Antwort: Der Schulmeister habe wohl nicht ganz begriffen, „daß der ganze Constantinopolische Kram ... nichts mehr und nichts weniger als eine Satyre auf die Türkenfreunde ist." Sollte der Schulmeister aber noch einmal mit Politkritik daherkommen, dann werde der Bayreuther Zeitungsschreiber „den Engel der Gemeinde Caransebes bitten, daß er ihn oben beim Schopf fasse, und ihn ... wie ein starker Wind schüttle, daß ihm das Schreiben und Politisieren vergeht!" (BZ 149/13. 12. 1788)

Ungleich mehr Feingefühl verriet Engelhard gegenüber dem „verehrungswürdigen Chursächsischen General Carlsberg". Dieser hatte sich verbeten, jemals wieder in der Bayreuther Zeitung genannt zu werden, — falls Engelhard seiner journalistischen Sorgfaltspflicht künftig nicht besser nachkommen werde.

Engelhard, der auf dem Gebiet der Politik selten einmal unumwunden zugab, daß auch er sich geirrt haben könnte, entschuldigte sich deshalb beim General auf seine ihm ureigne Weise: „Weder ein Correspondent, noch der Verfasser der Bayreuther Zeitung (werden) sich jemals ermächtigen, von wirklichen und noch weniger von künftigen Ereignissen zu urtheilen. Wenn aber der Verfasser [der Bayreuther Zeitung] aus anderen Blättern referirt, so ist der Ton, in welchem es geschieht, immer bezweifelnd." Mithin habe der General Engelhards Meinung vermutlich nur falsch aufgefaßt. Denn allein durch den Ton, in dem er damals berichtete, habe sich die Nachricht doch schon selbst widerlegt. (BZ 135/10. 11. 1778)

Weniger charmant formulierte Engelhard das Eingeständnis eines anderen, ebenfalls durch Abschreiben von anderen Zeitungen entstandenen Irrtums. Er hatte bekanntgegeben, daß sich „verschiedene hohe und respectable europäische Mächte" zusammengeschlossen hätten, um auf den polnischen Thron einen Prinzen ihrer Gnade zu erheben. Diese Nachricht entspräche nicht der Wahrheit, berichtigte Engelhard später (BZ 20/1769). Aber: „Zeitungen sind kein Evangelienbuch" und seine Leser hätten sicher „schon aus der Art, wie wir sie erzählt haben" selbst bemerkt, daß die Meldung falsch und nur „die Erfindung eines müßigen Kopfes" gewesen sei.

In diesem Widerruf steckte bereits die Quintessenz von Engelhards künftigen Gegendarstellungen. So beurteilte er mit fast den gleichen Worten noch ein Vierteljahrhundert später, während der deutsch-französischen Kriege, die Nachricht einer Basler Zeitung von einem Friedensplan für Europa als „Erfindung eines müßigen Kopfes" aus der „Fabrik einer Gesellschaft von politischen Staatsgrüblern" und verwies die Nachricht ins Reich der Träume: „Man kann der Gesellschaft zwar nicht verbieten, davon zu träumen, muß aber im Namen des Publikums solche Menschen bitten, ihre Träume künftig für sich zu behalten." (BZ 102/25. 8. 1795)

Nachdem wir ein wenig von Engelhards publizistischen Stil kennengelernt haben, wäre es an der Zeit, einen Blick auf seine politischen Inhalte zu werfen. Die vorangegangenen Beispiele haben vermutlich den Eindruck erweckt, daß Engelhard hauptsächlich mit der Berichtigung von Falschmeldungen zu tun hatte. Dieses Bild bedarf der Korrektur. Denn wie schon Ulrich Thürauf in seiner 1918 erschienenen Analyse der Bayreuther Zeitungen festgestellt hat, waren Engelhards un-/eingestandene Irrtümer nur die zwangsläufige Folge seines steten Bestrebens, „die historisch zuverlässige Wahrheit zu melden und damit die Grundlage für Zeitgeschichte" zu schaffen.

Es müßte viel leeres Stroh gedroschen werden, wenn man die *ganze* Zeitspanne von Engelhards 33jähriger politischer Zeitungsarbeit abhandeln wollte. So hat sich der Autor auf Engelhards letzte Lebensjahre konzentriert. Es war die Zeit, als der Bayreuther Zeitungsschreiber die Träume der „politischen Staatsgrübler" entschieden in ihre realpolitischen Schranken weisen mußte, als sich Europa in vollem kriegerischen Aufruhr befand und im Gefolge der Französischen Revolution von 1789 auch für Bayreuth das Ende der alten „Hochfürstlich-Markgräflichen" Epoche gekommen war.

Die vielschichtigen Abläufe dieser Zeit machten ein eigenes Kapitel („Federmord an Engelhard" — Bayreuth und die Französische Revolution", S. 101) erforderlich. Es beginnt mit der dritten Ära des Zeitungs-Comtoirs, als 1791 Bayreuth preußisch wurde. Bleibt noch die innerbetriebliche Entwicklung der zweiten Ära des Verlags nachzutragen.

Hagen & Hagens Erben Verderb und Gedeih

Als Kammerrat Hagen 1764 neuer Chef des Zeitungscomtoirs geworden war, umfaßte das Verlagsprogramm: 1) die politische Bayreuther Zeitung, 2) die Intelligenzzeitung und 3) die Erlanger Gelehrte Zeitung. Was aus Brunners französischer Zeitung geworden war, konnte nicht mehr festgestellt werden. 1766 gründete Hagen die „Wöchentlichen Historischen Nachrichten", sein erstes eigenes Blatt: „Einige historische Aufsätze, welche uns zugeschickt wurden, um sie unseren Intelligenzblättern einzuverleiben, brachten — weil sie dorten nicht Raum fanden —, uns auf den Gedanken, ein eigenes Blatt zu dergleichen Arbeiten auszusetzen."[11] Ziel der neuen Zeitung war die „Aufklärung der Geschichte des Frankenlandes... sie ist noch an vielen Orten ein unbebautes Feld".

Hagens neue Zeitung kam gut an. Der Verleger teilte nach Ablauf des ersten Jahrgangs mit: „Durch die gütigen Beiträge, welche uns seither von guten Freunden zugekommen sind, sehen wir uns im Stande, bis hierher und noch weiter fortzufahren... Bayreuth, den 31. Dec. 1766. Aus dem Zeitungscomtoir."[12]

Drei Jahre später erklärte Hagen ohne Angabe von Gründen die Beendigung des Blattes: „Mit diesem Stück beschließen wir die historischen Nachrichten oder wollen wenigstens deren Fortsetzung auf eine andere Zeit ausgesetzt seyn lassen."[13] (Nr. 52/27. 12. 1769)

Trotz der Hoffnung Hagens, er werde die Zeitung irgendwann neu herausgeben können, blieb seine einzige Zeitungsalleingründung für immer aus dem Programm gestrichen.

Verlust der Erlanger Gelehrten Zeitung

Deutlicher noch als die Einbuße der Historischen Nachrichten aus dem Frankenland, zeigten die Geschehnisse um die Erlanger Gelehrten Nachrichten, daß Herrn Christoph Heinrich Hagen die Zeitungsgeschäfte weit weniger gut von der Hand gingen als einst seinem Ahnherrn Brunner.

Die geringste Sorge bereitete die Bayreuther Intelligenzzeitung. Für sie gab es einen festen Regierungsauftrag, sie war von der Publikumsgunst weitgehend unabhängig. Das Paradepferd des Zeitungscomtoirs, die „Bayreuther Zeitungen", blieben Dank Hagens glücklicher Hand bei der Wahl seines Redakteurs auch auf Erfolgskurs. Doch um seine Erlanger Wissenschaftszeitung stand es denkbar schlecht. Es rächte sich, daß er ihre betriebswirtschaftlichen Zügel von Anfang an hatte schleifen lassen, wie eine Kommission der Erlanger Universität am 19. Juni 1769 feststellte: „... hat seine jährliche Abgabe von 10 fl. [Gulden] zu der Universitätsbibliothek jetzo binnen 6 Jahren nicht entrichtet" und „annebst andere conditiones ohnerfüllet gelassen."

So war die Kommission zu der Auffassung gekommen, daß der (noch von Brunner mit der Universitätsbibliothek geschlossene) Vertrag wegen Nichterfüllung aufgelöst werden könne. Und müsse! — immerhin ginge es um 400 — 700 Gulden, die der Erlanger Universität jährlich als Gewinn zuflössen, „wenn selbige wieder zu dem Verlag und Besitz sothaner gelehrter Zeitungen gelangen könnte."[14]

Die Universitätskommission sann also auf Mittel und Wege, dem Bayreuther Zeitungscomtoir die gewinnträchtige Zeitung wieder zu entreißen. Ein Archival aus dem Staatsarchiv Nürnberg[15] offenbart die Details der Erlanger Unternehmungen.

Vorab sei festgestellt, daß der Kopf des Bayreuther Zeitungscomtoirs, Kammerrat Hagen, nach Ansicht der Erlanger Anwälte über keinerlei rechtliche Kompetenzen verfügte. Sie wandten sich im Verlauf des Prozesses ausschließlich an Frau Hagen. So wurde die ehemalige „Frau Kommerzienräthin" sehr hart mit weiland Brunners Geschäftsgebahren konfrontiert. Was dabei wieder ans Licht der Geschichte kam, wandelte das Bild vom ehrbaren Verleger zu dem eines Gauners und Halunken. Doch der Reihe nach.

Die entscheidende Möglichkeit zum Eingreifen bot sich der Universität beim Tod des Bayreuther Markgrafen Friedrich Christian im Januar 1769. Das Fürstentum Bayreuth fiel an den Ansbacher Markgrafen Alexander. In Folge der Regierungsveränderung mußten alle Bayreuther Privilegien neu bestätigt werden. Während sich das Bestätigungsverfahren für das Bayreuther Zeitungsprivilegium in der Schwebe befand, legten die Erlanger beim neuen Markgrafen ihr Veto ein. Mit Erfolg: als Frau Hagen im Oktober 1769 die Neufassung ihres Verlagsprivilegiums zurückerhielt, mußte sie lesen, daß die Gelehrte Erlanger Zeitung „von nun an auf immer Unserer Universität zur Fertigung und Verlag überlassen" bleibe.

Nun trat „Prozeßrath Gottlieb Friedrich Barth" auf den Plan. Er war Frau Hagens „Stief-Schwiegersohn" (verheiratet mit einer Tochter Hagens aus erster Ehe) und Advokat des Bayreuther Zeitungscomtoirs: „Mit nicht geringer Consternation", schrieb er am 29. November 1769 der Regierung von Ansbach, „hat meine Schwiegermutter, die ehemalige Hof-Cammer-Räthin Brunnerin, nun verehelichte Geheime Cammer-Räthin Hagenin... zu vernehmen gehabt", daß sie ihre „in Verlag habende Erlanger gelehrte Zeitung an wohlgedachte Universität wieder zurück geben soll." Seiner Ansicht nach sei das Verlagsrecht jedoch „per pactum" am 5. Dezember 1748 „irrevocabile et onerosum", unwiderruflich und gänzlich verliehen worden; der nunmehr erfolgte Entzug des Verlagsrechts sei keinesfalls Rechtens.

Als Beweis legte Advokat Barth eine Kopie des Brunner'schen Vertrags (v. 5. Dez. 1748) mit der Universität Erlangen vor. Darin waren in 13 Punkten alle Modalitäten aufgelistet, unter denen sich „Herr Rath Brunner anerkläret hat, ... die von der hochlöblichen Friederichs Universitaet zu Erlangen angeordnete und [von] Dr. Klett zeithero verferttigte Erlanger gelehrte Zeitung zu übernehmen, und zu deren beßere Aufnahme seine zeithero in Bayreuth edirte gelehrte Zeitungen (S. 30) damit zu combiniren."

Entgegen Barths Vorstellung von der unbedingten Rechtswirksamkeit dieses „Contracts", zweifelte die Universität die Rechtsverbindlichkeit des Schriftstücks grundsätzlich an. Johann Christoph Rudolph, Prorektor der Universität Erlangen, teilte die Auffassung der Universität am 1. Dezember 1769 der Ansbacher Regierung mit. Er habe, schrieb Rudolph, in den Archiven ein Dokument gefunden, welches er im Original diesem Schreiben beilege. Das Schriftstück datiere vom 21. Dezember 1748 und sei „von Brunner selbst eigenhändig unterschrieben" worden. „Hält man dieses [Schriftstück] gegen das von der Hagin inducirte Scriptum, so befindet man, wie Himmel weit letzteres von jenem [dem vom 5. Dez. 1748] unterschieden sey. Hierdurch fällt schon der größeste Theil der Barthischen Vorspiegelungen über den Haufen."

Übrigens „entblödet er [Barth] sich nicht, zu wiederholtenmalen vorzuspiegeln, daß seine Schwieger-Mutter die gelehrte Zeitung mit großem Aufwand und Zusetzung ihres Vermögens

DAS NEUESTE DER BAYREUTHER ZEITUNGEN DES JAHRES 1769

Kein schönes, aber ein weitgehend authentisches Abbild Friedrich Christians, des letzten Bayreuther Markgrafen.

Bayreuth 1769:
Marggraf Alexander läßt von Bayreuth Besitz ergreifen
Innbrünstige Wünsche aller Einwohner der combinirten Fürstenthümer

Bayreuth, vom 21. Januar. Nach gestern erfolgten hohen Todesfall des höchstseeligen Herrn Marggrafen Friederich Christians, unsers gnädigst gewesenen Landesregenten, haben sich ... Herr Friederich Heinrich, Freyherr von Wechmar Excellenz, als von seiner zu Brandenburg-Onolzbach regierenden hochfürstl. Durchlaucht, Herrn *Christian Friederich Carl Alexander,* nunmehro auch unsers gnädigst gebietenden Fürstens und Herrn hierzu bevollmächtigter Minister, sogleich Vormittags auf das hieselbstige hochfürstl. Schloß erhoben, um von dem Höchstgedacht Sr. hochfürstl. Durchl. [Alexander] ... nach Abgang der Culmbachischen Linie somit zufallenden Fürstenthume Oberhalb Gebürgs [= Fstm. Bayreuth] und dessen Zugehörungen wirklichen Besitz zu nehmen; nach welcher feierlichen Handlung Sr. Excellenz auf erstgedachten und in dem alten Schlosse, auf der Canzley, in der Münze, und wo es sonsten erforderlich war, das nöthige versiegeln lassen. Heute hat das Militaire den Anfang gemacht, dem neuen Landesfürsten den Eid der Treue zu schwören, mit welchen die inbrünnstigsten Wünsche der hiesigen und aller Landeseinwohner für diesen, ihren treuen gnädigsten und durch seine längst gepriesene Huld und Gnade ihren Verlust ersezenden Landesfürsten, zu Höchstdesselben langen Leben und fortdauernd-glücklicher Regierung der nunmehr combinirten Fürstenthümer Brandenburg Onolz- und Culmbach vereinigten. (BZ 9 / 21. 1. 1769)

Bayreuth 1769:
Marggraf Friederich Christian gestorben
Residenz und Lande in eine allgemeine und schwere Betrübnis versetzt

Bayreuth, vom 21. Januar. Gestern, nach elf Uhr des Morgens, gefiel es Gott, den Durchlauchtigsten Fürsten und Herrn, Herrn *Friederich Christian,* Marggrafen zu Brandenburg-Culmbach etc. unsern gnädigst regierenden Landesfürsten, nach einem kurzen Krankenlager durch einen sanften Tod in die Ewigkeit zu rufen, und dadurch diese Residenz und Lande in eine allgemeine und schwere Betrübnis zu versetzen. Se. hochfürstl. Durchlaucht waren den 17. Julii 1708 gebohren und hatten seit den 26. Februar 1763 die Regierung dieser Lande, in welcher kurzen Zeit Dieselbe durch Dero Fürstenhuld und übrige hohe und erhabene Tugenden eines wahrhaft christlichen Regenten, tausende beglückt; indem Dero Unterthanen an Höchstdenselben Fürsten — der nur für sie zu leben schien — die Armen einen Vater, und hohe und niedrige ein seltenes Muster der reinsten Frömmigkeit gehabt, — Tugenden, deren Andenken in den Herzen aller Unterthanen unauslöschliche Denkmale der Dankbarkeit gestiftet, welche keinem unter ihnen *Christian den Wohlthätigen* je wird vergessen lassen. (BZ 9 / 21. 1. 1769)

Modena 1769:
Berühmter Meuchelmörder hingerichtet

Den 21. December [1768] wurde zu Modena der berühmte Meuchelmörder, Räuber und Mordbrenner Poggioli, hingerichtet, welcher lange das Schrecken dieses ganzen Landes gewesen, und so viele Verbrechen begangen haben soll, daß es unglaublich scheint, daß sie ein einziger Mensch habe begehen können. Er wurde auf einem Karren, bis auf die Hüften entblöst, zur Richtstätte geführt, mit glühenden Zangen gezwickt, bey dem Haus, da er sein erstes Verbrechen begangen; ein gleiches auch bey einem andern Haus; auf dem Markte wurde ihm die rechte Hand abgehauen, nachher wurde er gerädert, der Körper verbrannt, und die Asche in den Fluß geworfen. Seiner Frau, welche an seinen Greuelthaten Anteil gehabt, wird sehr scharf nachgespürt. (BZ / 17. 1. 1769)

* * *

London 1769:
Englischer Schneemacher

Ein vornehmer Herr in London, der neulich Salz aus Schnee gemacht, und von der Gesellschaft der Wissenschaften 50 Guineen zum Geschenk bekommen, hat auch das Kunststück entdeckt, in allen Jahreszeiten Schnee aus Salz zu machen. Von 7 Scheffel Salz kann er 8 Scheffel Schnee machen. (BZ 13 / 31. 1. 1769)

Avertissement *

Elektrisirmaschine zu verkaufen

Im Schreiner Brüssels Hauße allhier, bey der Hofstucketurer Albinin ist eine Elektrisirmaschine mit allen zubehörigen zu verkaufen. (BZ August 1769) *

87

Bayreuth 1769:
„Glück Auf!"
Marggraf Alexander besucht die ehemalige Residenzstadt Bayreuth
Ankündigung durch Raketen und ununterbrochenen Kanonendonner. Bayreuther vor Freude trunken

Bayreuth, vom 19. May. Mittwoch, der 17te dieß[es Monats], war der erwünschte Tag, welchen die hiesige Stadt mit innbrünstigen Verlangen entgegen gesehn; denn an demselben, Abends, erfolgte die höchstbeglückte Anherokunft *Sr. hochfürstlichen Durchlaucht,* unsers gnädigst regierenden Landesfürsten und Herrn, zu unbeschreiblicher Freude Dero hiesigen und aller getreuen oberländischen Unterthanen. *Sr. hochfürstliche Durchl.* waren schon nach zwey Uhr des Nachmittags zu *Donndorf,* dem ohnfern hiesiger Stadt gelegenen Sommerschlosse der regierenden Frau Herzogin zu *Würtemberg Durchl.* eingetroffen, und hatten daselbst — nach zärtlichster Bewillkommnung — Mittag und Abends von der Durchlauchtigsten Besitzerin bewirthet, das erste Opfer unserer reinsten Wünsche zu einen geseegneten Eintritt in diese Lande, mit *Dero* [Alexanders] gewöhnlichen und auch gegen uns sich zu Tage legenden fürstlichen Huld und Gnade, von einen Theil der daselbst zu unterthänigsten Aufwartung erschienenen oberländischen Dienerschaft empfangen; worauf *Höchstdieselbe* [Alexander] der in ehrfurchtsvoller Erwartung stehenden Stadt sich näherten.

Sobald in Donndorf durch einige aufgestiegene Racheten [!] das Zeichen zu *Dero* Ankunft gegeben wurde, ließen sich die zwischen der Altenstadt und dem Erlanger Thor aufgepflanzte Kanonen vernehmen, welche — so lange *Se. Durchl.* auf dem Wege sich befanden — ununterbrochen fort gelößet wurden. Ein an die hundert Mann starker Aufzug aus dem nahgelegenen Bergamte Goldkronach gekommener Bergleute, hatte sich hiernächst — in Bergmännischen Habit mit brennenden Grubenlichtern — zunächst an die Straße rangirt, welche *Sr. hochfürstl. Durchl.,* im Vorbeifahren, mit einen frohen *Glück Auf!* und bergmännischer Musik empfiengen, indeß *Dieselben* [Alexander] unter oftmaliger Bezeugung *Dero* gnädigen Wohlgefallens an der lebhaften Freude des in großer Menge aus der Stadt und vom Lande herzueilenden und den fürstlichen Wagen begleitenden Volks, dem Erlanger Stadtthore nahe kamen.

Hier überreichte der in Corpore [geschlossen], in schwarzer Kleidung versammelte Stadtmagistrat *Sr. Durchlaucht* ein unterthänigstes Glückwünschungs-Gedicht und die Schlüssel der Stadt, welche *Höchstdieselbe* von dem dermaligen Amtsburgermeister und Commissario, Herrn Joh. Leonhard Münch, huldreichst anzunehmen, und dabey von dem hiesigen Stadtsyndico, Herrn Joh. Georg Christian Tröger, gehaltene unterthänigste Anrede, in den gnädigsten Ausdrücken zu erwiedern geruhten, und sodann durch die in gedoppelten Reihen paradirende Burgerschaft, unter beständigen Vivatruffen des herzudrängenden Volkes dem Neuen Schlosse zu fuhren, vor welchen sich die über den Besitz ihres *huldreichsten Landesvaters* vor Freude trunkene Einwohner, noch lange mit ihren freudigen Vivat hören ließen, bis endlich auch die vorbeschriebene Knappschaften in schönster Ordnung, durch die Stadt herein, vor dasselbe zogen, und mit einer Berglustigen Musik, und nochmaligen fröhlichen Glück Auf! diesen feierlichen und den hiesigen Einwohnern ewig unvergeßlichen Tag beschlossen.
(BZ 59 / 19. 5. 1769)

[Anscheinend hielt der Zeitungsschreiber besonders lange Sätze für besonders feyerlich: sein letzter Satz zählt 132 Wörter — der Setzer tat durch die vielen Sperrungen ein übriges, um dem Huldigungsbericht ein besonders Gepränge zu verleihen]

* * *

Donaustrom 1769:
Wallachenmädchen flüchten in Wälder
Über 2000 Mädchen wurden bisher dem türkischen Sultan geschenkt

Donaustrom, vom 3. May. Ein lustiger Kopf hat neulich ausgebracht, daß viele Wallachische Mädchens aus Furcht, als Recruten in das Serail des Großsultans nach Constantinopel gebracht zu werden, in die Wälder entflöhen; nun bringt ein anderer die Bestättigung davon. Den Anlaß dazu soll der Einfall des Tartachans in Neuserbien gegeben haben, als welcher nach dieser Expedition dem Großsultan über 2000 Jungfern aus der Moldau und Wallachey, als ein Siegel der frohen Botschaft, zum Geschenk überschickt hat. Auf diese vermeintliche große Victorie nun sollen — wie einige Nachrichten melden — so viele tausend Wallachen-Mädchen in die Wälder entflohen seyn, so daß die Furcht für dergleichen Eroberungen schon viele tausend Jungfern, sogar in Europa, schüchtern gemacht hat, lieber sich zu verehelichen, als bey heranbrechenden Einbruch der Türken in das Serail nach Constantinopel zu kommen. Die folgenden Zeiten werden also sehr merkwürdig werden.
(BZ 59 / 19. 5. 1769)

* * *

in den gegenwärtigen Stand gesetzt." Dabei „ist doch notorisch, daß der Commercien-Rath Brunner ein unvermögender und mit Schulden beladener Mann gewesen, der sich hauptsächlich durch die gelehrte Zeitung, auf welche er nichts gewendet, gleichwohl damit in den ersten Jahren großen Profit gemacht, wieder ein ansehnliches Vermögen erworben hat."

Was die „vorgegebene Combination der Brunnerischen alten gelehrten Zeitung mit der Erlanger Universitaetszeitung" betreffe, so lehre schon der Augenschein, daß dies nichts als ein „terminus sine mente", ein Ausdruck ohne Inhalt und Bedeutung sei. Denn „an der vorherigen Einrichtung der Universitaets Zeitung ist nichts gemehret, noch sonst geändert worden." Die Wahrheit sei vielmehr, zürnte der Prorektor, daß Wachstum und Aufnahme der Zeitung viel größer gewesen wäre, „wenn nicht den Zeitungs-Verfaßern an ihrem stipulirten [vereinbarten] Gehalte immer ein Stück nach dem andern entzogen" worden wäre; dafür habe Brunner all diejenigen Rezensionen „den Zeitungen einverleibet", welche „die Urheber schlechter Schriften, um sich zu rühmen, mit Beylegung etlicher Gulden Geld einzusenden beliebet" hatten, wodurch Brunner „ein ziemliches Vermögen acquiriret hat."

Was auch immer Advokat Barth glauben machen will: in Wirklichkeit habe das Bayreuther Zeitungscomtoir die Universität nur ausgenützt, „zwanzig ganzer Jahre die Früchte eingeerntet und sich durch dieses academische Institut bereichert. Es hat weder Brunner, noch dessen Witwe und Nachfahrer etwas auf diese Zeitung gewendet, außer daß er von Jena und Leipzig manchmal ein paar Disputationen, die gratis an ihn abgegeben worden, herbeygeschaffet."

Wenn Prozeßrat Barth ferner behaupte, Kommerzienrat Brunner habe damals den Verlag der Universitätszeitung nur deshalb bekommen, weil Dr. Klett mit der Zeitung nicht erfolgreich gewesen wäre, dann verdrehe er auch hier die Tatsachen und stelle die Wahrheit auf den Kopf. In Wirklichkeit habe sich Brunner das Verlagsrecht durch Hinterlist und Vetternwirtschaft ergaunert. Das habe sich etwa folgendermaßen abgespielt:

„Da nun Dr. Klett von hier wegging, und die Universitaet die Zeitung nicht von einem fremden Orte auswärts besorgen laßen wollte, so traf die Universitaet die Anstalt, daß solche [Zeitung] von einigen Universitäts-Verwandten [U.-Angehörigen] mit Anfang des 1749ten Jahres continuirt werden sollte. Indeßen, weil der verstorbene CommercienRath Brunner schon ehedem einige Neigung zum Verlag der Erlangischen gelehrten Zeitung statt seiner Bayreuthischen geäußert; auch zu Ende des Jahres 1748 sich deßfalls an Dr. Klett wandte", so habe Klett dem Kommerzienrat empfohlen, „sich wegen des Zeitungs-Verlags an den vormaligen Curatorem von Meyern[16] und durch denselben an die Universitaet zu wenden."

Es sei richtig, stellte Prorektor Rudolph fest, daß zwar die Universität daraufhin mit Brunner über den Verlag verhandelt habe, aber „ohne jedoch dadurch dem Commercien-Rath Brunner einiges Recht wegen seines Privilegii auf hiesige [Gelehrten Erlanger] Zeitung zuzugestehen."

Die Universität habe nur die gute Sache im Sinn gehabt, „damit nicht zwey gelehrte Zeitungen im Lande debitiret würden, und der Verschluß der einen desto beßer von statten ginge." Dagegen wären Brunners Verhandlungsmotive ganz und gar eigennützig gewesen: „Die Brunnerische Absicht war hiebey, statt seiner (eine gar schlechte Einrichtung und Abgang habenden) gelehrten Zeitung, sich der eine ungleich beßere Einrichtung habenden, ihm aber im Weege stehenden hiesigen [Gelehrten Erlanger] Zeitungen zu bemeistern."

Kaum, daß man mit Brunner in Verhandlungen getreten sei, „so übersandte derselbe ein Project eines schriftlich zu verrichtenden Contracts, welches eben das Hagenischer Seits inducirte und fälschlich für den Contract ausgegebene Adjunctum [Barths Anlage] ist, so von eines der Brunnerischen Vettern Hand geschrieben."

Mit diesem Schriftsatz sei die Universität jedoch ganz und gar nicht einverstanden gewesen, sondern habe schriftlich festgehalten, daß die Erlaubnis für den Verlag der gelehrten Erlanger Zeitung „allemal von der Universitaet dependire". „Weil nun Brunner — der ihm gegebenen Resolution ohnerachtet — auf seinen Postulatis [Festsetzungen] beharrte", so habe der akademische Senat seinerseits einen Vertragstext entworfen. Dieser Entwurf sei unterdrückt worden, „da Brunner die ganze Sache mit dem Curatore von Meyern abkartete, ohnerachtet dieser weder als Curator hiezu befugt, noch von Seiten des academischen Senats ihm deßfals ein Auftrag geschehen war." Daß der damalige Prorektor der Universität, Herr Hofrath Schierschmidt, den Brunner'schen Entwurf — trotz Einspruch des Senats — genehmigt habe, sei auf Drängen eben dieses Kurators geschehen („... damit die Sache mit der gelehrten Zeitung nicht liegen bliebe"). „Im übrigen", gab Schierschmidt zu Protokoll, „habe man es damalen für eine Schande gehalten, wenn die Sache mit der gelehrten Zeitung nicht vor sich gienge und habe also die Beschleunigung derselben dem Herrn Geheimen Rath von Meyern, der eben in Bayreuth gewesen, überlaßen."

Nachdem Prorektor Rudolph den von Barth geschilderten Sachverhalt richtiggestellt hatte, kam er zum Resumee: „Wenn nun über das alles vor Augen lieget, daß weder vorhin [vorher] von Brunnern, noch jetzo von der Geheimen Cammerräthin Hagin das mindeste auf Herbeyschaffung der zu recensirenden, besonders auswärtige Schriften gewendet worden oder gewendet wird, sondern bishero fast alle [Recensionen] von Profeßoribus dazu hergegeben, ihrer Seits aber die Zeitung äußerst vernachläßiget worden: also achtet aus diesen Gründen der academische Senat sothanen Contract fernerhin zu continuiren sich keineswegs verbunden." „Die Hagenischen Bemühungen", stellte Prorektor Rudolph abschließend fest, „haben weiter nichts zum Endzweck, als Zeit zu gewinnen ... und die Intention Serenissimi [Markgraf Alexanders] zu vereiteln." (1. Dez. 1769)

Anwalt Barth ließ trotz dieser guten Argumente nicht locker und lehnte sich am 4. Dezember 1769 erneut gegen Markgraf Alexanders Neufassung des Bayreuther Verlagsprivilegiums auf. Seine Einlassungen wurden drei Tage später ein für allemal vom Tisch gewischt. Am 7. Dezember 1769 forderte die markgräfliche Regierung das Bayreuther Zeitungscomtoir unmißverständlich zum letzten Mal auf, „sein gelehrtes Zeitungskunden- und Correspondenz-Buch vollständig binnen höchstens 14 Tagen" der Universität auszuhändigen, „auch die inmittelst bey ihm eingehenden Zeitungspränumerations-Gelder vor das künfftige Jahr" der Universität „getreulich auszuantworten."

Ohne Zweifel hatte nun auch der Anwalt des Bayreuther Zeitungscomtoirs verstanden, daß die Erlanger Gelehrte Zeitung dem Bayreuther Zeitungsprivilegium „fortan und für immer" ausgeklammert bleiben würde.

Überschreibung des Zeitungsprivilegiums auf Kammerrat Hagen

Nachdem Christoph Heinrich Hagen den Bayreuther Zeitungsverlag neun Jahre verantwortlich geleitet hatte, mußten nach dem Tod seiner Frau am 11. August 1773 die Rechts- und Eigentumsverhältnisse neu geordnet werden. Wie sich im Vorangegangenen gezeigt hat, war Hagen zwar Besitzer, Nutznießer und Kopf des Unternehmens gewesen, hatte aber keinerlei Eigentümerrechte auf das Zeitungsprivilegiums geltend machen können.

Auch wenn wir annehmen dürfen, daß er im Testament seiner Frau mit all deren materiellen Gütern bedacht worden ist: Frau Hagens letzter Wille allein hatte nicht ausgereicht, um ihm ihr Privilegium zu sichern. Zur Überschreibung der Zeitungskonzession auf seine Person bedurfte es erst des Segens der markgräflichen Regierung.

Da Hagen in seine Ehe mit Frau Brunner sieben Kinder aus erster Ehe mitgebracht hatte, beantragte er die „Transscriptio Zeitungs-Privilegii" nicht allein für sich, sondern auch seine „eheleibliche Descendenz", seine Nachkommenschaft. Ein Jahr nach dem Tod von Frau Hagen wurde die Übertragung des Privilegiums genehmigt und trat am 6. September 1773 in Kraft.[17] Wenig später, am 5. Januar 1775, verstarb auch Christoph Heinrich Hagen, Bayreuths zweiter Zeitungsverleger.

Das Privilegium ging nun auf die „sämmtliche Hagenischen Relicten", die Hagensche Erbengemeinschaft über.

„Schlechteste Zeitung von ganz Deutschland"?

Wie bei Brunner und seinem Nachfahr Hagen war die politische Bayreuther Zeitung auch bei den Hagenischen Relikten das wichtigste Verlagsprodukt gewesen. Doch Ende 1784 war das Blatt unübersehbar in eine Krise geraten. Obwohl ihre redaktionelle Betreuung durch Engelhard weiterhin zur vollsten Zufriedenheit des Publikums verlief, häuften sich im Zeitungscomtoir die Beschwerdebriefe. Miserabler Druck und schlechtes Papier hatten die Zeitung in Verruf gebracht. Sie sei „eine der vorzüglichsten Zeitungen", stellte ein anonymer Kritiker fest, „wenn sie nur leserlich des Druckes wegen wäre."[18] Ein anderer „redlicher Leser" schrieb im Dezember 1784 an die „Herrn Verfasser der Bayreuther Zeitungen", sie möchten im neuen Jahr für bessere Qualität sorgen, „damit man für sein vieles Geld nicht noch Gefahr laufe, die Augen und das Gesicht zu verlieren und das, was man

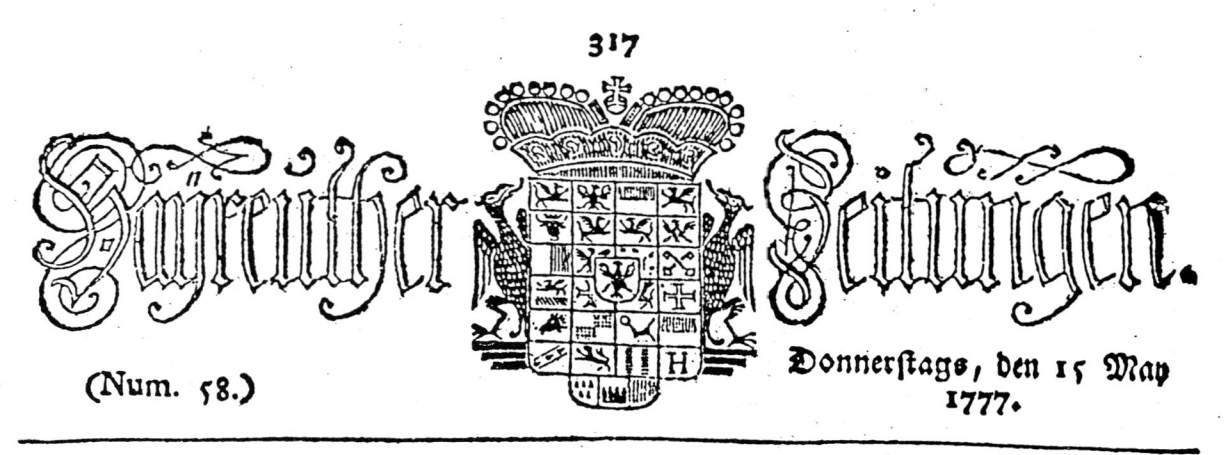

Markgraf Alexanders Übernahme des Bayreuther Fürstentums stellte sich auch im Kopf der „Bayreuther Zeitungen" dar. Ab dem 29. Juni 1769 erscheint an Stelle des Bayreuthers, das Wappen der „combinirten Fürstenthümer Ansbach-Bayreuth".

lesen soll, doch auch richtig verstehen könne!" Ebenso verdammte ein „Freund aus dem Voigtland" den üblen Zeitungsdruck. Er könne nicht verstehen, daß eine Zeitung, „die in Ansehung ihres innerlichen Wertes seit jeher den verdienten Beyfall des Publici erhalten", so wenig auf ihr Äußeres schaue: „Die Abdrücke sind wegen der unausgedruckten Buchstaben, ganzen Silben und Wörtern, auch mehrmals versäumter Correcturen so unleserlich ausgefallen, daß geübte Leser genug Mühe anwenden mußten, um den Sinn zu errathen; ungeübte und blödsichtige [Leser] sehen sich genöthigt, solche Zeitungen ungelesen bey Seiten zu legen." Ein Herr „Philalete" schrieb aus Dresden, daß er und viele andere Leser aus „hohem, mittleren und niederen Standes mit Vergnügen die politischen Bayreuther Zeitungen lesen", auch „mit dem Vortrag und der Auswahl der Sachen sehr zufrieden sind". Doch einen „freundschaftlichen Wink" könne er dem Verlag nicht ersparen, nämlich endlich die Qualität von Druck und Papier zu verbessern. Um sicher zu gehen, daß sein Leserbrief auch angekommen sei, wünschte er, daß der Verlag in einer der nächsten Ausgaben der Bayreuther Zeitung „folgende wenige Worte" setzen würde: „Das Schreiben aus Dresden vom 30. November 1784 ist richtig eingegangen."

Angesichts der vielfältigen Klagen kann man gut verstehen, wie die „Herren Verleger" der „so schönen und wichtigen Zeitung" wohl schon jetzt ins Rotieren gekommen waren. Doch der Leserbrief-Horror erreichte erst mit dem Schreiben des Landeshauptmanns von Hof, Ludwig von Weitershausen, seinen Höhepunkt: *„Es sind die Bayreuther Zeitungen recht gut, — wenn man sie nur lesen könnte. Aber abscheuliches Papier und noch abschleulicherer Druck machen sie wirklich unbrauchbar und zur schlechtesten Zeitung von ganz Deutschland. Ich glaube, daß ein öffentliches Blatt, das durch ganz Deutschland geht und gut bezahlt wird, auch von Seiten des Herrn Herausgebers einige Merkmale der Achtung eines Publikums verdiene. Ich gebe diese Erinnerung als ein bloßer Privatmann. Wenn aber keine Änderung getroffen wird, so getraue ich es mir als Landeshauptmann zu, durchzusetzen, daß wenigstens in der Landeshauptmannschaft Hof kein Exemplar mehr abgesetzt werden soll. Ein Privilegium exclusivum muß [darf] man nie mißbrauchen, um ausschließlicherweise etwas Schlechtes zu liefern."* (Hof, 8. Dezember 1784)

Herr Wirth, der Hofer Expediteur der Bayreuther Zeitungen übermittelte diese Botschaft dem Hagenischen Zeitungsverlag und fügte ihr an: „Ein wohllöbliches Zeitungs-Comtoir wird mir nun hierauf eine Antwort zuschicken, welche ich dem Herrn v. Weitershausen zu seiner Beruhigung vorzeigen kann" und dafür sorgen, „daß ich nicht mehr posttäglich von den Zeitungslesern mit unangenehmen Vorwürfen und Klagen überhäuft werden möge." (10. Dezember 1784)

Gründung der Hagenischen Zeitungsdruckerei: „Von Stund' an Reinlichkeit!"

Die Zeichen standen auf Sturm. Für die Bayreuther Zeitungsverleger lief letztlich alles auf eine einzige Lösung hinaus, nämlich die Druckerei zu wechseln. In Bayreuth gab es zu dieser Zeit jedoch nur eine einzige Druckerei, nämlich die des Hofbuchdruckers Friedrich Magnus Schwenter, des Mannes, der für den ganzen Schaden verantwortlich war. Also ließ der Verlag einen Teil der Bayreuther Zeitung in Kulmbach drucken. „Allein auch diesen Ausweg verlieren wir", klagten die Hagenischen Relikten am 23. Februar 1786 der markgräflichen Regierung, „da der dortige Buchdrucker wegen anderer überhäufter Arbeit uns nicht mehr drucken kann."

So blieb den Erben kein weiterer Ausweg, als sich selbst eine Druckerei für ihre Zeitungen einzurichten. Sie reaktivierten ihr stilliegendes, noch aus Brunners Zeit stammendes Druckprivilegium und übertrugen es auf ihren „jüngsten Bruder respective Schwager", Georg Christian Hagen. Dieser verpflichtete sich im Gegenzug, für die Errichtung der Druckerei zu sorgen. Womit er sich bislang seinen Lebensunterhalt verdient hatte, ist unbekannt.[19] Nun ging er jedenfalls auf Reisen, um technisches Personal und Ausrüstung für seinen künftigen Betrieb anzuheuern. Von seiner Ende 1785 unternommenen Reise nach Nürnberg und Leipzig berichtete er, daß es ihm in Leipzig gelungen sei, den Buchdrucker Heinrich Ludwig Sackenreuther von der berühmten Breitkopfischen Druckerei abzuwerben und nach Bayreuth zu verpflichten.

Als Sackenreuther am 14. Januar 1786 in Bayreuth eintraf (zwei Druckpressen und die meisten der in Leipzig gegossenen Schriften waren schon vor ihm angekommen), begann die Uhr für den Hofbuchdrucker und Monopolisten Schwenter abzulaufen. Schon ein halbes Jahr zuvor hatte Schwenter eine schwere Schlappe einstecken müssen. Es hatte sich herausgestellt, daß er — streng genommen — die ganze Zeit eigentlich illegal gedruckt hat, da er keine „Betriebserlaubnis" vorweisen konnte, bzw. kein schriftliches Privilegium besaß: „Es mag zweifelsohne der von hier flüchtig gewordene Hof- und Kanzleibuchdrucker Langbein mit sich fortgenommen haben", teilte er ganz zerknirscht am 8. Juni 1785 dem Markgraf Alexander mit, „ich habe nirgends dieses Privilegium ausfindig machen können, weder im Original noch abschriftlich, weder in der Hochfürstlich-Geheimen Landesregistratur, noch im Archiv". Als die Druckerei „vor ohngefähr sechs Jahren [1779] ... öffentlich in den Zeitungen feilgebothen" wurde, habe er sie für 2012 fl. 30 kr. Rheinthaler teuer erkauft. Doch schon damals konnte ihm kein Privilegium ausgehändigt werden. Darum bitte er jetzt um eine neue Urschrift des Privilegiums, worin auch das Anrecht auf „12 Clafter Flößholz und 2 Simra Korn" [ca. 2 Dztr.] enthalten sein möge, — so wie das in vorigen Zeiten ein jeder Hof- und Canzley-Buchdrucker" erhalten habe.

Nach Eingang von Schwenters Gesuch beauftragte die markgräfliche Regierung ihren Hofrat Göckel mit der Untersuchung des Falls. Am 28. September 1785 teilte Göckel in der Hofkammersitzung mit, daß sich „kein Concept vom Langbeinischen Buchdruckerey-Privilegio vorfinden wolle" und ihm daher noch unklar sei, „in welchem Maß dem Schwenterischen Petito [Gesuch] zu deferiren sein dörfte." So wurde bis auf Bekanntwerden von neuem Archivmaterial der Fall einstweilen auf Eis gelegt.

Währenddessen saß Schwenter vermutlich wie auf Kohlen. Als er von der Ankunft des Leipziger Zeitungsdruckers erfuhr, schrieb er unverzüglich an Markgraf Alexander einen Alarmbrief (21. Januar 1786), worin er sich erboste: „Die Zeitungsdruckerey soll offenbar zu meinem Schaden und Tort [Kränkung] hergestellt werden!" Wenn der Markgraf die Einrichtung dieser Zeitungsdruckerei nicht verhindern würde, dann sehe sich Schwenter schon jetzt „gänzlich ruiniret". Seine Druckerei habe er damals bloß „um der Zeitung willen" gekauft; es war eine „alte und sehr bloße Druckerey", zu deren Wiederherstellung er „weit über 1000 Thaler hinein verwendet" habe. „Und nun wundert mich sehr, daß die Cammer-Rath-Hagen'schen Relicten mir dieses wenige Brot nicht gönnen wollen", — trotz dem sie „von der Zeitung ohnehin Nutzen genug" hätten. Man müsse nur bedenken, daß „wohlerwogen 16.000 Stück [Zeitungen] Woche für Woche gedruckt werden" und demnach einen jährlichen Ertrag von „10 bis 12.000 Thaler ohne Abzug der Kosten" abwerfen. Wäre es da nicht recht und billig, ihm seinen Anteil daran zu erhalten? — Aber gerade jetzt habe er erfahren, daß sich die Hagen-Erben sogar „schon einen Faktor [Techn. Leiter d. Druckerei] und Gesellen verschrieben haben, wie auch neue Lettres [Buchstaben] mit einer Presse haben kommen lassen!"

Schwenter mußte den Markgrafen darüber aufklären, daß in Bayreuth schon einmal „vor etlichen 30 Jahren die zwey dermaligen Druckereyen zusammengestoßen" wurden, weil — wie Schwenter meinte — sich damals wie heute keine zwey Drucker halten könnten, „sondern einer den anderen verderben müßte." Wie wir aus Kommerzienrat Brunners letztem Brief wissen (S. 37), hatten andere Gründe zur Vereinigung der beiden Druckereien geführt. Doch auch Schwenters Widersacher, Georg Christian Hagen, hatte wahrscheinlich keine Kenntnis davon, daß er sein Zeitungsdruckerei-Privileg nur dem Umstand zu verdanken hatte, daß sein Zeitungsahnherr Brunner einst in ähnliche Schwierigkeiten mit seinem Drucker geraten war.

Die markgräfliche Regierung, die sich inzwischen sachkundig gemacht hatte, eröffnete Schwenters Schreiben den Hagen-Erben. Prompt zwei Tage später erfolgte deren Antwort: „Es ist eine stadtkundige Sache und selbst auswärts bekannt", teilten sie am 23. Januar 1786 dem Markgrafen mit, „daß die hiesige Buchdruckerey nicht in dem besten Zustand ist" und auch „das Publicum im Preis übernimmt." Sie

Die neue, am 4. März 1786 eingeweihte Zeitungsdruckerei, befand sich im Hagengut in den Moritzhöfen, weit außerhalb des Stadtzentrums. Um 1790 wurde sie in die Innenstadt, in den Goldenen Adler verlegt. Das Bild zeigt das Hagengut kurz vor dem 1965 erfolgten Abbruch.

hätten „weiß Gott" keine eigene Druckerei haben wollen, sondern sich „vielmehr nur gewünscht, stets einen geschickten und billigen Mann hier zu haben, der unsere Zeitung mit der nöthigen Eile, der gehörigen Eleganz und um einen für beyde Theile billigen Preis drucken" würde. Schwenter sei dieser Mann nicht! Wie schon die schlampig gedruckten „täglichen Zettel des Schauspielers Maddox"[20] zeigen, sei Schwenter dieser Mann nicht. Die tägliche Plage mit dem Hofbuchdrucker sei zudem kein Übel der neueren Zeit, sondern reiche schon zehn lange Jahre zurück. In dieser Zeit hätten die Verleger „so unsägliche Unannehmlichkeiten, Verdruß und sogar Schaden durch den hiesigen Buchdrucker erleiden" müssen, „daß wir schon längst Ursache gehabt hätten, deshalb Klage zu führen ... Solange wir nur an den einzigen Buchdrucker in hiesiger Stadt gebunden sind", habe er es in der Hand, „uns durch allzu hohe Preise und durch versäumte oder schlechte [Zeitungs-] Exemplare gänzlich zu ruinieren." Darüber hinaus mache den Verlegern auch noch Schwenters halsstarriges Wesen zu schaffen, ganz abgesehen von „seinem Geiz, bey Ruß und Öl [für d. Druckerschwärze] nur der Wohlfeile, aber nicht der Güte nach" einzukaufen.

„Unsere Zeitung", geben die Verleger dem Markgraf zu bedenken, „ist Gott sey Dank dermalen in so guten Ruf", daß sich viele Annoncen („vornehmlich aus Sachsen") schon im Zeitungscomtoir häuften. Und nun sollten sie tatenlos zusehen, wie die Inserate ungedruckt liegen blieben. „Seit länger als einen Monath treiben wir vergeblich den hiesigen Buchdrucker an, die vielen vorräthigen Avertissements in Beylagen abzudrucken; es sind von vielen schon die Termine verfallen." Seine Hochfürstliche Durchlaucht, Markgraf Alexander, werde jetzt wohl selbst ermessen können, „wie es unmöglich sey, fernerhin mit dem gegenwärtig einzigen Buchdrucker hier zu bestehen." Wegen der Dringlichkeit „bleibt uns dahero nichts übrig, als Eure Hochfürstliche Durchlaucht submissest anzuflehen", die Weiterführung des Projekts „Zeitungsdruckerei" gnädiglich zu gestatten.

Hofbuchdrucker „ins gänzliche Verderben gestürzt!"

Da Markgraf Alexander keinen gegenteiligen Bescheid erteilte, nahm Georg Christian Hagens Zeitungsdruckerei am 4. März 1786 ihren Betrieb auf. Sie war in einem Nebengebäude des „Hagen-Guts" in den Moritzhöfen untergebracht. Chronist König teilt mit, daß sie „allda lange Jahre verblieb, bis sie in die Stadt verlegt wurde"[21], nämlich in den Gasthof zum Goldenen Adler am Marktplatz.[22]

Bei der Einweihung, berichtete ein Zeitgenosse, hätten Besitzer Hagen und Betriebsleiter Sackenreuther „die feierlichsten Versprechungen zur Aufklärung und Veredlung der Menschheit" abgegeben; „von Stund' an sorgten sie für Reinlichkeit". Sein Urteil über Hagen: „Ein Mann, der für seine Druckerei alles aufopfert!"[23]

Am 11. März 1786, wenige Tage nach Einweihung der Zeitungsdruckerei, kam Schwenters Gesuch erneut zur Beratung. Hofrat Göckel trug vor, daß er die Erteilung eines Privilegiums „um so weniger für räthlich hielte, da alles dasjenige, was Schwenter drucke, von Herrschaftswegen ohnehin sehr teuer bezahlt werden müsse." Abermals wurde die Bewilligung von Schwenters Gesuch bis auf weiteres ausgesetzt.

Mittlerweile hatte der alte Hofbuchdrucker die neue Konkurrenz schon lebhaft zu spüren bekommen. „Bereits fünf Subjecta" seien in der Zeitungsdruckerei beschäftigt, teilte er Markgraf Alexander am 3. Mai 1786 mit, „welche seit vier Wochen außer der Zeitung beständig fort andere Sachen mit gedruckt haben." Sollte der Markgraf nicht die Einstellung der zeitungsfremden Druckarbeiten verfügen, „so müßte ich mich ins gänzliche Verderben gestürzt sehen, an dessen Rande ich schon stehe."

Auch dieser Brief wurde Hagen eröffnet. Worauf dieser in seiner Antwort den Fall von Anfang bis Ende noch einmal aufrollte und zu dem zynischen Schluß kam, dem Hofbuchdrucker habe die Gründung der Zeitungsdruckerei doch nur recht sein können. Denn auf alle Bitten und Ermahnungen habe er „immer die trotzige Antwort erfolgt, er verlange mit der Zeitung nichts zu thun zu haben und wünsche lieber heute als morgen von dieser Arbeit loszukommen. Mithin wird nunmehro sein so vielfältig geäußerter Wunsch erfüllet."

Was Schwenters Berechnung des Zeitungsertrags beträfe (10—12 000 Taler), so sehe Hagen darin „lediglich einen Beweis von Schwenters boshaften Gemüth."

Aufhebung des Druckmonopols

Am 17. Januar 1787 war der Fall entschieden. Sowohl dem Hofbuchdrucker Schwenter, als auch seinem Konkurrenten Hagen wurde ein beinahe gleichlautendes Druckprivilegium verliehen. Beide wurden darin angewiesen, „die ihme zum Druck anvertraut werdenden Sachen sauber und mit gebührendem Fleiß zu verfertigen (...), ingleichen nicht von Privat Arbeiten ohne vorher erfolgte Censur in Druck zu nehmen, noch weniger aber Sachen zu drucken, welche gegen das Christenthum, die Gesetze und Ehrbarkeit streiten", auch keine „unnützen, schändlichen Bücher, Schmähschriften oder andere unziemende Dinge" unter die Presse zu nehmen. Zuwiderhandlungen hätten den „Verlust dieses ihme aus Gnaden ertheilten Privilegii" und „schwere Ahndung" zu Folge.

Georg Christian Hagen bekam zusätzlich verbrieft, daß „ihme verstattet werden möchte, außer der Zeitung auch noch andere Arbeiten, sowohl von einheimischen, als auch von auswärtigen Personen, übernehmen zu dörfen."

„Politik im Schönschreibstil": Die Bayreuther Zeitung wird preußisch

Die politische Bayreuther Zeitung war bei jedem Hochfürstlichen Herrschaftswechsel der Gefahr ausgesetzt, vom neuen Landesherrn abgelehnt und damit verboten zu werden. Dagegen gab es seitens der Zeitung bestimmte Vorbeugemaßnahmen. Dazu gehörte, jedwede Regierungsveränderung als äußerst günstig zu preisen. Der etappenweise Verlust der Eigenständigkeit der Markgrafschaft fand unter vollkommener Zustimmung und Jubel der Zei-

Das Haus des Goldenen Adlers (Pfeil) am Marktplatz. Das Foto entstand gut hundert Jahre nach Verlegung der Druckerei.

tung statt. Zur Erinnerung: Unter Markgraf Friedrich (1735 — 1763) und Markgraf Friedrich Christian (1763 — 1769) war das Fürstentum eigenständig. 1769 fiel es an den Markgrafen Alexander, der es mit seinem Fürstentum Ansbach vereinte. Bayreuth verlor seinen Rang als Residenzhauptstadt. 1789 bahnte sich im Zeichen der Französischen Revolution der vollständige Verlust der Eigenstaatlichkeit des Fürstentums an. Markgraf Alexander, lebenshungrig und regierungsmüde, begann mit Preußen über eine mögliche Übergabe seines Landes zu verhandeln. Doch davon war in den politischen Bayreuther Zeitungen selbstverständlich kein Sterbenswörtchen zu lesen gewesen.

Wir haben schon vorher gesehen, daß und wie die Zensur aus der Zeitung alle unliebsamen Nachrichten heraus gefiltert hatte. Auch der streitbare Bayreuther Zeitungsschreiber wurde durch die Zensurvorschriften gezähmt. Sonst wilder Papiertiger, war Engelhard im eigenen Land nur demütiger Zeitungspropagandist der Ideen seines jeweiligen Herrn gewesen. Der Stil, den er für den Umgang mit landesherrlichen Belangen entwickelt hatte, wurde auch von den meisten seiner Berufskollegen gepflegt: „Verehrungs-Journalismus". So wurde bei Engelhard aus dem 1769 verstorbenen letzten Bayreuther Markgrafen ein „Muster der reinsten Frömmigkeit", obwohl es auch Engelhard bekannt war, daß Friedrich Christian „seine Pagen und Cammerdiener durch eine Tracht Stockprügel" zu bestrafen pflegte und „sein ganzes Leben und Regierung ein Gewebe voll Widerspruch" war.

Selbstverständlich huldigte Engelhard auch dem Ansbacher Regierungsnachfahr des jüngst verblichenen Bayreuther Fürsten in seinem altbewährten Schönschreib-Stil. Als jener Markgraf Alexander zum erstenmal Bayreuth besuchte, sah Engelhard nur „vor Freude trunkene Einwohner". Doch die Wirklichkeit hinter der Zeitungskulisse sah weit unerfreulicher aus. „Bayreuth glaubte seine besten Tage gehabt zu haben", berichtete ein anonymer Autor; „die Ansbacher, vom Minister bis zum Stallknecht, glaubten, die Bayreuther wären nur Halbmenschen gegen sie."[24] Indes schienen mit dem neuen Fürsten für Zeitungsschreiber Engelhard die besten Tage erst gekommen zu sein. Der Geldbeutel des Bayreuther Zeitungsschreibers, ereiferte sich ein Gegner Engelhards, sei „von seines Fürsten [Alexanders] Gnade — ohne alle dafür geleistete Arbeit — gefüllet" und Engelhard „mit Schmalz, Butter, Eiern und anderen Victualien wie eine gemästete Gans gestopft worden." Entsprechend gut habe es der Bayreuther Zeitungsschreiber verstanden, seinem Fürsten und dessen Mätresse „hinter dem Stuhl aufzuwarten."[25]

Fraglich erscheint in dieser bösen Beurteilung, warum es ein Fürst nötig gehabt haben sollte, einen Zeitungsschreiber zu „schmieren", wo er doch durch die Zensurgesetze über ein weit wirkungsvolleres Instrument zur Unterdrückung von unliebsamen Äußerungen verfügte.

Eine der Ursachen für des Markgrafen gnädiges Wohlwollen schien Engelhards überaus loyale Haltung gegenüber Alexanders „Soldatenverkäufen" gewesen zu sein. Bereits 1775 hatte Markgraf Alexander an England ein Angebot zur „Vermietung" von Ansbach-Bayreuther Soldaten gemacht. Es wurde abgelehnt. Nach der amerikanischen Unabhängigkeitserklärung (4. Juli 1776) unterbreitete der Markgraf den Engländern ein weiteres Angebot, das diesmal angenommen wurde. Der dazu abgeschlossene „Subsidien-Vertrag" vom 3. Februar 1777 weist aus, daß die Markgrafschaft Bayreuth-Ansbach 1.285 Soldaten an England liefern sollte. Für Gefallene oder Verwundete mußte Ersatz gestellt werden. Als Gegenleistung zahlte die englische Krone je Soldat 30 Taler Werbegeld und für die Dauer des Krieges eine Subsidie von 45.000 Taler, weitere 11.250 Taler nach Kriegsende. Die Kosten für den Unterhalt der „Söldner" hatte England zu tragen, für Uniform und Ausrüstung der Markgraf. Dafür zog er den Soldaten 2 Pence von den täglichen 6 Pence Sold ab.

Die Bayreuther Zeitung begleitete alle Aktionen mit äußerstem Wohlwollen. Abgesehen von der gewissenhaften Auflistung aller nach England/Amerika abgehenden Soldaten, veröffentlichte sie Erlebnisberichte der Soldaten oder schlug sich selbst in die Bresche, wenn es eine der deutschen Zeitungen gewagt hatte, „ahndungswürdige Anzüglichkeiten" zu verbreiten. Ein Beispiel für Engelhards Engagement ist der Bayreuther Zeitung vom 26. April 1777 zu entnehmen.

Bei Kriegsende hatte Markgraf Alexander insgesamt 2.353 Soldaten nach Amerika „verkauft". Im Herbst 1783 kehrten nach siebenjährigem Aufenthalt 1.379 Soldaten wieder in ihre Heimat zurück. „Man konnte nicht genug über ihre Schönheit und Disziplin staunen", notierte Conrad Döhla — einer der Heimkehrenden — in sein Tagebuch. „Mohren und Mohrinnen erregten die besondere Aufmerksamkeit.'"

Die Staatsaktion hatte Alexander 1.977.000 Taler eingebracht. Er verwendete das Geld (so tröstet sich die moralisch entrüstete Geschichtsschreibung) zur Sanierung der zerrütteten Finanzen seiner beiden „combinirten" Fürstentümer Ansbach Bayreuth.

Der zweite Grund für den freundlichen Umgang des Markgrafen mit dem Bayreuther Zeitungsschreiber schien mit Alexanders Liebesleben und der Rolle seiner Mätressen zu tun gehabt haben. (Die Schauspielerin Hippolyte Clairon, gefolgt von Lady Craven.) Die Delikatesse dieser Privatangelegenheit ließ es dem Fürsten wohl angeraten sein, nicht nur mit der Peitsche zu winken, sondern auch mit dem Zuckerbrot (nebst „Schmalz, Butter, Eiern und anderen Victualien") zu belohnen. So war nach dem Grundsatz der doppelten Sicherung gewährleistet, daß auch nicht der Hauch einer Andeutung über die Pläne des Markgrafen in die wichtigste (inländische) Zeitung sickern konnte.

Wie schon gesagt: der Markgraf beabsichtigte, seine beiden Fürstentümer Ansbach und Bayreuth gegen eine stattliche Leibrente dem Königreich Preußen zu überschreiben und zusammen mit seiner Geliebten (Lady Craven) nach England in den Vorruhestand zu gehen, — ein Plan, dessen Ausführung durch unvorsichtige Zeitungsberichte hätte gefährdet oder zumindest gestört werden können.

Bereits 1789, lange bevor der Plan verwirklicht wurde, berichtete das „Hamburger politische Journal" über die politischen Absichten des Ansbacher Markgrafen. Er wolle, schrieb das Blatt, gegen eine hohe jährliche Abgabe seine fränkischen Fürstentümer für immer der preußischen Krone übereignen. Das entsprach, wie sich später herausstellen sollte, vollkommen der Wahrheit. Doch die Wahrheit war unbequem und hätte „das Volk beunru-

DAS NEUESTE AUS DEN BAYREUTHER ZEITUNGEN DER JAHRE 1777 BIS 1778

Wien 1777:

Jüngst erfolgte Magnetheilung eines blinden Frauenzimmers
Gegenwärtig arbeitet Dr. Mesmer an der Heilung eines Mannes

Wien, vom 26. Feb. Der durch seine vielfältig gemachte Versuche des Magnets auf den menschlichen Körper sowohl, als [auch] durch seinem mit dem hiesigen großen Naturkündiger und Astronomen, dem Pater Hell geführten Feder-Krieg berühmte, in allem Fall aber sehr geschickte Doctor Mesmer (a), wollte ein seit vierzehn Jahren der Blindheit unterworfenes Frauenzimmer von ihren histerischen Zuständen und den sogenannten Krämpfungen durch den Gebrauch des Magnets heilen, und machte sie sehend, so daß sie bereits alles erkennen und die Gegenstände von einander unterscheiden kann. Die Begebenheit machte unter der Facultät vielen Lärmen. Viele wollen es nicht glauben, sondern halten die ganze Kunst des Dr. Mesmers für ein Blendwerk, und Charletannerie. Allein wir wißen es von ganz glaubwürdigen Augenzeugen, und die Sache ist so wahr und gewiß als heute Mittwochen ist. Der Dr. hat das ganze Procedere aufgesetzt, und übergiebt es der Pariser Academie zur Prüfung und Untersuchung. Es ist recht sehr zu wünschen, daß das Glück dieses Frauenzimmers, welches ungemein viel Verdienste hat und die Freude ihrer Eltern war, von Dauer und Bestand seyn möge. Allein, Hr. Doctor Mesmer zweifelt noch selbst an der Beständigkeit. Das sonderbarste ist bey diesem Vorfall, daß das Frauenzimmer, welches 67 Concerte auf dem Clavier meisterhaft spielen konnte, in ihrer Blindheit die Musik erlernet hatte, und vor der Monarchin sich öfters hören ließ, anjetzo kein Stück anders, als mit verbundenen Augen spielen kann. Es kömmt ihr alles wunderlich in dieser Welt vor. Der Mensch ist in ihren Augen bey weiten nicht das schönste der Schöpfung. Da sie das Unglück hatte, in ihrer zartesten Jugend blind zu werden, so weiß sie sich sehr wenig mehr zu erinnern. Die Eltern sind in einer solchen Freude, daß sie nichts als Thränen vergießen. Ihr Name ist Paradieß. Der Vater ist Hof-Commercienrath, und die Tochter genießt schon seit etlichen Jahren von Ihro Majestät der Kaiserin eine Pension von 600 fl. Und nun denkt Mesmer diesem Vorfall nach, und macht gegenwärtig einen andern Versuch mit einem Mann, der sehend in die Oper kam, blind herausgieng und seit 8 Monaten stockblind ist. Wann die gemachten Versuche der Electrizität nichts verdorben haben, so hofft er, den armen Mann wenigstens zu einem Schein des Lichts zu verhelfen. Welches wir aus Menschlichkeit von Herzen mitwünschen. (BZ 28 / 6. 3. 1777)

(a) Franz Anton Mesmer, geb. am 23. 5. 1734 in Iznang bei Radolfzell, gest. in Meersburg am 5. 3. 1815; Begründer der „magnetischen Kuren".

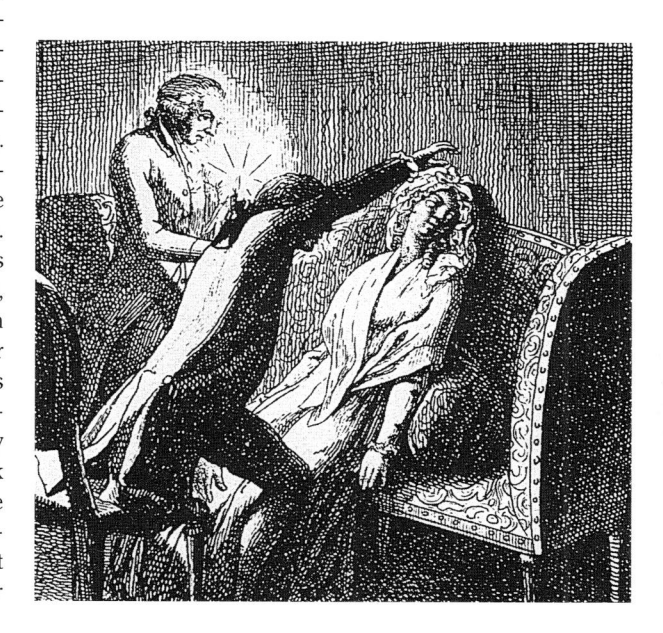

Bayreuth 1777:

„Dann geht es fort nach Amerika!" — Ansbach-Bayreuther Soldaten ziehen in den americanischen Krieg
Gehässige Nachrichten über Hochfürstl. Soldaten sind samt und sonders unwahr

Bayreuth, vom 26. April. Es haben einige unserer Amtsbrüder [der Zeitungsschreiber], vornämlich der zu Altona, in ihren Zeitungsblättern von denen in Königl. Großbritan. Sold überlaßenen Hochfürstl. Ansbach-Bayreuthischen Regimentern einige sehr unbesonnene und wahrheitswidrige Passagen einfließen laßen. Wir wollen aus Menschenliebe glauben, daß sie zu dergleichen ahndungswürdigen Anzüglichkeiten blos durch die von anderen Orten her erhaltenen gehäßigen und passionirten Nachrichten verleitet worden seyen, und wollen uns daher mit einer förmlichen Refutation [Ablehnung] jener Unwahrheiten nicht abgeben. Der selbst in den öffentlichen Zeitungen enthaltene Beyfall, welchen jene Hochfürstlichen Truppen wegen ihrer ganz besonderen Schönheit, von allen, die solche nur *en passant* [im Vorübergehen] gesehen, erhalten haben, und das Vertrauen, welches der Königlich-Großbritanische Hof, laut nachfolgenden Extracts in den Commandanten derselben, den rechtschaffenen Herrn Obristen von Eyb gesezt hat, bietet allen Neid Trotz, und zeigt, daß mehrerholte Kriegs-Völker in den Augen der Großbritanischen Nation nach Verdiensten geschätzt werden. Wenn wir endlich noch dieses bemerken, daß das bey den Hochfürstl. Anspach-Bayreuth-[ischen] 2 Regimentern befindliche schöne Jäger-Corps, aus lauter sich freywillig engagirten Leuten von Metier, und größtentheils aus Landes-Kindern bestehe: so wird sich sicherlich der Autor des in dem Altonaer Post-Reuter [Reiter] befindlichen verwegenen Prädicats, womit er die Jäger zu belegen sich nicht entblödet, schämen. Wir glauben einem gesammten wahrheitsliebenden Publico — und unsern Lesern überhaupt — ein großes Vergnügen zu verschaffen, wenn wir ihnen — von Zeit zu Zeit — die von jenen Truppen einlangenden Nachrichten authentisch mittheilen und nachstehendermaßen damit jetzt den Anfang machen.

Es folgen zwei Auszüge aus den Schreiben eines Bayreuther und eines Ansbacher Offiziers. Im Anhang wurde ein weiteres Schreiben zitiert:

Auszug eines Schreibens eines Hochfürstl. Anspach-Bayreuthischen Officiers, am Bord des Schiffes *Dürand*, auf der Rhede vor *Portsmouth* den 2. April: — Wir sind glücklich zu *Dordrecht* [Holland] angelangt und daselbst auf Englischen Schiffen embarquirt [an Bord gebracht] worden; den 29. März wurden mit Anbruch des Tags die Anker unter Abfeuerung der Canonen gelichtet, gegen Mittag trafen wir in *Helvoersluis,* dem letzten Holländischen Ort ein; eine halbe Stunde davon [entfernt] wurden die Anker geworffen. Von da aus sahen wir zwar schon die See von weiten, sie war aber so stürmisch und das Flußwasser so seicht, daß wir diesen und den andern Tag liegenbleiben mußten. Den 31. März segelten wir sehr frühe ab, und hatten nach der Meinung der Schiffleute den besten Wind, nach unserer Meinung aber war es sehr stürmisch. Biß Abend spürte ein jeder die Übelkeiten, welche bey den ersten Seereisen gewöhnlich sind. Einige Officiers blieben aber davon ganz befreyt ... Biß man diese Fahrten gewohnt hat, kommt jedem alles besonders vor: es scheint manchmals, als wenn das Schiff völlig unter Wasser fahren wollte, und in diesem Augenblick geht es wieder halb Hauß hoch über die Wellen hinauf ... Der gute, uns aber gleichwohl stürmisch scheinende Wind führte uns in 2 halb Tag nach England, auf welcher Reise man manchmals einige Wochen zubringt. Um 2 Uhr Nachmittag langten wir hier an und warfen im Angesicht der Stadt [Portsmouth] Anker. Wir werden hier noch etwas Provisiones einkauffen und die Hessen und Braunschweig[ischen] Recruten erwarten, — dann geht es fort nach America.
(BZ 50 / 26. April 1777)

Während die Ansbach-Bayreuther Soldaten nach Amerika segelten, herrschte in der Bayreuther Zeitungsredaktion noch Ungewißheit darüber, was die Soldaten jenseits des großen Teichs erwartete:

„Das Lamm mit dem Wolf weiden lassen"

Noch ist keine Hofzeitung herausgekommen, die Neu-Yorker Zeitung ist auch stille; und in den Americanischen Blättern ist von nichts als den Scharmützeln die Rede, die im Februar vorfielen. Unsere neugierige Welt ist aber mit Scharmützeln nicht zufrieden: man will Bataillen [Schlachten] und entscheidende Vorfälle haben. (...) Particularbriefe geben den königl. [englischen] Truppen in Ansehung ihrer Aufführung in ihren Quartieren kein gutes Lob. Seitdem die Hessen angefangen zu plündern (heißt es) folgen die Engländer diesem Beyspiel treulich und erlauben sich alle Ausschweifungen der wildesten Soldaten: entehrten die Weiber vor den Augen ihrer Männer und die Töchter bey den sterbenden Leichnamen ihrer Väter. Man mache aus dem Plündern einen Scherz und spreche davon nur als von einer militarischen Galanterie. Wo die Soldaten hinkämen oder übernachteten, da koste es ihren armen Wirthen die ganze Garderobe ihrer Frauen und Töchter; die Weiber bey der Königl. Armee giengen in Seidenzeug und der feinsten Leinwand, dem Raube der Familien, die sie beherberget, einher; ihre Männer oder Galans machten Staat mit Uhren und andern Juwelen, die ihnen in die Hände gefallen. Diese Greuel hätten die Gemüther gänzlich erbittert und vom Frieden mit den Americanern zu reden, das hieße, die Möglichkeit sich gedenken, das Lamm mit dem Wolfe auf einer Aue ruhig beysammen weiden zu sehen. (BZ 52 / 6. 5. 1777)

ohne Ort 1778:

Reflexionen über die Kleidung der Weibspersonen

Wenn wir uns von der Kleidung der Mannspersonen zu der Kleidung der Frauenzimmer wenden, so sehen wir diese Personen unter dem nordischen Reif und Frost halb nackend, — ihren Hals und die Hälfte des Rückens entblößt, ihre Arme mit sehr dünnen Handschuhen bedeckt, die mehr dazu dienen, die Haut unverletzt zu bewahren, als sie für die Kälte zu schützen; große Körbe [Krinoline: Rockgestell aus Rohr, später aus Eisen], die ihre Taille drücken, um alle die Kälte der härtesten Winter unter ihre Röcke aufgehen zu lassen — ich mag meine Blicke nicht weiter erstrecken ... (BZ, 2. 5. 1778)

Bayreuth 1778:

Tod durch Fensterln

Bayreuth, vom 24. April. Das auf den Dörfern sehr gewöhnliche sogenannte Fenstern oder Carresiren [liebkosen] im Finstern, hat schon manche üble Folgen gehabt, wovon folgende leidige Geschichte ein neues Exempel giebt. Ohnlängst in der Nacht, traf ein Bauernpursch in einem gewissen Amtsdorf einen andern Pursch bey einer Bauern-Tochter in dem Vaters-Haus an, weswegen jener den letzteren mit der Faust und einem darinnen gehabten Pflug-Keil einen dergestaltigen Schlag an den Kopf gegeben, daß der Geschlagene nach 12 bis 13 Stunden davon hat sterben müssen. Der Thäter wurde bald hernach allhier gefänglich eingebracht. (BZ, April 1778)

Zeitungsexkurs:

Die Erzeugung der Kinder

Es gibt unter den Landleuthen mehrere junge Purschen, welche zwar den Trieb ihrer thierischen Geschlechtsliebe befriedigen, jedoch aber den Naturzweck derselben — die Erzeugung der Kinder — umgehen wollen und sich daher bey der außerehelichen Begattung auf eine eigene Weise benehmen: Sie berühmen sich gegen das Mädchen, das sie an sich ziehen wollen, daß sie die Kunst verständen, ihr beyzuwohnen und sie doch nicht zu schwängern. — Allein man begreifet leicht, daß diese unselige Kunst bey dem Drang der Leidenschaft und in dem Augenblick der Wollust nicht sehr anwendbar ist. (Journal von und für Franken, 1790)

* * *

ohne Ort 1778:

Erscheinung
eines fürchterlichen Kometen
40stündiges Gebet zur Abwendung
der eingebildeten Gefahr unterblieb

Die bevorstehende Erscheinung eines fürchterlichen Cometen hat zeithero im Publiko viel Redens gemacht. Sie ist aber keine Neuigkeit, und nicht jedermann weiß, wo sie sich herschreibet. Schon vor 5 Jahren hat sie ganz Paris in panisches Schrecken gesetzet. Die Gelegenheit darzu gab der Herr de la Lande. Dieser verlas zu Anfang des Jahres 1773 in der Pariser Akademie der Wissenschaften eine Abhandlung von dem schädlichen Einflusse und Wirkung der Cometen auf die Erde, wenn sie dieser allzu nahe kämen. Er machte dabey noch bekannt, daß der nächste Comet, den man erwarten könne, binnen 18 Jahren erscheinen, aber doch nicht von der schädlichen Art seyn würde. Dieser Bemerkung ohngeachtet, geriet Paris in eine dergestaltige Unruhe und Furcht, daß — auf obrigkeitliche Verordnung — in die *Gazette de France* unterm 7. May 1773 eine eigene Nachricht eingerückt werden mußte. Der Herr Erzbischof zu Paris beschloß, auf dringendes Verlangen der Frommen im Volk, zu Abwendung der eingebildeten Gefahr, ein vierzigstündiges Gebet anzuordnen: Die Akademie aber machte ihm die Unschicklichkeit desselben [Gebets] begreiflich, und es unterblieb. Herr de la Lande erließ hierauf ein besonderes Memoire [Gutachten] ins Publikum; er gab es für ein bloßes Problem aus, daß wenn sich einer der 60 bekannten Cometen der Erde allzu sehr — etwa 13.000 Meilen nähern sollte, dessen Druck wahrscheinlicherweise die Meere aus ihren Ufern treiben, und einen großen Theil der Erde mit Wasser überschwemmen könnte. Übrigens würde der von ihm angekündigte Planet nicht eher als ohngefehr im Jahre 1789 oder 1790 erscheinen.

Dies ist die Geschichte dieses Cometen, der — wenn er erscheint — vermuthlich weder mehr noch weniger seyn wird, als seine älteren Brüder. L***, den 31. Merz 1778.

Dem ungenannten Freunde der Bayreuther Zeitung, von dessen Hand sie obiges Geschenk erhalten, unsern Dank und Hochachtung, welcher auch die Leser beystimmen werden. (BZ 44 / 11. 4. 1778)

* * *

Bayreuth 1778:

„Seit Menschengedenken
kein solcher Wetterschlag!"
Alle Elemente wollten mit einmal auf uns herab stürzen

Bayreuth, vom 10. Juni. Vergangenen Pfingstmontag Abends zog im Südwesten ein Gewitter auf, welches nach 9 Uhr seine Richtung gegen hiesige Stadt mit so heftigen und unausgesetzten Blitzen nahm, daß die Luft — soweit man sehen konnte — nur eine Flamme schien; und da man ängstlich auf zertheilenden Regen hoffte, kamen Schlossen [Hagelkörner] mit so fürchterlichen Sturm und Toben und in solcher Menge, daß man nichts anders glaubte, alle Elemente wollten mit einmal auf uns herab stürzen. In einer Zeit von etlichen Minuten war die Stadt wie von den stärksten Schneestürmen gänzlich weiß bedeckt; die Schlossen lagen an manchen Orten zu 3 Schuh hoch [ca. 90 cm]; alle Fenster an der Mittagsseite wurden eingeschlagen und Glas- und andere freystehende Häuser dermaßen zugerichtet, so daß der Schaden an öffentlichen und privat Gebäuden sich in die Tausende [Gulden] erstrecket: Die Gärten sehen zerstört aus; die Fruchtbeete wie eingetreten, und unter den entlaubten Bäumen, als ob ein Verhack sey gemacht worden. Doch ist der Anblick auf dem Felde noch betrübter. Unsere seit langen Jahren nicht so schön gestandenen Fluren sind ein trauriges Bild der Zerstörung, indem die Winterfrüchte gänzlich und ohne alle Hoffnung einer Wiedererholung zerschlagen, die Sommerfrüchte — meistens Hölzer [Büsche] und Obstbäume — aber sehr stark beschädigt sind. Und wo das Hagelwetter nicht geschadet, hat das Wasser in Felder und Wiesen die grausamsten Verwüstungen angerichtet. Die Gegenden, welche dieses Hagelwetter getroffen, erstrecken sich auf viele Meilen, so daß bey Menschengedenken man keines so weit sich ausgebreiteten Wetterschlages sich erinnert (...) Zum Erstaunen vernimmt man, daß dieses Ungewitter schon zu Erlang mit gleicher und fast noch schrecklicherer Gewalt sich angefangen, denn nach den eingehenden Nachrichten haben allda die in ungewöhnlicher Größe gefallenen Schlossen selbst zum Theil die Dächer eingeschlagen und unbeschreibliches Schrecken und Verwüstung verbreitet (BZ 11. 6. 1778)

Paris 1778:

Voltaires letzte Lebensstunden und
erlistetes Begräbnis in geweihter Erde
25 Tassen und ein bißchen Opium — Der Dichter
wünschte mit Hitze noch 24 Stunden länger zu leben.

Ein anderes Paris, vom 9. Juni. Man liest nun folgende Umstände von den letzten Lebensstunden des Hrn. Voltaire (a), die in Wahrheit gegründet sind: Er klagte seit einigen Tagen über heftige Seiten-Schmerzen, und auch in der Blase; man verbot ihm daher alle hitzigen Speisen und Getränke; allein dem ohnerachtet trank er letzten Montag — weil er arbeiten wollte — 25 Tassen Kaffee; dies brachte einen heftigen Acces [Anfall], er konnte nicht schlafen; der Herr Marschall von Richelieu, welcher ihn besuchte, rieth im zu Opium und sandte ihm drei präparierte Dosen, allein er hatte nur was weniges genommen, als man das Gläsgen beyseit schaffte. Allein es sey nun, daß das Opium oder der innerliche Brand diese Schwäche verursachte, so lag der Patient bey 36 Stunden in einer Art Schlafsucht. Nachher aber kam er wieder zu sich selbst, und behielt den Kopf und Sinnen frey bis an sein Ende.

Er ward zuweilen ungeduldig, zuweilen böse, und wünschte mit Hitze noch 24 Stunden länger zu leben, er versuchte zwey Briefe zu dictiren, konnte sie aber nicht zu Ende bringen; einer war an Herrn Tronchin. Man gab dem Herrn Gauthier von diesen Umständen Nachricht, er kam von dem Pfarrherrn von St. Sulpice begleitet; es war Abends 10 Uhr; diese Herren nahten sich dem Krankenbette, und hießen ihm die Gottheit

Der junge Voltaire, Pastell von Liotard, um 1745.
Neues Schloß Bayreuth

[an]erkennen, allein der Kranke sammelte alle seine Kräfte, um diesen Herren ganz vernehmlich und entschlossen zu sagen: Sie sollten ihn ruhig sterben lassen, worauf sie sich ohne weiteres wegbegaben. Einige Minuten vor seinem Ende fühlte er sich selbst den Puls, und gab mit dem Kopf ein Zeichen, daß es aus sey, worauf er um 11 Uhr verschied (b).

Die Anverwandten [Voltaires] horchten bey dem Pfarrherrn von St. Sulpice wegen der Beerdigung, — allein seine Antwort war, er werde nichts thun ohne Befehl von dem Herrn Erzbischoff, und dieser verbot, den Verstorbenen in geweihter Erde zu begraben; die Freunde hielten auf dies seinen Tod geheim, sie ließen ihn am Sonntag öffnen, da man die Eingeweide und die Blase von dem Brand angegriffen fand, die übrigen Theile aber sehr gesund. Darauf wurde der Leichnam balsamiert; der Hr. de Vilette behielt das Herz auf, die übrigen Eingeweide wurden durch den Totengräber von St. Sulpice, mediantibus illis [...], heimlich begraben, und dann zog man dem einbalsamierten Leichnam einen Nachtrock an, setzte ihm eine seiner gewöhnlichen Mützen auf, setzte denselben in seine Kutsche, band ihn fest, spannte Postpferde vor, befahl ihn schlafen zu lassen, und nahm die Straße nach Lyon.

Der Herr Abt Mignon war vorausgegangen, ließ die Kutsch zu Scelliers — welches eine am Weg liegende Bernhardiner Abtey ist — Halt machen, als wollte er seinen Oncle bewillkommen, er stellte sich, als wüßte er von nichts, lamentierte ihn tod zu finden, bat seine Kloster Geistlichen ihn zu beerdigen; sie thaten es, und er hatte ein Gefolge von circa 150 Personen. Auf diese Art hatte man auch den Schwürigkeiten vorgebaut, welche der Hr. Bischoff von Annecy bereits wegen der Beerdigung zu Ferney veranstaltet hatte.

Das Herz des Dichters hat der Marquis von Vilette in ein Gefäß einfassen lassen mit der Überschrift: son coeur est ici, son esprit est partout. (Sein Herz ist hier, sein Geist ist überall) (BZ 1778)

(a) Voltaire, eigentlich Francois Marie Arouet, stand mit Markgräfin Wilhelmine in Briefwechsel bis zu deren Lebensende. 1743 war er bei ihr zum ersten- und einzigenmal zu Besuch. Die Bayreuther Zeitung vom 14. Sept. 1743 notierte: „Vorgestern Nachmittags um 3 Uhr sind Ihro Königliche Majestät in Preußen [Wilhelmines Bruder Friedrich] in Begleitung ... des berühmten Französischen Poeten Herrn von Voltaire unter Lösung der Canonen zur innigsten Freude und Vergnügen Unserer Durchlauchtigsten gnädigsten Landesherrschaft in Allerhöchsten Wohlseyn allhier eingetroffen" (BZ 111/1743). Nach Voltaires eigenem Bekunden zählte sein mehrwöchiger Bayreuth-Aufenthalt zu den glücklichsten Zeiten seines Lebens.
(b) geb. in Paris am 21. Nov. 1694, gest. eben dort am 30. Mai 1778; bedeutendster Dichter der europäischen Aufklärung, Philosoph und Historiker; von Cardinal Tenzin der „Satan des Jahrhunderts" genannt.

Bayreuth 1778:

Endlich Original-Amerikanische Zeitungen in Oberfranken

Bayreuth, vom 31. December. Von der Hand eines auch bis jenseits dem großen Weltmeere gewogenen Freundes, erhielt der Verfasser [Engelhard] heute einige Stücke Original-Amerikanische Zeitungen. Sie sind von dem in Deutschland so verrufenen New-Yorker Zeitungsschreiber und die ersten Zeitungsblätter aus der Neuen Welt, so nach Deutschland, wenigstens in unser Ober-Franken kommen, welchem — auch in wichtigen Dingen — der Weg zu einer immediaten [unmittelbaren] Correspondenz mit diesem Welttheil durch eine wunderbare Fügung geöffnet ist.

Es haben diese Zeitungen völlig das Gepräge der englischen Größe in Form und Druck und auch den hohen Preis wie jene, woraus auf den Wohlstand des einst und vielleicht noch lange Britischen Amerika zu schließen [ist]. (BZ 1778)

Avertissement *

Rhabarbar-Pillen und Hülfsmittel zur Stärkung der Zeugungsglieder

In Leipzig, bey Herrn Cammer Commissario Carl Gottlob Pohl, in Brühl in seinem eigenen Hause neben dem Kranich sind folgende bewährte Medicamente in Commißion zu haben: D. Grafton's Rhabarbar-Pillen, ohne Aloe und Mercurius [Quecksilber], welche alles und jedes prästiren, was man nur jemals von der Rhabarbar erwarten kann, insonderheit aber Schwangern, Säugenden, Unfruchtbaren, Schwermüthigen, Engbrüstigen, *Hypochondriacis* etc. vortreffliche Dienste thun, das Loth a 16 ggl. Wer 12 Loth zusammen nimmt, bekommt sie vor 6 Rthl. Franzgeld (...) Item: *D. Grafton's Specifica contra impotentiam virilem* oder sichere *Hülfsmittel wider die männliche Entkräftung*, bestehend in der *Essentia Benedicta*, das Glas 2 Rthl. Franzgeld, und dem *Pulvere magnanimitatis*; das Glas, worin 2 Loth a 1 Rthl. 12 gl. Franzgeld. Beide Medicamente ersetzen die verlohrnen Kräfte, stärken vornehmlich die Zeugungsglieder und thun noch andere vortreffliche Wirkungen, indem sie auch den Magen ungemein stärken, den Appetit, die Dauung und die so sehr nöthige unempfindliche Ausdünstung befördern, vor Ohnmachten, Schwindel und Schlagflüssen verwahren, Herzklopfen und Bangigkeit vertreiben, wie die besonders gedruckten Avertissements mit mehrern belehren (...).
(BZ 58 / 15. 5. 1778)

higen" können. So mußte die Bayreuther Zeitung diese Meldung („abentheuerliche Nachricht!") dementieren. Engelhard: *„Man sah diese Nachricht für das an, was sie ist und glaubte nicht, daß das seichte Hirngespinst eines sehr unreifen Politikers Glauben finden würde. Da aber dieses Vorgeben auch in anderen Zeitungs-Blättern unüberlegt aufgenommen worden, und hie und da besonders auswärts Sensationes verursacht hat; so finden wir für nöthig, zur Belehrung aller leichtgläubigen Leser und Politikaster öffentlich zu erklären, daß jener sinnlose Gedanke … den bekannten rühmlichen Gesinnungen unsers gnädigsten Fürsten entgegenläuft, ein plattes Unding und die gröbste ahndungswürdige Unwahrheit, mithin die Erfindung eines übelgesinnten, müßigen Kopfes ist."* (BZ 26/2. 3. 1789)

Indes wurde die „Staatsveränderung" vom Markgrafen klammheimlich weiter betrieben und war am 16. Januar 1791 beschlossene Sache. Ein Jahr später, am 28. Januar 1792, erfuhr aus der Zeitung auch das Volk davon. Gerüchtweise hatte das Ereignis schon längst die Runde gemacht. „Diese Nachricht", teilte der Schreiber der „Vertrauten Briefe" mit, „erfüllte schnell das ganze Land, noch ehe sie in den Bayreuther Zeitungen bekannt wurde."[26]

Zum offiziellen Beginn der preußischen Regierung veröffentlichte die Bayreuther Zeitung Alexanders stimmungsvollen Abschied von der Bayreuth-Ansbacher Bevölkerung. Der Markgraf hatte seinen letzten Gruß bereits im Dezember des Vorjahres in Bordeaux verfaßt und befand sich zum Zeitpunkt der Veröffentlichung seines „auf nimmer Wiedersehns" bereits auf dem Weg nach Engeland: „Wir trennen Uns nicht ohne das zärtlichste Gefühl der herzlichsten Dankbarkeit", ließ Alexander seine alten Untertanen wissen. Er habe sich zwar „aus eigenem Antrieb", doch erst „nach den reiflichsten Überlegungen" zu diesem Schritt entschlossen. Er bezweifle nicht, daß sich seine lieben Landeskinder auch dem neuen preußischen Landesvater als brave und gehorsame Untertanen zeigen werden. Er selbst werde sich nun „der Regierungsgeschäfte und den damit verknüpften Sorgen und Beschwerden gänzlich entledigen" und (das schrieb er nicht) — auf „Brandenburgh-House" einen angenehmen und

Lady Cravon, Markgraf Alexanders Geliebte und nach späterer Heirat in England die „Margravine of Anspach".

ruhigen Lebensabend verbringen. (BZ/28. 1. 1792)
Auch dieses letzte Zeitungszeugnis vom Ende der Markgrafenzeit zeigt die Unzulänglichkeit des Mediums Zeitung bei der Vermittlung von „zeitgeschichtlicher Wahrheit". Die „volle Wahrheit" über den Landesverkauf brachte erst ein Bericht aus preußischer Zeit ans Licht, die 1794 anonym veröffentlichten „Vertrauten Briefe über das Fürstenthum Baireuth". Demnach habe Alexanders Geliebte, Lady Craven, hinter dem Ländertransfer gesteckt. Sie, „die ihrem Mann davon lief, um einem verheirateten Fürsten Mätresse zu werden" und bei ihrem Liebhaber „alles nach ihrer Laune ändern wollte", habe Alexander zu seinem Abkommen mit Berlin überredet. Der Ausbruch der Französischen Revolution, deren „Gährungen" den Umsturz der alten Weltordnung befürchten ließen, hätten dann ein übriges getan, den Markgrafen von den Vorteilen der geplanten Aktion zu überzeugen. „Unter dem Vorgeben, sie wollten nach Italien reisen", hatten die beiden 1791 Kurs auf England genommen. Obgleich alles „sehr fein eingefädelt" war, „so wußte doch jeder kluge Kopf im Lande, daß der Markgraf nicht wiederkommen werde."

„The Brandenbourgh-House" in Hammersmith an der Themse.

Eine Zensur findet statt

Mit der ersten „offiziell-preußischen" Zeitungsausgabe vom 28. Januar 1792 verschwand die Pluralform aus dem Zeitungstitel. Aus den „Bayreuther Zeitungen" war die „Bayreuther Zeitung" geworden. Das ehedem „Hochfürstliche Bayreuther Zeitungs-Comtoir" stand nun unter königlich-preußischer Presseoberhoheit. Selbstverständlich mußte sich der Bayreuther Verlag seine Privilegien vom preußischen König noch bestätigen lassen. Der kniefällige Stil des Bittgesuchs vom 20. Juni 1792 zeigt, daß sich auch in preußischen Zeiten nichts an der totalen Abhängigkeit vom jeweiligen Landesherrn geändert hatte:

*„Allerdurchlauchtigster
Großmächtigster König,
Allergnädigster König und Herr!
Da nun Eure Königliche Majestät bey Allerhöchstdero alles beglückenden Regierungsantritt der Fürstenthümer in Franken, Jedermann in den bishero gehabten Rechten und Privilegien zu bestätigen und zu schützen allerhuldreichst zugesichert haben, so zweifeln wir nicht an allergnädigster Bittgewährung, wenn wir Eure Königliche Majestät alleruntertänigst bitten: Das Privilegium über die hiesige Zeitung für uns und unsere Erben allerhuldreichst zu bestätigen und zu erlauben, daß wir uns aller in Allerhöchstdero Staaten herauskommenden Zeitungen des königlich preußischen Adlers bedienen dürfen.
In allertiefster Devotion ersterben wir: alleruntertänigst-gehorsamste sämmtliche Geheimer-Cammer-Rath-Hagenischen Relicten, namens derselben Georg Christian Hagen."*[27]

Hagen und seine Miterben bekamen das Privileg zu den üblichen Bedingungen bestätigt: Enthaltung aller Beurteilungen („Raisonnements"), Verbot von Nachrichten, die gegen den königl.-preuß. Hof gerichtet sind und Unterwerfung unter alle anderen Gesetze der preußischen Pressezensur.
Der Zeitungsschreiber Engelhard hatte sich und seine Leser schon zu markgräflichen Zeiten, am 9. Februar 1789, mit der preußischen Vorstellung von Zensur und Pressefreiheit vertraut gemacht. Anläßlich der Erneuerung des preußischen Zensuredikts hatte er den dazugehörigen Kommentar des

Mit der ersten „preußischen" Zeitungsausgabe (BZ 13 / 28. 1. 1792) verschwand aus dem Zeitungstitel die Pluralform; die „Bayreuther Zeitung" meldet die Regierungsübernahme des preuß. Statthalters v. Hardenberg und veröffentlicht Markgraf Alexanders Abdankungspatent.

preußischen Königs Friedrich Wilhelm in vollem Wortlaut veröffentlicht:

„Obgleich Wir von den großen und mannigfaltigen Vortheilen einer gemäßigten und wohlgeordneten Preßfreyheit ... vollkommen überzeugt sind, und daher solche [Freiheit] in Unsern Staaten möglichst zu begünstigen entschlossen sind, so hat doch die Erfahrung gelehrt, was für schädliche Folgen eine gänzliche Ungebundenheit der Presse hervorbringe, und wie häufig dieselbe von unbesonnenen oder gar boshaften Schriftstellern zur Verbreitung gemeinschädlicher, practischer Irrthümer über die wichtigsten Angelegenheiten der Menschen, zum Verderbnis der Sitten durch schlüpfrige Bilder und lockende Darstellungen des Lasters, zum hämischen Spott und boshaften Tadel öffentlicher Anstalten und Verfügungen [benützt werde]. Wodurch in manchen nicht genugsam unterrichteten Gemüthern, Kummer und Unzufriedenheit darüber gezeugt und genährt werden und zur Befriedigung niedriger Privat-Leidenschaften, der Verläumdung, des Neids und der Rachgier, welche die Ruhe guter und nützlicher Staatsbürger stören, auch ihre Achtung vor dem Publico kränken, besonders in den sogenannten Volksschriften bisher gemißbraucht worden. Da nun also — solange die Schriftstellerey sich nicht bloß in den Händen solcher Männer befindet, denen es um Untersuchung, Prüfung, Bekanntmachung und Ausbreitung der Wahrheit wirklich zu thun ist, sondern von einem großen Theil ... als ein bloßes Gewerbe zur Befriedigung ihrer Gewinnsucht und Erreichung anderer Nebenabsichten betrachtet wird, — kann dieses Gewerbe nicht der öffentlichen Aufsicht und Leitung des Staates zur Verhütung besorglicher Mißbräuche ganz entbehren, da besonders in dem gegenwärtigen Zeitalter solche Mißbräuche sehr einreißen und überhand nehmen."[28]

Aus dieser Erklärung läßt sich leicht ablesen, wie kurz die Leine und wie eng der Maulkorb für die Presse der preußischen Staaten gewesen ist. Das Medium Zeitung war noch Jahrzehnte von dem entfernt, was Napoleon später als „Die 4. Macht im Staat" bezeichnet hatte.

Indes hätte sich der preußische König — zumindest für seine Provinz Bayreuth — keine Sorgen über die „gänzliche Ungebundenheit der Presse" zu machen brauchen. Schreiber und Verleger der Bayreuther Zeitung erwiesen sich nicht nur als loyale Vertreter der preußischen Staatsraison, sondern auch als deren glühende Verfechter. Das zeigte sich besonders deutlich, wenn Engelhard über die deutschen Grenzen hinweg zum französischen Nachbarn schaute. „Genug, danken Sie Gott, daß Sie in Deutschland sind", mahnte er seine Leser in Betrachtung der Französischen Revolution, „und verlangen Sie niemals nach einer solchen Freyheit, die nichts besser ist als glänzendes Elend!"

(BZ 151/8. 12. 1792)

Kapitel 7

FEDERMORD AM ZEITUNGSSCHREIBER
Engelhard, Bayreuth und die Französische Revolution

Für die noch ausstehende Betrachtung der politischen Inhalte der Bayreuther Zeitung bietet sich als bestes Beispiel die Französische Revolution an. Sie war 1789 ausgebrochen und hatte radikal wie kein anderes Ereignis den Lauf der Zeit- und Weltgeschichte verändert. Für die politischen Zeitungen war sie ein gefundenes Fressen gewesen. „Das hat die Welt noch nicht erlebt!" — nie zuvor hatten die Zeitungsschreiber lauter geschrien. „Für oder gegen die Revolution!" — daran schieden sich die Geister *aller* europäischen Zeitungsredakteure.
Auch der politische Standpunkt der Bayreuther Zeitung wurde schärfer denn je akzentuiert. Bei Ausbruch der Revolution war die Zielrichtung des Bayreuther Zeitungsschreibers noch sehr unentschieden gewesen. Doch als Engelhard von seinem Pariser Korrespondenten die ersten Meldungen über „Greueltaten" zugeschickt bekam, wandelte er sich rasch zum erbitterten Gegner der „französischen Freyheitsbewegung".

„Augenscheinliche Prahlereyen!" — Eine Erklärung an das Publikum

Engelhards negative Betrachtungsweise der Revolution provozierte 1793 einen gegnerischen Zeitungsartikel, der für die Härte der Auseinandersetzungen charakteristisch war. Wenn Worte töten könnten, dann hätte Engelhard nach Lesen des Artikels („Deklaration an das Publikum") auf der Stelle tot umfallen müssen. Schon in folgendem kleinen Ausschnitt wird das ganze Ausmaß der Feindseligkeit spürbar:
„Der elende Lohnknecht Engelhard ist ein Narr und Wahnsinniger, der sich auf allen Zeilen widerspricht, — der wie ein Tollhaus-Entsprungener nur für Geld und auf Bestellung schimpft, — der sich über Männer ein Urtheil herausnimmt, die sein Stumpfsinn nicht einmal von weitem zu betrachten weiß, — der einen Windbeutel und Aufschneider macht, welcher selbst den Wahnsinn überspitzt (...), — der Niemanden gehorchen will und dennoch allen Menschen blinde Unterwürfigkeit anräth, weil er unter dieser [Unterwürfigkeit] am sichersten glaubt, Jedermann wie ein Straßenräuber anfallen zu können ... Ein Mann ohne Religion, Moral und Sitten, — der einen versoffenen Kopf besitzt, in dem niemalen Wissenschaften Platz greifen können!"[1]
Kurz gesagt: dieser Mann müsse ausradiert werden. Doch was hatte diese ungezügelte Attacke ausgelöst?
Die Geschichte spielte sich vor dem Hintergrund des zwischen Frankreich und Österreich/Preußen 1792 ausgebrochenen Krieges ab. Die Deutsch-Alliierten hatten von den revoltierenden Franzosen ultimativ verlangt, daß der rechtmäßige französische König, Ludwig XVI., wieder in seine volle Herrschaftsgewalt eingesetzt werde. Doch die französischen Revolutionäre verbaten sich jegliche Einmischung in die inneren Angelegenheiten „ihres" Landes und „ihr" König mußte auf Druck der Revolutionsregierung am 20. April 1792 Österreich den Krieg erklären. Da Preußen mit Österreich alliiert war, befand sich nun theoretisch auch das preußische Fürstentum Bayreuth im Krieg gegen Frankreich.
Zu Beginn des Krieges war der Bayreuther Zeitungsschreiber noch guten Mutes, daß mit den Franzosen nicht viel Federlesen gemacht werden müsse. Im September d.J. wendete sich jedoch das Blatt. Was Engelhard vorher nie für möglich gehalten hatte, war plötzlich eingetreten: Die französischen Revolutionstruppen hatten den sieggewohnten Preußen nicht nur Stand halten, sondern die deutsche Invasionsarmee sogar zurückwerfen können. Damit war der erste Angriff auf die Revolution gescheitert. Am Tag nach dem „Sieg bei Valmy" (20. Sept. 1792) wurde in Frankreich die Monarchie endgültig abgeschafft und die Republik ausgerufen.
Die Bestürzung über den völlig unerwarteten Ausgang des Frankreich-Feldzugs machte sich bei Engelhard bemerkbar, indem er jetzt jede Gelegenheit nutzte, um gegen die junge Republik in einen unnachsichtigen Meinungskrieg zu treten. Eine Meldung aus Straßburg vom 30. Dezember 1792, die er mit einem seiner gewohnt-bissigen Kommentare versehen hatte, brachte die Eingangs zitierte Wortlawine ins Rollen. Jene Straßburger Zeitung hatte berichtet, daß „400 deutsche Barone" die Kosten für ein französisches Truppenkorps übernehmen wollten, um dadurch „der Französischen Nation zu helfen, Tyrannen zu unterdrücken".
Engelhards Kommentar: *„Wer wohl diese 400 Barone seyn mögen ...? Ein drei Bogen starker Brief voll Lästerung und Unsinn, den wir dieser Tage [auch] aus Straßburg erhalten haben, ist der Schlüssel zu diesem Rätsel. Wir könnten den Deckel vom Topf thun: aber heute noch nicht. Nur den guten Rath wollen wir — aus alter Freundschaft — den Straßburger Patrioten geben: sich von dem Manne, der vorgibt, wegen Errichtung dieses Baronen-Truppenkorps geschickt zu seyn, sich erst dessen Commissionale [Ermächtigung] zeigen zu lassen."* (BZ 4/7. 1. 1793)
Engelhard glaubte den Schreiber des anonymen Briefes „voller Unsinn und Lästerung" genau zu kennen. Sein Verdacht war auf den Grafen Schönburg gefallen. Dessen Treiben wurde auch von einem Zeitgenossen Engelhards sehr mißfällig wahrgenommen: „In Bayreuth habe ich einen Grafen kennengelernt, der ehemals in französischen Diensten stand und mit aller Hasenfüßigkeit [fluchtbereit] in Bayreuth lebt. Man wundert sich sehr, daß man dessen polizeiwidriges und tollkühnes Betragen so gleichgültig ansieht, und ihm nicht schon lange die Stadt verwiesen hat."[2]
Der preußische Geheimdienst, der den Grafen schon im Sommer 1792 der Agententätigkeit für Frankreich verdächtigte (es wurde vermutet, daß

101

Schönburg mit den Jakobinern in Straßburg korrespondiere und auf preußischem Gebiet Flugblätter verteile), ließ dessen Post überwachen, konnte ihm aber nichts nachweisen. Auch Jahre später, als der Graf für die Urheberschaft des Flugblattes „Staatswahlkongreß im Reich Sir Satanas"[3] verantwortlich gemacht wurde, hatte er seinen Häschern entwischen können. Dieser Graf befand sich nun gerade zu jener Zeit in Straßburg, Winter 1792, als auch das Straßburger Zeitungsgerücht von der Baronhilfe in die Welt gesetzt worden war. Engelhard, für den längst feststand, daß nur Graf Schönburg hinter der Baronenhilfe und dem anonymen Brief stecken konnte, ließ sich von seinem einmal geschöpften Verdacht auch dann nicht mehr ablenken, als die Straßburger Zeitung wenig später betonte, daß kein *Graf*, sondern ein *Baron* die Truppenhilfe versprochen hätte.

Der Bayreuther Zeitungsschreiber witterte hinter dieser neuen Straßburger Meldung lediglich ein Täuschungsmanöver und veröffentlichte im Gegenzug ein entlarvendes Charakterbild des Grafen Schönburg. Der mutmaßliche Sprecher der hilfswilligen Barone sei nichts als ein aufgeblasener Windbeutel, verkündete Engelhard darin, bestenfalls dem großsprecherischen Offizier „Bramarbas" (der Witzfigur aus dem Lustspiel ‚Jacob und Tyboe') vergleichbar. Engelhard:

„Wenn ein Mann, er sey Graf oder Baron, von gutem Namen, gutem Ruf, mit Zeugnissen seines Dienstes, Aufenthalts und Lebenswandels und mit einer guten Börse versehen, [bei Ihnen in Straßburg] ankommt, sich in Gesellschaften höflich, artig und gesittet beträgt und die Parthei, die er ergriffen, mit Bescheidenheit vertheidigt: dann können Sie ihm zutrauen, daß er Ihnen 400, vielleicht sogar 4000 seinesgleichen zuführen kann. Wenn aber ein Mann bey Ihnen auftritt, der keine anderen Zeugnissen bringen kann als die, die er sich selbst geschrieben hat, — ein Mann, der halb Bramarbas und ganz Poltron [etwa: schräger Vogel] ist, — der in Gesellschaften Aufschneydereien macht, die an Wahnwitz gränzen, — dessen Börse seine letzten Sparpfennige enthält und dessen Wechsel nur im Mond zahlbar sind: wenn ein solcher Mann kommt, wäre er auch ein Königssohn, und seine 400 Barone nicht gleich mitbringt, so halten Sie ihn für nichts mehr und nichts weniger als für einen Windbeutel!" (BZ 12/27. 1. 1793)

Nach diesem Bayreuther Zeitungsbeitrag („wohlmeinendes Avertissement" genannt) war es dem Grafen nicht mehr länger möglich zu schweigen oder tatenlos zuzusehen, wie ihn Engelhard zum Gespött aller Leute machte. Er griff zur Feder und verfaßte seinerseits einen Zeitungsartikel, jene beispiellose „Deklaration an das Publikum".

Außer den übelsten Beschimpfungen enthielt sein Hetzartikel auch den ungefähren Hergang des Baronenmißverständnisses. Demnach war der „Zeitungsschreiber Cotta" als eigentlicher Urheber der Baronenlegende anzusehen gewesen. Friedrich Christoph Cotta, Doktor der Rechte, war als überzeugter Anhänger der französischen Revolution im Juli 1792 nach Straßburg übergesiedelt, hatte das französische Bürgerrecht erworben und mit der Herausgabe des „Straßburger politischen Jornals für Aufklärung und Freiheit" begonnen.[4] Und genau dieser Cotta, eiferte sich der Graf, habe den „Baronen-Aufruhr von 400 Köpfen" erst in seinem „seichten Doktoratsgehirn" geschmiedet. Nachdem ihn der Graf wegen dieses Gerüchts vor Zeugen zur Rede gestellt hatte, wußte Dr. Cotta als einzige Quelle für seine „lügenhafften Lästerungen" nur die Zeitung ‚Courier de Strasbourg' zu nennen. So forderte Schönburg den Zeitungsschreiber Cotta auf, eine schon vorbereitete Gegendarstellung anzunehmen und zu veröffentlichen. Cotta weigerte sich, „weil — wie er sagte — solches bey dem Volck zu sehr widrigen Auftritten Anlaß geben könnte". Dafür mußte er dem Grafen versprechen, seine Falschmeldung wenigstens „am andern Tag auf eine schickliche Weise zu widerrufen."

„Aber", grollte der Graf in seinem Pamphlet, „wer hätte nun wohl glauben

„Deklaration an das Publikum" — Erstes Blatt der 21seitigen Abschrift des übelsten Pamphlets, das je gegen einen Bayreuther Zeitungsschreiber verfaßt worden ist.

können, daß der sich so groß dünkende politische Censor in dem Städtchen Bayreuth, ein Sailerspursch namens Engelhard, der als wöchentlicher Lohnschreiber bey dem hiesigen bürgerlichen [Bayreuther] Zeitungsinstitut in diensten stehet, ... diesen Artikel gleich als eine Wahrheit auffassen" und — trotz der „augenscheinlichen Prahlerey" Cottas — sogleich selbst „mit den zügellosesten Vergehungen" hervortreten würde?! Es kann nicht entschuldigt werden, wenn ein Grafen auf die „infamste Weise verlästert" wird, indem man ihn „für den Verfasser eines anonymischen Briefes ausgibt", bloß „weil der Beschuldigte damals in Straßburg anwesend war".

„Was nun das nichtswürdige Avertissement an Straßburger Patrioten betrifft", giftete der Graf, „so erklärt man hierdurch öffentlich und unwiderruflich", daß der Verfasser „der niederträchtigste Schurke sey, welchen der Erdboden tragen könne", und er empfahl hinsichtlich des „elenden Lohnknechtes" Engelhard: „Allein der Menschheit zum Besten, auch um anderweitige Ungeheuer abzuschrecken, soll er gezüchtigt werden", doch erst, „nachdem er vorhero belehret worden, daß sein mit einem wäßrigen Gehirn begabter Correspondent zu Paris kein Patriot, sondern nur ein nach Geld hungernder Zungendrescher ist."

Soweit die (stark gekürzten) Ansichten und Ausführungen Graf Schönburgs über Zeitungsschreiber Engelhard. Was den Mann betrifft, der nach Meinung des Grafen den Skandal ursprünglich zu verantworten hatte, Dr. Friedrich Cotta, so war dessen Name schon vor dem „Federmord" an Engelhard den Lesern der Bayreuther Zeitung bekannt gemacht worden. Cotta wurde, ebenfalls in einem „Schreiben aus Straßburg", als warnendes Beispiel für die schädlichen Folgen der Revolution präsentiert. Das Schreiben wurde in der Bayreuther Zeitung am 8. Dezember 1792, also kurz vor Beginn der Baronenkatastrophe, veröffentlicht. „Es ist mir unbegreiflich", wunderte sich darin Engelhards Berichterstatter, „wie deutsche Gelehrte diesen Unsinn [der franz. Revolution] als gut und löblich anpreisen können. Auf ihrer Studierstube können sie wohl so etwas sagen; empfänden sie aber unser Unglück, so würden sie anders denken und reden ... Noch unsinniger handeln sie, wenn sie ihr Vaterland verlassen und ihr Glück bey uns machen wollen. Ich weiß mich jetzt gleich auf keinen andern zu besinnen, als auf den Doctor Cotta aus Tübingen. Dieser nahm hier eine Stelle [vor Gründung seines eigenen Blattes] an mit 1200 Livres Gehalt ... Nach 6 Jahren erhält diese Stelle — denn keine wird lebenslänglich verliehen — ein anderer, der besser biethet oder mehr Geschrey machen kann."

Im übrigen, seufzte der Korrespondent, könne er nur eindringlich vor dem Elend der Revolution warnen: „Der Partheygeist zerrüttet alle Familien. Die fortdauernden Gährungen, die daraus entstehen, nehmen kein Ende. Alles, ja selbst die Obrigkeit, hängt von den Einfällen des sittenlosesten Pöbels ab. Hielten nicht einige vernünftige Männer den Pöbel etwas in Zaum, so wäre längst Mord und Totschlag unter uns, wie in Paris ... ‚Dafür seyd ihr frey', antwortet man uns. Ach Gott, bewahre jeden Menschen für diese Art von Freyheit und Sicherheit, die ich nicht anders als durch meine Faust und mit einem dicken Prügel bewaffnet erhalten kann ... Genug, danken Sie Gott, daß Sie in Deutschland sind, und verlangen Sie niemals nach einer solchen Freyheit, die nichts besser als glänzendes Elend ist." (BZ 151/8. 12. 1792)

„Königsmord, Vatermord, Brudermord, Mordbrennerey, Straßen- und Kirchenraub"

Trotz steter Zeitungsmahnungen vor der französischen Revolution schienen die Bewohner Bayreuths ihren heimatlichen Glückszustand nicht recht wahrnehmen zu können. „Die Unzufriedenheit, daß sie — die einst ein selbstständiges Fürstenthum bewohnten, — itzt nur Stiefkinder eines größeren Staates, Preußens, sein sollten", bemerkte 1795 der Bayreuthbesucher Zschokke, „hob den Werth ihrer ehemaligen Markgrafen und lieh deren Regierung einen gewissen Reiz, den sie in der Wirklichkeit nicht kannte."[5]

Unter Engelhards journalistischem Einfluß (und dem seines ideologischen Gegenspielers, des Grafen Schönburg) schien die Revolution in Bayreuth sehr lebhaft und kontrovers diskutiert worden zu sein: „Ich habe hier in öffentlichen Gesellschaften manchmal über die französische Revolution philosophieren hören", stellte 1794 ein Ortsfremder fast schon ein wenig neidisch fest, „was ich mir in meiner eigenen Stube in N. [?] nicht zu sagen getraute!"[6]

Der Bayreuther Zeitungsschreiber brauchte indes weder waghalsige Philosophien, noch wehmutgetränkte Trugbilder einer markgräflichen Idylle, um mit der preußischen Wirklichkeit mehr als zufrieden zu sein. „Königsmord, Vatermord, Brudermord, Mordbrennerey, Straßen- und Kirchenraub zählen diese Ungeheuer unter ihre bürgerlichen Tugenden", stellte die Bayreuther Zeitung Anfang 1794 über die „Volksverführer der verblendeten, irregeleiteten französischen Nation" fest. (BZ 13/30. 1. 1794)

„Schreckliche Eide aufs Evangelienbuch"

Die Revolution, die seit 1789 in Frankreich wütete, war für Engelhard nicht sofort zum zentralen Thema geworden. Bei ihrem Beginn, den er (wie die meisten seiner Zeitgenossen) noch nicht als den Beginn einer Revolution wahrnahm, waren seine Zeitungsberichte noch im Brustton der Überzeugung geschrieben, daß sich die für 1789 geplante Einberufung der französischen „Generalstände" (Vertreter aus Adel, Klerus und Bürgertum) als das rechte Heilmittel gegen den maroden, zerrütteten Zustand Frankreichs erweisen würde: „Der Ort der Zusammenkunft ist Versailles und es bleibt dabey, daß die Geistlichkeit 1, der Adel 2 und der Bürgerstand 3 Repräsentanten hat." (BZ 5/5. 1. 1789)

Engelhard erhielt seine Nachrichten aus Frankreich aus erster Hand. Sie stammten von seinem, leider nicht namentlich genannten, „Pariser Correspondenten" (demselben, den später der Deklarationsschreiber einen „nach Geld hungernden Zungendrescher" schimpfen würde). In der Tat klangen dessen erste Mitteilungen von der heraufziehenden Revolution noch verdächtig nach Schmierentheater: Der Adel in der Bretagne wolle den Bürgerstand nicht zur Versammlung zulassen, meldete er im Januar 1789 dem Redakteur der Bayreuther Zeitung, „40 Cavaliers haben sich durch schreckliche Eide mit Auflegung der Hand auf das Evangelienbuch untereinander verschworen, keine Neuerung zuzulassen." (BZ, 2. 2. 1789)

103

Engelhard erkannte auch nicht in den folgenden, zunehmend brisanter klingenden Nachrichten seines Pariser Korrespondenten die ganze Tragweite des Geschehens. Worauf sein Korrespondent „in einem Postscriptum seine Verwunderung äußert, daß er seine Nachrichten in der Bayreuther Zeitung minder ausführlich als sonsten gebracht finde". So versprach Engelhard wenigstens: „Sobald die Ereignisse wirklich eintreten, werden wir auch diese Rubrik ... vollständig bearbeiten." (BZ 41/6. 4. 1789).

Wozu er sehr bald Gelegenheit bekam. Denn schon im folgenden Brief sprach der Korrespondent bereits von „Revolution". Freilich noch in der arglosen Überzeugung, daß es sicher eine gewaltfreie „Revolution ohne Revolution" (Robespierre) werden würde: „Noch lassen die Feinde des Volkes nicht ab, der zum Besten des Staates bevorstehenden Revolution Hindernisse in den Weg zu legen!" (BZ 47/18. 4. 1789)

Die friedliche Tendenz dieser Revolution zeigte sich dem Korrespondenten auch in den Versammlungen zur Wahl der Abgeordneten für den bevorstehenden Kongress: „Es war nicht der geringste Tumult, man beherzigte das Wohl und Wehe des Staates, man unterredete sich herzlich, ohne die Stimme zu erheben, ohne Heftigkeit und Bitterkeit." (BZ 53/2. 5. 1789)

„Die Gemüther sind in Gärung"

Diesem angenehmen Stimmungsbericht aus Paris folgte ein düsterer vom 30. April, in dem die ersten Ausbrüche der Volkswut und die Anrichtung eines Blutbads gemeldet wurden. (Da die Briefe des Pariser Korrespondenten auf dem Postweg gewöhnlich 8 — 10 Tage nach Bayreuth brauchten, wurde auch dieses Ereignis mit der entsprechenden Verzögerung abgedruckt:) „Es haben sich schreckliche Dinge hier ereignet. Am Montag [26. April 1789] versammelte sich der Pöbel, 5 — 6000 Mann stark, um auf dem Richtplatz das Bildnis des Herrn Revellion, des Eigenthümers der schönsten Papier-Tapeten-Manufactur von ganz Europa, zu verbrennen."

Anlaß für das tumultarische Autodafe, teilte der Korrespondent mit, sei die Ankündigung des Tapetenherstellers gewesen, den Tageslohn seiner Arbeiter auf 15 Sous herabzusetzen, „welches genug für sie wäre, um leben zu können." — „Der Aufruhr war greulich. Die Verruchten stiegen auf die Dächer, es regnete Ziegeln auf die Truppen herab, welche über 500 Aufrührer getötet (...) In allen Straßen Versailles sind wegen der bevorstehenden Eröffnung des National-Congresses bereits doppelte Barrieren errichtet (BZ 56/9. 5. 1789)

Indes zeigte sich der französische König von der brodelnden Stimmung nur wenig beeindruckt. Laut Bayreuther Zeitung erwartete er von den Teilnehmern der Nationalversammlung lediglich Vorschläge zur Sanierung der zerrütteten Staatsfinanzen: „Nur das soll Sie beschäftigen!" Ansonsten blickte er recht blauäugig in die französische Zukunft: „Die Gemüther sind in Gärung, aber eine Versammlung von Repräsentanten der Nation wird ohne Zweifel bloß den Eingebungen der Weisheit und Klugheit Gehör geben ... Möchte doch, meine Herren, glückliche Eintracht in dieser Versammlung herrschen und dieses [ihre Eröffnung] ein immer denkwürdiger Tag für das Glück und das Wohl des Königreichs werden." (BZ 61/22. 5. 1789)

„Entzückt vor Freude, electrisirt von Umarmungen"

Schon kurz nach Eröffnung der Nationalversammlung kam es zwischen Adel, Geistlichkeit und Bürgerstand zu schweren Zerwürfnissen. Der Korrespondent mußte am 4. Juni mitteilen, „daß der Adel das Äußerste thut, um die Versammlung zu zerreißen."

Paris, zehn Tage später: „Die Lage der Sachen ist hier nun sehr critisch geworden". Der Bürgerstand glaube, „daß er es sey, der die Nation repräsentiere" und habe deshalb beschlossen, „versammelt zu bleiben und nicht eher auseinander zu gehen [„Ballhaus-Schwur"], als bis die 2 anderen Stände sich in den gemeinsammen Saal der Generalstände begeben werden ... Die Erbitterung des Adels ist unbeschreiblich." (BZ 74/22. 6. 1789)

Paris, vom 25. Juni: Die düstere Stimmung „bezeugte ein so starkes Mißvergnügen, daß man alle Augenblick den Ausbruch eines allgemeinen Aufruhrs in der ganzen Stadt befürchtete." (BZ 80/4. 7. 1789)

Dann kam die erlösende Nachricht von der glücklichen Wende. Paris, vom 30. Juni: „Alle von Versailles kommenden Personen können den Jubel über die glückliche Vereinigung der 3 Stände nicht beschreiben. Die ganze Stadt war freudetrunken ... Hier in Paris war man entzückt vor Freude, electrisirt von den Umarmungen; viele konnten einander zu Viertelstunden nicht aus den Armen lassen; wo man ging, kam man in einen Hagel von Schwärmern und anderem Kunstfeuerwerk." (BZ 82/10. 7. 1789)

„Seit Sonntag geht die Sturmglocke unaufhörlich"

Die Lunte am Pulverfaß Frankreich, so schien es für Engelhard, war ohne die befürchtete Explosion harmlos verpufft. Der Bayreuther Zeitungsschreiber ahnte nicht, daß bis zum Fanal für den vollen Ausbruch der Revolution, dem „Sturm auf die Bastille", nur noch eine kurze Atempause bleiben würde. Beruhigt wandte er sich wieder von Frankreich ab: „Durch die seither so häufigen Nachrichten aus Frankreich sind verschiedene andere Berichte verdrängt worden." Und der Zeitungsschreiber beeilte sich am Beispiel von Bayern für ganz Deutschland zu zeigen, daß hier keine umstürzlerischen Umtriebe zu befürchten seien: „Die Bayrische Nation ist seit Urzeiten bestrebt, die ihr angeborene treueste Ergebenheit gegen ihre Fürsten bey jeder Gelegenheit thätig zu beweisen." (BZ 83/13. 7. 1789)

Noch während sich also Engelhard der trügerischen Hoffnung hingab, daß sich die Lage in Frankreich entspannt habe, strebten dort die Ereignisse ihrem revolutionären Höhepunkt zu. Am 14. Juli 1789 notierte sein Korrespondent, daß am Vortag die Erregung der Volksmassen auf den Siedepunkt gestiegen sei: „Alles ist in der schrecklichsten Verwirrung; seit dem Sonntag geht die Sturmglocke unaufhörlich ... Die Gährung ist aufs höchste gestiegen!"

Noch am selben Abend — sein Brief war schon nach Bayreuth unterwegs — wurde die Bastille, das Pariser Staatsgefängnis, gestürmt: „Die Köpfe des Gouverneurs der Bastille und des Bürgermeisters von Paris wurden auf hohen Piken [Lanzen] herumgetragen. Beyde waren Opfer der Wuth des Volkes geworden ... Das rasende Volk schnitt ihnen die Gliedmaßen ab, trug sie durch verschiedene Straßen der Stadt, wobey es schrie: Die Überreste der Verräter".

Der nächste Tag, der 15. April 1789, brachte den endgültigen Zusammenbruch der alten Ordnung. König Ludwig XVI. begab sich in den Saal der Nationalversammlung — „fast allein und ohne Gepränge" — und erklärte, daß er das weitere Geschick „seines" Landes künftig „den weisen Rathschlägen der rechtschaffenen Repräsentanten der Nation" überlassen wolle. „Man konnte sich kaum halten, um die letzten Worte seiner rührenden Rede abzuwarten", begeisterte sich der Korrespondent, „der Saal ertönte im Augenblick von tausend Stimmen. Es lebe der König!" Mit diesem Ereignis, meinte Engelhards Berichterstatter, sei der Höhepunkt der Revolution überschritten worden und nunmehr das Zeichen für Entwarnung zu geben: „Auf überaus schreckliche Täge und ganz entsetzliche Nächte ... erleben wir nun endlich Frankreichs schönsten Tag, den gestrigen Fünzehnten July, der ein immerwährend merkwürdiger Tag in Frankreichs Geschichtsbüchern bleiben wird." (BZ 89/25. 7. 1789)

„Spieße und Stangen, Bajonette und Flintenkolben"

Für den Bayreuther Zeitungsschreiber bedeutete dieser Tag die endgültige Abkehr von seiner anfänglich neutralen Betrachtungsweise der Revolution. Wie Schuppen war ihm von den Augen gefallen, daß die blutige Eigendynamik des Umsturzes auf eine „französische Volkstragödie" zusteuerte. „Man besann sich hier dieser Tage so wenig Köpfe abzuschlagen, als wie ein Glas Wein zu trinken", zitierte er aus einem Brief, den ein Bayreuther „Handelshaus" dieser Tage aus Paris erhalten hatte. Obwohl Engelhard von nun ab jegliches Wohlwollen für die Revolutionäre aufgab und die neue Entwicklung moralisch entschieden verurteilte, war er sich gleichzeitig darüber bewußt, daß auch er den Lauf der Geschichte nur aus der Froschperspektive des Zeitgenossen erkennen konnte. So bemühte er sich als verantwortungsvoller Journalist auch weiterhin um möglichste Objektivität und ließ in seiner Zeitung auch die Gegenseite zu Wort kommen — freilich nicht unkom-

Der Schwur im Ballhause
Nach einem Gemälde von Jacques Louis David

Zwei Ikonen der Französischen Revolution. Oben: Der Schwur des im Ballhaus versammelten Bürgerstandes, nicht eher auseinanderzugehen, bis sich Adel und Geistlichkeit mit ihm vereint haben; die Menge richtet sich auf den Astronomen Bailly, der den Schwur vorspricht. Unten: Die Erstürmung des Pariser Staatsgefängnisses am 14. Juli 1789, die zum Fanal des radikalen, ungezügelten Ausbruchs der Revolution wurde.

Erstürmung der Bastille am 14. Juli 1789
Nach einer Zeichnung von Prieur gestochen von Berthault

mentiert. Er veröffentlichte beispielsweise den „Triumph der Nation", die Darstellung der gesellschaftlichen Umwälzung aus Sicht der Revolutionäre, fast in vollem Umfang. Und empörte sich natürlich über die heuchlerische Fürsorge, mit der die Aufständischen die Gefangennahme des Königs kaschierten („Seine Majestät kommt als ein guter Vater in den Schoß seiner Familie zurück"). Engelhard: „Eine saubere Familie, die mit Spießen und Stangen, Bajonetten und Flintenkolben dem Vater entgegenkömmt und ihn nicht eher willkommen heißt, als biß er ihren Willen gethan hat!" (BZ 90/31. 7. 1789)

„Backen aufblasen und Sieg posaunen"

Nachdem der König entmachtet und die Dinge in Frankreich scheinbar wieder zur Ruhe gekommen waren, besann sich Engelhard auf deutsche Kultur: „Vor den vielen außerordentlichen Schauspielen, die jetzt auf dem

Weltschauplatz aufgeführt werden", erinnerte er sich am 29. November 1789, „haben wir ganz vergessen, den Freunden des Theaters zu sagen, daß die Schauspielergesellschaft unter Direktor Maddox wieder in Bayreuth angekommen ist". Sie wird „Menschenhaß und Reue, ein ganz neues Schauspiel von Kotzebue" im Opernhaus zum Besten geben. Beinahe überflüssig zu sagen, daß auch Kotzebue ein überzeugter Gegner der Revolution gewesen ist.

Wie kompromißlos Engelhards Gegnerschaft inzwischen geworden war, zeigte seine Einigkeit mit dem „Urtheil eines freyen Britten", Burke, der es für das Beste hielt, wenn den Revolutionsführern „ein Mühlstein an den Hals gehangen, und sie ersäuft würden im Meer, — dort wo es am tiefsten ist." (BZ 6/13. 1. 1790)

Je weiter die Revolution fortschritt, desto mühsamer fand der Bayreuther Zeitungsschreiber für die „Greuelscenen im Lande der Freyheit" die geeigneten Worte: „Unbeschreiblich, wie sich ein gesittetes Volk so plötzlich in Wilde, in Cannibalen verwandeln könnte!" (BZ 73/17. 6. 1790)

Dennoch: auch nach Ausbruch des deutsch-französischen Krieges behielt Engelhard die Veröffentlichung französisch-revolutionärer Statements bei. Als ihm z.B. nach der „Entscheidungsschlacht bei Valmy" keine andere Nachricht als das „hier eben eingehende Protokoll des Pariser National-Convents" vorlag, beschloß er dessen vollständigen Abdruck, immerhin drei Zeitungsseiten lang. Seine Begründung: „Da nur durch die vollständige Darstellung, selbst in französischer Manier, die Wahrheit sichtbar wird, folgt hier alles wörtlich."

Kern des Protokolls war die Verlesung des Manifests des Herzogs von Braunschweig, des Oberbefehlshabers der deutschen Invasionsarmee. Der Herzog konstatierte, daß nach Entfesselung der beiden schrecklichen Geiseln des Krieges und der Anarchie („lautes Murren in der Nationalversammlung"), die Enthebung des französischen Königs aus all seinen Funktionen das letzte Verbrechen der Nationalversammlung gewesen sei. Obgleich sich weder der preußische König, noch der deutsche Kaiser in die inneren Angelegenheiten Frankreichs einmischen wollten („man lacht"), müßten sie dennoch darauf bestehen, „daß Seine Allerchristlichste Majestät, der König von Frankreich, so wie die ganze königliche Familie auf der Stelle ... wieder in Freyheit gesetzt ... und die Königliche Würde in Frankreich unverzüglich in der Person Ludwig XVI. wiederhergestellt werde". Die Stimmung in der Nationalversammlung beim Verlesen dieser Stelle: „Der Ausbruch des Lachens fängt wieder stärker an". (BZ 126/12. 10. 1792)

Nach dieser Sitzung des Nationalkonvents teilten die Pariser Zeitungen mit: der Sieg bei Valmy habe deutlich gezeigt, daß auch jeder weitere Versuch, die Wiedereinsetzung des französischen Königs mit militärischer Gewalt zu erzwingen, zum Scheitern verurteilt sein werde. Was Engelhard stark bezweifelte: „Man kann jetzt nichts anderes erwarten, als daß die Französischen Zeitungsschreiber die Backen aufblasen und Sieg posaunen. Besonders unser Pariser Correspondent ist jetzt immer auf Fußzehen [Zehenspitzen]".

„Es ist kein Gott, der belohnt und bestraft"

Da man weder von einem französischen, noch von einem Bayreuther Zeitungsschreiber prophetische Gaben erwarten darf, so konnte man es auch Engelhard nicht verübeln, daß er sich in seiner Einschätzung der Lage gründlich getäuscht hatte. „Valmy" war für die Revolutionstruppen erst der Anfang einer langen Reihe weiterer Siege gewesen. Doch auch Engelhards französische Berufskollegen, deren Nachrichten er so argwöhnisch beäugte, hatten wohl nicht allen Ernstes erwartet, daß die ultimative Forderung nach Freiheit für den französischen König mit dessen baldiger Enthauptung enden werde. Oder daß der zur Wiederherstellung der französischen Monarchie entfesselte Krieg fast ein Vierteljahrhundert dauern würde.

Daß unerbittlich gekämpft werden müsse, stand indes für Engelhard schon frühzeitig ganz außer Frage. Die Erwartungen der Bayreuther Zeitung an die französischen Revolutionäre: „Der Hunger peitscht sie nun zu Hunderttausenden aus ihren Höhlen nach

---

Paris 1793:

Französischer König hingerichtet

„Ludwig XVI ist nicht mehr; gestern um 10 Uhr 35 Minuten schnitt die fatale Guillotine seinen Lebensfaden ab; — in Gegenwart eines unermeßlichen Volks und unterm Gewehr stehenden 300 000 Menschen aus Paris und den umliegenden Gegenden, die alle das tiefste Stillschweigen beobachteten, welches Ludwig benutzen wollte, um das Volk anzureden; die Klugheit setzte sich dagegen; er sagte bloß diese Worte: ‚Je pardonne a mes ennemis' — ich verzeihe meinen Feinden. Sogleich befahl man den Tambours [Trommlern] einen Wirbel zu schlagen, ließ die schreckliche Feder [Auslösemechanismus] springen und der Kopf des Monarchen fiel. Man zeigte ihn den Umstehenden, die ein Schaudern überfiel über die Lebhaftigkeit, womit sich seine offenen Augen bewegten; der Leichnam wurde augenblicklich auf dem Magdalenen-Kirchhof gebracht, wo er wahrscheinlich ohne weitere Formalität wird begraben werden." (BZ 14 Anh. / 1. 2. 1793)

Georges Jacques Danton
Nach einer Zeichnung
von Jacques Louis David

Maximilien Marie Isidore Robespierre
Nach einem Gérard zugeschriebenen Aquarell

Zwei Hauptakteure der Revolution, die beide der Guillotine zum Opfer fielen: Danton wurde im April 1794 hingerichtet, als er Robespierres Schreckensregiment nicht mehr billigte, Robespierre im Juli 1794, als sich auch die übrigen Konventsmitgliedern gegen die Verschärfung des Terrors auflehnten.

dem fruchtbaren Deutschlande. Schrecklicher als ausgehungerte Tiger und Wölfe fallen sie dann über eine Provinz unseres Vaterlandes nach der anderen her ... Ihre entsetzliche, alle bürgerliche und moralische Ordnung der Welt zerstörende Lehre heißt: Es ist kein Gott, der belohnt und bestraft!" (BZ 13/30. 1. 1794)

„An Bayreuthens Sklaven"

Der Bayreuther Zeitungsschreiber war weder der erste, noch der einzige Journalist im ehemaligen Fürstentum Bayreuth, der beinahe tagtäglich den Teufel der Revolution in stets neuer Schreckgestalt an die Wand gemalt hatte. „Paris — bei diesem Laut empören sich die Eingeweide. Er erweckt Ekel. Man ist der Idee von Paris übersatt!" — kommentierte z.B. Engelhards Berufskollege Wekerlin von der Ansbacher Zeitung die schwindenden Sympathien für die französische Revolution.

Dennoch schien gerade der Bayreuther Zeitungsschreiber das Lieblingskind der Kritik gewesen zu sein. „Gegen den Baireuther Zeitungsschreiber scheint sich die ganze literarische Welt in einem verschworen zu haben", hielt 1794 der schon mehrfach zitierte Schreiber der „Vertrauten Briefe" fest. „Da ziehen der ‚Reisende aus Schilda'- [Buchveröffentl.], die Jenaische allgemeine Literaturzeitung, das Schleswigische Journal, der Straßburger Zeitungsschreiber und andere Flugschriften gegen ihn zu Felde und schlagen unbarmherzig zu."[7]

„Ist es Sanftmuth oder Stolz?"

Trotz der vielen Attacken verhielt sich Engelhard verdächtig still. Vermutlich saß ihm noch der Schreck über die „Deklaration an das Publikum" im Genick. Bis ihn einer seiner Leser zur Gegenwehr ermutigte:

„An den Verfasser der Bayreuther Zeitung. Viele, sehr viele Ihrer Leser wundern sich über Ihr so passives Verhalten bey den vielen Angriffen, die auf Ihr Blatt geschehen. Oder wissen Sie etwa nicht, daß nicht nur politische, sondern auch [andere] Zeitungen und selbst Journale gegen Sie auftreten, — alle wegen Ihrer unverzeihlichen Partheylichkeit gegen die Neufranken [Franzosen]. In Leipzig ist sogar ein Buch herausgekommen, welches beynahe ganz gegen Sie gerichtet ist[8]*, betitelt: ‚Empfindsame Reise nach Schilda', in dem eine Verordnung des Raths an die Bürger ist, sonst nichts zu lesen als den Eulenspiegel und die Bayreuther Zeitung ... Ist es Sanftmuth oder Stolz, daß Sie zu alldem so hartnäckig still schweigen? Haben Sie keine Defensiv- und Offensiv-Waffen mehr? Ich bitte Sie, ziehen Sie doch auch einmal zu Felde!"* (BZ 36/25. 3. 1794)

War das ein authentischer Leserbrief oder ein von Engelhard selbst fingierter Zeitungsartikel gewesen? Oder hatte gar der berüchtigte Graf wieder seine Finger im Spiel und wollte mit dieser scheinheiligen Bitte Engelhard zu einem neuen Waffengang provozieren? — Wo immer dieser „Leserbrief" auch hergekommen sein mag — weder Engelhard noch der Graf hatten sich lange um Antwort bitten lassen. Engelhard reagierte zuerst. Er hatte sich von den vielen Angriffen anscheinend wieder gut erholt und gab seinen Lesern ein neues Beispiel seiner journalistischen Pfiffigkeit: Seine Kritiker, höhnte er, seien doch nichts als

„Backen aufblasen und Sieg posaunen" — Schon vor Ausbruch der Revolution ergoß sich eine Flut aufwieglerischer Zeitungen und Traktate über die Bevölkerung. Erstaunlich war, daß der französische Hof nichts unternommen hatte, um ebenfalls mit publizistischen Mitteln die Revolution zu hemmen.

Bayreuth von Westen. Der Betrachter stand etwas oberhalb der Stelle, wo sich heute Scheffel- und Preuschwitzer Straße kreuzen.

„schwatzende Elstern", denen sicher die Narren des Stadtrats von Schilda selbst das Sprechen beigebracht hätten.

Dann die Antwort — vermutlich — des Grafen. Nachts, am 29. März 1794, vier Tage nach Engelhards Abfuhr an die schwatzhaften Kritiker, hing am Marktplatz an einem Laternenpfahl ein Flugblatt. Schon im Titel — „An Baireuthens Sklaven" — verriet sich die stilistische Verwandtschaft zum Schreiber der „Deklaration" von 1793, welcher damals nicht nur Engelhard in die Mangel genommen, sondern sich auch über Bayreuth sehr abfällig geäußert hatte: er könne „würcklich unter allen Örtern Europens" nur Bayreuth empfehlen, falls sich einer 'mal wie auf dem Mond vorkommen wolle; denn in Bayreuth „ist aller Treu und Glauben, alles Mitleid und Theilnahme erstorben."

Inmitten dieser Herzlosigkeit hing nun an dem Laternenpfahl ein neues Damoklesschwert über den Bewohnern Bayreuths. Ein Zeitzeuge notierte, daß „Baireuthens Sklaven" auf die „3 Bogen starke Schandschrift" genauso reagierten, wie „der herzlose Verfasser" dieses „infamen Aufrufs" wohl auch erwartet hatte: „Sein einfältiger Aufruf, wovon die Hauptstellen bis jetzt nur von Mund zu Mund laufen, hat bei den Bürgern — welche ihre Herrscher schon von Natur aus lieben — gerade die entgegengesetzte Wirkung gethan, wie der saubere Geselle mit seinem verschrobenen Gehirn wohl nicht vermuthete. Die Bürgerschaft ist darüber äusserst aufgebracht, sie bittet, ... daß man den herzlosen Verfasser dieser Schrift, welcher ihre Unterthanen-Treue in ein zweideutiges Licht setzen möchte, mit rastlosen Eifer zu entdecken suche und dann nach Verdienst bestrafe!"[9]

Obwohl die Bayreuther Zeitung in der Schandschrift als „partheiisch, verabscheuenswerth, mit albernen, sinn- und geschmacklosen Unwahrheiten" verlästert wurde[10], zeigte sich der Zeitungsschreiber davon völlig unbeeindruckt. Statt mit einer scharfzüngigen Attacke dem (namentlich unbekannt bleibenden) Schmierfinken Satisfaktion zu geben, empfahl Engelhard wenige Tage später seinen Lesern, ihre Blicke auf „Sommerschloß Fantaisie" zu richten, wo Herzog Friedrich von Württemberg, der „Generalstatthalter der beyden Fränkischen Fürstenthümer", gerade ein paar freie Tage verbrachte. Von dessen Liebe zu seinen hochfürstlichen Bayreuther Verwandten könnten auch die Leser der Bayreuther Zeitung lernen, was nicht und was im Leben zähle:

„Zu einer Zeit, wo die sanfteren Gefühle der Zärtlichkeit und Freundschaft von der Erde überall zu fliehen scheinen, haben wir das Glück, diese Empfindungen *hier* noch herrschen und ihnen Denkmale zu errichten sehen." (BZ 46/17. 4. 1794)

Vermutlich berichtete Engelhard von jener hochfürstl. Sensibilität aus eigener Anschauung. Denn nach Auskunft des Literarischen Anzeigers[11] „näherte er sich, der Neuigkeiten wegen, mit jovialischer Ungezwungenheit allen Reisenden in Bayreuth persönlich."

Tod des Zeitungsschreibers

Die letzten Jahre des 18. Jahrhunderts spiegelten sich in der Bayreuther Zeitung sehr düster wieder: „Seit sieben Jahren wandelt der Schatten der Monarchie zwischen Gräbern", grämte sich Engelhard zu Anfang 1797, als er das Absterben der edelsten Adelszweige als sicheres Indiz für das Ende der Epoche beklagte. Österreichs Kaiser Joseph II. „stirbt in der Blüthe seines Alters". Sein Nachfolger Leopold II. „erschien auf dem Kaiserthron bloß als ein flüchtiger Schatten". Der französische König Ludwig XVI. „gibt auf einem Blutgerüst seien Geist auf". Marie-Antoine und ihre Schwester — „beide sterben durch Henkershände". Selbst „der unschuldigste Dauphin stirbt in einem Kerker".

„Es war dem gegenwärtigen Jahrhundert vorbehalten", sinnierte Engelhard weiter, „uns sehr erschütternde Beispiele von der Wandelbarkeit menschlicher Größe zu liefern." (BZ 20/28. 1. 1797)

Doch auch in Bayreuth schwand die Garde der alten Noblesse dahin. „Hier liegt die Redlichkeit begraben!", setzte der Bayreuther Zeitungsschreiber auf einen imaginären „Leichenstein" für Freiherrn von Künsberg, dem Bayreuther Regierungspräsidenten. (BZ, 9. 1.

1797) Wenig später starb Freiherr von Treskow, „General-Commandant der sämtlichen Königl. Preuß. Truppen in beyden Fränkischen Fürstenthümern". Engelhard: „Mit ihm, hören wir jeden Eingeborenen sprechen, ist ein Stern untergegangen, welcher über zwei Dritt-Theile des Jahrhunderts hindurch am Horizont von Ansbach und Bayreuth glänzte." (BZ, 1. 4. 1797)

„Er starb in evangelischer Armuth"

Leider lichteten die Jahre vor der Jahrhundertwende nicht nur die Reihen der adligen Herrschaften, sondern rafften der Bayreuther Zeitung auch ihren treugedienten Redakteur hinweg. Vielleicht hatte Engelhard schon sein eigenes Ende im Sinn gehabt, als er sein „schauerliches Gemälde von Todes- und Unglücksfällen" gekrönter Häupter entworfen hatte. Doch wenn er sich gelegentlich auch wehmutvolle Rückblicke erlaubt hatte, so wich er doch keinen Finger breit von seiner kompromißlosen Linie ab, wenn er *politische* Weltschau hielt. Wenige Wochen vor seinem Tod ließ er sein Credo gegen die französische Revolution noch einmal ertönen: *„Die Welt dafür zu warnen, hielt die Bayreuther Zeitung stets für ihre Pflicht. Und diesen Grundsätzen blieb sie vom Anfang der Französischen Revolution biß hierher immer getreu. Die Gegner waren aber nicht wenige, mit denen sie dadurch in Kampf gerieth. Die Straßburger Zeitungen, besonders der Weltbothe und der giftige Lavaux, glaubten an ihrer Democratenpflicht zu fehlen, wenn sie nicht wenigstens einmal in der Woche Ausfälle gegen die Bayreuther Zeitung enthielten ..."* (BZ 90/8. 5. 1797)

Knapp zwei Wochen nach diesem Rückblick starb Engelhard. Geboren am 12. Februar 1743 zu Baiersdorf, wo sein Vater Bürgermeister war, gestorben zu Bayreuth am 22. Mai 1797. „Er starb in evangelischer Armuth", erinnerte sich sein Biograph Fikenscher, „seine ganze Hinterlassenschaft betrug nur wenige Thaler."[12]

Nachrufe: „Freund der Wahrheit, mäßig und unpartheiisch"

Obwohl Engelhard als prägende Persönlichkeit den Rang der Bayreuther Zeitung entscheidend mitbegründet hatte, und in den über dreißig Jahren seiner Tätigkeit wohl auch der gewinnförderndste Faktor des Verlags gewesen war, verkündete keine Zeile der Bayreuther Zeitung, daß es — um im Stil der Zeit zu bleiben — dem Allerhöchsten gefallen habe, aus Engelhards Hand die Feder für immer zu nehmen.

Vier Jahre nach Engelhards Ableben mutmaßte die führende Literaturzeitung Deutschlands, der „Allgemeine Literarische Anzeiger", daß „die Pflichten der Dankbarkeit" seitens der Verleger „ganz und gar unterblieben, wahrscheinlich um den Kredit der Zeitung nicht zu schwächen". Doch Engelhards Verdienste, meinte das Blatt, blieben „durch eine 33jährige Emsigkeit ausgezeichnet genug, um auf eine rühmliche Erwähnung seines Todes von Seiten der Eigenthümer der Anstalt Anspruch zu machen."

Dieser Rüge über das schäbige Verhalten des Bayreuther Zeitungscomtoir fügte die Literaturzeitung noch an, daß man außerhalb Bayreuths sehr wohl vom Tode des Bayreuther Zeitungsschreibers Notiz genommen habe: „Die Bamberger Zeitung setzte ihm ein Ehrenmal."[13]

Auch der Göttinger „Revolutions-Almanach" von Reichhardt hatte Engelhard aufs literarische Podest gehoben und dessen Verdienste an der Bayreuther Zeitung andachtsvoll gewürdigt: „Diese Zeitung verdankte Engelhard'n die Gründung ihres Rufs, weil er sich immer als Freund der Wahrheit, mäßig und unpartheiisch, zeigte. Er war ein philosophischer Kopf mit einem jovialischen Humor. Seine Asche ruhe sanft, und leicht decke ihn die Mutter Erde zu."

Überdies war der Schreiber des „Revolutionsalmanachs" der Ansicht, daß nach Engelhards Tod im ganzen deutschen Reich nur noch ein Zeitungsschreiber, Herr Donder, übrig sei, „dessen Blatt sich deutschen Patriotism[us], vom Anfange des französischen Krieges an, zum unverbrüchlichen Gesetze machte."

Diesem Gedanken mußte jedoch der „Literarische Anzeiger" entschieden widersprechen. Er bezeichnete Herrn Donder als „Kasperl des Reichs" und Engelhards polit-literarische Leistungen als „Gewäsch". — „Doch hoffen wir", merkte die Redaktion noch an, „daß Engelhards Nachfolger vor Reichhardts Augen Gnade finden dürfte, da sein Gewäsche vom Frieden (im Okt. u. Nov.-Monat der Bayreuther Zeitung) ganz und gar im Geiste seines Vorgängers geschrieben ist."[14]

Was über diese Zwistigkeiten hinweg erhalten blieb, ist Engelhards literarischer Nachlaß: 2 Buchübersetzungen[15], einige Gedichte und schätzungsweise 25 000 Seiten Zeitgeschichte, verewigt in 32 Jahrgängen der Bayreuther Zeitung.

Nachfolger Engelhards wurde der „Königliche Regierungs-Auskultator [Gerichtsreferendar] Carl Ernst Schmid aus Weimar, der — ohne Sammlungen und Hülfsquellen im Nachlasse seines Vorgängers zu finden, — seit dem Oktober 1797 die Anordnung [der Zeitung] mit rühmlichen Fleiße besserte und die Tendenz nach dem Zeitgeiste ummodelte." Auch einen Irrtum schrieb der Literarische Anzeiger fest: „Eigenthümer [der Zeitung] ist noch jetzt der Kommerzien-Rath Joh. Caspar Brunner."[16] Doch der, nachzulesen auf S. 39, war zu diesem Zeitpunkt schon seit über 30 Jahren von der Bayreuther Pressebühne abgetreten.

Kapitel 8

FRANKEN: „BLUT, FLAMMEN UND PEST!"
Die Bayreuther Zeitung als Kriegskurier

Obwohl sich das preußische Fürstentum Bayreuth seit 1792 im Krieg mit Frankreich befand, konnte alles, was die Bayreuther Zeitung bisher über Revolution, Krieg und Frieden berichtet hatte, aus sehr sicherer Distanz betrachtet werden. Die Schauplätze des aufgewühlten Weltgeschehens befanden sich weit von den Grenzen des Fürstentums entfernt.

Noch mehr Sicherheit versprachen die preußisch-französischen Friedensverhandlungen, die Anfang April 1795 zum Abschluß gekommen waren. Das Bayreuther Zeitungscomtoir meldete am 12. April 1795 in einem Extrablatt: „Nach eben eingelaufenen Meldungen aus Basel ist der Friede mit Frankreich und Preußen ehrenvoll abgeschlossen." Straßburg meldete: „Unsere ganze Stadt taumelt vor Freude!"

Die Bayreuther Stimmung wurde im Sommer 1795 von dem jungen preußischen Infanterieoffizier v. Reiche eingefangen: „Seelenvoll ist das weite Thal, in dessen sanften Schooße Bayreuth [nun] einer ungestörten Glückseligkeit genießet." Übertrieben? „Man wird alles für wahr erkennen müssen", teilte die Bayreuther Zeitung über Reiches neuen Bayreuthführer mit, dafür bürge schon „der liebreiche Ton, in dem der Herr Verfasser spricht." (BZ, 138/17. 11. 1795)

Doch weder Herr v. Reiche, noch die Bayreuther Zeitung ahnten, daß der Krieg so bald und nah wie nie zuvor an den Grenzen des Fürstentums stehen würde. Zwar hatte der Bayreuther Zeitungsschreiber Engelhard im August 1795 schon davor gewarnt, den preußischen Separatfrieden als Vorboten eines Friedens für das ganze Deutsche Reich zu betrachten (BZ 102/25. 8. 1795), — doch daß sich seine Befürchtungen so schnell und in unmittelbarer Nähe erfüllen würden, hätte er sich wohl auch selbst lieber erspart. Denn nachdem die Kriegswalze Franken überrollt hatte, hatte das Land „den Jammer und das Elend von Jahrhunderten in wenigen Wochen" erlebt.

Vorboten des Kriegs

Am 14. Juli 1796, auf den Tag genau sieben Jahre nach dem Sturm auf die Bastille, brachte die Bayreuther Zeitung die ersten Meldungen vom „Kriegsschauplatz Franken": „Flüchtige ohne Zahl suchen mit Weinen ein Obdach und verbreiten Schrecken vor denen, die mit den Waffen in der Hand den Völkern Heil und der Menschheit Aufklärung bringen wollen." Die Bayreuther Kriegs- und Domänenkammer[1] gab in der Intelligenzzeitung bekannt, „daß wegen der wahrscheinlichen Annäherung der fremden Armeen" das preußische Militär ausgerückt sei, „um die Grenzen und Landstraßen dieses neutralen Landes" zu besetzen, — „zur Beruhigung und zum Schutz" der Bevölkerung.

Die preußische Neutralität schützte das Fürstentum Bayreuth vor Kriegshandlungen, gestattete aber fremden Truppen den Durchmarsch ins Kriegsgebiet. Am 25. Juli 1796 berichtete die Bayreuther Zeitung vom Durchzug der Österreicher: „Gestern Nachmittags um fünf Uhr nahm der Zug von Artillerie-, Munitions- und Proviantwagen durch unsere Stadt den Anfang und dauerte biß spät in die Nacht hinein. In der Nacht kam die zweyte Colonne und heute Nachmittag soll hier die dritte durchgehen... Alle marschieren in der größten Ordnung und beobachten die strengste Mannszucht."

Ein Fuhrknecht, bemerkte die Zeitung, wurde „auf der Stelle mit 50 Prügeln abgestraft", weil er einen Stock Kartoffeln ausgerissen hatte. Doch sei es auch „billig zu sagen, daß ihre Feinde, die Franzosen, gleichfalls gute Mannszucht halten." (BZ 147/25. 7. 1796)

„Der hohe und niedrige Adel Frankens sah dem Anrücken der Franzosen mit Schrecken entgegen", erinnerte sich Reichsgraf Julius von Soden, — „er verließ größtentheils seine Schlösser und Residenzen und floh mit seinen Schätzen."[2] Für viele Adlige aus Franken und anderen Ländern wurde Bayreuth zum Zufluchts- und Aufenthaltsort. „Immer mehr hohe Fremde kommen", meldete die Bayreuther Zeitung; „gestern trafen Ihro Durchlaucht die Frau Landgräfin von Hessen-Homburg im Gasthofe zum Goldenen Anker ein; der Herr Landgraf sind auch hierher unterwegs. Des Fürsten und der Fürstin von Isenburg Durchlauchten sind bereits vor einigen Tagen hier eingetroffen." (BZ, 30. 7. 1796)

Eine Woche später kam aus Lichtenfels die Nachricht, daß „die so sehr gefürchteten Franzmänner nun bey unseren Nachbarn sind", „schon vorgestern gingen ihre Vorposten biß Closter Banz!" (BZ, 7. 8. 1796) Bamberg wurde am 4. August von den Franzosen besetzt; die Österreicher hatten sich vor ihnen „unter beständigem Gefecht" zurückgezogen und sich bei Forchheim festgesetzt.

Krieg in den „Fränkischen Alpen" und der Oberpfalz

Am 9. August 1796 setzte die Bayreuther Zeitung — „durch einen diesen Morgen eingetroffenen Expressen" — ihre Leser über das Kriegsgeschehen in der Fränkischen Schweiz ins Bild. „Der Ort der Scene", teilte Engelhard mit, „ist das reitzende Thal, welches sich auf der Poststraße von Bayreuth nach Nürnberg bey Streitberg öffnet. Die Franzosen waren über ein selbst Fußgängern beschwerliches Gebürgsland hereingekommen, das man die Fränkischen Alpen nennen möchte."

Hier der Bericht seines Kriegskorrespondenten: *„Noch nie habe ich einem Gottesdienst unter immerwährendem Canonendonner beygewohnt... Das Feuern dauerte die ganze Nacht durch und dauert gegenwärtig — 7. August, 12 Uhr Mittags — noch immer an... Von 3 biß 4 Uhr hat die Canonade geschwiegen... Auf unserm ganzen Gebürg und das ganze Thal hinunter herrscht Totenstille... Und jetzt, unter* dem Schreiben, bemerke ich das Vorpostenfeuer und Gefecht und einzelne Canonenschüsse über das Gebürg nach Ebermannstadt herab; den Rauch sehen wir deutlich und recht gut. In diesem Augenblick geht das Feuern auf Ebermannstadt an." (BZ, 9. 8. 1796) Tags darauf hatten die Franzosen alle 2000 österreichische Husaren und „Tyroler Scharfschützen" aus Ebermannstadt verjagt. Nun begannen die französischen Truppen mit den Requisitionen: „Wie Schatten gehen die Innwohner herum und sind wirklich zu bemitleiden", schrieb der Augenzeuge der Bayreuther Zeitung.

Zur Beruhigung konnte er aber noch mitteilen, daß bei den Gefechten „weder Österreicher noch Franzosen irgendeinen Punkt der Neutralitätslinie berührt haben... Dieß ist alles, was ich biß jetzt schreiben kann." (BZ, 9. 8. 1796)

„Treulosigkeit, Raubgierde und Unredlichkeit"

Um die „Bedrückungen des gegenwärtigen Krieges" abzuwenden, wurde „zwischen der Französischen Nation und dem Fränkischen Kreis vereinbart", daß der Fränkische Kreis an die Französische Republik „acht Millionen Livres in klingender Münze" zahlen müsse, um dadurch „die Bande eines dauerhaften Friedens zu knüpfen", teilte die Bayreuther Zeitung mit.

„Groß war die Zufriedenheit und Ruhe, welche diese Übereinkunft verbreitete", schrieb Julius v. Soden. „Alles überließ sich der sorgenlosesten Sicherheit... Hie und da gieng man den Franzosen entgegen und umarmte die neuen Ankömmlinge als Freunde und Brüder. Aber plötzlich wandelte sich diese Scene auf eine furchtbare Weise", nämlich — wie die Bayreuther Zeitung mitteilte — als Divisionsgeneral Ernouf, der Oberbefehlshaber des französischen Generalstabs, die Abmachung schon vier Tage später für „null und nichtig" erklärte, — gegeben „im Hauptquartier Büchenbach, den 24ten Thermidor [11. August] im 4ten Jahr der einen und unzertheilten Französischen Republik."

Julius v. Soden: *„Der Schleyer von Großmuth, Gerechtigkeit und Gefühl für Menschenwürde rollte hinauf, — ein Gewebe von Treulosigkeit, Raubgierde und Unredlichkeit entfaltete sich... Fürchterlich giengen nun den Einwohnern Frankens die Augen auf... Plötzlich betrachteten sie die Franzosen wie der Schlafende ein Gespenst, das ihn mit gezücktem, blutigen Dolche aus einem goldenen Traum weckt."*

Neutralität strikt eingehalten

Den Bewohnern Bayreuths konnte das französische Schreckgespenst zwar auch böse Träume bescheren, aber sonst nichts weiter anhaben. Preußisches Militär sicherte an den Grenzen des Fürstentums nach wie vor die strikte Einhaltung der Neutralität. Als z.B. 300 Franzosen „nebst 72 Wagen mit größtentheils Verwundeten" in Pegnitz „mit Gewalt" Quartier machen wollten, wurden sie „von den hier liegenden Königlich-preußischen Husaren fort- und nach Weidensees gewiesen", meldete am 27. August die Bayreuther Zeitung. Der Redakteur ergänzte: „Nach der Aussage eines eben von Pegnitz [nach Bayreuth] hereinkommenden Reisenden, sind gestern früh 16 000 Mann Franzosen bey Pegnitz angekommen... Welchen Weg sie nach Bamberg nehmen werden, ist nicht bekannt." (BZ 171/27. 8. 1796)

Unterdessen „haben die Franzosen in der benachbarten Oberpfalz übel gehauset!" teilte am 26. August ein Korrespondent der Bayreuther Zeitung mit. „Jetzt, da es halb sechs Uhr schlägt, strömt schon wieder [in Creußen] alles von Flüchtlingen herein... Oh, wenn ich Ihnen den Jammer nur die Hälfte schildern wollte, so müßte ich ein Buch schreiben!"

Aus Kemnath, „einem oberpfälzischen Städtlein, 6 Stunden von Bayreuth entfernt", konnte die Bayreuther Zeitung von Gegenwehr berichten: „Die ganze Stadt zog unter Anführung des Land-

Burgruine Neideck in den „Fränkischen Alpen"; rechts das Wiesenttal bei Streitberg, durch das die Poststraße von Bayreuth nach Nürnberg führte.

richters Baron von Gravenreuth" den Franzosen bewaffnet entgegen. „In einem kurzen, aber hitzigen Gefecht erlegten sie 50 der Franzosen, machten 3 zu Gefangenen und schlugen die übrigen 97 in die Flucht." Da die Kemnather nun die Rache der Franzosen fürchteten, „packte alles und machte sich davon."

Auch in der Fränkischen Schweiz wurden etliche Franzosen in die Flucht geschlagen. Ein Postbote, der von Bayreuth nach Nürnberg geschickt worden war, kam zwar „ohne Briefe mitzubringen" zurück, doch die Bayreuther Zeitung meldete, „was er mündlich aussagte": „Am Mittwochen, den 24sten August, war die Bestürzung unter den Franzosen unbeschreiblich und alles in Bewegung; es kamen 600 Wägen, die über Buch nach Erlangen und von da nach Forchheim gingen. Sie eilten so gewaltig, daß 2, 3 Wägen nebeneinander herfuhren."

General Jourdan, der seinen Waffenbrüdern von Sulzbach/Oberpfalz aus nach Erlangen zu Hilfe eilen wollte, wurde von den Österreichern der Weg abgeschnitten, so daß sich ein Teil der Truppen „durch die steilsten und unwegsamsten Gebürge" der Fränkischen Schweiz einen Weg bahnen mußte. „Bey Streitberg und dortiger Gegend", berichtete v. Soden, wurden die Franzosen von den Bewohnern „in die Abgründe und Höhlen gestürzt, wo man sie einige Tage nachher noch heulen hörte."

Der Zeitungsbote berichtete: „Im ganzen Ebermannstädter Grund waffnet sich alles, auch die Weibspersonen. Die Bauern befestigen Mistgabeln an langen Stangen und haben Posten aufgestellt, die Signalschüsse thun, wenn sie den Feind erblicken. Minder Beherzte flüchten." Vom Ahornthal berichtete er: „Alle umliegenden Berge waren mit Bauern besetzt, die mit Sensen und Dreschflegeln bewaffnet waren."

In Ebermannstadt hatten die Bewohner auf einen Trupp durchziehender Franzosen geschossen. „Vernehmen Sie", schrieb ein Korrespondent der Bayreuther Zeitung, „von den noch rauchenden Schutthaufen dieses unglücklichen Ortes die bejammernswürdige Geschichte: Um den Tod vieler ihrer dort erschlagenen Cameraden zu rächen", hatten Soldaten Ebermannstadt umstellt und in Brand gesteckt. „Gestern Abends — 24. August um halb 8 Uhr — stand das Städtchen in Flammen und noch biß diesen Augenblick — es ist 9 Uhr Vormittags — fängt ein Haus nach dem andern, trotz allen Löschens zu brennen an ... Jetzt, 12 Uhr Mittags, hat sich der Brand gelegt ... Gott! in meinem Leben wünsche ich so etwas mit eigenen Augen nicht mehr zu sehen." (BZ 172/29. 8. 1796)

„Blutige, rauchende Fußstapfen"

Der Krieg in den fränkischen Gegenden wütete nun schon mehr als sechs Wochen. Am Freitag, dem 2. September 1796, brachte die Bayreuther Zeitung einen neuen Lagebericht: Die österreichischen Truppen, die noch bis vor zwei Tagen „auf der Huth, zwischen Eschen und Schanz, ungefähr vier Stunden campirten", hatten ihr Lager nun unweit von Obernsees aufgeschlagen. Am selben Tag marschierten durch Busbach „2 Compagnien Scharfschützen mit Piken und gezogenen Doppelflinten; letztere waren meistens Croaten. Sämtliche Mannschaft nahm ihren Weg über Schönfeld, Hollfeld und von da nach Scheßlitz, wo sich ein ganzes Corps zusammenziehen wird."

Aus Forchheim kam die Meldung: „Neben und vor uns Armeen! — und

Ausschnitt aus der Frankenkarte des Homannverlags, Mitte 18.Jh. Das Relief ist nur angedeutet, Straßenverbindungen fehlen.

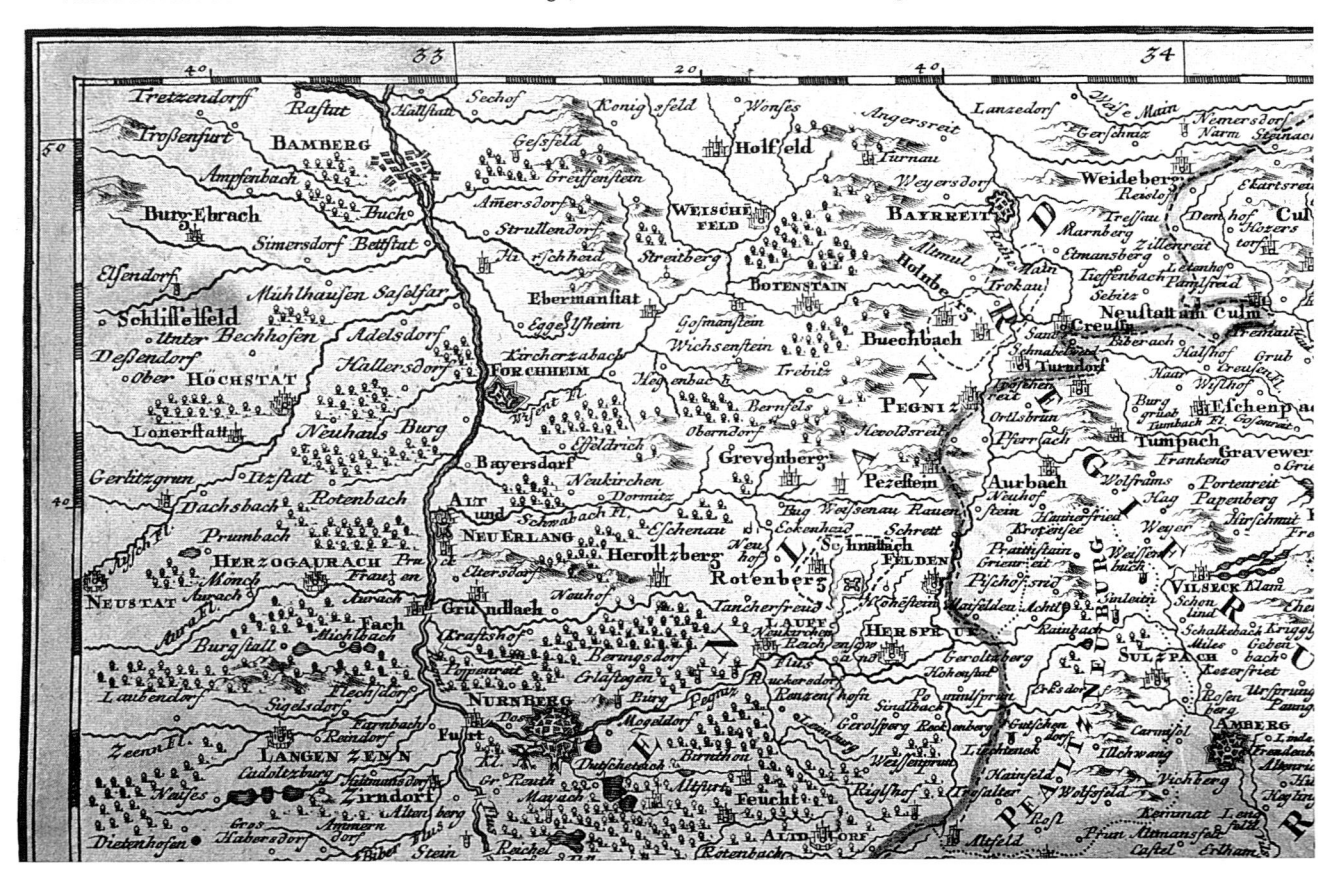

Die Franzosen in Franken, wie sie 1796 der Ansbacher Kupferstecher Küffner sah.
Links: Der Jammer der Bevölkerung bei Einfall der Soldaten. Rechts: Wütende Bauern hindern die Franzosen am Rückzug.

doch seit 24 Stunden keine Nachricht von ihren Unternehmungen. Wir sehen sie ziehen des Tags, hören ihren Canonendonner, sehen des Nachts ihre Wachfeuer und doch können wir nicht mit Gewißheit sagen, was sie thun. Es ist jetzt der Augenblick der Evolutionen, das Spiel der Märsche und Contremärsche. Aber Geduld, in einigen Tagen wird sich alles entwickeln und [gegen die Franzosen] bey Schweinfurth ein zweyter Hauptschlag erfolgen ... Die Absicht des über Bayreuth ziehenden [österreich.] Corps ist es, den Franzosen, die sich ins Fuldaische ziehen wollen, diesen Ausweg abzuschneiden." (BZ 175/2. 9. 1796)

Am 2. und 3. September 1796 kam es im Würzburger Raum endlich zu jener „furchtbaren Schlacht", in der die Franzosen besiegt und in die Flucht getrieben wurden. Reichsgraf v. Soden: „Franken war endlich von den Franzosen gänzlich befreyt ... Sie hatten in einem Zeitraum von wenigen Wochen den Jammer und das Elend von Jahrhunderten zusammengedrängt und ihre Spuren allenthalben mit Blut, Flammen und Pest bezeichnet!"

Am Rande bemerkte er, daß die Franzosen zumindest den Wortschatz Frankens um zwei neue Wörter bereichert hatten: „Ihr Lieblingswort KAPUT ist der Modeausdruck der fränkischen Einwohner, vorzüglich der Landleute geworden". Die Bedeutung des zweiten Wortes habe „ganze Karawanen von Bauernmädchen die höchsten Gebürge" erklimmen lassen: „TRIKTRAK war das Wort, dessen sie sich zur Bezeichnung ihrer thierischen Lüste bedienten. Und leider! ist hie und da dieses Wort bey dem gemeinen Mann gang und gebe geworden."

„Goldene Reinlichkeit"

Von den Nachwehen der „Schlacht um Franken" berichtete die Bayreuther Zeitung am 13. September 1796: „Heute durchkreuzen sich hier [Bayreuth] die Schauspiele des Krieges sonderbar... Gegen 2 Uhr kamen zum *Erlanger Thor* 742 Französische Kriegsgefangene herein, auf dem Transport von Würzburg nach Eger. Fast zur gleichen Zeit kamen zum *Eremitage Thor* vor der Moreauschen Armee Fliehende aus der Oberpfalz herein. Eine Stunde vorher waren zum *Culmbacher Thor* Proviantfuhren und 130 Moldauer Ochsen zur K.u.K. Armee nach Bamberg gegangen." (BZ 183/13. 9. 1796)

Drei Tage später brachte die Bayreuther Zeitung die letzten Kriegsnachrichten aus Franken. Sie kamen aus der Feder eines reisenden Arztes: *„Ich habe in diesen Tagen die Gegenden von Ebermannstadt, Forchheim und Bamberg bereiset und die blutigen, rauchenden Fußstapfen gesehen, welche die fliehende Verwüstung so tief darin zurückgelassen hat. Beschreiben will ich Ihnen den Jammer nicht, er ist unbeschreiblich. Aber ich will Sie auf einen wichtigen Umstand aufmerksam machen ... Ich habe in diesen Gegenden, besonders um Forchheim, einen beynahe unerträglichen Gestank wahrgenommen. Wahrscheinlich hat man Menschen und Thiere nicht mit der gehörigen Sorgfalt tief genug begraben. Werden nicht schleunige und gute Vorkehrungen gemacht, so stehen am Ende noch pestilenzalische Seuchen zu befürchten. Zeitungsschreiber sollten und könnten wirklich am besten dergleichen Nachlässigkeiten rügen und sich dadurch um die leidende Menschheit verdient machen. — Thun Sie es, mein Freund, und sagen Sie es, daß dieser Wink von einem Arzt kömmet, der es für Menschenpflicht hält, den Bewohnern oben erwähnter Gegenden überhaupt die goldene Reinlichkeit zu empfehlen."* (BZ 185/16. 9. 1796)

„Nicht für den ungebildeten Lesepöbel!" — Der neue Zeitgeist in neuen Bayreuther Blättern

Die Kriegskatastrophe, die an den Grenzen des Fürstentums Bayreuth lediglich „vorbeigeschrammt" war, hatte den Bayreuthern eine hautnahe Vorstellung von der schrecklichen neuen Zeit vermittelt, die mit Tod und Verwüstung über ganz Europa hereingebrochen war. Obgleich man in Bayreuth die Schrecken des Krieges erst zehn Jahre später am eigenen Leibe erfahren sollte, war nach der „Schlacht um Franken" die (schein-)heile Welt der Bayreuther Rokokozeit endgültig zerbrochen. Die „Galante Zeit" hatte ausgesäuselt. Auch die sanften Beschwörungen des preußischen Infanterieoffiziers v. Reiche hatten die Sprünge in der Idylle nicht mehr kitten können. Mit Reiches Beschreibung vom Dammweiher und der Dammallee müssen wir uns hier für den Rest dieses Buches von allen weiteren derartigen Bayreuther Glücksmomenten verabschieden: *„Welch eine feyerliche, zu ernsten Betrachtungen geschaffene Stille begleitet da den Wandelnden? Der blaue Himmel mit versilberten Gewölke, die nachbarliche Welt in ihren Schönheiten zeigt sich in diesem Weiher als in dem hellsten Spiegel und verborgene Nachtigallen überraschen das horchende Ohr des entzückten Naturfreundes mit ihren lieblichen Gesängen."*

Die neue Zeit sprach eine andere Sprache. Während die europäischen Völker von einem Krieg in den anderen taumelten, kulturelle Werte der vergangenen Epoche rapide verfielen und die „Gute Alte Zeit" des 18. Jahrhunderts allmählich ihren siechen Geist aufgab, bereitete eine sprunghaft expandierende Presse den geistigen Boden der neuen Zeit auf. Beinahe täglich kündigte die Bayreuther Zeitung neue Bücher, Zeitschriften und Zeitungen an.
Wehler[3] sieht die Ursachen für den großen Bedarf an Periodika nicht allein in den erweiterten Lesekenntnissen der Bevölkerung, sondern auch in der Preiswürdigkeit der Blätter selbst: „In Wirtshäusern, Dorfschenken und Kaffeestuben lagen Zeitungen aus. Auch die ländliche Bevölkerung bezog weit mehr Tagesblätter, als man lange angenommen hat. Vorleser erreichten an Winterabenden auch die Analphabeten."

Da in der untergehenden Sonne der alten Kultur auch Literaturzwerge lange Schatten warfen, beanspruchte fast jede der Zeitungsneuerscheinungen die rechtmäßige Vertretung des Zeitgeistes für sich allein. Das neue „Deutsche Volksblatt" aus Leipzig wollte beispielsweise die „ganze deutsche Nation" mit dem „Kern der ganzen gemeinnützlichen und neuesten Literatur" bekannt machen. „Ganz ausgeschlossen", teilten die Verleger in der Bayreuther Zeitung mit, „sind alle diejenigen Schriften, welche Irreligion und neufränkische [französische] Freyheitsgrundsätze verbreiten." (Günther'sche Buchhandlung; BZ 43/2. 3. 1797)

Ein anderes Blatt, die „Zeitung für die elegante Welt", wollte seine Weisheiten nur dem „gebildeten Publikum der höheren Stände" preisgeben. Als Zeitungszweck gaben die Verleger an: „Allgemeine und schnelle Verbreitung aller Erfindungen im Gebiete der Kunst, des Geschmacks und der Mode", aber auch „aller interessanten Vorfälle in den gebildeten Zirkeln der großen Welt." (BZ 178/1. 9. 1800)

Schon 1777 hatte die „Nürnberger Gelehrte Zeitung" das rasche Anschwellen der Presseproduktion registriert und sich schon damals nicht sehr vorteilhaft über deren allgemeines geistiges Niveau geäußert: „In diesen schreibseeligen Zeiten ist die Zahl unserer teutschen Schriftsteller biß auf eine Legion angewachsen. Mit der Einquartierung [dieser Presseprodukte] in Büchersäle und Käsebuden kann man das ganze lange Jahr nicht fertig werden." Aber, räumte der Nürnberger Journalist ein, „wer wird alle Wildnisse durchkriechen und alle Sümpfe durchwaten?"

„Deutsche Reichs- und Staatszeitung"

Auch in Bayreuth bereicherten neue Verleger und Publizisten die expandierende Presse um einige mehr oder minder wichtige Facetten. Der bedeutendste Vertreter der neuen Bayreuther Presse war der Privatgelehrte Carl Julius Lange. Als die Franzosen 1796 in Franken eingefallen waren, war er mit seiner Familie von Schweinfurt nach Bayreuth geflüchtet, hatte sich hier niedergelassen und mit der Herausgabe einer politischen Zeitung begonnen.
Karl August Freiherr von Hardenberg, der seit 1792 das Fürstentum Bayreuth-Ansbach im Auftrag Preußens regierte („ausgestattet mit den Vollmachten eines Vizekönigs"[4]), — war mit Langes Zeitungskonzept durchaus einverstanden. Denn „kein fliegendes oder verfliegendes Blatt" wollte nach eigenem Bekenntnis vom 21. Dezember 1796 Langes „Deutsche Reichs- und Staatszeitung" sein, sondern „ein Buch zur Erläuterung der Geschichte der Zeit".[5]
Hardenberg, dem es in den vierzehn Jahren seiner Bayreuther Regierungszeit gelungen war, „das liebenswert verzopfte, altertümliche Franken zu einem modernen Staat auszubauen"[6], kam Langes Blatt als Sprachrohr für seine eigenen politischen Absichten gerade recht.
Am 1. Januar 1797 erschien die erste Ausgabe von Langes „Reichs- und Staatszeitung". Kaum sechs Wochen später kam die erste Beschwerde über das Blatt. Die kurpfalzbayerische Regierung in Amberg empörte sich über einen beleidigenden Aufsatz über die Rechtsgebräuche in der Oberpfalz. Wenig später ließen der Russische Hof und das Wiener Kabinett ihre Klagen gegen Langes Zeitung in Berlin vortragen. Rußland eiferte sich wegen eines „bissigen Angriffs gegen die russische Sklaverei"[7], Österreich monierte Langes „dreiste und unanständige Angriffe gegen den Kaiser".[8]
Mehr und mehr zeigte es sich Freiherrn von Hardenberg, daß der Vorteil von Langes Zeitung — Sprachrohr zur Bekämpfung antipreußischer Propaganda — gegenüber den daraus entstehenden Nachteilen ins Hintertreffen geraten war. Das Blatt durfte dennoch weiter erscheinen. Seine weitere Betrachtung müssen wir hier kurz unterbrechen. Denn im Januar 1798 trat Carl Julius Lange mit neuem brisanten Lesestoff an die Öffentlichkeit.

„Neueste Staatenkunde"

Sein neues Journal sei nötig geworden, teilte Lange in einer Annonce der Bayreuther Zeitung mit, weil in der Vergangenheit weder die Herrscher, noch die Völker „das leise Wehen des Geistes der Zeit ... und die heimlich glimmenden Funken bemerkt haben, die im Sturm zur Flamme auflöderten." Er

Die Militärkarte von J. C. Stierlein, Ausschnitt „Bayreuth", 1799.
Die Stadttore: 1) Erlanger-, 2) Kulmbacher-, 3) Cottenbacher-, 4) Brandenburger-, 5) Ziegelgässer-, 6) Eremitage-, 7) Friedrichs-Tor.

wolle mit seinem Blatt geeigneten politischen Nachhilfeunterricht geben. Allerdings nur „für ein gebildetes Publikum, nicht für den ungebildeten Lesepöbel."

Langes „Neueste Staatenkunde" sollte im Verlag der Grau'schen Buchhandlung in Hof erscheinen. Der Buchhändler versicherte den künftigen Lesern des Blattes vorab, daß sich „Herr Professor Lange schon durch die Redaction der Reichs- und Staatszeitung" für das gute Gelingen seines neuen Vorhabens „hinlänglich legitimiert" habe.

Über die weitere Entwicklung der „Neuesten Staatenkunde" schweigen die Archivalien. Wenden wir uns wieder Professor Langes Reichs- und Staatszeitung zu. Sie brachte ihren Schreiber 1799 zu Fall. Nach Auskunft des Literaturanzeigers von 1801 „artete sie oft aus, und überhaupt häuften sich die unzeitigen Auswerfungen des Fehdehandschuhs so, daß des Verfassers Papiere versiegelt, und er am 19. May 1799 auf Befehl des zweiten Senats der Ansbachischen Kriegs- und Domänenkammer zur gefänglichen Haft gezogen wurde."[9]

Den Anstoß zur Verhaftung hatten zwei Artikel über den Rastadter Gesandtenmord gegeben (Reichs- u. Staatsztg. Nr. 38/10. 5. 1799), gegen die der österreichische Erzherzog Carl persönlich (mit Handschreiben) protestiert hatte. Freiherr Hardenberg konnte seinen Schützling Lange nicht länger halten. Lange wurde verhaftet, seine Zeitung verboten und gegen ihn der Prozeß eröffnet.

„Aber schon am 26. May 1799 fand Lange für gut", teilte der Literaturanzeiger mit, „sich aus seinem Arreste heimlich zu entfernen und im July die Geschichte seiner Verhaftung und Flucht unter dem versteckten Titel ‚Gesandtenmord unter Karl V.' in Hamburg abdrucken zu lassen, — was ihm vielleicht noch mehr als der [eigentliche] Gegenstand der Inquisition verübelt wurde.

Im Herbst 1799 stellte er sich freiwillig wieder zu Bayreuth."[10]

Lange blieb in Bayreuth nicht lange in Haft. Bereits am 1. Dezember 1799 wurde er von den preußischen Behörden wieder steckbrieflich verfolgt. (Abdruck des Steckbriefs in BZ 240/3. 12. 1799)

Langes „Reichs- und Staatszeitung" aus der Rückschau des Literaturanzeigers von 1801 betrachtet: „Eine Zeitung von vorübergehender Dauer, aber von bleibenden inneren Werth ... Sie behandelte die Welthändel mit vielem Witze und Scharfsinne, mit attischer Laune, auch Anfangs mit leidlicher Freimüthigkeit."[11]

„Bayreuther fliegende Volksblätter"

Während Professor Langes Zeitung den „gebildeten Ständen" vorbehalten war, hatte es sich die Bayreuther Verlagsbuchhandlung Lübeck 1797 zum Ziel gesetzt, den „ungebildeten Lesepöbel" in jenen Stand der Bildung erst zu erheben.

Leider ist von dem projektierten Blatt nur mehr seine Ankündigung erhalten geblieben. So wissen wir nicht, welche Pionierleistungen die Zeitung vollbracht hatte, auch nicht wie lange oder ob sie überhaupt erschienen war.

Die Redaktion, soviel weiß man aber, hatte sich große Ziele gesetzt: Verdrängung von „schädlichen und geschmacklosen Volkslesereyen" durch „Sittlichkeit und Wahrheit" und die „gute Sache des Geschmacks".

Pfarrer Johann Ferdinand Schlez aus dem unterfränkischen Ippesheim wollte dafür die moralische und redaktionelle Verantwortung übernehmen. Seiner Analyse von Markt und Leser zufolge hätte das gemeine Volk die Bayreuther Fliegenden Volksblätter schon längst bitter nötig gehabt: „Außer einigen Erbauungsschriften und dem Kalender kauft sich bekanntlich der gemeine Mann nicht leicht etwas Gedrucktes, — wenn er nicht zuweilen auf Jahrmärkten und vor seiner Thüre von Hausirern und Bettlern mit Schriften versehen wird, wie neue weltliche Lieder [Volkslieder?], schreckliche Prophezeiungen, niedrige Zoten, Wunderhistorien und Schmähschriften auf den gesunden Menschenverstand."

So sei es sein Ziel, bekundete der Zeitungspfarrer, diese schädlichen Volkslesereien durch die Sache des guten Geschmacks, durch die „Fliegenden Volksblätter", zu ersetzen. Zur Erreichung des edlen Vorhabens bedürfe er allerdings der Unterstützung von schreibbegabten „Kennern und Freunden des Volks", die er hiermit zur honorarfreien Mitarbeit auffordere: „Zwar kann ich — außer einigen Freyexemplaren — keine Belohnung der Mühe versprechen; aber ich hege das Zutrauen zu der Uneigennützigkeit wahrer Volksfreunde, daß ihnen das Bewußtsein, Gutes gestiftet zu haben, der beste Lohn seyn werde." (BZ, „Außerordentliche Beylage zu Nro. 22"/31. 1. 1797)

Die Spuren zweier weiterer Zeitgeistblätter, die laut Literaturanzeiger „mit dem neuen Jahrhundert zu Bayreuth angefangen wurden" und dem Hagenschen Zeitungsverlag Konkurrenz gemacht hatten, verlaufen sich vollkommen im Dunkeln. Sie seien hier wenigstens namentlich erwähnt. Es waren dies das „Intelligenzblatt" von Pfarrer Johann Kaspar Bundschuh und die „Fränkischen Provincialblätter" eines unbekannten Herausgebers.[12]

Titelblatt der „Deutschen Reichs- und Staats-Zeitung" vom 1. März 1799. Ihr Herausgeber, Professor Lange, wurde wegen seiner scharfen Artikel mehrmals verhaftet, konnte aber immer wieder entfliehen. Bemerkenswert an Langes Zeitung ist die moderne Typographie, an der sich auch äußerlich die fortschrittliche Geisteshaltung des Publizisten zeigte. Rechts: Steckbrief Langes in der BZ vom 3. Dez. 1799

DAS NEUESTE DER BAYREUTHER ZEITUNGEN VON 1797–1800

Pariser Zeitung ausgesungen

Die Pariser Zeitungen, welche Österreich von der Pforte [Türkei] den Krieg erklären und schon 600.000 Türken in Ungarn hatten einbrechen lassen, nehmen ihre Erfindung wieder zurück. — Da das Directorium [franz. Revolutionsreg.] verbothen hat, den Inhalt der Zeitungen auf den Gassen auszurufen, so ist man jetzt darauf verfallen, ihn zu singen. Am 3. Januar [1797] Abends machte ein Zeitungsträger also den Inhalt des Abendblättchens (Journal du soir) bekannt, welcher in Verse und Musik gesetzt war. Der Einfall gefiel. (BZ 13 / 19. 1. 1797)

* * *

Paris 1797:
Unverschämtheit: Durchsichtiges Kleid

Als einen characteristischen Zug der jetzigen Sitten von Paris führt man die Unverschämtheit eines Frauenzimmers an, welches vor einigen Tagen in den Elysischen Feldern [Champs Elysées] spatzieren gieng und nur bloß in ein fliegendes Kleid von durchsichtiger Gaze gekleidet war, welches durch einen Gürtel zusammengehalten wurde. (BZ / 1797)

* * *

„Der Windstoß oder der Nachteil leichter Stoffe"
— Zeitgenössische Modekarikatur

Ort(?) 1798:
Luftreise mit dem Wasserstoff-Ballon
„Sehr unangenehmes Ohrensausen"

Wir hoben uns unter dem Schall der Musik und dem Beyfallklatschen der Zuschauer in die Höhe. Die Maschine drehte sich im Aufsteigen einigemale um ihre Achse herum. Sowie sich das Gebäude des Himmels unseren Augen enthüllte, beobachtete ich meine liebenswürdige Begleiterin (a). Erstaunen und Bewunderung schien ihre ganze Seele auszufüllen. In der That läßt sich nichts angenehmeres denken, als die Empfindung, die man bey dem Aufsteigen in einem Luftschiff hat. Es ist unmöglich, diesem unaussprechlichen Zauber zu widerstehen. (...) Bald verdunkelte sich alles um uns her. Wir flogen durch dichte

Im Jahre 1798 wagte sich der Luftschiffer Téstu-Brissy sogar mit einem Pferd in die Lüfte. Das Pferd bekam Nasenbluten.

Dünste und erhoben uns über die Wolken. So schön das Schauspiel war, so schrecklich war das, was sich nun darstellte: Ein Meer, dessen ungeheure Wogen sich stoßen, sich brechen und wo man nichts sieht, als die schrecklichsten Abgründe... Meine muthige Begleiterin erschrak nicht darüber... Mit ihrer Bewilligung stiegen wir noch 660 Toisen (eine Toise ist ungefähr eine deutsche Klafter oder 6 Schuhe)[ca. 1.80 m] höher über die Wolken, welche uns zuweilen durch ihre Zwischenräume die Erde erkennen ließen. Nach den barometrischen Bemerkungen, welche ich machte, haben wir uns zu einer Höhe von 1.460 Toisen [ca. 2 600 m] erhoben. Diese große Höhe haben wir nicht erreicht, ohne sehr vieles durch die Veränderung und Verdünnung der Luft zu erleiden, welche uns sehr unangenehmes Ohrensausen verursachte. Wir kamen in Luftströme, wodurch unsere Maschine in solches Schwanken gerieth, wie ein Schiff auf hoher See; dieß erregte mir Übelkeiten und machte mir bange für meine junge Begleiterin. [Die Zeitungsseite, auf der die Landung beschrieben wird, fehlt im Original] (BZ 145 / 24. 7. 1798)

(a) Als Luftreisende gibt die Zeitung die „Bürgerin Henry" und den „Bürger Garnerin" an. Der Aufstiegsort bleibt ungenannt.

* * *

o. O. 1798:
Lebensrettung mit Luftballons
Über Flüsse gehen und ohne Mühe Berge ersteigen

Ein französischer Physiker schlägt mehrere Mittel vor, wie die Aerostaten [Luftballons] nützlich gemacht werden können. Eines der willkommensten Mittel möchte wohl folgendes seyn: Ein kleiner Luftballon, drey oder vier Decimeter über dem

Kopfe, den man durch breite Gurte mit Ringen um den Leib befestigt, würde den Marsch eines Fußgängers ausnehmend erleichtern. Er würde um 15 oder 20 Kylogramm (etwa 25 Pfund) leichter seyn, und halb schwebend marschiren, über Gräben setzen, vermittelst Sohlen aus Pantoffelholz bey stillem Wetter über Flüsse gehen, ohne Mühe Berge ersteigen etc. können. Ein solcher Aerostat in einer Gemeinde auf öffentliche Kosten gefüllt, würde bey Feuersbrünsten dazu dienen, Leute aus den obersten Stockwerken ohne einige Lebensgefahr zu retten: Sie würden die Gurten um den Leibbinden, und sich vermittelst des Luftballons langsam auf die Erde niederlassen. (BZ 223 / 12. 11. 1798)

* * *

Magdeburg 1798:
Vom Blitz Getroffener Taglöhner kehrt ins Leben zurück
Gefährlichkeit elektrischer Sachen bewiesen

Magdeburg, vom 8. August. Am 31. Julius wurde der Taglöhner Heinemann, als er bey herannahenden Gewitter vom Felde nach Hause gehen wollte, vom Blitz getroffen und bewußtlos zu Boden gestürzt. Sämmtliche Kleidungsstücke, auch die Schuhe, wurden an den Vordertheilen zerrissen und die Haut — von der Stirn bis zu den Füssen — beschädigt. Gleich darauf kam der Regen mit Hagel verschmischt, wovon einige Körner die Größe einer Welschen Nuß [Walnuß] hatten. Da der Körper vom Blitz entkleidet war, so fiel der Regen und Hagel auf den bloßen Leib. Dies hatte die Wirkung, daß der Mann in einer Stunde ins Leben zurückkehrte. Er wunderte sich beym Erwachen über die Schlossen, welche noch neben ihm lagen, noch mehr aber über seine Entkleidung und den Zustand seiner Kleider, und er wußte nicht, was mit ihm vorgegangen war. (...) Dieser Vorfall ist umso merkwürdiger, weil vielleicht die Natur hier ein neues Mittel gezeigt hat, wie man einem vom Blitz getroffenen oder erstickten, und dem Anschein nach getödteten Menschen zu Hülfe kommen könne. Auch beweist er, wie gefährlich es ist, sich zur Zeit eines Gewitters mit elektrischen Sachen zu tragen; denn dieser so wunderbar gerettete Mensch wäre vielleicht nicht vom Blitze getroffen worden, wenn er nicht die im Felde gebrauchte Sense mit nach Hause genommen. (BZ 162 / 18. 8. 1798)

* * *

Liverpool 1798:
Tod auf der Bühne in „Menschenhaß und Reue"
Herr Palmer war ein Liebling des Volks

Am 2. August starb einer der besten englischen Schauspieler, *Palmer,* auf dem Theater zu Liverpool, als er die Stelle des *Unbekannten* in Hrn. von Kotzbue's *Menschenhaß und Reue,* im Englischen *the stranger* genannt, spielte. Herr Palmer hat in der kurzen Zeit von sieben Monaten seine Gattin, seinen Bruder und seinen Lieblingssohn verlohren, weswegen er ungewöhnliche Niedergeschlagenheit blicken ließ. Zwey Aufzüge in dem Stück spielte er mit Fassung und Beyfall; aber als er im dritten Acte dem *Gutsbesitzer* von seiner Familie erzählen sollte, übermannte ihn der geheime Schmerz und die Wirklichkeit der Lage — die er hier nur vorstellen sollte — so sehr, daß er anfänglich vergebens strebte zu sprechen, dann rücklings hinansank, einige Zuckungen that und ohne Laut den Geist aushauchte. Zuerst glaubten die Zuschauer, dies sey eine Forderung des Stücks; als man aber den Schauspieler gefühl- und sinnlos hinweg trug, das Blut in allen Adern erstarrt fand, und seinen Tod den Zuschauern mittheilte, da fieng alles an zu weinen und zu schluchzen, weil Herr Palmer ein Liebling des Volks durchs ganze Land war. (BZ 165 / 23. 8. 1798)

* * *

Napoleon von Zeitungen totgeschrieben
„Kopf einbalsamiert und dem türkischen Sultan geschickt"?!

Buonaparte muß endlich seinem widerwärtigen Schicksale erliegen. Denn Araber, Türken, Pest, Hunger, Crocodile, Mamelucken und Zeitungsschreiber gehen ihm mit vereinter Macht zu Leibe ... Wirklich ist er auch in einem hartnäckigen Gefecht mit einer Venetianischen Zeitung vom 25. October [1798] abermals gefallen. Folgendes sind die näheren Umstände davon, wie sie in den Regensburger Historischen Nachrichten zu lesen sind: „Die Schlacht fiel — wer wird nach Kleinigkeiten wie? wo? und wenn? fragen — zwischen Egyptern, Arabern und der französischen Armee vor (...) Buonaparte warf sich bey Damiate in eine Schanze, welche die Araber gestürmt und ihn umgebracht haben; sein Kopf wurde einbalsamiert und nach Konstantinopel geschickt. Auf seinen Kopf setzte der Großherr [türk. Sultan] eine Million Piaster. Die Wuth, welche von beyden Partheyen gezeigt worden, ist ohne Beispiel. Buonaparte ritt ehevor wie rasend herum. Er hoffte

Avertissement *

Hofmahler Schuhmacher arbeitslos

Der 5 Jahre lang in den Diensten Ihro Königl. Hoheit, der letztregierenden Frau Herzogin von Würtemberg zur Fantaisie gestandene Hofmahler Schumacher, macht hiemit seinen nunmehrigen Aufenthalt in Bayreuth bekannt und empfiehlt sich einem hochzuverehrenden Publico bestens, besonders für Oel- und Zimmermahlereyen, auch für den Unterricht im Zeichnen mit der Versicherung, daß er durch Fleiß und Eifer in jedem Theile seiner Kunst den Beyfall seiner Gönner zu erhalten sich immer bestreben wird. Bayreuth, den 28. July 1798. (BZ 151 / 3. 8. 1798)

* * *

immer noch zu siegen, mußte aber der Uebermacht weichen und unterliegen. Kein Franzos wurde verschont.
(BZ 218 / 5. 11. 1798)

Napoleon wieder gesund

Vermischte Nachrichten. — Buonaparte scheint sich von seinen Wunden, die ihm von mehreren Zeitungsschreibern geschlagen wurden, wieder zu erholen. Er soll vielmehr nach Briefen aus Constantinopel vom 10. October [1798] seine Armee durch die Einwohner des Landes, vorzüglich coptische und manronitische Christen, bis auf 50 000 vermehrt haben, wovon 25 000 in Cairo, 10 000 in Alexandria und 15 000 in Rosette stehen sollen; doch sollen ihm die arabischen Räuberhorden noch viel zu schaffen machen, indem sie zwar nicht im Felde gegen ihn erscheinen können, aber doch die Communication erschweren und die Wege unsicher machen. (BZ 223 / 12. 11. 1798)

Avertissements *

Verkauf von Eremitagen-Gebäuden

Vermöge anhero ergangenen Königl. Kriegs- und Domänencammer-Rescripts, sollen die Materialien von nachfolgenden ruinösen Gebäuden auf der Eremitage [zum Verkauf gebracht werden], nehmlich: Vom Waldhäußlein, marquirt [mit] Num. 2, vom 1. dergleichen marquirt Num. 3, vom 1. dergl. marquirt Num. 7, vom 1. dergleichen marquirt Num. 8; ingleichen von der Vogelwinterung, und von dem Japanischen Hauß auf dem Schneckenberg oder *Belvedere* [genannt], dann von dem Strohhauß. Dieses wird also andurch mit dem Anhang öffentlich bekannt gemacht, daß hierzu Dienstag, der 4. künftigen Monats Sept. [1798], Vormittag bestimmt seye, zu welcher Zeit sich Liebhabere auf der Eremitage einfinden ... und die Meistbiethenden des Verkaufs gewärtig seyn könnten. Bayreuth, den 11. August 1798. Königl. Preuß. Cammeramt.
(BZ 158 / 13. 8. 1798)

* * *

Nicht von Jean Paul! — unlautere Bücherwerbung

Die Henningsche Buchhandlung in Erfurth hat ein Buch unter dem Titel: „Reisen unter Sonne, Mond und Sternen. Ein biographisches Gemälde", 1798 — in Nro. 113 des Intelligenzblattes der allg. Lit. Zeitung auf eine Art angekündigt (a), die die irrige Meinung erwecken kann, daß es ein Werk *Jean Pauls* sey. Diese ganz neue Ankündigungsart macht es sehr nöthig, das Publikum vor einer Täuschung zu warnen und anzuzeigen, daß die „Reisen etc." nicht von Jean Paul sind. (BZ 185 / 20. 9. 1798)

(a) „Wen in Jean Pauls Phantasiegemälden — bey denen Poussins Weisheit und Raphaels Geist sich paart — jene sanfte schöpferische Einbildungskraft entzückt, dem wird der Hauch des Genius, der süsse schwärmerische Genius, die Fülle der Diction, die Stärke der Zeichnung in diesem neuen Originalwerke eben so hinreissen. Wie viel Wahrheit, wie viel rege immer thätige Productionsgabe, Satyre und Laune, welche liebenswürdige Weltverachtung vereinigen sich, — um ein moralisches Gemälde zu entwerfen, dessen Vollendung gewiß jeder Leser entgegen sieht."

Neapel 1799:

Kunstschätze der Antike gerettet — Ausgrabungen in Pompeji
(Aus einem Schreiben des französischen Generals Championet an den Innenminister:)

„Mit Vergnügen melde ich Ihnen, daß wir die Schätze der Kunst gefunden haben, die wir für verloren hielten ... Nicht allein *Venus Callipige* wird nach Paris wandern: Wir haben in der Porzellanfabrik [in Neapel] noch die herrliche *Agrippine* gefunden und die marmornen Statuen des *Caligula, Lucius Verns, Marc Aurels* in Lebensgröße, einen schönen *Mercur* von Bronce, eine große alte Büste in Marmor von hohem Werthe, unter andern einen Homer etc."
Zugleich hat der General dem Minister einen [Ent-]Schluß überschickt, wodurch er befohlen hat, zu *Herculanum, Pompeji, Stabii, Baje* und *Sant Agetha* neue Nachsuchungen anzustellen. Sechshundert Arbeiter sind unter der Direction des verdienstvollen Alterthumsforschers Matia Zarillo damit beschäftigt. Alles was man findet, wird in ein Generalmagazin gebracht, um dort geordnet, beschrieben und eingepackt zu werden.
In Pompeji hat man wieder ein Zimmer aufgeräumt. Man fand darin vier weibliche Gerippe, die sich wahrscheinlich an diesen Ort geflüchtet hatten, um dem Aschenregen zu entgehen. Sie hatten Ohrengehänge von verschiedener Arbeit, Ringe, goldene Halsbänder und Armbänder, die von spiralförmig gedrehten Golddrahte gemacht und folglich elastisch waren. Diese Sachen sind schon zu Paris angekommen. (BZ 58 / 22. 3. 1799)

* * *

Bayreuth 1799:

Ihre Königlichen Majestäten von Preußen besuchen Bayreuth
Besichtigung der Eremitage und der Marmorfabrik im Zuchthaus. Großer Ball im Opernhaus mit über tausend Masken und noch mehr Zuschauern

Bayreuth, vom 17. Juny. Gestern wurde uns die Freude, unsern theuersten König in unserer Mitte zu wissen, wieder geraubt. Allerhöchstdieselben fuhren um 10 Uhr des Mogens nach Erlangen, wohin schon vorher der Geheime Staatsminister Graf von Haugwitz Excellenz, vorausgegangen war.
Am Sonnabend, 15. Juny Vormittags, geruhten beyde königliche Majestäten (a) die Eremitage zu besehen. Sie nahmen — geführt von Sr. Excellenz dem Geheimen Staats- und dirigirenden Minister Freyherr von Hardenberg — einen kleinen Umweg über den sogenannten Brandenburger, wo sie das Zuchthaus [St. Georgen] und die in demselben befindliche Marmorfabrik in Augenschein nahmen. Mit herablassender Güte ließen sich Allerhöchstdieselben von den Details der Arbeit und der Materialien, besonders von den Orten, wo die verschiedenen inländischen Marmorarten gebrochen werden, nähere Nachricht zu ertheilen, kauften auch einige Stücke und bezeigten der ganzen Anstalt Ihre Zufriedenheit.
Allerhöchstdieselben fuhren von da nach einer Anhöhe hinter dem Dorfe Bindlach, um auch von dieser Seite das wirklich reizende Thal, in dessen Mitte Bayreuth liegt, zu betrachten. Dann nahmen Sie auf der Eremitage ein Frühstück ein, besahen die dortigen Anlagen und kamen gegen 2 Uhr nach Bayreuth

zurück. Mittags war große Tafel im königlichen Schlosse, wo jedermann die Erlaubnis bekam, sich an den herzerhebenden Anblick eines guten und weisen Monarchen und einer liebenswürdigen Königin zu weiden. Das Gedränge war ausserordentlich, denn keiner wollte die gegebene Erlaubnis unbenutzt lassen.

Nach der Tafel war Cour bey Ihre Majestäten. Auf dem Abend war ein Maskenball im großen Opernhause veranstaltet. Über tausend Masken und noch mehr Zuschauer hatte die Hoffnung herbeygelockt, daß der Monarch die Versammlung mit seiner Gegenwart beglücken werde. Das Haus war innen und aussen mit Geschmack beleuchtet, und gewährte in der That einen schönen, für die Einwohner dieser Stadt selbst überraschenden Anblick (weil es nur bey ausserordentlichen Gelegenheiten gebraucht werden kann). Gegen 10 Uhr wurde die sehnliche Erwartung der versammelten Masken und Zuschauer erfüllt. Ihre Majestäten wurden mit einem allgemeinen Ausbruche der Freude empfangen, traten zuerst in die große herrschaftliche Loge und verfügten sich dann in den Saal selbst, den Sie einigemal auf und abgingen. Beynahe zwey Stunden schenkten Allerhöchstdieselben dem Ball Ihre Gegenwart. Ohne Verabredung waren die meisten Strassen der Stadt erleuchtet worden, weil die Anhänglichkeit der Bürger an ihren Monarchen es sich nicht hatte nehmen lassen, Ihm auch dieses schwache Zeichen der Liebe und Freude darzubringen.

Den Sonntag Morgens [16. Juni 1799], machten Se. Majestät der König noch ganz allein einen einsamen Spaziergang im Schloßgarten [Hofgarten], erkundigten sich nach Futter-Kräutern und der Baumschule und befahlen, diese zum Gegenstand vorzüglicher Aufmerksamkeit zu machen. Endlich fuhren Sie, begleitet von unsern besten, lauten Segenswünschen ab. Immer werden diese Tage unserm Andenken theuer seyn! Besonders da auch einige Äußerungen des besten Königs uns die schmeichelhafte Hoffnung zu geben scheinen, daß auch er mit uns und mit Seinem hiesigen Aufenthalte wohl zufrieden war. (BZ 117 / 17. 6. 1799)

* * *

Avertissements *

Rekordverdächtig: Türkenmusik auf künstlichem Schubkarren

Der schmeichelhafteste Beyfall des hohen Adels und das Verlangen des verehrungswürdigsten Publikums fordern mich [heraus], 9 große türkische Musikinstrumente auf meinem künstlichen Schubkarren mit Mund, Händen und Füßen zu gleicher Zeit noch etliche Tage hindurch zu spielen. Der Anfang ist täglich von 4 bis 5 Uhr und von 7 bis 8 Uhr im goldenen Adler, Bayreuth. Enttree: 24, 12, 6 Kreuzer. (BZ 17 / 24. 1. 1800)

Versteigerung der Orangerie der Eremitage

In Gemäsheit erhaltenen Auftrags wird hierdurch bekannt gemacht, daß von der beträchtlichen Orangerie auf der Eremitage bey Bayreuth, 766 Stück Orangerie-Bäume, davon 260 Stück Citronen, süsse und bittre Orangen in Kästen und Kübeln, 334 Stück dergleichen in Töpfen und zum Theil *en Espalier* gezogen und 172 Stück Cypressen, Myrthen, Laures und Granatenbäume, in Kübeln und Kästen befindlich, an den Meistbiethenden gegen baare Bezahlung verkauft werden sollen. Zum Auktionstermin ist Donnerstag, der 14. des nächstkommenden Monats August [1800] und der folgende Tag bestimmt ... Bemerkt wird hiebey, daß unter den 260 Stücken großen Orangeriebäumen die meisten Stämme wegen ihrer beträchtlichen Stärke von Drechslern und andern in Holz arbeitenden Professionisten sehr vortheilhaft zu Nutzholz gebraucht werden können, und es Kaufsliebhabere freystehet, sämmtliche Orangerie vorher auf der Eremitage in Augenschein zu nehmen. Bayreuth, den 29. July 1800. Von Auftragswegen: Kammersecretär Scheidemantel jun. (BZ 155 / 9. 8. 1800)

* * *

Die Orangerie der Bayreuther Eremitage.
Die Quadriga über dem Sonnentempel wurde zur Zeit der französischen Besatzung abmontiert und nach Frankreich geschafft.

Kapitel 9

"EINE LÜGEN- UND ALLARMTROMPETE"
Das Zeitungscomtoir im französischen Bayreuth

Der Krieg, den das revolutionäre Frankreich und Österreich-Preußen im April 1792 gegeneinander begonnen hatten, war innerhalb weniger Jahre völlig außer Kontrolle geraten und zum "Völkerkrieg" eskaliert. Die europäischen Mächte taumelten in ständig wechselnden Koalitionen von Krieg zu Krieg. Dieser Kampf um die neue Weltordnung sollte fast ein Vierteljahrhundert dauern und am Ende ein völlig verändertes Europa hinterlassen. Doch obwohl Bayreuth geographisch „im Herzen des alten Europa" gelegen war, konnten die Redakteure der Bayreuther Zeitung den Zusammenbruch des „Heiligen Römischen Reichs Deutscher Nation" anfangs gleichsam aus der Ferne verfolgen.

Unter dem Schirm und Schutz der seit 1795 eingehaltenen preußischen Neutralität war es auch Engelhards Nachfolger, dem vormaligen Gerichtsreferendar Carl Ernst Schmid aus Weimar, nicht schwergefallen, sich vorbehaltlos zum Grundsatz der Wahrheitsliebe zu bekennen. „Der Verfasser einer öffentlichen Zeitung", postulierte Schmid 1797 kurz nach Übernahme der Bayreuther Zeitung, „hat gegen sein Publikum die Verbindlichkeit übernommen, ihm alle interessanten Neuigkeiten des Tages — so gut er kann — vorzulegen. Unbezweifelte Wahrheit ist dabey selten erreichbar.; ihm [dem Redakteur] muß in den meisten Fällen Wahrscheinlichkeit genügen. Schleichen sich aber falsche Nachrichten in seine Tagesgeschichte ein, so muß es seine heiligste Pflicht seyn, sie zu widerrufen." (BZ 231/23. 11. 1797)

Dieses journalistische Glaubensbekenntnis wurde knapp zehn Jahre später, als 1806 auch die fränkischen Fürstentümer Bayreuth-Ansbach in den Strudel der europäischen Umwälzungen gerissen wurden, von den Franzosen völlig außer Kraft gesetzt.

Die französische Herrschaft begann im Februar 1806. Preußen mußte auf Druck Napoleons den Ansbacher Teil seiner fränkischen Besitztümer abtrennen und es dem Königreich Bayern einverleiben lassen, — als Belohnung für Bayerns treue Waffengefolgschaft im „Blitzkrieg" Frankreichs gegen Österreich (Sept.-Dez. 1805). Zum Gebietsausgleich erhielt Preußen von Frankreich hannoveransche Ländereien. Preußen argwöhnte jedoch, daß ihm dieser neugewonnene Landbesitz von Napoleon bald wieder abgesprochen werden würde, es mobilisierte am 7. August 1806 seine Armee und erklärte — sozusagen prophylaktisch — Frankreich den Krieg.

Mit Ausbruch dieses Krieges begann die kleine, bis dahin scheinbar heile Welt des ehemaligen Fürstentums Bayreuth endgültig aus den Fugen zu geraten. Die Nachrichten, die in dieser kritischen Zeit im Bayreuther Zeitungscomtoir einliefen, hatten es vor allem dem Zeitungsverleger Hagen frühzeitig klargemacht, daß mit einer französischen Invasion auch bald in Bayreuth zu rechnen sei.

Nachdem es die Bayreuther Zeitung zu keiner Zeit versäumt hatte, die Französische Republik schonungslos (unter Engelhard bisweilen hemmungslos) zu verurteilen, wußte Hagen wohl sehr genau, was er von den „so sehr gefürchteten Franzmännern" zu erwarten hatte. So schloß er sein Zeitungsbüro[1] gleich selbst, die Druckpressen bei Sackenreuther standen still und für Bayreuth brach ab dem 4. Oktober 1806 eine zeitungslose Zeit an.

Drei Tage später, am 7. Oktober 1806, marschierten die Franzosen über die Nürnberger Straße in Bayreuth ein und besetzten die Stadt mit 30.000 Mann. „Ganz Bayreuth war hinausgeströmt", notierte der Stadtchronist Holle, „um die gefürchteten Truppen des berühmten Napoleon zu sehen." Das preußische Militär hatte sich zwischenzeitlich auf sächsisches Gebiet zurückgezogen.

Eine Protestkundgebung gegen die einmarschierenden Franzosen hätte fast eine Kanonade auf die Stadt zur Folge gehabt, berichtete Holle: als die Franzosen in den Ortsteil Dürschnitz kamen, flogen ihnen aus einer Hecke auf Höhe des Gasthofs „Grüner Baum" (heute „Backstaa") mehrere Backsteine entgegen. Marschall Soult, der französische Oberkommandierende, ließ sofort halt machen und befehlen, auf den umliegenden Höhen Kanonen aufzufahren und Bayreuth zu beschießen. Erst durch die fußfällige Bitte

Feierabend ohne Worte — ab 4. Okt. 1806 auch ohne „Bayreuther Zeitung".

einer (unbekannten) Bayreuther Schauspielerin (Holle: „hervorragende Schönheit") sei die Ausführung des schrecklichen Befehls verhindert worden.

Milder gestimmt, drohte anderntags der Marschall dem Bayreuther Stadtrat nur mit „Massakrieren", wenn nicht „binnen zwei Stunden 600 Ochsen und 3000 Ztr. Mehl" zur Verpflegung der Truppen herangeschafft würden.

Was bei Widerstand zu erwarten war, zeigte sich den Bayreuthern beispielhaft durch Napoleons Befehl an seinen Gouverneur in Kurhessen: „Entwaffnen Sie das Land, daß nicht eine Kanone, eine Flinte darin bleibe ... Wenn sich die geringste Bewegung irgendwelcher Art zeigt, geben Sie ein fürchterliches Beispiel. Das erste Dorf, das sich muckst, soll geplündert und verbrannt werden!"

Das Gasthaus „Backstaa" in der Dürschnitz. Der Volksmund gab dem „Grünen Baum" seinen neuen Namen zur Erinnerung an einige furchtlose Bayreuther, die im Oktober 1806 den einmarschierenden Franzosen zur Begrüßung einige Backsteine aus der Gasthaus-Hecke entgegengeschleudert hatten.

Die Bayreuther Zeitung als französisches Sprachrohr

Das ehemals preußische Fürstentum Bayreuth, nun französisches Besatzungsgebiet, ist in ein einziges Heerlager verwandelt worden, erinnerte sich der Zeitzeuge Weltrich. „Alle Hauptstraßen des Landes, alle Orte waren voll, die Anhöhen mit Biwaks überdeckt. Den nächtlichen Horizont beleuchteten unzählige Wachfeuer ... Von allen Seiten hörte man das Getöse wilder Scharen, das Gerassel und Geklirre der Waffen, das Rollen der Kanonen und Wägen, die kriegerische Musik durchziehender Haufen, das Geblök des in großen Herden mitgeschleppten Schlachtviehs, zwischendurch das Geheul und Klagen mißhandelter Vorspänner [zum Fuhrdienst gezwungener] und beraubter Bauern und das Fluchen ihrer barbarischen Treiber."[2]

Die Bayreuther Zeitung hatte von all dem nichts berichten können. Sie erschien erst wieder zwei Monate nach Anfang der französischen Besatzungszeit, — nun von allen antifranzösischen Ressentiments geläutert. Das Comtoir meldete in der ersten „französisch-besetzten" Zeitungsausgabe vom 25. November 1806: „Die Baireuther Zeitung, welche seit einiger Zeit wegen der verschiedenen Zeitbegebenheiten nicht hat erscheinen können, wird von nun an in der gegenwärtigen Form von einem anderen Redacteur herausgegeben werden." Der neue, namentlich unbekannte Redakteur, versicherte seinen Lesern sogleich, daß von nun an keine weitere Unterbrechung mehr zu besorgen sein werde. (BZ 186/25. 11. 1806)

Der alte Redakteur hatte sich mittlerweile nach Österreich abgesetzt: „Der ehemalige Redacteur der Bayreuther Zeitung, Herr Fr. Aug. Bein, privatisiert gegenwärtig in Wien", teilte die Bayreuther Zeitung, in zwei kleine Zeilen versteckt, am 24. Januar 1807 ihren Lesern mit. (Wann Redakteur Bein den vorherigen Redakteur Schmid abgelöst hatte, ist nicht bekannt. Mehr zur Person des Redakteurs Bein auf S. 125 bis 127.)

Napoleon, der wie kein anderer vor ihm die Bedeutung der Presse erkannt hatte, unterzog die Zeitungen der besetzten Gebiete einer scharfen Zensur. Die politische Leitlinie gab nun der Pariser „Moniteur" an, dessen Berichte auch von der Bayreuther Zeitung nachgeschrieben werden mußten. So schrieb 1807 die Bayreuther Zeitung, — in voller Opposition zu ihrer bisherigen Auffassung: „Die Revolution ist nur eine Einleitung zu einer Weltrevolution. Was auch kurzsichtige Menschen behaupten mögen: sie geht mit Riesenschritten durch Europa." (BZ, 6. 3. 1807)

Nach Bayreuths Besetzung im Oktober 1806 bekam das Fürstentum eine französische Militärregierung. An ihrer Spitze stand Etienne Le Grand, der Bayreuther Militärgouverneur. Ihm beigeordnet war ein „Intendant", der Zivilgouverneur Baron Camille de Tournon. Beide residierten in Bayreuths Neuem Schloß.

Die Hauptaufgabe des Intendanten schien die Eintreibung der Kriegskontribution von 2,5 Millionen Francs gewesen zu sein, die der „Provinz Bayreuth" gleich nach Besetzung aufgebürdet worden war. Tournon löste diese Aufgabe binnen zweieinhalb Jahren. „Seitdem ich im Lande bin", brüstete er sich in einem Brief an seine Mutter, „habe ich in 2 1/2 Jahren mehr als der König von Preußen aus dem Land herausgeholt." (23. März 1809)[3]

Daß ihm dabei nicht immer leicht ums Herz gewesen ist, hatte er seiner Mutter schon im Juli 1807 gebeichtet: „So glänzend sie sein mag", schrieb er ihr über seine Arbeit, „so beruht der Glanz doch auf dem allgemeinen Unglück. Der Anblick dieser Unglücklichen, die ich so selten trösten kann, ist herzzerreißend."[4]

Etienne Le Grand, der französische Militärgouverneur, war aus anderem Holz geschnitzt. Er setzte seine Befehle mit unnachgiebiger Härte durch. Sie mußten zweisprachig in der Bayreuther Zeitung und im Intelligenzblatt veröffentlicht werden.

„Es gefällt übel gesinnten Leuten", warnte er beispielsweise im Januar 1807 die Bevölkerung, „über politische Gegenstände und die Lage der Armeen die abgeschmacktesten Nachrichten zu verbreiten. Dafür habe er „nicht das mindeste Verständnis"; er werde jeden, der solche Nachrichten verbreitet, „von welchem Stande er auch sein möge", gefangennehmen und militärisch bestrafen lassen (BZ 4/6. 1. 1807).

In der Intelligenzzeitung verkündete er: „Die Ruhe des Landes hängt einzig und allein vom Gehorsam und der Bereitwilligkeit der Bewohner ab; es sei daher wohl selbstverständlich, daß auch „den Requisitionen für die Bedürfnisse der französischen Armee aufs pünktlichste genügt" werden müsse. (IZ 2/6. 1. 1807)

Die Bayreuther Zeitung beurteilte alle Maßnahmen Le Grands — notgedrungen — äußerst wohlwollend. So schrieb sie im Dezember 1806, als der Gasthof zur Goldenen Sonne am Sternplatz geschlossen werden mußte: „Die Vergehungen, welche sich der junge Feldmann [Sohn des Gastwirts] und zwei Bediente gegen einen französischen Officir haben zu Schulden kommen lassen, machen diese *exemplarische Strafe* nöthig." (BZ 201/22. 12. 1806)

Der Gasthof diente nach seiner Schließung vermutlich als Quartier für französische Offiziere. Denn Gouverneur Le Grand sorgte sehr gründlich dafür, daß die Beschlagnahmung von Wohnraum kein Haus in Bayreuth ausließ: „Ich frage, warum die Häuser Nr. 29, 34, 51, 69, 75, 242, 244, 258-262, 304, 323-328, 336, 376, 381, 539 etc. keine Einquartierung bekommen?" wunderte er sich und stellte die ultimative Forderung nach einem neuen Regelwerk für

---

Bayreuther Zeitung.

273

Freitag. Nro. 49. 27. März 1807.

Proclamation.

Etant informé qu'il existe encore des déserteurs et prisonniers de guerre tant étrangers que du pays, refugiés dans cette province, qui d'après l'ordre du jour du quartier-général Impérial, en date du 30 Octobre 1806 doivent être dirigés sur Mayence.

Il leur est ordonné de se présenter dans le délai d'un mois au plus tard au bureau du gouvernement à Bayreuth pour y recevoir des feuilles de route à fin de se rendre à Mayence.

Ceux qui préfereront s'engager au service de S. M. le roi de Bavière, se présenteront à cet effet à Mr. le Capitaine de Corseinge à Bayreuth où aux dépots de recrutement établis à Hof, Wunsiedel, Culmbach, Erlang et Neustadt sur l'Aisch.

Ceux qui dans le délai préscrit ne se seront pas conformés à l'ordre ci-dessus seront poursuivis et punis comme rebelles.

Les Magistrats et fonctionnaires publics de la Province sont chargés, sous leur responsabilité personelle, de veiller à l'exécution des présentes dispositions.

Fait au château du gouvernement à Bayreuth, le 24. Mars 1807.
Le Général-Gouverneur de la Province
ENE. Le Grand.

Proclmation.

Sämmtliche Deserteurs und Kriegs-Gefangene, sowohl Fremde als Landeskinder, welche sich in der hiesigen Provinz aufhalten und hieher geflüchtet sind, sollen, in Gemäßheit eines Tagesbefehls, gegeben im Kaiserlichen Hauptquartier am 30. Oct. 1806, nach Mainz dirigirt werden.

Sie werden deshalb aufgefordert, sich spätestens innerhalb eines Monats in dem Büreau des Gouvernements zu Baireuth zu melden, wo sie Marschrouten empfangen werden, um sich nach Mainz zu begeben.

Diejenigen, welche sich lieber für den Dienst Sr. Majestät des Königs von Baiern wollen anwerben lassen, haben sich zu diesem Ende bei dem Herrn Hauptmann von Corseinge zu Baireuth, oder bei den zu Hof, Wunsiedel, Culmbach, Erlangen und Neustadt an der Aisch errichteten Werbdepots zu melden.

Diejenigen, welche in dem oben bestimmten Zeitraum der gegenwärtigen Ordre nicht Folge geleistet haben, werden aufgesucht und wie Aufrührer bestraft werden.

Die Magisträte und übrigen öffentlichen Behörden der Provinz sind beauftragt, bei persönlicher Verantwortlichkeit auf die Erfüllung vorstehender Verfügung zu wachen.

Gegeben im Schlosse des Gouvernements zu Baireuth, den 24. März 1807.
Der General-Gouverneur der Provinz
Ené Le Grand.

Deutschland.

Aus dem Oestreichischen, 10. März. Mit dem Prägen neuer Kupferscheidemünze wird fortgefahren. Dem Vernehmen nach schlägt man sie so leicht, daß sie keine Unbequemlichkeit im Tragen verursachen kann; auch erhält sie die Ueberschrift: „Bankzettel-Scheidemünze", und wird daher die Natur kupferner Bankzettel annehmen. Die Ein- und Zwei-Guldenzettel sollen, da sie zu oft erneuert werden mußten, und gegen 2 Procent zu fabriziren kosteten, dafür eingezogen, und so dem Publicum eine neue große Bequemlichkeit verschafft werden. Zugleich verdoppelt man die Vorsichten gegen Einschwärzung nachgeprägter Kupfermünze. Zu Ofen ist ein neuer Fabricant von falschen Bankzetteln, ein Italiener, eingezogen worden.

Berlin, 17. März. Der Kaiser Napoleon wird täglich

die Einquartierung, — „im kürzesten Zeitraum zu meiner Genehmigung vorzulegen!" (IZ, 23. 5. 1807)

Der Meinung seines Intendanten Tournon, die Bayreuther seien „fügsam und leicht regierbar", mochte sich Le Grand nicht anschließen. Er wisse z.B. um „Privatpersonen, welche französische und baierische Deserteure verheimlichen"; diesem Treiben müsse er dringend Einhalt gebieten; also laute sein diesbezüglicher Befehl: „Jedes Individuum, welches überwiesen [überführt] ist, Deserteure vor den Franzosen oder den Alliirten wissentlich verheimlicht oder versteckt zu haben, wird arretirt und nach Frankreich gebracht, um daselbst als Verführer und Beförderer der Desertion verurtheilt zu werden." (BZ, 23. 4. 1807) Der Befehl mußte — neben der zweisprachigen Veröffentlichung in der Zeitung — auch „abgelesen, bekannt gemacht und angeschlagen werden, damit sich niemand mit der Unwissenheit entschuldigen könne."

Anders als die Bayreuther Zeitung, die voll auf französische Linientreue eingeschwenkt war, wandte sich die „Erlanger Realzeitung" (deren Urahn unter Redakteur Groß schon so wacker gegen politische Unterdrückung gekämpft hatte) ziemlich unverhohlen gegen den Rheinbund und lobte statt dessen „den Enthusiasmus und die herrliche patriotische Stimmung" in den preußischen Ländern. Die Hoffnung des Redakteurs: „Ich glaube, daß hier jede böse Sache, wenn sie auch glänzte, einst zerstört wird..."

Dieser „eigenthümliche, düstere und schwülstige Ton"[5] der Erlanger Zeitung führte schließlich zu deren Verbot. Die Bayreuther Zeitung berichtete darüber:
„Auf Befehl des Generals Etienne Le Grand, Gouverneur des Fürstenthums, wird der Censor [?] und der Redacteur der Erlanger Zeitung [Dr. Joh. Josua Stutzmann[6]*], die sich erlaubt hatten, in ihren öffentlichen Schriften falsche Neuigkeiten und Anmerkungen zu verbreiten, die fähig sind, die öffentliche Ruhe zu stören, — zur Besserung mit achttägiger Gefängnisstrafe belegt und die Erlanger Zeitung aufgehoben."*
BZ 40/ 10. 3. 1807)

Nach Verbüßung der achttägigen Haftstrafe durften die Erlanger Zeitungsmacher wieder ans Werk gehen — doch nicht für lange. Bereits Ende April 1808 meldete die Bayreuther Zeitung erneut das Verbot der Erlanger Zeitung — diesmal „für immer" — und die Gefangennahme ihres Zensors:

„Der General Etienne Legrand, einer der Commandanten der Ehren-Legion, Gouverneur der Provinz und Stadt Baireuth, hat die Erlanger Zeitung, unpartheiische Zeitung betitelt, für immer aufheben lassen und befohlen, den Censor dieses Blattes zu arretiren und nach Baireuth zu bringen, um daselbst eine Corrections-Strafe zu erhalten, weil — mit seiner Erlaubniß — der Nro. 26 vom 21. April [1808] Bemerkungen eingerückt worden, die für gekrönte Häupter beleidigend sind."
(BZ, Extrablatt Nr. XVI, 23. 4. 1808)

Im Unterschied zur Erlanger Zeitung widmete die Bayreuther Zeitung den französischen Gouverneuren allmählich die gleiche loyale Hingabe wie früher den Markgrafen. So sah sie „in manchem Auge die Thräne der Sehnsucht glänzen", als General Le Grand seinen bayerischen Waffenbruder, den „braven Soldat Bartholomä Post", mit der silbernen Verdienstmedaille auszeichnete. „Zum Beweis seiner ausgezeichneten Achtung küßte er den tapferen Soldaten und stellte ihm zu gleicher Zeit eine geschmackvoll gearbeitete goldene Uhr zu". (BZ, 25. 6. 1807)

Indes kann man nicht zwei Herren gleichzeitig dienen. Der Bayreuther Zeitungsverleger Hagen, der gezwungenermaßen die französische Meinung vertreten mußte, verdarb es sich dadurch ebenso zwangsläufig mit Österreich — ganz zu schweigen von Restpreußen. Anfang Juni 1808 verbot der österreichische Kaiser die Bayreuther Zeitung in all seinen Erblanden, gültig ab 1. Juli 1807. Ursache waren einige „schneidende Bemerkungen, die dieselbe sich über österreichische Finanzoperationen erlaubt hatte".[7] Damit war für Verleger Hagen eines der wichtigsten Absatzgebiete seiner Zeitung verlorengegangen. Dem Verlust an journalistischer Integrität begann der wirtschaftliche Ruin der Bayreuther Zeitung zu folgen.

Nro. 7958.

Kurrende

von dem kaiserl. königl. Grätzer-Kreisamte

an sämmtliche Dominien, Magistrate und Bezirksobrigkeiten.

Nach Inhalt hoher Gubernial-Verordnung vom 20. d. M. haben Se. Majestät vermög eines eingelangten Polizeyministerial-Schreibens vom 11. des nämlichen zu befehlen geruhet, daß die Bayreuther-Zeitungen vom 1. July angefangen in allen Erbländern allgemein verbothen, die bis dahin erscheinenden Blätter aber den Pränumeranten nur in so fern ausgefolget werden sollen, als sie keine anstößige Stellen enthalten.

Welches den Bezirksobrigkeiten zur Benehmung, und weiteren Bekanntmachung erinnert wird.

Gräz den 30. Juny 1807.

Anton Freyherr v. Spiegelfeld,
k. k. Gubernialrath und Kreishauptmann.

Michael Kaltenegger,
erster Amtssekretär.

Friedrich August Bein — Vom Bayreuther Zeitungsredakteur zum preußischen Geheimagenten und gescheiterten Freiheitskämpfer

Über Friedrich August Bein, der vor dem Einfall der Franzosen die Redaktion der Bayreuther Zeitung geführt hatte, war aus den Bayreuther Archiven nur sehr wenig zu erfahren gewesen: Um 1803 kam er nach Bayreuth (sein Vater wurde in diesem Jahr bei der Kriegs- und Domänenkammer als Assessor angestellt), Ende 1806 verließ er Bayreuth wieder und begab sich nach Wien.

Der Zufall wollte es, daß mir im Spätsommer 1992 — das vorliegende Buch war bereits im Satz — Herr Dr. Friedrich Schembor aus Wien begegnete, der im Bayreuther Stadtarchiv nach Nachrichten eben über besagten Redakteur Bein suchte. Ich darf hier aus Dr. Schembors unveröffentlichtem Manuskript (*) nachtragen, was er in den Wiener Archiven über August Beins Karriere vom Bayreuther Zeitungsredakteur zum preußischen Geheimagenten gefunden hat:

Redakteur Bein hatte vermutlich schon vor dem 7. Oktober 1806, dem Einmarsch der französischen Truppen in Bayreuth, die Stadt verlassen. Die Nachricht, daß er sich in Wien aufhalte, erreichte die Leser der Bayreuther Zeitung am 24. Januar 1807. Zu diesem Zeitpunkt hatte Bein schon längst seine Kontakte zur preußischen Führungsschicht geknüpft. Denn schon Mitte Januar 1807 nahm er in Wien in preußischem Auftrag 20 000 Dukaten entgegen, die England — via Wiener Botschaft — der preußischen Regierung leihen wollte. Am 17. Januar 1807 übergab er das Geld dem Graf Götzen, Flügeladjutant des preußischen Königs und Mitverteidiger der Festung Glatz in Schlesien. Die Festung Glatz, von der noch häufiger

(*) Friedrich Wilhelm Schembor: „Die Aufstandsversuche in Ansbach-Bayreuth, der Krieg in Preußisch-Schlesien und die österreichische Neutralität von 1807 bis 1809."
Die Arbeit wird 1994 als Ergänzungsband zu den jährlichen „Mitteilungen des Österreichischen Staatsarchivs" erscheinen.

die Rede sein wird, befindet sich etwa 100 km südlich von Breslau.

Sturm auf die Festung Braunau am Inn

Nach seiner Ankunft in der Festung Glatz erörterte Bein mit Götzen einen Plan, den sie schon vor Wochen mit dem österreichischen Offizier und Abenteurer Jakob Breczka ausgeheckt hatten: wie die von den Franzosen besetzte Festung Braunau am Inn im Handstreich zurückerobert werden könne — die Aktion sollte am Faschingsdienstag (10. Februar) 1807 laufen. Da Götzen dem Breczka mißtraute, er hielt ihn für „einen bloßen Avanturier", beauftragte er seinen „Geheimsekretär Bein" mit der Vorbereitung und Durchführung des Plans.

Zur Finanzierung des Vorhabens bekam Bein von dem überbrachten Geld 4000 Dukaten zurück, mit denen er sich dann wieder auf den Weg nach Wien machte.

Leider ging schon bei Beins Wiedereinreise nach Österreich alles schief. August Bein, der sich den österreichischen Zollbeamten am Grenzübergang Niederlipka als preußischer Kurier auswies, machte sich durch sein erschrockenes Auftreten so verdächtig, daß man die Echtheit seines Passes bezweifelte. Als Bein die Beamten auch noch mit klingender Münze belohnen wollte, wenn sie ihn unbehelligt weiterziehen lassen würden, wurde er zum Stationskommandanten nach Grulich gebracht. Von dort ging es (nach einer peniblen Leibesvisitation, bei der auch das Geld gefunden wurde) weiter nach Reichenau und schließlich zum österreichischen Generalkommando nach Prag, wo man Bein endlich freiließ.

Die Zollbeamten von Niederlipka, die durch Beins „unzweckmäßiges Benehmen und unverständliche Reden, aus denen kein Mensch klug werden konnte", Verdacht geschöpft und entsprechend gehandelt hatten, wurden zwar von ihrer vorgesetzten Dienststelle im nachhinein dafür gerügt, doch war durch sie soviel Zeit verlorengegangen, daß Graf Götzen den Plan zur Einnahme der Festung Braunau abblies.

Der ansbach-bayreuthische Aufstand

Wenig später bekam der ehemalige Redakteur der Bayreuther Zeitung einen neuen Geheimauftrag. Diesmal sollte er im Fürstentum Bayreuth-Ansbach gegen die französischen Besatzer einen Aufstand entfachen. Auch bei diesem Plan hatte wieder Graf Götzen seine Hand im Spiel. Er war vom preußischen König nach Wien geschickt worden, um den Kaiser für den Kriegseintritt gegen Frankreich zu gewinnen. Nebenbei ebnete er beim Kaiser auch den Boden für die Logistik der Bayreuther Volksfront. Der Plan sah vor, daß Götzen in Wien Uniformen und Gewehre für 2000 Mann beschaffen und an die böhmisch-bayreuthische Grenze schicken lassen sollte. Dort würden die Ausrüstungsgegenstände von Redakteur Bein entgegengenommen, zwischengelagert und nach Ausbruch des Aufstandes ausgegeben werden.

Auch dieser Plan schlug fehl. Obwohl Götzen vermutlich mit dem Einverständnis des österreichischen Kaisers handelte, sorgten Bein und verschiedene preußische Offiziere für allzuviel Publizität. Da es sich Österreich nicht leisten konnte, den Franzosen einen Kriegsgrund zu liefern, distanzierte es sich wieder von dem Vorhaben, und während sich Bein bereits am Einsatzort im westböhmischen Grenzgebiet befand, waren die ersten Waffen- und Uniformlieferungen bereits von den österreichischen Behörden abgefangen worden.

Dennoch gelang es den beauftragten Lieferanten im weiteren Verlauf des Aufstandunternehmens, Götzens Agenten und Rädelsführer Bein einiges an Waffen und Uniformen zu liefern. [Bein hatte inzwischen „mit einem Stab von Mitarbeitern ein über das ganze Egerland hin verteiltes

Netz von Auffangstellen angelegt, wo die von Wien, Brünn und Prag kommenden Frachten... in Empfang genommen und weiterverteilt werden sollten", teilt Anton Ernstberger in seiner Untersuchung „Eine deutsche Untergrundbewegung gegen Napoleon, 1806 bis 1807" mit. (Schriftenreihe zur bayerischen Landesgeschichte, Band 52; München 1955)*]

Indes zeigte es sich bald, daß Bein vielleicht ein begabter Zeitungsschreiber, aber sicher nur ein dilettantischer Revoluzzer gewesen war. Er machte den Fehler, sich im Grenzgebiet mit einem Mann anzufreunden, der den Behörden als unbegütert bekannt war, nun aber mit Geld um sich werfen konnte. So wurde Geldgeber Bein vorläufig festgenommen und zur Untersuchung des Falls nach Pilsen gebracht. Bei seiner Vernehmung gab Friedrich August Bein an, daß er in Halle an der Saale geboren, 38jährig, evangelisch, ledig und Geheimer Kabinettsekretär des Königs von Preußen sei. Er lebe hier als Kaufmann Hagen, weil er als Redakteur bei der Bayreuther Zeitung „proskribiert" sei. Sein Paß sei ihm auf diesen Namen vom preußischen Gesandten in Wien, Graf Finkenstein, im Einvernehmen mit den österreichischen Behörden ausgestellt worden. Er habe den Auftrag, die in Not befindlichen ranzionierten preußischen Offiziere mit Geld zu unterstützen. (Ranzionierte waren gegen Lösegeld oder das Gelöbnis, nicht wieder gegen den Feind die Waffen zu ergreifen, Freigelassene. Die preußischen Ranzionierten, die Bein finanziell unterstützen sollte, waren gegen Gelöbnis freigelassen worden.)

Während seiner Vernehmung durch den Pilsener Kreishauptmann war Beins Aktenmappe heimlich nach Prag gebracht worden, die darin enthaltenen Schriftstücke abgeschrieben und das verschlossene Portefeuille wieder zurück nach Pilsen gesandt. Da Bein sein Portefeuille mit einem „guten englischen Schloß" gesichert hatte, bereitete die

*) Wie mir Dr. Schembor mitteilte, waren Ernstbergers Ergebnisse in vielen Punkten korrekturbedürftig.

unauffällige Lüftung von Beins Geheimnissen den Pragern viel Kopfzerbrechen. So mußte Bein nach der Vernehmung sowohl auf seine Aktentasche, als auch auf die Entscheidung aus Wien warten, ob er sich im österreichischen Grenzgebiet noch weiter aufhalten dürfe. Inzwischen hatte sich die österreichische Geheimpolizei mit Beins Inszenierung des Volksaufstands durch die in Prag gemachten Abschriften eingehend vertraut gemacht. Demnach hatte Bein bereits Druckmaschinen gekauft, um mit Hilfe von Flugblättern die Ansbach-Bayreuther Volksseele für seine Idee einer Volksfront zu begeistern. Es sei höchste Pflicht, hielt Bein in seinen Papieren fest, das Vaterland vom französischen Joch zu befreien; wer diese Pflicht vernachlässige, sei Staatsverräter und müsse hingerichtet, Gemeinden müßten geschleift werden. Zu seinem Pech ließ sich für den technischen Teil der Flugblatt-Offensive kein Drucker finden.

Aus Beins heimlich kopierten Strategiepapieren ging auch hervor, wie und wo er den Funken ans Pulverfaß legen wollte. Es sollte in Erlangen geschehen. Bein wollte es so arrangieren, daß er und sein Mitstreiter, der preußische Leutnant Friedrich von Falkenhausen (Adjutant des Generals Tauenzien), von den Erlanger Studenten in eines ihrer Lokale eingeladen würden. Dann würden sie ein hitziges Trinkgelage veranstalten, in dessen Verlauf Falkenhausen den Aufstand ausrufen würde. Die berittenen Studenten (Falkenhausen wollte 50 Pferde zusätzlich bereitstellen) sollten nach Ansbach reiten und die Stadttore besetzen. Um eine größere Truppe vorzutäuschen, sollten Kavallerieposten ständig durch die Hauptstraßen der Stadt reiten und immerfort schreien: *„Setzt angezündete Lichter vor die Fenster!"* — *„Niemand darf aus seinem Haus gehen! Es wird Feuer geben auf jeden, der sich auf der Straße blicken läßt!"*

Die unberittenen Studenten sollten dagegen nach Erlangen zurückkehren, die Stadt besetzen und *„jeden hinein-, aber keine Seele hin-* *auslassen!"*. In der Nacht sollten Proklamationen gedruckt, und der vor kurzem arretierte Redakteur der Erlanger Zeitung zum „Generalintendanten von Erlangen" ernannt werden. Die Ernennungsurkunde hatte Bein bereits vorbereitet. Da er den Namen des Redakteurs — Dr. Johann Josua Stutzmann — nicht kannte, sollten die Studenten den Namen nachträglich einsetzen.

In seinen weiteren vorbereitenden Überlegungen verstieg sich Bein immer höher ins Reich der Phantasie. So wollte er ein Korps der Rächer errichten, das dunkelfarbig gekleidet und mit kurzen römischen Dolchen ausgerüstet, Napoleon Bonaparte gefangennehmen würde.

Diesseits jener visionären Umsturzpläne prallten Beins Vorstellungen hart auf die rauhe Wirklichkeit. „Eselhaft", „albern", „exaltiert" und „wahnsinnig" urteilten verschiedene angesehene Personen, die Bein für den Aufstand anwerben wollte, über die stümperhafte Vorgehensweise des Amateurrevoluzzers. Friedrich von Gentz, bedeutender Publizist und Politiker, warnte seinen Freund Götzen vor Bein und beschwor ihn, „diesen leeren Phantasten, der nichts weiß, nichts kennt", sofort aus Westböhmen abzuberufen.

Neben seiner erfolglosen Arbeit am Aufstand hatte Bein eine andere Aufgabe zufriedenstellender lösen können. Er sollte die auf österreichischem Gebiet befindlichen ranzionierten preußischen Offiziere und Soldaten sammeln, mit Geld versorgen — 11 Gulden pro Mann, berechnet für die elftägige Reise nach Glatz — und die Truppe auf die Reise zu Götzen schicken, unter dessen Kommando sie wieder gegen die Franzosen kämpfen sollte. Sammelplatz für die versprengten Soldaten war das „Wirtshaus zur Sonne" in Eger. Viele der Ranzionierten waren gar nicht so begeistert, wieder gegen die Franzosen zu kämpfen, da sie wußten, daß ihnen bei neuerlicher Gefangenschaft die Todesstrafe drohte. So nahmen sie von Bein zwar das Geld entgegen, gingen aber dann nicht, wie vorgesehen nach Glatz, sondern „verkrümelten" sich stillschweigend.

Indes wirbelte Bein auch bei dieser Aktion soviel Staub auf, daß der Bayreuther Militärgouverneur Etienne Le Grand Wind von der Sache bekam — sehr zum Mißfallen der Österreicher, die keinerlei Interesse daran hatten, auf diese Weise in den französisch-preußischen Krieg verwickelt zu werden. So wurde Bein jeder weitere Aufenthalt im Grenzgebiet verboten, der Leiter der Obersten Polizeihofstelle ließ in Wien alle angelegten Waffenmagazine beschlagnahmen — der von Bein für Ende April 1807 geplante Aufstand war im Keim erstickt.

Die Befreiung Bayreuths

Doch Bein und Falkenhausen gaben nicht auf. In einer weiteren Aktion — bei der Bein diesmal mehr im Hintergrund agieren sollte — wollte man preußische Gefangene befreien. Als es Falkenhausen zu Ohren kam, daß sich ein neuer Gefangenentransport, an die 500 Mann stark und von 250 Mann sächsischer Truppen geleitet, auf dem Weg über Gefrees nach Bayreuth befände, wurde das Befreiungsunternehmen — abermals mit Götzens Genehmigung — in der Nacht vom 6. zum 7. Juli 1807 gestartet. Der Plan: Falkenhausen würde mit einem Trupp noch zu sammelnder preußischer Soldaten den Transport überfallen, die Gefangenen mit den Gewehren ihrer Bewacher bewaffnen und Bayreuth befreien. Wenn er Herr der Stadt sei, meinte Beins Kampfgenosse, sei er auch Herr der ganzen Provinz. (Wie er sich zum Herrn über Stadt und Provinz aufschwingen wollte, ließ er offen; um gegen die französische Truppenübermacht zu bestehen, hätte er vermutlich die französische Militärregierung gefangennehmen müssen.) Nach Befreiung Bayreuths wollte das siegreiche Duo mit 1000 Mann über Sachsen zu Götzen nach Schlesien in die Festung Glatz ziehen.

Wie aus Falkenhausens ausführlichem Ereignisbericht an Götzen hervorgeht, schlug auch dieses Unternehmen fehl. Bein, Falkenhausen und wohl nur ein kleines Häuflein unverwegter Freischärler gingen bei Mühlbach, ein paar Kilometer westlich von Eger, über die Grenze (im Selber Wald hatten sie ihre Waffen versteckt) und trafen sich in dieser Gegend mit 40 Husaren aus Ansbach, von denen allerdings nur sieben beritten waren. Noch im Morgengrauen des 7. Juni 1806 machte man sich durch das Fichtelgebirge auf den Marsch nach Bayreuth. Die wegen der großen Tageshitze entkräftete Truppe traf um 9 Uhr abends im „Neuen Wirtshaus" (bei Kemnath), dreieinhalb Stunden von Bayreuth entfernt, ziemlich schlapp ein. Da am Wirtshaus, das im voraus zum Sammelplatz für Soldaten und Aufständische bestimmt worden war, niemand zur Verstärkung bereitstand, machte sich der preußische Stoßtrupp allein auf den weiteren (Schleich-)Weg nach Bayreuth. Ein fern aus der Stadt erklingendes Trompetensignal, von Falkenhausen anfänglich für einen Zapfenstreich gehalten, sei in Wirklichkeit das Alarmsignal für 3000 Mann gegnerischer Übermacht gewesen, berichtete Falkenhausen — das Unternehmen war an die Franzosen verraten worden. Die Befreiungskämpfer mußten aufgeben und flohen einzeln über die Grenze nach Österreich zurück; die Waffen versteckten sie im Wald. „Hagen", teilte Falkenhausen in seinem Bericht an Götzen über Redakteur Bein mit, „war bei dem ganzen Unternehmen gegenwärtig und wollte von Eger nach Ellbogen emigrieren. Er empfiehlt sich Eurer Gnaden."

Das Ende des Agenten

Während französischerseits das preußische Kommandounternehmen als „Exzeß" gewertet wurde und Le Grand, der Bayreuther Militärgouverneur, bei dem Stadtkommandanten von Eger zynisch anfragen ließ, welche Vorkehrungen Österreich *für die Zukunft* getroffen habe — während dessen aber wartete Bein vergeblich auf eine Antwort von Graf Finkenstein, dem preußischen Gesandten in Wien, den er in zwei Briefen um weitere Instruktionen gebeten hatte. Finkenstein wollte von dem stets versagenden Geheimagenten — verständlicherweise — nichts mehr wissen. Bein hing in der Luft. Er wisse nicht, was er machen solle, schrieb er am 9. Juli 1807 völlig deprimiert an seinen alten Kontaktmann, Graf Götzen. Er habe den Gedanken noch nicht aufgegeben, nach Südamerika zu emigrieren, gleichwohl — um dort genügsam leben zu können — ihm das Vermögen fehle. Überdies hätte sein Vater schon einen Kredit für ihn aufnehmen müssen, damit „der Abgang", der sich in Beins Kasse eingeschlichen hatte, gedeckt werden konnte. Falkenhausen, gleichermaßen deprimiert, teilte am 1. September 1807 über seinen Freund und Kampfgefährten Bein mit, daß sich dieser nach einigen Tagen Aufenthalts in Wien über die Festung Glatz auf den Weg „nach Preußen" gemacht habe.

Erst Anfang Januar 1812 erscheint Beins Name wieder in den Wiener Akten: Der Kaiser übergibt dem Präsidenten der obersten Polizeihofstelle die 1807 in Prag kopierten Schriften Beins und ersucht ihn, Auskünfte darüber einzuholen, was sich in dieser Sache seither getan habe. Ein schon 1807 in wichtigen Funktionen für die Polizei tätiger Informant, Eichler, wußte über Bein zu berichten, daß dieser nun (Januar 1812) in Breslau beim Domänendepartement beschäftigt sei, während der Königgrätzer Kreishauptmann herausgefunden haben wollte, daß Bein als Pensionist auf seinem Gute nahe bei Potsdam lebe. Der Prager Stadthauptmann meldete am 27. Februar 1812 — er bezog sich dabei auf Auskünfte des Kurfürsten von Hessen und des früheren preußischen Ministers von Stein: „Bei der erst neuerlich durch den Staatskanzler von Hardenberg bewirkten Reorganisation der preußischen Staatsverfassung soll Bein im Staatsrat in der Sektion für die auswärtigen Angelegenheiten wieder eine Anstellung erhalten haben, nachdem er bis dahin auf Pension gesetzt war."

Der Verlauf und das Ende dieser neuen Karriere Friedrich August Beins, des letzten preußischen Redakteurs der Bayreuther Zeitung, blieb bisher unerforscht.

Bayreuther Zeitungsende

Im August 1807 schloß Frankreich mit Preußen Frieden. Da Preußen auf der Verliererseite stand, mußte es sich die Friedensbedingungen größtenteils diktieren lassen. Es verlor etwa die Hälfte seiner Gebiete. Auch das Fürstentum Bayreuth wurde nun dem französischen Reich ganz offiziell als neue Provinz einverleibt. Für die Bayreuther Zeitung war Jubel angesagt. In einem zweisprachigen Extrablatt schilderte sie die Festlichkeiten, die anläßlich des „Friedens von Tilsit" und Napoleons Geburtstag mit Pomp und Gloria in Bayreuth zelebriert worden waren.

Doch Napoleon, den die Bayreuther Zeitung noch 1807 als „Friedensstifter und Helden von Europa" gefeiert hatte, zeigte sich dem Bayreuther Blatt nicht sonderlich wohlgesonnen. „Wegen einer nur geringfügigen Entgleisung wurde die Zeitung Bayreuths im Jahr 1808 vollkommen unterdrückt und ihr Redacteur [Hagen] in Haft gesetzt." Dies teilte die Bayreuther Zeitung allerdings erst Jahrzehnte später, am 7. April 1845 mit, lange nachdem die französische Herrschaft in Bayreuth beendet war und die Bayreuther Zeitung in bayerischer Zeit wieder erscheinen durfte.

Die aktuellen Ereignisse, die in französischer Zeit zum Verbot der Zeitung und zur Verhaftung des Redakteurs geführt hatten, lassen sich aus den zeitgenössischen Quellen nur sehr grob rekonstruieren. Der Bayreuther „Stadtsyndicus" Schilling teilte in seinen Erinnerungen[8] an die französische Herrschaft mit, daß sich um die Überwachung der deutschen Presse Marschall Davoust, der Oberbefehlshaber der französischen Besatzungsmacht in Deutschland, gekümmert hatte. Nach Schillings Ansicht war Davoust „ein wahrer Teufel in Menschengestalt" gewesen. Er habe in seinem Gefolge ein „Bureau von Spitzbuben" gehalten, „deren Geschäft es war, alle Zeitungen Deutschlands zu lesen. Wenn sie darin etwas gegen den Kaiser Napoleon oder Frankreich fanden, [mußten sie] es französisch notieren und dem Marschall behändigen...Wehe dann auch dem Zeitungsschreiber, dem es oft noch viel schlimmer erging, als unserem guten und braven Regierungssekretär Hagen".[9]

Das markgräfliche Kanzleigebäude, in dem Redakteur Hagen während der französischen Besatzungszeit mehrmals „lange Zeit" in Haft gehalten wurde.

Georg Christian Hagen war wenigstens zweimal von den Franzosen verhaftet worden. Zum erstenmal im Januar 1808, als er „mehrmals unbedachtsame und ungegründete Neuigkeiten über Sachsen" in sein Blatt aufgenommen hatte, zum zweitenmal im August 1808, weil er über Vorgänge in der Türkei „falsch" berichtet hatte.[10] Über die Haftumstände und -dauer gibt es nur die eine vage Angabe von Schilling: „Lange wurde dieser durchaus brave Mann in Arreste im Canzlei-Gebäude gehalten." Wo sich Hagens Haftzelle im Kanzleigebäude befand (dem heutigen Gebäude der Regierung von Oberfranken in der Kanzleistraße), gilt auch als unbekannt.

Kurz vor seiner Arretierung hatte Hagen im Juni 1808 noch versucht, sein Blatt wieder auf dem österreichischen Markt zu etablieren. In seinem Gesuch zur Wiederzulassung der Zeitung in den österreichischen Erblanden schrieb er den zuständigen Wiener Behörden, daß die Bayreuther Zeitung „immer den Ruf eines für Österreich gut gesinnten Blattes gehabt, daß selbst mehrere k.k. Gesandte es als das Organ gebraucht hätten, [um] gewisse Notizen und Aufklärungen ins Publikum zu bringen". (Zitiert im Schreiben des Leiters der Wiener „Obersten Polizei- und Zensurhofstelle", Hofrat von Hager, an den „dirigierenden Minister der auswärtigen Geschäfte", Graf Stadion; 26. Juli 1808) Zum Beweis der Gesinnungstreue seines Blattes hatte Hagen dem Gesuch die bisherigen Ausgaben der Bayreuther Zeitung des Jahres 1808 (Januar bis Mitte Mai) beigelegt. Eine dieser Zeitungen enthielt eine Meldung ("Orsowa, vom 7. März 1808"), die besagte, daß die türkische Regierung mit Österreich in der Frage der türkischen Festung Neu-Orsowa vollkommen übereingekommen sei, daß diese Festung nie zur Walachei, sondern seit jeher zu Serbien gehört habe, weshalb sie nach dem türkisch-serbischen Waffenstillstand an Österreich übergeben werden würde.

Es erscheint aus heutiger Sicht etwas unangemessen, daß Österreich aus lauter Empörung über diese „Lüge" sogar bis nach Paris nach dem Urheber dieser Information geforscht hatte. Natürlich suchte man vor der Haustür zuerst. Über ein dem österreichischen Kaiserhaus „innig ergebenes und mit dem Redakteur der Bayreuther Zeitung in Verbindung stehendes [Redwitzer] Handelshaus" gelang es dem Kreiskommissär von Karlsbad, Prochazka, den Bayreuther Zeitungsverleger Hagen über die Herkunft der Falschmeldung ausfragen zu lassen. Hagen gab an, daß er die inkriminierte Nachricht zuverlässig nicht aus Wien erhalten habe. Hagen: „Auf alle Fälle hatte die Nachricht viel Glaubwürdigkeit und die Quelle war solid, denn ich nehme dergleichen schriftliche Nachrichten nicht auf, wenn ich nicht von der Realität des Herrn Korrespondenten überzeugt bin"; da er die verwendeten Korrespondenzen sogleich nach Gebrauch verbrenne, könne er nicht mehr mit Gewißheit sagen, ob die Information aus Paris oder Serbien stammte.

Trotz Hagens „türkischem Ausrutscher" war Franz Freiherr von Hager zur Auffassung gekommen, daß es zwar ein ersprießliches Mittel sei, „Zeitungsschreiber, die mit Leichtsinn oder aus bösem Willen nachteilige Artikel aufnehmen, in die Grenzen der Mäßigung und Bescheidenheit zurückzuführen"; da aber Zeitungsschreiber stark auf die öffentliche Meinung wirken könnten, sollte man nachsichtig sein — zumal, wenn sie reumütig seien und Besserung geloben — „damit sie nicht durch zu weit getriebene Strenge gereizt ganz feindselig werden".

Hager teilte seine Auffassung dem österreichischen Außenminister, Graf Stadion mit, der ihm beipflichtete, weil er in der Wiederzulassung der Bayreuther Zeitung selbst ein willkommenes Mittel sah, „von Zeit zu Zeit auf die Redaktion dieses Blattes zu wirken und [dadurch] irrige Vorstellungen desjenigen, was in der Monarchie vorgeht, zu beseitigen". Also wollte Stadion beim Kaiser für die Aufhebung des Bayreuther Zeitungsverbots votieren.[11] Es erscheint zwar paradox, war aber nur symptomatisch für die Situation, daß Hagens Zeitung gerade zu der Zeit, als sie sich wieder Österreichs Wohlwollen erfreuen durfte, von den Franzosen verboten wurde. Die österreichische Absicht der politischen Einflußnahme auf das Bayreuther Blatt war gegenstandslos geworden.

Am 14. August 1808 erregte sich der (französisch orientierte) Redakteur der Bamberger Zeitung über das „Journal de l'Empire", weil es in seiner Ausgabe vom 20. Juli 1808 eine Lügenmeldung der Bayreuther Zeitung ungeprüft übernommen hatte. Die beanstandete Meldung besagte, daß der Pascha von Widdin angeblich den türkischen Großvezier geschlagen habe und daß bei der erfundenen Schlacht „3 biß 4000 Mann auf dem Platze geblieben sind". — „Kann man solche Armseligkeiten erzählen?" klagte da der Bamberger Redakteur das „Journal de l'Empire" an — „vergebens wird der Journalist sagen, daß er diese Nachricht aus der Baireuther Zeitung geschöpft habe". Das „Journal de l'Empire" wäre wohl besser beraten gewesen, wenn es dem Wahrheitsgehalt der Bayreuther Zeitung etwas mehr mißtraut hätte. Die nachfolgende Begründung geriet dem Bamberger Journalisten zur Abrechnung mit allen „Ränkemachern, welche die Wahrheit verdunkeln und überall den Saamen der Unruhe und Besorgnisse ausstreuen möchten", vor allem aber zu einem bösen Abgesang auf die politische Bayreuther Zeitung:

„...Dies ist ein verrufenes Blatt, das seit mehreren Jahren unter dem Einfluß englischer Agenten geschrieben und von Männern ohne Talent, ohne Geist und Moralität redigiert wird...Die Bayreuther Zeitung ist übrigens verbothen und es wird nun eine Lügen- und Allarmtrompete weniger auf dem festen Lande ertönen. Wir wünschen, daß dieses heilsame Beispiel für die Redacteurs nicht verloren gehen möge."[12]

Damit hatte die Bayreuther Zeitung — die sich unter ihrem Gründer, Kommerzienrat Brunner, „der größtmöglichen Wahrheitsliebe befleißigen" wollte — ihre siebzigjährige Geschichte als „Lügen- und Allarmtrompete" beendet.

„Heiliges Haupt" —
Bayreuth feiert Napoleons Geburtstag

„Baireuth, 17. August 1807. Das Fest Seiner Majestät des Kaisers Napoleon, wurde hier mit aller Pracht gefeiert, welche ein so denkwürdiger Tag erforderte. Der Friede von Tilsit erhöhte noch den Enthusiasmus, welchen der Tag der Geburt des Helden und Friedensstifters von Europa hervorbrachte. Am 14ten August gegen Abend verkündete eine Salve von 61 Kanonenschüssen die Feierlichkeit des folgenden Tages. Am 15ten um 11 Uhr versammelten sich alle Civil- und Militair-Behörden in dem Hotel [Neues Schloß] des Herrn Generals Etienne Legrand, Gouverneur der Provinz; von da aus gieng der Zug in die Schloßkirche, um dem *Te Deum* beizuwohnen. Ein Detaschement Dragoner zu Fuß eröffnete den Zug, eine Compagnie des Bataillons Baireuth gieng auf den Seiten und die Husaren schlossen den Zug. Die übrigen Truppen der Garnison stunden in Reihen in der Schloßkirche. Nach dem *Te Deum* und nach dem Gebeth für die Erhaltung der kostbaren Tage Sr. Majestät begleiteten die Autoritäten der Provinz den Herrn Gouverneur in sein Hotel zurück. Um 3 Uhr versammelten sich wieder alle Officiere der Garnison und die Chefs der constituierenden Corps zu einem prächtigen Gastmahl, welches bei dem Herrn General Legrand zubereitet war. Gegen Ende der Mahlzeit verkündigten drei Kanonen-Salven die von dem Herrn General-Gouverneur aufgebrachte Gesundheit Sr. Maj. des Kaisers. Hierauf gab der Intendant der Provinz, Herr Camille von Tournon, folgenden Toast an: auf den Frieden von Tilsit und die hohen Monarchen die ihn unterzeichnet haben. Die übrigen Toasts waren auf Ihre Majestät die Kaiserin, auf die kaiserliche Familie, auf die Souverains des Rheinbundes und auf alle tapferen Soldaten. Abends war die ganze Stadt erleuchtet. Über dem Portal des Schlosses, wo der Herr Intendant wohnt [Ellrodt-Palais, Ludwigstr. 26], sah man das Brustbild Sr. Majestät, dessen heiliges Haupt eine in der Luft hängende, glänzende Krone zierte... Die Facade des Hotels des Herrn Gouverneurs stellte den geschlossenen Janus-Tempel vor. Ueber dem Gesims desselben erhob sich die Erdkugel, auf der sich die Staaten Europas zeigten, welche die verschiedenen Schauplätze des Ruhms Napoleons des Großen waren. Ueber dem Umfang dieser Staaten war der Anfangs-Buchstabe Seiner Majestät gezogen und Ihre darüber gesetzte Krone umgab Frankreich. Über der Weltkugel schwebte der kaiserl. Adler, der den Ölzweig des Friedens trug. Über dem Gesims des Tempels las man die Inschrift: *stupete gentes!* [staunet Völker!] Am andern Tag gaben der Herr Gouverneur und der Herr Intendant allen Damen der Stadt einen glänzenden Ball. Die Landes-Einwohner haben durch ihre Beeiferung, das Fest Sr. Majestät zu feiern, ihre Bewunderung und Ehrfurcht gezeigt."
(BZ, Extra-Blatt Nr. XXXIII, 20. 8. 1807)

[Die französische Revolution, 1789 begonnen, war mit Napoleons Kaiserkrönung im Dez. 1804 zu Ende gegangen: „Am 18. Mai 1804 beschloß der franz. Senat, die Regierung der Republik einem Kaiser anzuvertrauen, und dieses Amt dem Ersten Konsul Bonaparte, der sich nunmehr Napoleon I. nannte, anzubieten (...) Am 2. Dez. 1804 fand mit gewaltigem Pomp die feierliche Krönung in derselben Kathedrale Nôtre Dame in Paris statt, in der elf Jahre zuvor während der Entchristlichungskampagne die Revolutionäre den Göttinnen der Vernunft und der Freiheit gehuldigt hatten." (W. Grab, Die Franz. Revolution; Stuttgart 1989) Um zu zeigen, daß er die Kaiserwürde allein seinen eigenen Fähigkeiten zu verdanken habe, setzte sich Napoleon die Kaiserkrone (in Gegenwart des Papstes) selbst aufs Haupt.]

Der Bayreuther Zeitungsersatz

Mit dem Erlöschen der politischen Bayreuther Zeitung war das Programm des Hagen'schen Zeitungsverlags wieder auf eine einzige Zeitung, die Intelligenzzeitung, zusammengeschrumpft. Das Gründungsblatt des „Hochfürstlichen Bayreuther Zeitungs-Comtoirs" erschien jetzt als deutsch-französisches Amts- und Propagandablatt.

Ende Juli 1808 wurde als letztes Relict aus hochfürstlichen Zeitungszeiten der Titel des Blattes entfernt. Die Bayreuther Intelligenzzeitung hieß nun „Bayreuther Anzeiger der Landesverwaltungen und Gerichte"; wenig später wurde auch die Herkunftsbezeichnung „Bayreuther..." eliminiert.

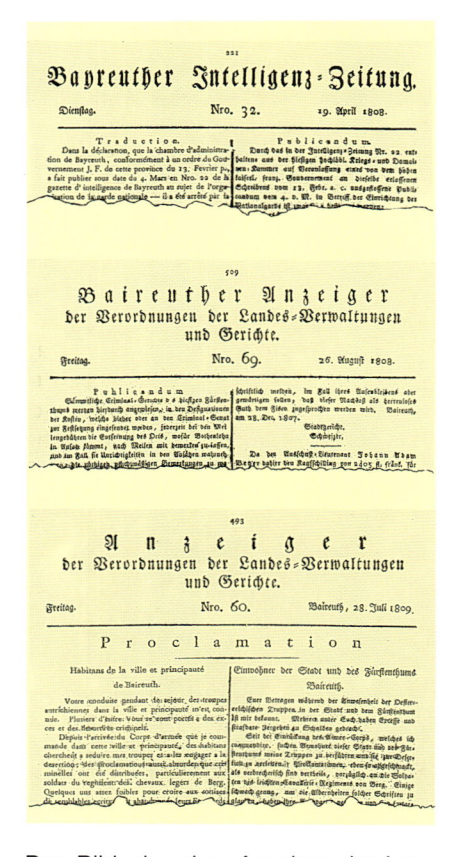

Das Bild, das der „Anzeiger der Landesverwaltungen und Gerichte" — im folgenden nur ALG oder „Anzeiger" genannt — von den Lebensumständen im französischen Bayreuth offenbarte, kann nur als „niederschmetternd trostlos" bezeichnet werden. Allein die Polizeistrafen, die monatlich im Anzeiger veröffentlicht werden mußten, kennzeichneten hinreichend die neue schlimme Zeit, mit der Bürgerinnen und Bürger unfreiwillig Bekanntschaft schließen mußten:

„Einem Bäckermeister 7-stündiger Arrest wegen ungebührlicher Behandlung des bei ihm einquartierten Soldaten. — Einem Bauern 24-stündiger Arrest wegen bezeigten Ungehorsams bei einer Kriegsfronleistung. — Einem Interims-Polizeiwächter 12-stündiger Arrest wegen falscher Denunziation. — Einer Soldatenfrau 36-stündiger Arrest wegen Aufnahme eines Deserteurs. — Einem Gastwirt 15 Taler Strafe wegen Aufnahme einer schutzlosen [verbarg sich hier Zeitungskritik?] Familie usw. Mehr ein Überbleibsel aus preußischer Zeit schien die Bestrafung von „Tobackrauchen auf offener Straße" (2 Taler Bußgeld) gewesen zu sein.

Nicht nur die Bürger, auch die Bauern hatten an ihrem französischen Schicksal schwer zu tragen: „Der Landmann", teilte Weltrich mit, „schlich düster hinter seinem von Schubkühen [?] geschleppten Pfluge einher und benetzte den verwilderten Acker mit Thränen."[13]

Angesichts dieser Bedrohlichkeiten erschien es geradezu rührend, wenn sich der Anzeiger als „Durchhaltezeitung" empfahl. So pries er zur Stärkung der Nerven allen Lesern „eine wenig bekannte Wirkung" frischer Wäsche: „diese enthält einen Stoff, welcher den für den Körper so wohltätigen chemischen Prozeß veranlaßt. Ich empfehle daher das öftere Wechseln der Wäsche ... überhaupt allen schwachen Menschen, vorzüglich den Nervenschwachen." (ALG 69/26. 8. 1808)

Die grotesken Vorschläge zur Linderung der Lebensnot konnten indes nicht die wirkliche Lage der Bevölkerung verhehlen. Schon im März 1808 hatte der Stadtrat (noch in der Intelligenzzeitung) bekennen müssen, daß die öffentlichen Fonds zur Unterstützung der Armen „theils schon ganz erschöpft, theils zu sehr beschränkt" sind, um die Not noch wirksam lindern zu können. „Die Zahl der Armen und Hülfsbedürftigen ist in unserer Stadt sehr groß; sie vermehrt sich täglich und mit ihr die Not und das Elend dieser Unglücklichen."

Wie man sich da noch über die Bettelei beschweren könne, sei der Stadtverwaltung vollkommen unerklärlich; es sei doch wohl allzu verständlich, „daß der Arme seine Zuflucht eher zum Betteln nimmt, als sich dem Hungertod preisgibt!" Daher fordere der Stadtrat die wohlhabenden Bürger dringlich auf, „ihre monatlichen milden Beiträge zur Armenkasse freiwillig unverzüglich zu erhöhen" — es sei denn, man wolle lieber „von Obrigkeitswegen die Beiträge regulirt" bekommen. (IZ 25/25. 3. 1808)

„Sollte man sich nicht Mühe geben", fragte sich da der ALG, „wenigstens die Hälfte des so theuren Koffees zu ersparen?" Er empfehle daher die Herstellung von Kaffee-Ersatz aus gerösteten Äpfeln; besonders mit „Poxdorfer Äpfeln" werde der Kaffee „dem besten Mocca gleich!" (Alg 69/26. 8. 1808)

Im November 1808 hatte der Anzeiger die traurige Pflicht, seinen Lesern eine besonders tragische Verquickung von Unglück und Armut zu melden: Eine schwangere Frau und Mutter von zwei kleinen Kindern war zur Witwe geworden, als ihr Mann „durch einen mißrathenen Flintenschuß von seinem Freunde unglücklicherweise um sein junges, wie eine Rose aufgeblühtes Leben" kam. So appellierte das Zeitungscomtoir an „mitleidige Herzen" und erbot sich, „die allenfallsigen milden Beiträge" mit treuen Händen für die „trostlose und fast verzweifelte Witwe" entgegenzunehmen. (ALG 96/29. 11. 1808)

Wenigstens konnte die Bayreuther „Speise- und Arbeitsanstalt", eine private Hilfsorganisation, einen kleinen Sieg in ihrem täglichen Kampf gegen Not und Elend erringen. Sie meldete im Anzeiger, daß sie durch „die gütige Verwendung" des französischen Zivilgouverneurs Tournon „wieder eine beträchtliche Quantität an Holz und Getreide für die Unterstützung der noch zahlreicher gewordenen Armen" erhalten habe. „Durch diese Wohlthat, einem kleinen Fond und die milden Beiträge der hiesigen Menschenfreunde" könne am Nikolaustag wieder mit der täglichen Speisung der Armen (im Küchengebäude des Neuen Schlosses) begonnen werden; doch sei man ständig auf weitere Spenden angewiesen: „Holz, Fleisch, Korn, grobe Gerste, Erbsen, Linsen, Erdäpfel, Sellerie, Lauch, Zwiebeln, Rüben, Mehl". (ALG, Nov./ Dez. 1808)

Machtwechsel: General Junot wird neuer Bayreuther Militärgouverneur

Am 18. November 1808 gab das ausführende Verwaltungsorgan der französischen Militärregierung, die Bayreuther Kriegs- und Domänenkammer, im ALG bekannt, daß Etienne Le Grand,

General Junot, Herzog von Abrantes, von 1808–1810 französischer Militär-Gouverneur der Provinz Bayreuth.

der bisherige Gouverneur des Fürstentums, zu einer anderen Aufgabe abberufen worden sei. Le Grand habe seine „vollkommene Zufriedenheit mit dem Benehmen der Behörden und dem Betragen der Einwohner — besonders der Einwohner der Stadt Bayreuth" — ausgedrückt. Dieses Lob werde sicher „bei jedem Einwohner die Empfindung des innigsten Dankes für die stete Sorgfalt erneuern, womit der Herr General Baron Le Grand de Mercey mehr als zwei Jahre hindurch unermüdlich für die Erhaltung der Ruhe, Ordnung und Sicherheit in der Provinz" gesorgt habe; nun sei es angebracht, auch gegenüber dem neuen Gouverneur „unter allen Umständen ein gleich lobenswerthes Betragen" an den Tag zu legen. (ALG 93/18. 11. 1808)

Baron Tournon, der Zivilgouverneur, weinte dem scheidenden Militärgouverneur nicht einmal eine Krokodilsträne nach: „Der vollständige Mangel an Geist, Bildung und Erziehung, die äußerste Heftigkeit seines Charakters und seine Habgier machten Le Grand unfähig, das Land zu regieren."[14]

Baron Ernst Leopold von Zedlitz, Militärhistoriker und Zeitgenosse Legrands, teilte über das weitere Schicksal des französischen Generals 1825 mit: „Die Achtung der Einwohner mitnehmend, eilte er [1808] der Armee nach, und die Tage der Schlachten bei Eylau, Heilsberg und Friedland, so wie der Feldzug von 1809…erhöhten seinen militairischen Ruhm; er bewahrte denselben 1812 als Anführer der Infanterie des Marschalls St. Cyr; schwer verwundet… kehrte er nach Frankreich zurück, doch stand er 1814 schon wieder in den Reihen der Vertheidiger des vaterländischen Bodens, ein Corps Nationalgarden führend (…), als am 2. Januar 1815 seine ehrenvollen Wunden aufbrachen, und er fünf Tage später sein rühmliches Leben beschloß."[15]

Als Legrand noch nach neuen militärischen Ehren gesucht und zu diesem Zweck Bayreuth im Jahr 1808 verlassen hatte, trat General Junot oder „Herzog von Abrantes", wie er sich selbst titulierte, als neuer Militärgouverneur die Regierung des Landes an. Mit ihm geriet die Provinz Bayreuth vom Regen in die Traufe oder — um es besser mit den Engländern zu sagen — vom Feuer in die Bratpfanne. Von allen Übeln der neuen Bayreuther Zeit war er zum gefürchtetsten geworden. Abgesehen von seinen orgiastischen Festen, die laut Schilling[16] monatlich 2 — 3.000 Taler verschlangen, tyrannisierte er die Einwohner in vorher nicht gekannter Weise. Eine Gärtnerstochter hatte er zu Tode vergewaltigt, zahlreiche von ihm befohlene Exekutionen zeigten des weiteren, welcher Mittel er sich zur Regierung Bayreuths bediente. Noch im Tod blieb er seinem Ruf als grausamer Wüterich getreu: er zerschmetterte seinen Kopf in einem Anfall von Raserei an der Wand des „Irrenhauses" seiner Heimatstadt Montbard (an der Côte d'Or), der letzten Station seines „tollsinnigen" Lebensweges.

Dem Zeugnis des Barons von Zedwitz zufolge, endigte Junot „befallen von einer Geisteskrankheit durch einen Sturz von der Mauer seines Gartens herab, im Monat August [1812], sein Leben".[17]

Bayreuth von Österreich besetzt

Zu Lebzeiten und in Bayreuth waren General Junots erste Amtshandlungen noch harmloser Natur gewesen. So ordnete er die Neunumerierung der 841 Häuser Bayreuths an, — damit bei Fragen zur Einquartierung niemand mehr durchs Netz schlüpfe. (ALG 102/20. 12. 1808) Doch sollte es nicht lange dauern, bis die Bayreuther seine Krallen zu spüren bekämen. Die Gelegenheit bot sich dem Gouverneur im Gefolge des Krieges, der im April 1809 erneut zwischen Frankreich und Österreich ausgebrochen war.

„Die Kriegsfackel", meldete der Anzeiger den Kriegsbeginn im Frühjahr 1809, „ist mit neuem Feuer ausgebrochen. Nach dem Zusammenhang der Umstände werden abermals alle europäischen Mächte daran theilnehmen müssen."

Die Kriegs- und Domänenkammer (von Weltrich als „bloße Briefträgerei und Dolmetschanstalt der Franzosen" bezeichnet), wurde wieder aktiviert und mußte im ALG „sämmtliche Einwohner mit väterlicher Wohlmeinung" mahnen, „sich bei dem ausgebrochenen Kriege überall ruhig und stille zu verhalten." Es sei empörend, scholt die Kammer die Bewohner des Fürstentums, daß sogar schon ein „Aufruf an die Bayreuther Einwohner gedruckt worden sey", in dem zum Widerstand gegen die Franzosen und zur Kolaboration mit den Österreichern aufgefordert werde: „Die Verbreitung solcher Aufrufe durch den Druck ist allen innländischen Druckereien auf das schärfste verbothen!" (ALG 33/25. 4. 1809)

Im Mai 1809 — es war Napoleon gelungen, die Hauptmacht der Österreicher bei Regensburg zurückzuwerfen — wurde im Anzeiger Napoleons Dank an seine Truppen veröffentlicht: „Soldaten! Ihr habt durch Tapferkeit das ersetzt, was Euch an Mehrzahl abging. Ihr habt ehrenvoll bewiesen, wie sich Cäsars Krieger von Xerxes Haufen unterscheiden!" (ALG 35/6. 5. 1809)

Nach diesem Griff in die Klamottenkiste der Geschichts-Versatzstücke verordneten die Franzosen den Bayreuther Kirchgängern Lobgesang: „Am Sonntag, dem 7. Mai 1809 wurde in allen Kirchen der Stadt Bayreuth ein feierliches Te Deum angestimmt und Gott für die über die Feinde errungenen Siege gedankt, wodurch das Fürstenthum Baireuth von der Gefahr eines feindlichen [!] Einfalls befreyt wurde… Künftigen Donnerstag wird derselbe Lobgesang in allen Kirchen des Baireuther Oberlandes ertönen." (ALG 37/9. 5. 1809)

Doch wurde der Lobgesang etwas zu früh angestimmt. Schon vier Wochen später rückte der österreichische General Radivojewich mit 4.300 Mann von Thiersheim auf Bayreuth vor; am 11. Juni erreichte sein Vortrupp („Avantgarde") das truppenleere Bay-

131

reuth und Ulanen umstellten das Neue Schloß, wo sie alles nach dem „Intendanten Tournon" absuchten. Drechsler Blanck, der wachhabende Offizier der Bayreuther Bürgerwehr („Nationalgarde"), teilte ihnen mit, daß Tournon mit dem „alten Kriegskommandanten Rabel" in einer Halb-Chaise Richtung Westen entflohen sei. Bei Tröbersdorf holte ein Ulan die Fliehenden ein und brachte sie nach Bayreuth zurück. Zur Belohnung durfte der Soldat die Beute behalten: Uhr, Börse und den kostbaren Degen Tournons, welchen er in der kleinen Allee vor dem Reitzenstein-Palais (am Luitpoldplatz) versteigerte.[18] Bereits am nächsten Tag erschienen die „Baireuther Kriegsblätter", eine achtseitige österreichische Propagandazeitung in Oktavformat (22/13 cm). Ihr Redakteur, Hauptmann von Pfuhl, berichtete seinen Lesern, daß die Österreicher „unter lautem Jubel aller Einwohner!" in Bayreuth einmarschiert waren. Dem ließ er einen flammenden Appell seines Generals Radivojewich folgen:

„*Baireuther! schon waren von Euren Unterdrückern alle Anstalten getroffen, Eure Jugend zusammenzutreiben, und hinzuschleppen auf die große Schlachtbank an der Donau, wo sie nicht Freiheit, sondern Eure Ketten verteidigen sollte, wo ihrer nicht Ruhm, sondern die allgemeine Verachtung wartete. Das Einrücken meiner Truppen hat für den Augenblick die Schmach von Euch abgewandt. Doch nun, Baireuther, will ich erfahren, ob Ihr es wert seid, jener Schmach entgangen zu sein...*"

So forderte der österreichische General von den Bayreuthern als Mutprobe, sich bei Major von Nostiz „einstweilen unter österreichisches Panier" zu versammeln. „Eilt zu ihm, brave *Baireuther*! Er wird Euch bewaffnen und Euch dahin führen, wo Ehre und Belohnungen Eurer warten ... Hauptquartier Baireuth, den 14. Juli 1809".

Wieviele Bayreuther dem Ruf auf das gepriesene Schlachtfeld gefolgt sind, ist ungewiß; eine Massenbewegung ist es sicher nicht geworden. Die österreichische Besatzung blieb ohnehin nur ein kurzes Zwischenspiel: einen Monat nach Einmarsch der neuen Besatzer stand wieder General Junot vor den Toren der Stadt — in Begleitung eines Corps von 8.000 Mann nebst zwei bayerischen Kompagnien mit einigen Kanonen. Die Österreicher flüchteten, Junot setzte ihnen nach. Bei ihrer Verfolgung wären die französischen Truppen beinahe noch von den Österreichern geschlagen worden. Denn „nach einem hitzigen Gefecht am Perlenbach", zwischen Berneck und Gefrees, wurden die französischen Truppen in die „Bernecker Engpässe"[19] abgedrängt und wären aufgerieben worden, wenn sie nicht im Schutz eines aufkommenden Gewittersturms der Bernecker Gebirgsfalle hätten entkommen können. Sie ließen die Österreicher ziehen und kehrten ungeschlagen nach Bayreuth zurück.

Erste Ausgabe der österreichischen Propagandazeitung „Baireuther Kriegsblätter", erschienen am 12. Juni 1809. Anfang Juli 1809 bereitete die französische Rückeroberung Bayreuths dem Blatt ein Ende.

Bayreuth wieder französisch

Am 17. Juli 1809 bezog General Junot wieder sein altes Hauptquartier, Bayreuths markgräfliches Neues Residenzschloß. Zivilgouverneur Tournon, der sich noch in österreichischer Gefangenschaft befand, wurde durch „Kriegs-Kommissar Tardieu" ersetzt. General Junots erste Amtshandlung war die Abfassung einer wütenden „Proklamation an die Einwohner der Stadt und des Fürstenthums Baireuth", im ALG zweisprachig veröffentlicht:

„*... Ich werde die unter Euch, welche meine Truppen zu verführen suchen sollten, zu erforschen wissen, und ich*

Das Städtchen Berneck mit den dahinterliegenden „Engpässen", in denen im Juli 1809 die Franzosen beinahe von den Österreichern geschlagen worden wären — womit auch das Schicksal der „Provinz Baireuth" eine andere Wende genommen hätte.

werde jeden, ohne Ausnahme des Standes, mit dem Tode bestrafen lassen, der dieses Vergehens schuldig befunden werden wird. Das Fürstenthum Baireuth gehört Seiner Majestät dem Kaiser Napoleon; Ihr seid diesem großen Monarchen mit dem Eid der Treue und des Gehorsams zugethan. Wehe dem unter Euch, der diesen Verpflichtungen entgegen handeln könnte. Unerbittlich werde ich gegen die Schuldigen sein. [...] Hauptquartier Baireuth, den 24. Juli 1809."* (ALG, 26. 7. 1809)

Ende der „Napoleonischen Weltbeglückung"

Das Schicksal des Fürstentums Bayreuth als französische Provinz schien unter General Junot endgültig besiegelt zu sein. Auch die Hoffnung auf Rückkehr des früheren Zivilgouverneurs erfüllte sich nicht. Tournon wurde im Austausch gegen einen hohen österreichischen Beamten aus der Gefangenschaft befreit und im September 1809 als Präfekt nach Rom versetzt. „Die Segenswünschungen und Danksagungen aller Einwohner der Provinz Baireuth werden ihn überall hin begleiten", versprach am 17. September 1809 der ALG. Doch schneller als jemals erwartet, kam das Ende der französischen Herrschaft in Sicht. Nachdem Napoleon die Österreicher besiegt hatte, wurde im „Vertrag von Paris" am 28. Februar 1810 die französische Provinz dem Königreich Bayern als neuer Landesteil einverleibt — gewissermaßen als Dank für die treue Waffengefolgschaft Bayerns im Kampf gegen die Habsburger.

Vom Glanz des ehemaligen Fürstentums war zu diesem Zeitpunkt nichts mehr übriggeblieben. „Gleichsam im Vorüberziehn", erinnerte sich Kammer-Assessor Weltrich, „hatte das Kriegsgewitter die Früchte des Friedens und des vieljährigen Fleißes fast in wenigen Tagen vernichtet." Unter der französischen Herrschaft waren dem Land „Kosten, Lasten und Schäden in Höhe von 15 Millionen Francs, entsprechend 6,9 Millionen Gulden" entstanden.

Die Schädigung der Volksseele habe sich in „innerem Gram und Mißmuth" gezeigt, „öffentliche Freuden und geselliger Scherz" wären ganz und gar gewichen. Weltrich: *„Die öffentlichen Gesellschaften glichen stummen Zeitungs-Clubs; selten äußerte man seine Meinung — aus Furcht, gemißdeutet zu werden. Die Zeitungen selbst standen unter der ängstlichsten Zensur; die geringfügigsten Äußerungen gegen Frankreich oder seine Alliirten zogen zu wiederholten Malen das Verbot der Blätter und die Verhaftung der Verfasser nach sich."* [...] *Sittlichkeit und Religiosität hatte nach dem Muster der erhabenen Gäste aus der großen Nation durch alle Klassen immer mehr abgenommen. Eine freigeistlerische Frivolität, welche alles Erhabene verlacht und nur auf sinnliche Genüsse denkt, trat an seine Stelle.* [...] *Manchen behagte diese Verfassung, weil sie Vorteile daraus zogen; andere wähnten, daß die Napoleonische Weltbeherrschung wirklich die Weltbeglückung zum Ziele habe; viele machte die Furcht zu Lobrednern dieser Knechtschaft."*[20]

Damit sollte in der neu anbrechenden bayerischen Zeit endgültig Schluß gemacht werden. Es würde wieder Ordnung in das zerrüttete Seelen- und Staatsgefüge gebracht werden. Und zur Freude des Bayreuther Zeitungscomtoirs würde die politische Bayerther Zeitung diesen Reinigungsprozeß von Anfang an begleiten und mitgestalten dürfen. Die ehemalige „Lügen- und Allarmtrompete" durfte, nach zweijähriger Zwangspause, wieder erscheinen. Das Bayreuther Zeitungscomtoir meldete:

„Die Bayreuther Zeitung wird — nach nunmehro erhaltener allergnädigster Erlaubniß — vom 1sten kommenden Monats September 1810 an, so wie sie vorhin [vorher] war, wieder fortgesetzt

Bayreuths Neues Schloß, „Hotel" des französischen Gouverneurs und Hauptquartier der Militärregierung. Die Grünanlage, die heute den Platz säumt, wurde erst in der Mitte des 19. Jh. angelegt.

werden: wenn sie die billige Nachsicht und Unterstützung wieder findet, womit in der letzten Zeit ihrer Existenz viele Gönner sie beehrten und welche dieses wieder auflebende Blatt jetzt vorzüglich bedarf... Bayreuth, den 20. August 1810; Bayreuther Zeitungs-Comtoir". (ALG 65/21. 8. 1810)

Bayreuth bayerisch: „alles jubelt und jauchzt"

Am 30. Juni 1810 verkündete das Königreich Bayern der Bayreuther Öffentlichkeit die offizielle Übernahme des ehemaligen Fürstentums Bayreuth. Der Polizei-Offiziant Prell mußte — „als Herold verkleidet" — durch alle Straßen der Stadt reiten und mit lauter Stimme das bayerische Besitzergreifungspatent verlesen.

„Da nun alles über die gegenwärtigen frohen Ereignisse jubelt und jauchzt", verkündete die bekannte „Rollwänzlin" im ALG, daß sie am 14. Juli „eine Serenade im Freien, neben dem Chausseehaus" veranstalten wolle.

Eine Woge der Begeisterung hatte die Bayreuther Bevölkerung erfaßt. „Vierzehn Tage und Nächte", teilte Zeitzeuge Weltrich mit, „dauerten die Feste, Feierlichkeiten und Illuminationen", in denen die neue Staatszugehörigkeit ausschweifend gefeiert wurde. Danach mußte der Freudentaumel durch die bayerischen Ordnungshüter wieder etwas gedämpft werden: „Alle diejenigen", mahnte die Polizei im ALG, „die nach 11 Uhr Abends an öffentlichen Orten, in Wirths- und Bierhäusern oder auf den Billiards [beim Billiardspiel] etc. angetroffen werden", müssen künftig mit einer noch zu bestimmenden Strafe rechnen. (ALG 63/7. 8. 1810)

Doch auch das konnte nicht die wunderbare Aussicht auf Bayreuths neue bayerische Zukunft trüben. Verhieß doch selbst Graf Rechberg, der bayerische Außenminister, den „sämtlichen Bayreuther Unterthanen" nur Gutes. Rechberg dankte den Bayreuthern für die freiwilligen Spenden, mit denen sie damals, beim Kriegsbrand von 1809, der Stadt Regensburg aus dem Elend geholfen hatten: „Solche Beweise thätiger Menschenliebe müssen den guten Baireuthern das Vertrauen und die Liebe ihrer neuen Mitbürger im voraus sichern und das Band fester knüpfen, welches sie als Baiern mit dem Mutterland verbindet." (ALG 65/7. 8. 1810)

Wenig später, am 1. September 1810, hatte das neu-bayerische Bayreuth auch seine altbewährte Zeitungsstimme wieder gefunden:

„Die Unternehmer dieser Zeitung" — hatte der Verlag schon im ALG versprochen — *„werden weder Mühen noch Kosten sparen, um sowohl von allen Seiten die reinsten, reichhaltigsten Quellen herbeizuschaffen, als auch durch gutes Papier und leserlichen Druck ihrem Blatt eine gefällige äußere Form zu geben."* (ALG 65/21. 8. 1810)

Nach Wiedererscheinen der politischen Bayreuther Zeitung hatte der ALG, der „Anzeiger der Landesverwaltungen und Gerichte", seine Sonderstellung als einzige Zeitung Bayreuths verloren und schrumpfte wieder auf sein Normalmaß als Amtsblatt zurück. Seine Rückbenennung in „Bayreuther *Intelligenz-Blatt* des Main-Kreises" drückte auch sprachlich die Rückkehr in altgewohnte Ordnungen aus. Weitere Umbenennungen folgten nur noch den jeweilig veränderten Bezeichnungen des Regierungsbezirks: „Königlich Baierisches privilegirtes Intelligenz-Blatt für den *Ober-Mainkreis*" (1817) und „Königlich-Bayerisches Intelligenz-Blatt für den Kreis *Oberfranken*" (1838)

Mit einem Volksfest auf der Bürgerreuth feierte das glückliche Bayreuth am 30. Juni 1860 die 50jährige Wiederkehr seiner Vereinigung mit der „Krone Bayerns". Das Tagblatt sprach von dem „großartigen Styl der getroffenen Anstalten" und betonte, „daß die große Villa sehr reich und mit wirklich künstlerischem Geschmack dekorirt war".

Gedenkblatt auf Bayreuths Zugehörigkeit zu Bayern, gezeichnet von C. J. D. Kreul, gestochen von Wagner, 1836. Das Portal, durch das der Betrachter auf die „Kreisstadt Baireuth" blickt, wurde dem Bamberger Dom entlehnt. Die Personen im Vordergrund tragen die Tracht der Bayreuther Landbevölkerung. In einer späteren Version des Blattes ist die Fußzeile „Ober-Mainkreis" durch „Oberfranken" ersetzt worden.

Kapitel 10

„TRARI-TRARA, DIE POST IST DA!"
Post und Zeitung im Wettlauf mit der Zeit

Mit dem Beginn der bayerischen Bayreuther Zeitungszeit ist der Untersuchungszeitraum vorliegender Veröffentlichung zu Ende gegangen. Die vorangegangenen Kapitel haben das Bayreuther Zeitungscomtoir und seine Zeitungen im Wandel der Zeiten — markgräflich, preußisch und französisch — vorgeführt. Bleibt noch die Beziehung der Zeitung zur Post etwas näher zu betrachten.

Die Post brachte die Briefe mit den neuesten „Zeitungen", Nachrichten, in die Zeitungsredaktionen und verteilte die daraus entstandenen gedruckten Zeitungen auch wieder im Land. Ein offenkundiger Beleg für das enge Verhältnis von Zeitung und Post ganz allgemein ist die Vorliebe früherer Zeitungen, ihre Namen mit Begriffen aus dem Postwesen zu verknüpfen: *Neue Postzeitung, Neues Postregal, Relations-Kurier, Des schnellen Postillons Ritt* usw. Bezeichnenderweise sprach auch Johann Caspar Brunner in der Gründungsphase seiner „Bayreuther Zeitungen" stets von seiner *„ordentlichen Post-Zeitung"*. Sein Bayreuther Zeitungsunternehmen wäre ohne das Verteilernetz der Post nicht durchführbar gewesen.

Theoretisch hätte eine Bayreuther Postzeitung schon im Jahr 1676 gegründet werden können. In diesem Jahr wurde auf Befehl des Markgrafen Christian Ernst die erste Bayreuther Post ins Leben gerufen. Sie bestand aus den zwei Linien Bayreuth-Lauenstein und Bayreuth-Streitberg. Laut Postordnung vom 10. April 1676 durften Privatpersonen allerdings nur dann den fürstlichen Postdienst benützen, wenn sie „guten Glimpf und Bescheidenheit erkennen lassen". Das ganze Postpersonal bestand aus den drei Postreitern Püchelberger, Metzger Amos und Riemermeister Treukorn.[1] Die Bedienung der Postlinien erfolgte nicht regelmäßig, sondern nur bei Bedarf. Die Struktur der neuen markgräflichen Post war also für ein Zeitungsunternehmen noch denkbar ungeeignet gewesen.

1682 erhielt die Post des Fürstentums Bayreuth ihre dritte Linie: Erlangen-Bayreuth-Münchberg. Diese Route

Eine vollbesetzte Postkutsche fährt auf das nächtliche Bayreuth des frühen 19. Jh. zu. Sie ist offenbar vom Weg abgekommen, denn die eigentliche Poststraße führte weiter westlich in die Stadt hinein. Ein früherer Nachrichtenbringer (unten) ist der „Neue Allamodische Postpot" aus dem 16. Jh. In seiner Hand hält er den Brief mit „gute Zeitung aus Turckey und Ostindien". Die Plakette auf seiner rechten Brust weist ihn als Nürnberger Landbriefträger aus.

wurde von Postprofis, den Herrn von Thurn und Taxis, eingerichtet. Deren kaiserliche Reichspost bediente bereits ein ausgedehntes Fernstreckennetz und sorgte damit für Nachrichtenanschluß an die entferntesten Länder. Auf der neuen Bayreuther Linie waren die Postreiter wöchentlich zweimal unterwegs, ab 1686 verkehrte auf ihr auch ein „geschwind fahrendes Post-Calesch", eine Postkutsche[2].

Bis zur Gründung des Bayreuther Zeitungscomtoirs, 1735/36, hatte sich aus diesen bescheidenen Postanfängen ein beachtliches Streckennetz entwickelt. „Das von Taxis errichtete Postamt in Bayreuth wurde bald ein wichtiger Knotenpunkt von Postlinien nach allen Himmelsrichtungen. Im *Süden* über Amberg nach Regensburg, im *Südwesten* über Erlangen nach Nürnberg, im *Westen* über Bamberg nach Würzburg, im *Nordwesten* über Kulmbach nach Coburg, im *Norden* über Hof nach Leipzig und Dresden, im *Osten* über Wunsiedel nach Eger und Prag."[3]

Der „Freud- und Friedenbringende Postreuter" (oben) aus dem Jahr 1648 jagt mit der Nachricht vom Ende des Dreißgjährigen Krieges durch die europäischen Lande. Nach Schweden gelangt die Friedensbotschaft per Schiff. Ein Engel posaunt die „Fama" des Friedens vom mythologischen Himmel herab, aber der Götterbote Merkur überreicht die Nachricht vom „Pax" dem Postreiter persönlich.
Rechts: Gruppenbild der Bayreuther Postillons aus dem Jahr 1894.

Als Kommerzienrat Brunner dem Markgrafen erstmals die Idee zur Schaffung einer „ordentlichen Post-Zeitung" präsentierte, zog er auch die gebührenfreie Beförderung seiner Zeitungspost ins Kalkül. Am 6. November 1737 beantragte er die dazu notwendige „Post-Freyheit". Das von Markgraf Friedrich zu Rate gezogene Hofrats-Kollegium fand die Einrichtung einer Bayreuther Postzeitung zwar durchaus begrüßenswert, lehnte jedoch die Postfreiheit für das geplante Blatt ab und empfahl dem Kommerzienrat, sich wegen

des Postportos „mit denen Post-Ämbtern selbst zu verstehen". Es dauerte dreizehn Jahre, bis am 13. April 1750 dem Zeitungsverleger die gewünschte Postfreiheit endlich doch gewährt wurde: „... soll ihme erlaubt seyn, auf seine Speditiones und Paquetes das Wort *Herrschaftlich* zu setzen."

Die alte markgräfliche Hofpost, die neben der Thurn- und Taxischen Post nur mehr ein kärgliches Dasein fristete, wurde am 28. Dezember 1750 ganz aufgegeben und ihre Linien der kaiserlichen Reichspost überlassen. Zum

Ausgleich dafür wurde dem Markgrafen die portofreie Beförderung aller „landesherrlichen Correspondencien" vertraglich zugesichert und außerdem vereinbart, daß die kaiserlichen Posten innerhalb des Fürstentums Bayreuth nur „Landeskinder" beschäftigen sollten. Reichsposthalter in der Residenzstadt Bayreuth war ab 1708 Johann Anton Meyern, der 1736 wegen seiner Verdienste um die Post von Kaiser Karl VI. geadelt wurde.

Zur Gründungszeit des Bayreuther Zeitungscomtoirs befand sich seine Poststation am Marktplatz im Haus des Gasthofs Goldener Adler (Maxstr. 28). Noch heute ist über dem Tor zur Straße das steinerne Amtssiegel der Reichspost („Salva Guardia") zu sehen. Reisenden, die Herberge für die Nacht suchten, verbürgte dieses Zeichen den Schutz unter kaiserlicher Hoheit. Im Gründungsjahr der „Bayreuther Zeitungen", 1738, kaufte v. Meyern das Anwesen Friedrichstr. 15 und richtete dort sein neues Postamt ein.

Wetter-, Weg- und andere Widrigkeiten

Die Zusammenarbeit zwischen Post und Zeitung verlief nicht immer ganz reibungslos. Zu Zeiten des Zeitungsdruckers Dietzel mußten die Bayreuther Postleute oft „bis früh 1, 2 Uhr aufbleiben, Licht verbrennen und auf die Zeitungen warten" (vgl. S. 35). Umgekehrt mußten die Zeitungsleute auch häufig auf die Post warten: „Das Felleisen [Postsack], welches heute schon zu früh hätte ankommen sollen", meldete am 11. Januar 1763 die Bayreuther Zeitung, „ist erst heute Nacht nach 10 Uhr eingetroffen!" Im selben Zeitungsexemplar gab die Redaktion bekannt, daß in der Gegend von Düsseldorf „die Straßen seit einiger Zeit wegen des Räubergesindels so unsicher sind", daß die Post nur „mit Leib- und Lebensgefahr" passieren könne. Harte Zeiten für Postboten. Aber auch für Postreisende. Eine Postkutschenreise war damals auch ohne Posträuber alles andere als ein romantisches Vergnügen gewesen. Er wolle lieber auf Knien nach Rom kriechen, ächzte 1795 der Reiseschriftsteller Heinrich Zschokke, als noch einmal die Strapazen einer solchen Fahrt zu erdulden. Im Mai 1795 hatte Zschokke in Bayreuth Rast gemacht und erinnerte sich nur noch mit Schaudern an die zurückliegende Reise:

„Zwei Tage und zwei Nächte allen Launen des bösen Wetters preisgegeben; bald beschneit, bald behagelt, bald beregnet; auf einem harten Brette sitzend, von oben durch keinerlei Obdach geschützt, von unten durch allerlei Ballen und Poststücke [Zeitungen?] geklemmt und gestoßen; von groben Posthaltern insultiert [beleidigt], von schmutzigen, geldgierigen Postillonen mit Flüchen und Zoten unterhalten; am Tage elend bewirtet, Nachts ohne Schlummer."[4]

Ein anderer Postreisender hatte schon im Jahr zuvor geflucht: „Verdammt aber sey der Weg von Streitberg nach Erlang, wo er durch das Bambergische geht; man reiset diese Straße nicht nur unbequem, sondern sogar *lebensgefährlich!*"[5]

Die Redakteure der Bayreuther Zeitungen mußten sich vor allem über die *Unzuverläßigkeit* der Post beklagen. Allen voran Johann Conrad Engelhard, langjähriger Redakteur der „Bayreuther Zeitungen" des 18. Jh.: „Um aus der ersten Quelle zu schöpfen, werden vom Comtoir der Bayreuther Zeitungen

Ein Bayreuther Landkutscher des späten 19. Jh. (links) wartet bei der Rollwenzele auf seine Fahrgäste. Das Hotel Reichsadler (unten) hieß früher Gasthof Goldener Adler und war noch früher, ab 1676, Bayreuths erster Kaiserlicher Posthof. Bis heute wird etwas von der Bedeutung dieses Ortes im Namen weitergetragen — das dort befindliche Kino nennt sich „Reichshof-Lichtspiele". 1738 wurde die Post in die Friedrichstraße verlegt.

Der Stein über dem Eingang zur ehemaligen Reichspoststation trägt die Jahrzahl „MDCLXXVI", (1676), und die Inschrift: „Diß Hauß stehet in Gottes Hand — Bey dem Guldenen Adler ist eß Genandt".

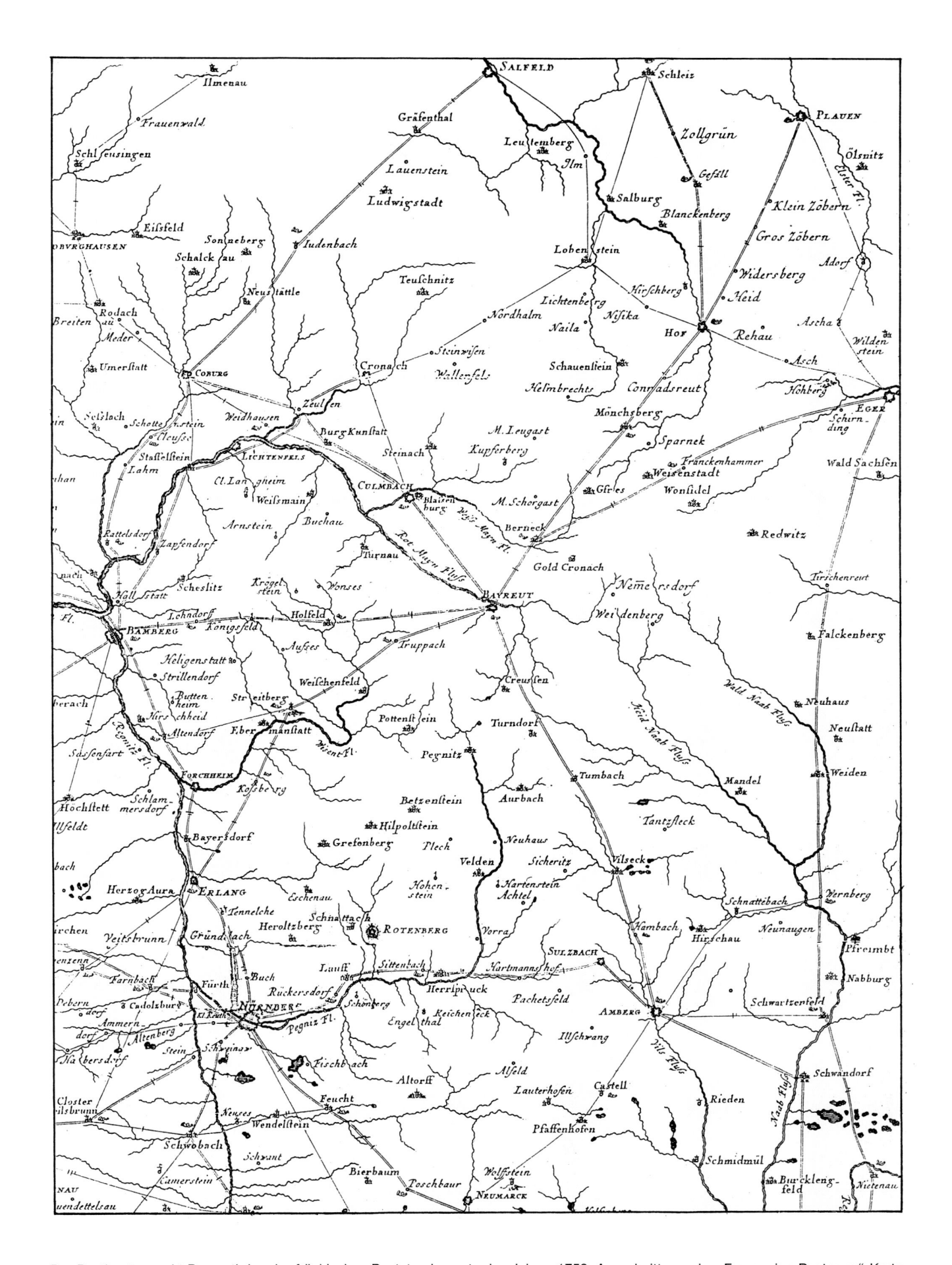

Der Postknotenpunkt Bayreuth im oberfränkischen Poststreckennetz des Jahres 1759; Ausschnitt aus der „Franconiae-Postarum"-Karte des Nürnberger karthographischen Verlags Homann.

mehrere Londoner Blätter gehalten; und um sie möglichst früh zu bekommen, läßt man sie auf zwei verschiedenen Wegen — über Bremen und Frankfurt — kommen. Demohngeachtet treffen solche [Zeitungen] immer erst dann ein, wenn man die Contenta [Inhalt] schon in den Niederländischen und Maynzzeitungen abgedruckt gelesen hat!" (BZ 120/6. 12. 1795)
Nicht immer war die Post selbst für die Verspätung verantwortlich. Oft hinderten Stürme und andere widrige Wetter die Postsegler an der fristgerechten Überquerung des Ärmelkanals. Hatte z.B. im Januar 1797 Redakteur Engelhard noch jubeln können: „Endlich sind wieder englische Blätter eingetroffen!" — so machte ihm das Wetter im folgenden März schon wieder einen Strich durch die Rechnung: „Der anhaltende Ost-Nordwind scheidet uns wieder gänzlich von Engeland; es ist schon über 14 Tage her, daß ein Paquetboot zu Cuxhaven angekommen. Dieser Mangel der englischen Blätter ist im Reiche der Neuigkeiten sehr sichtbar!" (BZ/ 17. 3. 1797) Wenigstens brauchte sich der Zeitungsredakteur nicht mehr über die mangelnde Ausdehnung des Poststreckennetzes zu beklagen:
„Im Fürstenthum Bayreuth sind zwölf Thurn- und Taxische Posten. Die Postämter befinden sich in *Hof, Münchberg, Berneck, Bayreuth, Truppach, Streitberg, Erlang, Emskirchen, Creußen, Culmbach, Weißenstadt und Thiersheim* ... Die Zeitungen werden von den Postämtern ebenfalls ausgegeben". Allerdings — amüsierte sich der Verfasser dieser Nachricht[6] — „geschieht das immer erst, wenn die Briefe schon expedirt sind, worüber unsere brave R. [?] vor Ungeduld gewiß das Podagra [Gicht] bekäme."
Neben der Post boten in Bayreuth die „Landkutscher" eine weitere Möglichkeit zur Nachrichten- und Personenbeförderung: „Es gibt übrigens in Bayreuth noch einige Fuhrleute, die unter dem Hofmarschallamte stehen und *Landkutscher* genannt werden. Sie fahren mit Frachtwägen und Chaissen [Kutschen] wöchentlich einmal nach Erlang, Nürnberg, Wunsiedel und Hof. Es geht aber so langsam, daß man füglich dabey schlafen kann."[7]

Posträubereien

Post und Zeitung wurden im Wettlauf mit der Zeit nicht allein durch Saumsal, schlechtes Wetter und unwegsame Poststraßen um ihren Erfolg gebracht. Allzu häufig lauerten der Postkutsche auch dreiste Posträuber auf. „Im Lichtenfelser Forst, zwischen Coburg und Zettlitz", meldete ein preußischer Hauptmann am 11. September 1797 in der Bayreuther Zeitung, „ist ein Reisekoffer diebischer Weise von der Post-Chaise abgeschnitten und entwendet worden". Wie viele „Felleisen" mit Zeitungspost der räuberischen Heimtücke zum Opfer fielen, ist nicht überliefert. Indes wurden die Räuber immer dreister. Die markgräfliche Regierung gab im Dezember 1798 in der Bayreuther Zeitung bekannt, daß „Vagabunden,

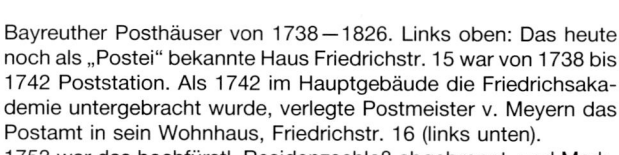

Bayreuther Posthäuser von 1738—1826. Links oben: Das heute noch als „Postei" bekannte Haus Friedrichstr. 15 war von 1738 bis 1742 Poststation. Als 1742 im Hauptgebäude die Friedrichsakademie untergebracht wurde, verlegte Postmeister v. Meyern das Postamt in sein Wohnhaus, Friedrichstr. 16 (links unten).
1753 war das hochfürstl. Residenzschloß abgebrannt, und Markgraf Friedrich suchte fernab der Brandstätte einen Platz zum Wohnen — Postmeister v. Meyern tauschte sein neues Post- und Wohnhaus gegen Friedrichs „Gesandtenhaus" in der Maxstr. 17 (rechts oben) und richtete dort seine Poststation ein. 1763 verlegte er die Post wieder in die alte Postei, Friedrichstr. 15. Rechts unten: Von 1771 bis 1826 befand sich das Postamt im „Nanckenreuther Burggut" in der Kanzleistraße. Der Poststall blieb von 1763 bis 1918(!) in der alten Postei (links oben).

Joh. Christoph Friedrich Fischer, von 1806 bis 1810 Bayreuther Oberpostmeister, danach „Inspektor fahrender Posten".

Christian Friedrich Carl Schmidt, von 1826 bis 1839 Bayreuther Poststallmeister.

Friedrich Ludwig Edler von Braun, Bayreuther Post- und Bahnamtsvorstand von 1848 bis 1865.

Räuber und Jauner ... nicht mehr bloß zu Fuß oder mit eigenen Pferden umherstreifen, sondern sich zur Ausführung und Beschleunigung ihrer Absichten auch der Post[-Kutschen] bedienen." Um den Tätern auf die Schliche zu kommen, mußten die Postmeister fortan alle Reisenden registrieren und die Register „monatlich an die Ortsobrigkeit abliefern." (BZ 240/6. 12. 1798)

Zur gleichen Zeit hatte die Bayreuther Zeitung noch unter einer anderen Art von Posträuberei zu leiden, dem militärischen Bruch des Postgeheimnisses. Es herrschte Krieg in Europa. Seit mehreren Jahren kämpften verschiedene europäische Koalitionen gegen die französischen Revolutionsarmeen. Mit der Begründung: „Der Krieg wird nicht für die Zeitungen geführt", hatte die österreichische Armeeführung in Ulm eine Kommission eingerichtet, die „alle Briefe und Paquete erbricht und diejenigen, welche politische oder militärische Ereignisse betreffen, zurückhält ... Augsburg und die ganze Gegend ist [dadurch] von dem übrigen Deutschlande wie abgeschnitten", meldete im Juni 1800 die Bayreuther Zeitung. (BZ 111/7. 6. 1800)

Die Bayreuther Posten werden französisch

Bayreuth, das bis 1806 von den Koalitionskriegen befreit blieb, wurde im Oktober dieses Jahres von den Franzosen eingenommen und vier Jahre besetzt gehalten. Gleich zu Beginn der Besatzung übernahmen die Franzosen auch die Posthoheit im Fürstentum. Vom Bayreuther Postamt, das sich in der Kanzleistraße befand, mußte das Reichspostschild entfernt und durch das französische „Post Imperiale francaise" ersetzt werden.

Wie die Bayreuther Intelligenzzeitung am 5. Mai 1807 mitteilte, wurden von der französischen Postverwaltung auch die alten markgräflichen und preußischen Portoprivilegien für ungültig erklärt: „Alle Briefe und Pakete von einer Privatperson an die andere, sie möge Standes und Ranges sein, welche sie wolle, werden taxiert und sind nach den bestehenden Portosätzen zu bezahlen." Damit hatte auch das Bayreuther Zeitungscomtoir seine seit Markgraf Friedrich bestehende Postfreiheit wieder eingebüßt.

Im Jahr 1810 übergaben die Franzosen ihre „Provinz Bayreuth" an das Königreich Bayern.

Die Eisenbahn

Nun sorgte die königlich-bayerische Post für den reibungslosen Nachrichtenverkehr. Mag sein, daß ihr Verteilernetz dichter, die Organisation straffer oder das ganze System ausgeklügelter war. Technologisch war auch sie keinen Schritt schneller vorwärts gekommen als die ihr in Bayreuth vorangegangenen Postdienste. Das begann sich durch die Erfindung der Eisenbahn grundlegend zu ändern. Sie revolutionierte das gesamte Beförderungssystem. Vor der Postkutsche

Die Erfindung der Dampfkraft bot auch dem Götter- und Zeitungsboten Merkur ein zeitgemäßes Vehikel zur Nachrichtenbeförderung und Schonung seiner Muskelkräfte.

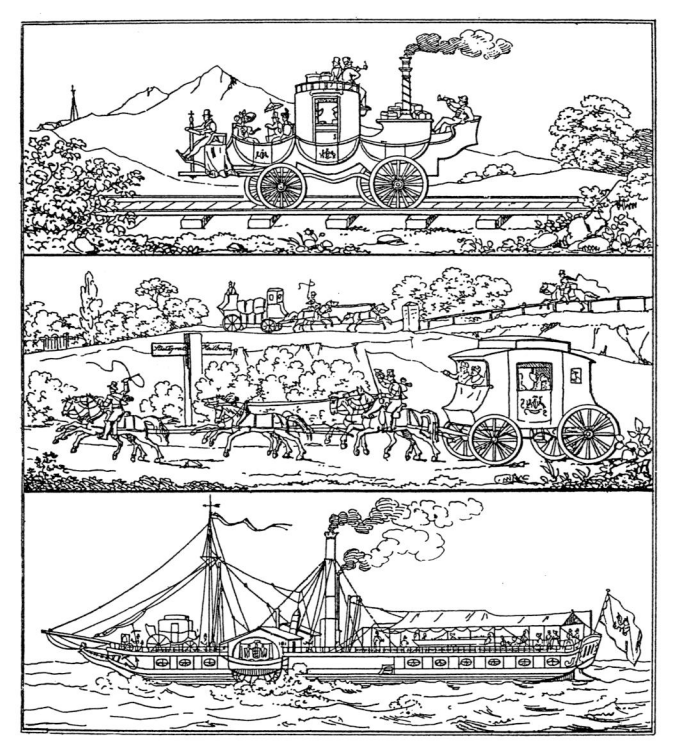

kämpften keine erschöpften Pferde und ein müder Postillon mehr gegen Wind und Wetter an, sondern ein stählernes Dampfroß mit dreißig und mehr Pferdestärken trotzte nun kraftstrotzend allen Tücken der Witterung. Das schnaubende Ungetüm zog auch nicht eine, sondern gleich mehrere Kutschen hinter sich her. Das eigentliche Wunder war aber die atemberaubende Geschwindigkeit (30–50 km/h!), mit der die tonnenschwere Last auf glatten Schienen pfeilschnell dahinglitt.

Nachdem 1835 in Fürth der königlich-bayerische (und zugleich gesamtdeutsche) Anfang der Eisenbahn gemacht worden war, sorgte das stetig wachsende Streckennetz bald in ganz Deutschland dafür, daß Post und Zeitung im Wettlauf mit der Zeit immer mehr an Boden gewannen.

Der rasende Zeitgeist wurde bei seinem Siegeslauf auf den Schienen nur noch durch den „menschlichen Faktor" gebremst. So begehrte das Bayreuther Tagblatt noch 1891 auf: „Die Unregelmäßigkeiten in der Ankunft der Briefe und Zeitungen in Bayreuth nehmen seit einigen Wochen wieder bedeutend zu ... Wahrscheinlich liegt die Schuld nicht an den Herren Beamten der Bahnpost, die ja Alles auf-

Unfreiwilliger Aufenthalt auf der Zugfahrt von Bayreuth nach Hollfeld. Aus unbekannten Gründen ließ der Lokomotivführer während des Artillerie-Scharfschießens von 1907 vier Waggons seines Zuges bei Pittersdorf auf der Strecke stehen.

Nachrichten- und Personenbeförderung mit der Post über Land und Meer. Rechts oben wird das Coupé einer Postkutsche zur Weiterfahrt auf ein Fahrgestell der Eisenbahn verladen. Die Chaise (mit Druckfehler) stand im Bayreuther Tagblatt vom 2. Juli 1880 zum Verkauf.

bieten, mit den hereinbrechenden Postbeuteln aufzuräumen, aber trotz des größten Fleißes nicht fertig werden. Man sollte doch meinen, daß gegenüber diesen argen, seit Jahren beklagten Mißständen die *königl.-bayerische Postdirection* es fertig brächte, die *kaiserliche Postdirection* in Leipzig zur Stellung *directer Beutel* nach Bayreuth zu bewegen, wodurch die ganze Misere ihr Ende erreichen würde ... Oder sollte es wahr sein, daß auch eine königliche Krähe einer kaiserlichen die Augen nicht aushackt?" (BT 193/14. 7. 1891).

Nur wenige Tage später gab es aber-

mals Grund zur Klage. Diesmal hatten Mensch und Technik gleichermaßen versagt: „Vorgestern Morgens 7 Uhr wurden die Passagiere des Postzuges Bayreuth-Neuenmarkt durch ungeahntes zweimaliges Halten plötzlich erschreckt. Am preußischen Salonwagen nämlich, in dem sich die Großherzogin von Mecklenburg befand, platzten in kleineren Zwischenräumen die Bremsschläuche ... Einige Herren Norddeutsche schimpften natürlich gleich wieder über die Mangelhaftigkeit der bayerischen Wagen, bis ihnen ein Bediensteter klar machte, daß ihr preußisches Gefährte daran schuld sei." (BT 205/26. 7. 1891)

Telegraphieren: „Keine Negersprache!"

Radikaler noch als die Eisenbahn steigerte die Erfindung der elektrischen Telegraphie die Geschwindigkeit der Nachrichtenübertragung. Die „neuen Zeitungen" jagten nun, in elektrische Ströme verwandelt, blitzschnell durch kupferne Leitungsdrähte dahin. Die rasend schnelle Überwindung von Zeit und Raum wurde nur noch dadurch beeinträchtigt, daß der Telegraph lediglich lange und kurze Piepser von sich geben konnte. So wurde die Nachricht gerade so schnell übermittelt, wie der Empfänger die Piepser wieder in Buchstaben, Wörter und Sätze zusammensetzen konnte. Da die Telegraphisten der ersten Stunde ihre Signale anfänglich nur über kurze Strecken schicken konnten, mußte die zeitraubende Prozedur der Ver- und Entschlüsselung ihrer Telegramme an allen zwischengeschalteten Relaisstationen (meist Eisenbahnstationen) erneut vorgenommen werden. Das bayerische Handelsministerium forderte deshalb am 6. November 1850 alle bayerischen Behörden auf, „daß die Depeschen mit Weglassung alles Überflüssigen möglichst bündig abgefaßt werden." Eine Anweisung des bayer. Innenministeriums bekräftigte

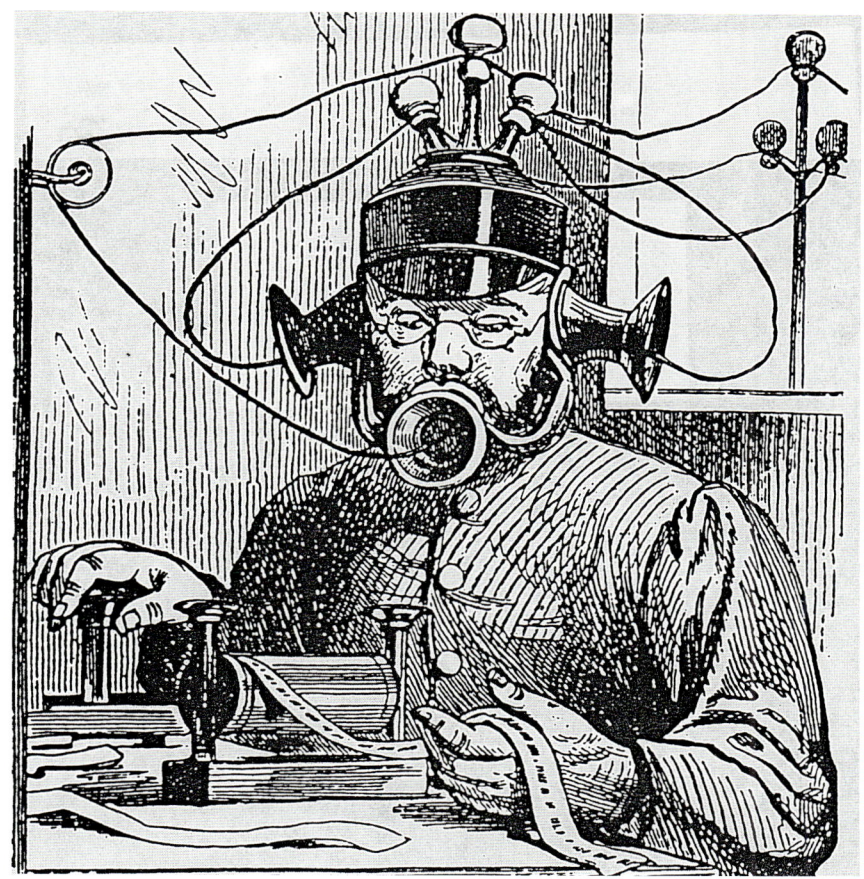

Oben: „Postdienstvereinfachung" 1878 — Der Postbeamte als Nachrichtentechniker im „Kladderadatsch". Unten: Drei dringende Telegramme nach Bayreuth. Rechts bezeugt ein Telegramm aus dem ersten Festspieljahr 1876, daß sich ein Festspielgast(?) mit Herrn Ferdinand H. aus Essen einen üblen telegraphischen Scherz erlaubt hatte. Denn Herrn H.'s Rücktelegramm nach Bayreuth („...erfahren, daß ich Erbschaft aus America gemacht") — wird von der Stadtverwaltung beantwortet mit: „Dem Magistrat Erbschaft unbekannt".

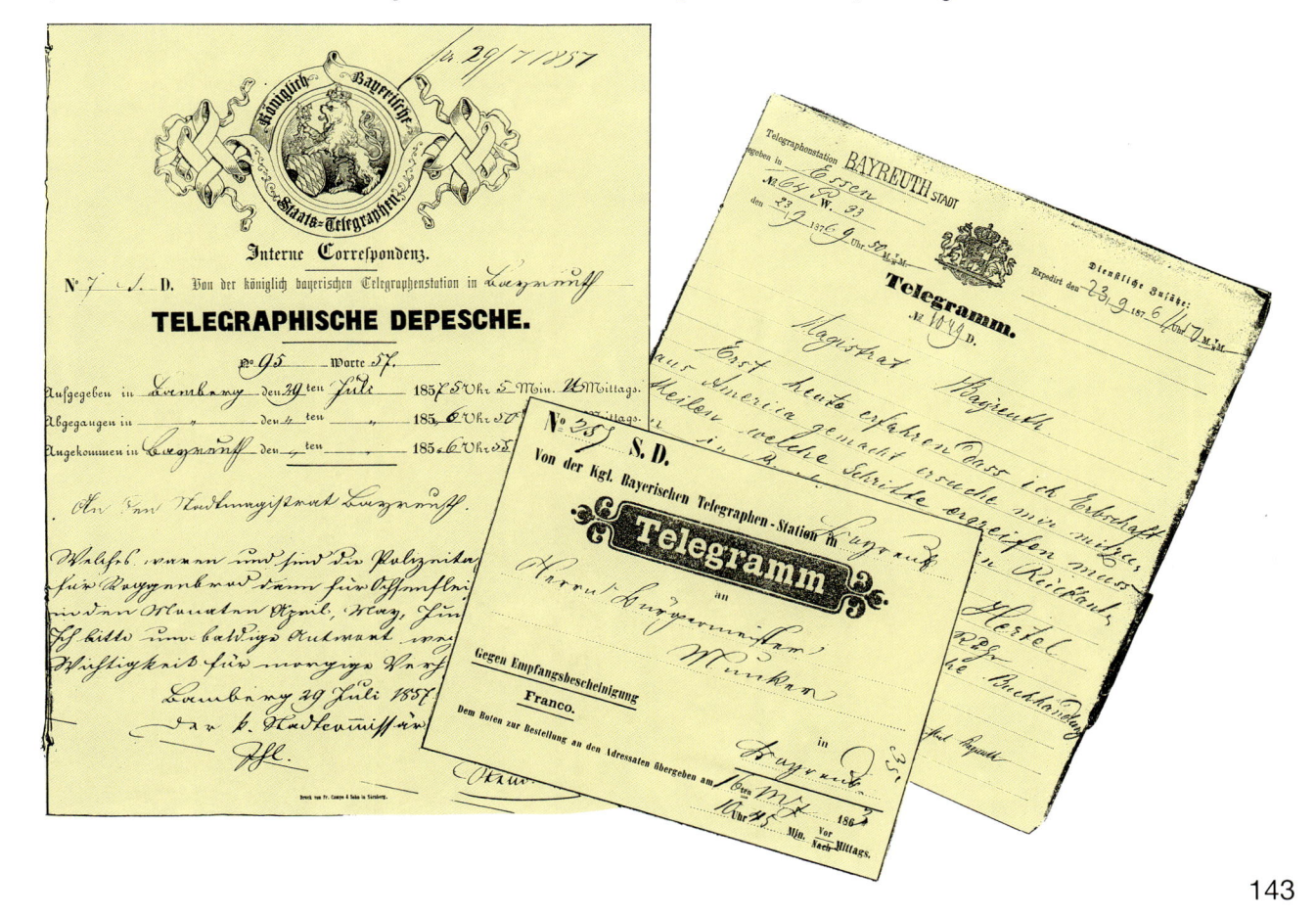

diese Forderung: „Je kürzer die Fassung der Telegramme, desto mehr der letzteren können auf einem Drahte befördert werden." Deshalb: „Möglichst wenig Worte!" Aber: „Die telegraphische Sprache soll keine Negersprache sein."[8]

Am 25. September 1852 wurde in Bayreuth (noch vor dem Bau der Eisenbahn), die erste Telegraphenstation eingerichtet. Die Bayreuther Zeitung nahm die neue Rubrik „Telegramme" auf. 1855 wurde Samuel Morses telegraphisches Betriebssystem, das Punkt-Strich-Alphabet, durch den „Typendrucktelegraphen" von David Edward Hughes verbessert. Ankommende Piepser wandelten sich nun automatisch in offen lesbare Druckschrift um. Wie das Beispiel der „Telegraphischen Depesche Nr. 7" vom 29. Juli 1857 zeigt, brauchte ein Telegramm von Bamberg nach Bayreuth nun nur noch 5 Minuten Übermittlungszeit und knapp zwei Stunden Wartezeit: „Aufgegeben Nachmittags 5 Uhr 05, abgegangen 6 Uhr 50, angekommen 6 Uhr 55."

Das letzte Glied in der Vervollkommnung der Telegraphie war der zu Anfang des 20. Jh. erfundene Fernschreiber. Die zu sendende Botschaft wurde auf einer Schreibmaschinentastatur in Klartext eingegeben und in Klartext empfangen. 1926 richtete die deutsche Reichspost die erste Fernschreib-Versuchsstrecke zwischen Berlin und Chemnitz ein. 1933 wurde der „öffentliche Fernschreibdienst Telex" mit eigenem Leitungsnetz eröffnet. Etwa ab Mitte des 20. Jh. gehörte der Fernschreiber zur Grundausstattung jeder fortschrittlichen Zeitungsredaktion.

„Besser auf Draht" durch Telephonieren

Mit Erfindung der „Tele-Phonie", des Fernsprechens, wurde in der Nachrichtenübertragung die „Schallmauer" durchbrochen. Die Bayreuther Zeitung konnte die Segnungen dieser neuen Technik leider nicht mehr genießen. Denn Ende 1862, kurz nachdem Philipp Reis die Grundlagen des Fern-Sprechens geschaffen hatte, stellte die altehrwürdige, 1738 zum erstenmal erschienene politische Zeitung ihr weiteres Erscheinen für immer ein. Der neue Zeitgeist hatte in Zeitungsgestalt des 1856 gegründeten „Bayreuther Tagblatts" das Traditionsblatt kurz vor seinem 125jährigem Jubiläum aus dem Rennen geworfen.[9] Die Bayreuther-Zeitungs-Redaktion hätte ohnedies noch ein paar Jahre auf den ersten brauchbaren Fernsprecher (Graham Bell, 1876) warten müssen. Und noch länger auf den Fernsprechanschluß. Erst am 5. März 1885, zwanzig Jahre nachdem die „Bayreuther Zeitung" eingegangen war, meldete das „Bayreuther Tagblatt": „Herr Bürgermeister Muncker teilt mit, daß das von Herrn Optiker und Electrotechniker Heuberger[10] dahier eingerichtete Feuer-Telephon zwischen dem Stadtthurm [Nordturm der Stadtkirche] und der Feuerwache [in der Lateinschule] bereits fertig gestellt ist und trefflich functioniert." Die technische Ausstattung der Telefonanlage: „System Bell-Blake mit Magnetinductor, Inductionswecker, Mikrophon und je zwei Bell-Hörtelephonen."

Als ein paar Tage später der dritte Teil-

Die Zentrale von Bayreuths erster (stadtinterner) Telephonanlage von 1885 befand sich im Türmerstübchen auf dem Nordturm der Stadtkirche. Im Bild Türmer Münch mit Fernglas, Pfeife und Bell-Wandtelephon.

Unten: Ein Scherztelephon von 1891. Rechts: Die Redaktionsräume des Bayreuther Tagblatts an der Wende zum 20. Jh. Am Fenster ein telephonierender Journalist, an der Tür ein Telegrammbote mit den neuesten Nachrichten aus aller Welt.

> **Volksgenosse**
> denke daran, daß die langen Abende des Herbstes und Winters beginnen.
>
> **Der Rundfunk**
> bietet in der Manigfaltigkeit seines Programms allein die Gewähr für die Verkürzung dieser Abende, sei es durch musikalische Darbietungen jeglicher Art, Hörspiele, Opernübertragungen, Vorträge oder Humor. Die politischen Ereignisse der gegenwärtigen Zeit, vor allem die kommende Reichstagswahl und Volksbefragung stehen im Mittelpunkt allgemeinen Interesses.
>
> **Darum werde Rundfunkhörer!**
> Die Gebühr beträgt nur M. 2.— monatlich.

Anzeige im Bayreuther Tagblatt vom 21. Nov. 1932

nehmer, das „Polizei-Wachtlocal" ans Netz gegangen war, kündigte das Tagblatt an: „Im Laufe des Jahres werden voraussichtlich ... noch weitere Telephonanlagen in St. Georgen und in der königlichen Kreisirrenanstalt, gleichfalls in Verbindung mit dem Stadtthurm [wo sich die „Centralstation" befand], behufs Sicherung gegen Feuersgefahr eingerichtet werden." Übrigens: „Die Telephonanlage läßt auch an Eleganz und Solidität der äußeren Ausstattung Nichts zu wünschen übrig." (BT 82/23. 3. 1885)

Es war die Zeit der „Haustelegraphen", wie damals noch die Telefone genannt wurden. „Herr Julius Heuberger", teilte das Tagblatt [1885] mit, „hat in neuester Zeit in mehreren hiesigen und auswärtigen Hotels und auch in vielen Privatgebäuden und Schlössern Oberfrankens, dann in dem Gebäude der kgl. Kreisregierung und im Magistratsgebäude [Rathaus am Markt] dahier Haustelegraphen eingerichtet."

Erst 1891 schloß die bayerische Post die Stadt ans öffentliche Telefonnetz an. Wie Holle mitteilte, hatte dies Bayreuth vor allem der Initiative des Bayreuther Tagblattverlegers Carl Burger zu verdanken gehabt. Kurz vor Eröffnung der Festspiele von 1891 meldete am 6. Juli das Tagblatt: „Der Telephonverkehr ist mit heutigen Tage hier probeweise eröffnet." Das Königliche Oberpostamt Bamberg gab bekannt: „Die definitive Inbetriebnahme der Telephonanlage Bayreuth, sowie der öffentlichen Telephonstation im Postschaltervorplatz am Bahnhofe daselbst, findet mit Genehmigung der Direction der königl.-bayer. Posten und Telegraphen am 15. [Juli 1891] statt." Fünfunddreißig der knapp elftausend Einwohner Bayreuths waren nun „Telephonabonnenten", feste Fernsprechteilnehmer. Ende 1900 war die Teilnehmerzahl auf 240 gestiegen.

Drahtlose Informationsübertragung

Etwa um dieselbe Zeit, 1896, hatte Guglielmo Marconi seine Experimente zur „drahtlosen Telegraphie" erfolgreich abgeschlossen — 1901 schickte er per elektromagnetischer Welle seine erste Botschaft über den Atlantik nach Amerika: drei kurze Piepser, die den Buchstaben „S" zu bedeuten hatten. Eines der populärsten Endprodukte seiner Erfindung, der „Rund-Funk", wurde der staunenden Welt erstmals am 22. 12. 1920 vor Ohren geführt: Der posteigene Langwellensender Königs-Wusterhausen übertrug ein Instrumentalkonzert, das mit Hilfe eines „Kristall-Detektor-Empfängers" und einer ans Ohr gepreßten Hörmuschel über einen Kilometer weit gehört werden konnte. Um die Hände frei zu haben, bedurfte es nun nur noch des Lautsprechers am Empfangsgerät — und man konnte beim Zeitunglesen Radio hören. Moderne Empfangsgeräte boten ab 1924 diesen Komfort. 1932 hatte der Rundfunk bereits vier Millionen (gebührenpflichtige) Teilnehmer. Zu dieser Zeit wurde auch schon am „Fern-Sehen" gearbeitet. Am 22. März 1935 fand in Berlin die offizielle Eröffnung des „ersten Fernsehrundfunks der Welt" statt. Der Sender „Paul Nipkow" strahlte von da an täglich ein fünfstündiges Programm aus.[11] Am 23. November 1943 wurden bei einem Bombenangriff auf Berlin die Sendeanlagen zerstört, die Arbeit am Fernsehen wurde eingestellt.

Die Taube

Von den vielen Mitteln, die zur Beförderung von Informationen ersonnen worden sind, blieb eines bisher unerwähnt — die Brieftaube. Ihr Einsatz für eine Bayreuther Zeitungsredaktion ist leider nirgendwo belegt (Engelhard?). Doch so absurd der Gedanke erscheinen mag: selbst im 20. Jh. schätzte man die Fähigkeiten des geflügelten Postboten noch sehr hoch ein. So gab 1914 der Bayreuther Oberbürgermeister Dr. Casselmann in der Oberfränkischen Zeitung (Nr. 212) den militärischen Einsatz der Nachrichtentaube bekannt: „Die zum militärischen Nachrichtendienst benützten Brieftauben tragen die ihnen anvertrauten Depeschen in Aluminiumhülsen". Sollte sich eine militärische Taube in einen fremden Taubenschlag verirrt haben, dann habe man sie „unverzüglich der obersten Militärbehörde auszuhändigen." (31. Juli 1914)

Die weitere Entwicklung von Post und Zeitung ist uns allen aus dem täglichen Leben selbst bekannt. Über Fernmeldesatelliten in 36 000 km Höhe werden die Botschaften der Zeitungskorrespondenten in Sekundenschnelle von und an jeden gewünschten Punkt der Erde getragen — sofern dort gerade ein Telefon vorhanden ist. Wann die Zeitungs- und Briefträgerei der postalischen Vergangenheit angehören wird, läßt sich gegenwärtig nicht eindeutig beantworten. Indes schallt uns der Signalton des Posthorns, „Trari-trara", schon heutzutage vorwiegend als *elektronisches* Klingelzeichen aus dem hauseigenen Telefonapparat entgegen.

145

SCHLUSS-ANMERKUNGEN

„ZAHNLOSE, HABGIERIGE, HERRSCHSÜCHTIGE und dabei HALBBLÖDE Zeitungsmißgeburt"?

„So etwas Unerhörtes ist noch nie dagewesen!"

Angesichts der beeindruckenden Entwicklung im elektrotechnischen Nachrichtentransport ist es erstaunlich, daß sich für die Zeitung des anbrechenden 21. Jh. die Materialkombination von Papier und Druckerschwärze seit Gutenbergs Zeiten scheinbar unverändert behauptet hat. Doch der Schein trügt. Papier und Druckerschwärze sind zwar geblieben, aber die Art, beides miteinander zu verbinden, hat nicht mehr die entfernteste Ähnlichkeit mit Gutenbergs Urtechnologie. Könnte der Altmeister der „Schwarzen Kunst" einen Blick in die elektronische Bild- und Textverarbeitung unserer Tage werfen oder sehen, mit welch atemberaubender Geschwindigkeit heutzutage die Druckerschwärze aufs Papier gebracht wird — er würde wohl argwöhnen müssen, daß seine Erfindung doch ein Werk des Teufels sei. Vorausgesetzt, er würde überhaupt glauben können, daß jener elektromechanische Golem wirklich seinem Handgießinstrument für Bleibuchstaben und der zur Druckmaschine umfunktionierten hölzernen Weinpresse entsprungen ist. Dieser rasende „Gott aus der Maschine" ist zum Leben erweckt worden, als es dem deutschen Erfinder Friedrich König zu Anfang des 19. Jh. gelungen war, die ganzmetallene Druckmaschine „mit der Dampfkraft zu vermählen". Welche Gefühle die gefesselte Dampfkraft bei ihren Bezwingern hervorrief, zeigt ein Zeitungbericht von 1855. Es wird darin die Dampfmaschine der Bayreuther Baumwollspinnerei beschrieben. Die hier abgebildete Druckmaschine der Fa. Hoe & Co. dürfte ähnlich ehrfurchtgebietend gearbeitet haben: „Es erregt ein eigenthümliches Gefühl, halb aus Grauen, halb aus Erhabenheit gemischt, wenn sich diese riesigen Massen, wie von einem unsichtbaren Geist bewegt, in Bewegung setzen. Dieses mächtige Schwungrad, die immensen Klöppel, die kolossalen Cylinder — ein niederschlagendes Gefühl, sich, den Menschen, als Nichts gegenüber solch übermächtiger Gewalt zu sehen. Und doch wieder ein unendlich stolzes Gefühl, ein Gefühl, wie es Gott in der Betrachtung seiner Schöpfung haben muß." (BZ, 9. 11. 1855)

Furchteinflößend waren auch die sozialen Folgen dieser Erfindung. Schon Königs dampfgetriebene

Seit Aufkommen der ersten Zeitungen hat die Nachrichtentechnik gewaltige Fortschritte gemacht. Links ein Zeitungsbote aus der Mitte des 17. Jh., oben die Feier der „Drahtlosen Telephonie" in einer Allegorie von 1910.

Bei Erfindung des Buchdrucks galt die Erde noch als Scheibe. „Gott allein die Ehre" — steht auf dem Manuskript des Setzers. Der Tagblatt-Rückblick auf 1868 (rechts) reflektiert das kopernikanische Weltbild. Unten: Der Gutenbergsche Druckapparat, wie er sich nach 400jähriger Entwicklungsgeschichte als „Riesenschnellpresse" der Fa. Hoe & Co. präsentierte (um 1849). Obwohl das dampfgetriebene Ungetüm etwa 20 000 Exemplare der „NY Weekly Sun" in einer Stunde ausdrucken konnte, mußten die Druckbogen noch von Hand zugeführt werden.

Schnellpresse von 1810 spie mehr Druckbogen in der Stunde aus, als im Handbetrieb an einem ganzen Tag gedruckt werden konnten. Doch wie staunte erst das Bayreuther Tagblatt, als es im Juni 1868 von einer dampfgetriebenen Hochgeschwindigkeits-Rotationsdruckmaschine erfuhr: „In unseren Ateliers, sagt die TIMES, haben wir eine Presse geprüft, welche Alles übertrifft, was bisher auf dem Gebiete der Druckerei erfunden und geleistet worden ist. Endloses Papier wickelt sich um eine Rolle, welche je nach Bedarf der Presse Papier liefert. Die Maschine kann auf diese Weise in einer einzigen Stunde 46 000 Bogen liefern, so etwas Unerhörtes ist noch

Rückblick.

Abermals hat ein winziger Stern, genannt „Erde", seinen Rundlauf um einen kleinen Punkt im Universum, genannt „Sonne", vollendet! So unbedeutend aber auch unsere Erde im Weltall erscheinen mag, so wäre doch kein Mensch im Stande, auch nur den kleinsten Theil aller Ereignisse zu überschauen, welche sich auch nur in einem einzigen Jahre auf Erden zutragen. Auch wir müssen uns darauf beschränken, in unserem Rückblick nur einige wenige Begebenheiten zu skizziren, welche unser nächstes Interesse beanspruchen.

147

nie dagewesen; aber dabei schneidet die Maschine auch noch die Bogen ab, falzt sie und liefert einen nach dem andern fertig ab." (BT 174/24. 6. 1868) Der rasende Papierausstoß bringt uns wieder den Wiener Journalisten Karl Kraus in Erinnerung, der zu Ende des 19. Jh. die Meinung vertrat: „Die Mission der Presse ist, Geist zu verbreiten und zugleich die Aufnahmefähigkeit zu zerstören."

Indes, Geschwindigkeit ist keine Hexerei. Bayreuths Tageszeitung des 20. Jh. schlägt mühelos *alle* im 19. Jh. aufgestellten Zeit- und Materialrekorde. Bereits 1956 gab die Bayreuther Tagblattredaktion einen „Jubiläumsrekord" anläßlich des 100jährigen Bestehens ihrer Zeitung bekannt: „... Heute aber ergäbe das aneinandergereihte Papier der Gesamtauflage der Jubiläumsnummer eine Papierbahn von 306 km Länge." Das tägliche Normalmaß des Jahres 1991 gibt der „Nordbayerische Kurier", Bayreuths heutige Tageszeitung, mit 112 km Papierlänge an: „Rund 14 Kilometer lang ist die Papierbahn einer einzigen Zeitungspapierrolle", — für die *tägliche* Auflage „schluckt die KURIER-Rotationsmaschine acht Rollen Zeitungspapier". Dieses Druckpapier rauscht mit einer Geschwindigkeit von sieben Metern pro Sekunde durch die Maschine. (NK, 16/17. 2. 1991)

„Größte Wohlthat der europäischen Nationen"

Ob die sittliche Reife des im 17. Jh. so hochgelobten Zeitungswesens („Richtschnur aller Klugheit") mit der technischen Entwicklung Schritt halten konnte, braucht hier glücklicherweise nicht beantwortet zu werden. Zur Kennzeichnung der Problematik seien aber wenigstens zwei Zeitungsstimmen zitiert. Die Ansicht des „Journals von und für Deutschland" von 1785 über die Zeitung im Allgemeinen: „Die Erfindung der Zeitung ist unstreitig eine der größten Wohlthaten der europäischen Nationen" — und die Meinung des „Grenzboten" aus Nordhalben von 1909 über eine Zeitung im Besonderen:
„Der alten Kronicher Schnapsvettel vulgo ‚Fränkische Presse' jucken die Flöhe wieder einmal. Sie wird frech und gemein und berstet beinahe vor Neid, weil der ‚Fränkische Wald' [Konkurrenzblatt der ‚Fränk. Presse] ein Krakauer Inserat bekommen hat und sie nicht. Der ‚Fränkische Wald' hat der alten Vettel schon zünftig und herzhaft auf den Glatzkopf gespuckt. Jedoch sehen auch wir uns gezwungen, der *zahnlosen, habgierigen, herrschsüchtigen und dabei halbblöden Zeitungsmißgeburt* die schmutzige Kehrseite zu versohlen."*)

Sollte Geheimrat Goethe vielleicht doch recht gehabt haben, als er in seinen „Maximen und Reflexionen" gemurrt hatte: „Wenn man einige Monate die Zeitungen nicht gelesen hat, und man liest sie alsdann zusammen, so zeigt sich erst, wieviel Zeit man mit diesen Papieren verdirbt!" Oder der Physiker Lichtenberg (1742 bis 1799), der noch vor Goethe geschnaubt hatte: „Ich habe mir die Zeitungen vom vorigen Jahr binden lassen, es ist unbeschreiblich, was für eine Lektüre dies ist: 50 Teile falsche Hoffnung, 47 Teile falsche Prophezeiung und 3 Teile Wahrheit."

Stellt sich noch die Frage nach der Form der zukünftigen Bayreuther „Zeitung". Sie wird — in hundert oder noch mehr Jahren — gewiß nicht mehr auf Papier gedruckt sein. Der zukunftsferne Bayreuther „Leser" wird vermutlich mit Hilfe eines ihm implantierten (und gebührenpflichtigen) Chips mitten in einer perfekten Scheinwelt des aktuellen Nachrichtengeschehens sitzen — umgeben von einer sinnlich erfahrbaren, neuro-elektronisch gezeugten Welt an Düften und Gerüchen. Alternativ wäre es natürlich auch denkbar, daß in jener fernen Zukunft der Mensch wieder auf den Bäumen sitzen wird. Da er dann keine Zeitung mehr (oder noch nicht) brauchen wird, darf auf das erste Kapitel dieses Buches verwiesen werden.

Zeitungseigenwerbung. Unten: Der Götterbote Merkur als Signet der Zeitung „Europäische Fama", 1696. Links: Anzeige im Nordbayer. Kurier vom 15. Januar 1988 als Teil einer mehrwöchigen Werbekampagne. Ganz unten: Zeitungsleser aus der Zopfzeit. Er war abwechslungsreiche Lektüre gewöhnt, doch so etwas Schönes wie in der Rubrik „Nett gesagt" des Nordbayerischen Kuriers vom 5. April 1990 (gegenüberliegende Seite), hat er in seinen „Bayreuther Zeitungen" leider nicht lesen können.

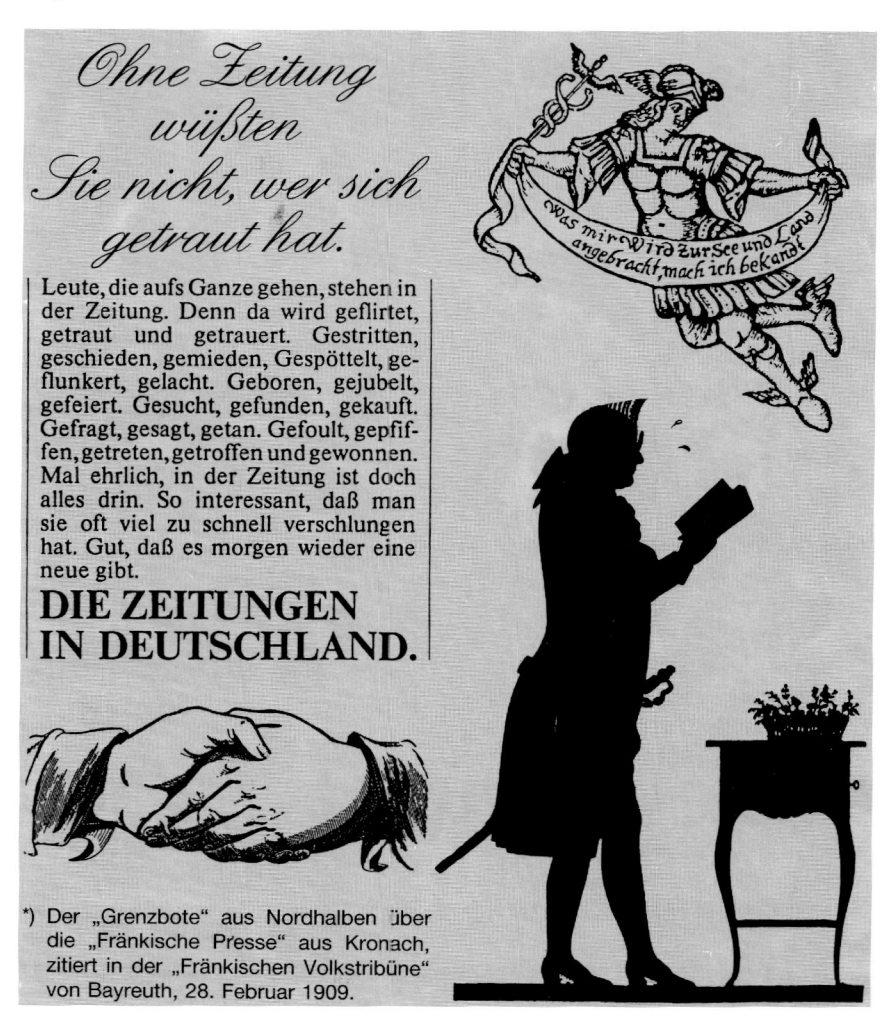

*) Der „Grenzbote" aus Nordhalben über die „Fränkische Presse" aus Kronach, zitiert in der „Fränkischen Volkstribüne" von Bayreuth, 28. Februar 1909.

Nett gesagt

Hallo mein Schatz! Ich könnte Dir die Freitagnacht verzeihen, wenn Du mind. einen Anruf für mich übrig hast.

Hallo mein Hase! Hab' ich Dir heute schon gesagt, daß ich Dich liebe? Dein Spatz

Hallo mein Schnackl! Du hast mir die schönste Zeit in meinem Leben gegeb. Es gibt Zeiten, in denen ich mich nach einer beruhig. Umarmung sehne u. nach Deinem Lächeln, das ich so gerne sehe, nach einem Zeichen, das mir sagt, Du bist nach wie vor glückl. mit mir. Wenn Du die gleiche Liebe f. mich empf., komm u. bleibe f. immer bei mir. In Liebe Dein Schatz

Hallo Udo, Du schaffst es, wir denken an Dich. Deine Schwester und Schwager

Ich vermisse Dich! Dein Kleines.

Und ich träume mich noch einmal ins Licht, ich spür' Deine Hand und seh' Dein Gesicht, so wie damals, als alles begann. Es ist vorbei - doch ich vergesse Dich nie. Trink' auf mein Wohl. Ich liebe Dich. Deine Traurige!

Zu guter Letzt...

...möchte ich mich für all die Hilfe bedanken, die mir von vielen Zeitungsgeschichtsfreunden und -freundinnen zuteil geworden ist, besonders von Herrn Dr. Rainer-Maria Kiel und Herrn Detlev Gasson von der Zentralbibliothek der Universität Bayreuth, die mich bei der Literatur- und Zeitungssuche kenntnisreich und hilfsbereit unterstützt haben. Herrn Karl Müssel, Bayreuth, Herrn Dr. Friedrich Schembor, Wien, Frau Dr. Sylvia Habermann vom Bayreuther Stadtmuseum und Herrn Walter Bartl vom Bayreuther Stadtarchiv habe ich viele wertvolle Quellenhinweise zu verdanken. Meinen Freunden Bernd Mayer und Rolf-Hermann Waldhier sowie Frau Sigrid Horsch M. A., Bayreuth, Frau Geruta Knote, Bayreuth und Dr. Wulf Rüskamp, Freiburg, danke ich für viele nützliche Anregungen und kritische Lektüre des Manuskripts.

Herrn Dr. Wunschel, Staatsarchiv Bamberg, Herrn Dr. Frhr. von Andrian-Werburg, Staatsarchiv Nürnberg, und Herrn Diakon Rösler, Landeskirchliches Archiv Nürnberg, bin ich für das großzügige Entgegenkommen bei Sichtung des Archivmaterials zu Dank verpflichtet.

Für die konstruktive Zusammenarbeit bei der Herstellung des Buchs danke ich den Herren Harald Heinz, Eberhard Legoll, Michael Hübner, Wolfgang Götz vom Verlag Ellwanger und — last not least — natürlich Herrn Wolfgang Ellwanger, daß er das Zeitungsbuch unter seine verlegerischen Fittiche genommen hat.

Meiner Tochter Eva danke ich für das Verständnis, das sie meinen zeitungsgeschichtlich verursachten Monologen entgegengebracht hat.

Durch die Unterstützung folgender Bildgeber, denen ich für die freundliche Genehmigung zur Veröffentlichung danke, konnte das Zeitungsbuch illustriert werden:

Antiquariat Konrad Meuschel, Bad Honnef. Atrium Verlag, Zürich. Bayerische Verwaltung der staatlichen Schlösser, Gärten und Seen München. Bildarchiv Bernd Mayer, Bayreuth. Bildarchiv Preußischer Kulturbesitz, Berlin. Frau Gusti Bösch, Bayreuth. Frau Barbara Froemel-Feustel, Bayreuth. Galerie Jens-H. Bauer, Hannover. Germanisches Nationalmuseum, Nürnberg. Historischer Verein für Oberfranken, Bayreuth. Kunstsammlungen der Veste Coburg, Kupferstichkabinett, Coburg. Landesbildstelle Nordbayern, Bayreuth. Herrn Alf Mintzel, Passau. Plakatsammlung des Museums für Gestaltung, Zürich. Staatliche Kunstsammlungen Dresden, Kupferstichkabinett, Dresden. Stadtarchiv Bayreuth. Stadtbibliothek Bayreuth. Stadtmuseum Bayreuth. Universitätsbibliothek Bayreuth. Universitätsbibliothek Erlangen-Nürnberg, Erlangen. Wilhelm-Busch-Museum, Hannover.

Zeittafel

1735 / 36
Gründung des Hochfürstl. Bayreuther Zeitungs-Comtoirs auf Befehl Markgraf Friedrichs. Die Leitung des Verlags wird Kommerzienrat Joh. Caspar Brunner übertragen.

13. Februar 1736
Erstes Erscheinen einer Bayreuther Zeitung. Die „Bayreuthische Policey-, Commercien- und andere dem Publico dienliche Zeitungen" ist die Probezeitung zur Bayreuther Intelligenzzeitung.

1. März 1736
Beginn des regulären Erscheinens der Bayreuther Intelligenzzeitung.

1738
Gründung der „Bayreuther Zeitungen". Die Intelligenzzeitung verliert ihre eigenständige Erscheinungsweise und geht in den politischen „Bayreuther Zeitungen" auf.

1739
Auf die Einfuhr der Nürnberger politischen Zeitung ("Felseckerische Ztg.") in das Fürstentum Bayreuth wird ein Zoll von „1 Reichsthaler auf jede Parthie" gelegt.

1740
Gründung des Wochenblatts „Bayreuthische Auszüge aus denen neuesten Kirchen-, Gelehrten-, Natur- und Kunstgeschichten", einer Art populärwissenschaftlichen Magazins.

1741
Gründung der französischen Zeitung „Gazette de Bareith".

1742
Gründung der Historienzeitung „Bayreuther Auszüge der merkwürdigsten Begebenheiten und Geschichte unserer Zeit".

1748/49
Übernahme der „Erlanger Gelehrten Zeitung". Das Erscheinen der „Bayreuthischen Auszüge" wird zum 1. Januar 1749 eingestellt.

1750
Neugründung der „Bayreuther Intelligenz-Zeitung".

1753
Gründung der französischen Zeitung „Evenemens Interessans". Die „Gazette de Bareith" war zu unbekannter Zeit wieder eingegangen.

28. Juni 1754
Verleihung des vererbbaren General-Privilegiums an Joh. Caspar Brunner

31. 12. 1754
Die Minzel'sche Zeitungsdruckerei nimmt ihren Betrieb auf, Hofbuchdrucker Dietzel verliert seine Monopolstellung.

1763
Zeitungsverleger Brunner besitzt durch Kauf der Hofbuchdruckerei Bayreuths zwei Druckereien und damit in der Residenzstadt das Druckmonopol.

26. Februar 1763
Tod Markgraf Friedrichs. Markgraf Friedrich Christian übernimmt die Regierung des Fürstentums Bayreuth.

2. August 1763
Tod des Zeitungsverlegers Johann Caspar Brunner. Seine Witwe, Johanna Margaretha Brunner, und deren Sohn, Friedrich, erben die Druck- und Zeitungsprivilegien.

2. November 1763
Brunners Sohn Friedrich stirbt.

13. Februar 1764
Joh. Margaretha Brunner heiratet Kammerrat Christoph Heinrich Hagen.

8. März 1764
Johann Conrad Engelhard übernimmt die Redaktion der „Bayreuther Zeitungen".

20. Januar 1769
Tod des Bayreuther Markgrafen Fredrich Christian. Der Ansbacher Markgraf Alexander übernimmt die Regierung des Fürstentums Bayreuth.

1769
Das Zeitungscomtoir verliert den Verlag über die „Erlanger Gelehrte Zeitung".

11. August 1773
Tod Johanna Margaretha Hagens, verwitw. Brunner. Ihre Privilegien werden am 6. Sept. 1773 auf ihren zweiten Mann, Christoph Heinrich Hagen, übertragen.

5. Januar 1775
Tod Christoph Heinrich Hagens. Die Zeitungsprivilegien gehen auf dessen Erbengemeinschaft („sämtliche Hagenischen Relicten") über.

1785
Die Hagen'sche Erbengemeinschaft beauftragt Georg Christian Hagen, den Sohn des verstorbenen Zeitungsverlegers, mit der Gründung einer neuen Zeitungsdruckerei. Am 4. März 1786 nimmt die Hagen'sche Zeitungsdruckerei im Hagengut, in den Moritzhöfen, ihren Betrieb auf.

28. Januar 1792
Die Bevölkerung des Fürstentums Bayreuth erfährt aus der Zeitung, daß sie preußisch geworden sei. Der Vertrag zur Übergabe der Fürstentümer Ansbach-Bayreuth wurde indes schon im Januar 1791 geschlossen.

22. Mai 1797
Tod des Zeitungsschreibers Engelhard. Gerichtsreferendar Carl Ernst Schmid aus Weimar übernimmt die Redaktion der „Bayreuther Zeitung".

3. April 1805
Georg Christian Hagen überschreibt die Zeitungsdruckerei seinen Nichten Johanna und Christiana Wanderer und übernimmt vermutlich die Leitung des Verlags allein.

7. Oktober 1806
Französische Truppen besetzen Bayreuth; die Zeitung stellt ihr Erscheinen ein, Redakteur Friedrich August Bein flieht nach Wien.

25. November 1806
Die politische „Bayreuther Zeitung" nimmt unter französischer Herrschaft wieder ihr Erscheinen auf.

1. Juli 1807
Verbot der Bayreuther Zeitung in den „sämtlichen österreichischen Erbländern".

August 1808
Französisches Verbot der Bayreuther Zeitung.

1. September 1810
Wiedererscheinen der politischen „Bayreuther Zeitung" im (seit 30. Juni 1806) bayerischen Bayreuth.

Anmerkungen

Kapitel 1: SEKUNDENZEIGER DER GESCHICHTE

1 Augsburg: Hans Schultes 1588; in: „Welt im Umbruch", Ausstellungskat., Augsburg 1980.

2 Augsburg: Johann Negele 1589.

3 Augsburg: Bartholomäus Käppeler 1590.

4 dto.

5 Kaspar von Stieler: Zeitungslust und -Nutz oder der sog. Novellen oder Zeitungen wirkende Ergötzlichkeit, Anmut, Notwendigkeit und Frommen, auch was bei deren Lesung zu lernen, zu beobachten und zu bedenken sei; Hamburg 1697.

6 Mario Cortesi und Werner Hagedorn: Mensch und Medien — Die Geschichte der Massenkommunikation, 2 Bd.; Stuttgart 1986.

7 Bürgerbuch der Stadt Bayreuth, Stadtarchiv Bth., Nr. B 25

8 Niels Reuter: Einblick in die Presse; Wilhelmshaven 1959.

9 Aus dem Flugblatt: „Ein schön New Lied, genannt Der Teutsche Michel", 17. Jh.; Kunstsammlungen der Veste Coburg, Kupferstichkabinett.

10 CORPUS CONSTITUTIONUM BRANDENBURGICO-CULMBACENSIUM, Oder: Vollständige Sammlung der vornehmsten sowohl allgemeinen als besonderen in dem Marggrafthume Brandenburg-Culmbach [= Bayreuth] in Ecclesiasticis [= Kirchendingen] und Politicis theils einzeln gedruckten, theils noch nicht gedruckten Landes-Verordnungen und -Gesetze, S. 803; Bayreuth 1746 ff. = **Corpus Constit.**

11 Corpus Constit., S. 243 ff.

12 Memoiren der Markgräfin Wilhelmine, Ausg. Hermann Barsdorf, S. 189; Berlin 1908.

13 Michael Heider: Die Entwicklung der Presse... in Ansbach-Bayreuth im 18. Jh.; (Diss.), Eichstätt 1935.

14 interessanterweise hat Heider seine Datierung mit der Unterschrift des damals regierenden Markgrafen mit einer Schreibweise versehen, wie sie damals falsch gewesen wäre: „22. Februar 1731, Georg Friedrich K[!]arl". Ich vermute, daß Heider das korrekte Datum falsch gelesen und den zum neuen Datum passenden Markgrafen freihändig dazugesetzt hat.

15 J. Theodor Künneth (Hrsg.): M. Johann Christian Schmidts... fortgesetzte vollständige Sammlung Heiliger Reden; Hof (Verlag) und Bayreuth (Druck) 1765. (Eine erste Sammlung Schmidts heiliger Reden erschien bereits 1739).

16 Brief v. 12. 1. 1744; G. B. Volz (Hrsg.): Friedrich d. Gr. und Wilhelmine von Baireuth, Bd. II; Berlin u. Leipzig 1926.

17 Jobst Christoph Ernst von Reiche: Bayreuth; Bayreuth 1795.

18 J. H. Scherber: „Gemeinnütziges Lesebuch für die Bayreuthische Vaterlandsgeschichte, Bd. II: Geschichte neuerer Zeiten", S. 266; Hof 1797.

19 Johann Georg Heinritz: Versuch einer Geschichte der K. B. Kreis-Haupt-Stadt Baireuth, S. 60; Bayreuth 1823.

20 Gustav Holle: „Geschichte der Stadt Bayreuth"; Bayreuth 1901.

21 Ulrich Thürauf: Die öffentliche Meinung im Fürstentum Ansbach-Bayreuth zur Zeit der französischen Revolution und der Freiheitskriege (Diss.); München 1918. = **Thürauf**

22 Oskar Groß: Das Zeitschriftenwesen Nürnbergs und der Markgrafschaft Ansbach u. Bayreuth im 18. Jh. (Diss.); München 1928.

23 Karl Hartmann: Geschichte d. Stadt Bayreuth i. d. Markgrafenzeit; Bayreuth 1949.

24 Alf Mintzel: Bayreuther und Hofer Kleinverleger des 18. Jh., Archiv f. Gesch. v. Oberfranken **(= AO)**, S. 130, 133; Bayreuth 1986. = **Minzel**

25 erschienen im „Verlag der Geheime Kammer-Rath Hagenschen Erben", Bayreuth.

26 Katalog der Bibliothek des HVO, 1940, Uni-Bibl. Bth.; frdl. Hinweis von Dr. Rainer-Maria Kiel.

27 vgl. Fn. 14 und Kap. 2, Fn. 3.

28 Gustav Holle an Pfarrer Aign, 10. Dez. 1902; Stadtarchiv Bayreuth.

29 Joh. Sebastian König: Geschichte der Stadt Bayreuth, 3. Period; Historischer Verein für Oberfranken **(= HVO)**, Ms 127-3. = **König**

30 ... auf der Suche nach „Meister Oswald", dem gotischen Baumeister der Bayreuther Stadtkirche (vgl. Wilfried Engelbrecht: „Unsser libs gocshawss sant Marie magdalene" — Anm z. Baugesch. d. Bayreuther Stadtkirche; AO Bd. 71; Bayreuth 1991)

31 BZ 124/20. Nov. 1742; „Bayreuther Zeitungen" = **BZ.**

Kapitel 2: DEM PUBLICO ZUM VERGNÜGEN UND DER NACHWELT ZUM BESTEN

1 Karl Müssel in: „Markgräfin Wilhelmine und ihre Welt" — Ausstellung im Neuen Schloß zu Bayreuth, Ausst.-Kat. [Hrsg.] Bayerische Verwaltung der Schlösser, Gärten und Seen; München 1959.

2 „Ausschreiben Nr. 1, die Bayreuthische Intelligenz-Zeitung betr.", 22. Februar 1737; Corpus Constit.

3 im folgenden nur **„Zeitungsprojekt"** genannt. 2 Originale mit dem vollständigen Projekttext in der Zeitungsakte 1 (vgl. Fn. 7) und im Hist. Verein für Oberfranken, Bayreuth, Hist. 131.

4 „Zeitungsprojekt", Punkt 14.

5 „Zeitungsproject", Punkt 12.

6 Emil Dovifat, Handbuch der Publizistik III, S. 78; Berlin 1969 = **Dovifat**

7 „Acta, das dem Commercien-Rath Brunner ertheilte Zeitungs-Privilegium betr.", Staatsarchiv Bamberg, Rep. C 7/VIII, Nr. 2455, in den folgenden Fußnoten als **Zeitungsakte 1** bezeichnet.

8 König, HVO Ms 127-3, pag. 337.

9 Zeitungsakte 1.

10 Ausschreiben Nr. 1

11 König, Ms 127-3, § 8, pag. 342.

12 Johannes Bischoff: Grundlage zur Gesch. d. Erlanger Real-Zeitung; (als Anhang zu Alfred Sauerteig: Coburger Zeitungsgeschichte); Coburg 1949, = **Bischoff.**

13 Zeitungsakte 1, pag. 16; soweit nicht besonders vermerkt, sind auch alle folgenden Zitate dieses Kapitels der Zeitungsakte 1 entnommen.

14 König, Ms 127-3, pag. 342.

15 König, Ms 127-3, pag. 349.

16 König, Ms 127-3, pag. 358.

Kapitel 3: BRUNNERS OFFENSIVE MARKTPOLITIK

1 Brunners Brief an Markgraf Friedrich vom 8. Sept. 1738.

2 Bayreutische Auszüge vom 4. Januar 1743; Stadtbibliothek Bayreuth.

3 Möglicherweise verführte diese Formulierung König (Ms 127-3, pag. 407) zu der Annahme, es könnte sich um ein eigenständiges Blatt dieses Namens gehandelt haben. Königs Nachricht erscheint bei Diesch: Bibliographie d. germanist. Zeitschriften (S. 215, 263, Anm. 96), Leipzig 1927 und wurde von Minzel (vgl. Anm. 24, Kap. 1) 1986 übernommen. Falls es aber wirklich so gewesen ist, daß Brunner seine „Bayreuthischen Auszüge" in „Nachrichten aus dem Reich der Wissenschaften" umbenannt hatte, fehlt dafür bis jetzt der Beleg durch eine Originalzeitung dieses Namens.

4 König Ms 127-3, pag. 368.

5 Anonym: „Briefe zur Berichtigung der Vertrauten Briefe über das Fürstenthum Baireuth vor und nach dem preussischen Regierungsantritt. An einen Freund in Schlesien"; (o. O.) 1794, S. 33 = **„Berichtigungsbriefe"**

6 Bischoff, S. 180.

7 König Ms 127-3, pag. 375.

8 König Ms 127-3, pag. 429

9 „Der Spiegel", 1. Stück, Bayreuth, den 2. April 1751; Bibl. HVO, Nr. B 617.

10 Herausgegeben von Roth-Scholtz, Nürnberg 1725?

11 Wilfried Engelbrecht: Die Waisenhausdruckerei — Bayreuths legendäre Druckwerkstatt; AO 68; Bayreuth 1987.

12 dto.

13 Georg Wolfgang August Fikenscher: „Geschichte des Buchdruckerwesens in dem Burggrafthum Nürnberg oberhalb Gebürgs"; Bayreuth 1802 = **Fikenscher, Buchdruckgeschichte.**

14 „Berichtigungsbriefe"

15 Wem die Druckerei nach dem Tod von Frau Minzel zugefallen war, wem Brunner also die Druckerei abgekauft hatte, ist unbekannt.

Kapitel 4: BETRÜGEN ZEITUNGSSCHREIBER?

1 Duden-Universalwörterbuch, Mannheim 1983.

2 Jean Paul: „Selberlebensbeschreibung", 1818; Reclam: Stuttgart 1982, S. 24.

3 Georg Paul Hönn: „Lexicon Topographicum...des Fränkischen Craises"; Frankfurt und Leipzig 1747.

4 Anfang von Immanuel Kants Artikel in der Berlinischen Monatsschrift Nr. 12, 1784.

5 Nachruf auf Joh. Gottfr. Groß in: „Erlangische Gelehrte Anmerkungen und Nachrichten", Nr. 11, 19. Juli 1768.

6 Gustav Berthold Volz, Hrsg.: Friedrich der Große und Wilhelmine von Bayreuth, Briefe aus der Königszeit; Berlin und Leipzig 1926 = **Volz**; Volz Nr. 104.

7 Bischoff, S. 179

8 Bischoff, S. 179

9 Groß behielt dennoch seinen neuen Zeitungstitel „Schauplatz der Weltgeschichte" bis Ende 1745 bei.

10 Volz, Nr. 105.

11 Volz, Nr. 106.

12 Volz, Nr. 107.

13 Bischoff, S. 180.

14 Bischoff, S. 180.

15 Volz, Nr. 108.

16 Volz, Nr. 109.

17 Volz, Nr. 122.

18 Volz, Nr. 123.

19 Fikenscher, Buchdruckgeschichte, S.79 und Bischoff, S. 182.

20 Dovifat

Kapitel 5: DAS NEUESTE AUS BAYREUTH UND ALLER WELT

(Anmerkungen im Kapiteltext)

Kapitel 6: „ZEITUNGEN SIND KEIN EVANGELIENBUCH!"

1 Verfasser des Liedes war Joh. Heinrich Groß, Herausgeber der „Erlanger Real-Zeitung", Nachfolgeblatt der „Erlanger Auszüge der neuesten Weltgeschichte" seines Vetters Johann Gottfried Groß.

2 Otto Veh, Die Matrikel des Gymnasiums Bayreuth, 2. Teil; Bayreuth 1949.

3 Trauergedicht auf Friedrich Brunner, 1763; Universitätsbibliothek Erlangen.

4 „weiland" ist gleichbedeutend mit „verstorben".

5 Trauergedicht von Johanna Margaretha Brunner auf Rosina Regina Sophia Hagen, 1763; Univ.Bibl. Erlangen.

6 Sitz- und Gebührenordnung der Kirchenstühle; Stadtarchiv Bayreuth, Nr. B 52.

7 Georg Wolfgang Augustin Fikenscher, Gelehrtes Fürstenthum Baireuth (...); Erlangen 1801. = **Fikenscher, Gelehrtes Fürstentum.**

8 seit 1763 Mitarbeit an der Erlanger Gelehrten Zeitung, seit 1765 an der politischen Coburger Zeitung, s. Alfred Sauerteig, Coburger Zeitungsgeschichte; Coburg 1949.

9 Fikenscher, Gelehrtes Fürstenthum.

10 „Deklaration an das Publicum", 1793, 21seitiges Manuskript, Quart, Vermerk auf dem Titelblatt: „Abschrifft von dem Gedruckten"; HVO Bayreuth, Nr. 2119.

11 Mintzel

12 dto.

13 dto. Mintzel gibt als Standort der vier Zeitungsjahrgänge (1766—69) die Univ.-Bibl. München, Sign. Hist. 4377, an.

14 Zeitungsakte Bamberg, Bl. 102 f., „Postatum 21".

15 Staatsarchiv Nürnberg, Bestand Universität Erlangen, Akte Nr. 13, 1769.

16 einer der vier Söhne des Bayreuther Posthalters Joh. Anton von Meyern.

17 Zeitungsakte Bamberg, Bl. 131 f.

18 Soweit nicht besonders gekennzeichnet, sind alle weiteren Zitate dieses Kapitels folgenden zwei Aktenstücken entnommen:
A) „Die vom Hof- und Canzley-Buchdrucker Friedrich Magnus Schwenter dahier nachgesuchte Confirmation seines käuflich aquirirten Buchdruckerey-Privilegium betreffend", 1785 bis 1793;
B) „Die von den Geheimen-Cammer-Rath Hagenischen Relicten nachgesuchte Conceßion zur Errichtung einer eigenen Buchdruckerey zum Zeitungs-Verlag betreffend", 1786; Staatsarchiv Bamberg, Rep. C/7 VIII, Nr. 2452 a, Bl. 1 bis 44 und Nr. 2453, Bl. 1 bis 34. = **Markgräfl. Zeitungsakten II**

19 Im Adresskalender von 1791 erscheint Hagen beim Personal der „Hochf.Bayreuth. Geheime Landes-Regierung" als „Herr Archiv-Secretarius Georg Christian Hagen, Accessionarius [Anwärter], hat den roulirenden Rang mit denen Regierungs-Secretariis".

20 Theaterdirektor Maddox gastierte mit seiner Truppe häufig in Bayreuth. Einzelheiten zu seiner Person oder seiner Truppe waren mir nicht zugänglich.

21 Johann Sebastian König, Häuserbuch der Stadt Bayreuth, Manuskript um 1805; Stadtarchiv Bayreuth. = **König, Häuserbuch**

22 J. C. E. v. Reiche, Bayreuth [-Führer]; Bayreuth 1795.

23 Fikenscher, Buchdruckgeschichte.

24 Anonym, Vertraute Briefe über das Fürstenthum Baireuth vor und nach dem preussischen Regierungs-Antritt an einen Freund in Schlesien; Berlin und Baireuth 1794, = **Vertraute Briefe.**

25 „Deklaration an das Publikum", 1793; vgl. Fn. 10.

26 Vertraute Briefe.

27 Markgräfl. Zeitungsakten II

28 König Friedrich Wilhelm von Preußen zum erneuerten Zensuredikt vom 19. Dezember 1788; BZ 17/9. 2. 1789.

Kapitel 7: **FEDERMORD AM ZEITUNGSSCHREIBER**

1 vgl. Kap. 6, Fn. 10.

2 „Vertraute Briefe", S. 157.

3 vgl. Ulrich Thürauf, S. 67.

4 Allgemeine Deutsche Biographie, 4. Bd.; Leipzig 1876.

5 Heinrich Zschokke, Meine Wallfahrt nach Paris; Zürich 1796 = **Zschokke.** Auf dieser Fahrt hielt er sich im Frühsommer 1795 in Bayreuth auf.

6 „Vertraute Briefe", S. 157.

7 Berichtigungsbriefe, S. 93.

8 Grobe Übertreibung! D. Verf.

9 Berichtigungsbriefe, S. 109.

10 Thürauf, S. 71 f.

11 Allgemeiner Literarischer Anzeiger (= **Allgem.Lit.Anz.**) Nr. 38 vom 9. März 1801.

12 Fikenscher, Gelehrtes Fürstenthum.

13 Allgem.Lit.Anz. Nr. 38, 1801.

14 Allgem. Lit. Anz. Nr. 142 vom 28. Nov. 1797.

15 A) Leben des Abtes Lorenz Ricci, letzten Generals der Jesuiten; Bayreuth 1776.
B) Beschreibung der Veteranischen Höhle und der älteren und neueren Kriegsvorfälle bei derselben; Bayreuth 1789.

16 Allgem.Lit.Anz. Nr. 38, 1801.

Kapitel 8: **„FRANKEN: BLUT, FLAMMEN UND PEST!"**

1 Preußische Administrativbehörde zur Verwaltung der Provinz Bayreuth.

2 Julius von Soden, Die Franzosen in Franken im Jahr 1796; Nürnberg 1797.

3 Hans-Ulrich Wehler, Deutsche Gesellschaftsgeschichte, Bd. 1; München 1987.

4 Elfi M. Haller, Freiherr von Hardenberg; Kat., München 1987.

5 vgl. Thürauf, S. 86 f.

6 Haller, Hardenberg.

7 Kabinettreskript Berlin vom 5. September 1797, vgl. Thürauf S. 90.

8 Kabinettreskript Hardenberg vom 30. 1. 1797, vgl. Thürauf S. 90.

9 Allgem.Lit.Anz. Nr. 38 vom 9. 3. 1801.

10 dto.

11 dto.

12 dto.

Kapitel 9: **„EINE LÜGEN- UND ALLARMTROMPETE"**

1 Seine Zeitungsdruckerei hatte Georg Christian Hagen am 3. April 1805 seinen Nichten, den „Demoiselles Johanna und Christiana Wanderer" überschrieben, Leiter der Druckerei blieb Sackenreuther. (Stadtarchiv Bayreuth, Nr. 11270: „Das Heirathsgesuch des Hofbuchdruckerei-Pächters Birner dahier betr.")

2 J. A. P. Weltrich: „Erinnerungen für die Einwohner des ehemaligen Fürstenthums Baireuth aus den Jahren der französischen Occupation von 1806 — 1810"; Kulmbach 1819 = **Weltrich** S. 8

3 Hans Haberstroh: „Camille de Tournon", AO 1960; Bayreuth 1960.

4 Als Intendant Tournon später „Präfekt von Rom" geworden war, legte er die Beobachtungen und Erfahrungen seiner Bayreuther Zeit in einer „Statistik des Fürstentums" handschriftlich nieder (Rom, 1. Juli 1810)
Der Bayreuther Regierungsdirektor Ludwig von Fahrmbacher übersetzte, bearbeitete und veröffentlichte diesen Text:
„Die Provinz Bayreuth unter französischer Herrschaft"; Wunsiedel 1900 = **Fahrmbacher, Tournon**

5 vgl. Thürauf, S. 107

6 vgl. Bischoff, S. 192

7 Friedrich Schembor: „Die Aufstandsversuche in Ansbach-Bayreuth, der Krieg in Preußisch-Schlesien und die österreichische Neutralität von 1807 bis 1809." (vgl. Fußnote auf S. 125) = **Schembor**

8 Stadtsyndikus Schilling schrieb seine Erinnerungen 1828 nieder. 1880 wurden sie im 14. Band, III. Heft des Archivs für Geschichte von Oberfranken (AO) veröffentlicht: „Nachrichten über die Ereignisse i. d. Kreishauptstadt Bayreuth u. d. vormaligen Fürstenthum gleichen Namens vom Anfang des Monats Oktober 1806 bis zur Einführung des Magistrats unter k.bayer. Regierung"; Bayreuth 1880 = **Schilling**

("Syndikus" bezeichnet eine Art städtischen Rechtsrat, der die Stadt juristisch nach außen vertrat. Im alten Bayreuth nahm der „Stadtschreiber" diese Aufgabe wahr)

9 Schilling, S. 84f.

10 Beilage zur Bayreuther Zeitung vom 7. April 1845

11 Schembor

12 Bamberger Zeitung Nr. 227/14. 8. 1808

13 Weltrich, S. 87

14 Fahrmbacher, Tournon

15 Baron von Zedlitz: „Frankreich als Militärstaat unter Ludwig XVIII, zehn Jahre nach dem pariser Frieden"; Leipzig 1825 = **Zedlitz**

16 Schilling, S. 80ff.

17 Zedlitz

18 Über die Flucht des Intendanten Tournon gibt es verschiedene Berichte, z. B. in den „Baireuther Kriegsblättern", Nr. 1 vom 12. Juni 1809 oder bei Schilling, S. 51—54. Das hier wiedergegebene Zitat stammt aus der „Handschrift des Oberförsters Möller von Emtmannsberg", von Gustav Holle in „Geschichte der Stadt Bayreuth" auf S. 201 zitiert.

19 Holle, S. 204

20 Weltrich, S. 88

Kapitel 10: „TRARI-TRARA — DIE POST IST DA!"

1 weitere Hinweise auf die Frühgeschichte der Bayreuther Post bei Friedrich Lippert: Die Post im Markgrafentum Bayreuth, in Oberfränkische Heimat 23; Bayreuth 1928 und Otto Veh: Beitr. z. Frühgeschichte d. Postwesens i. d. Markgrafschaft Bayreuth, Oberfränk, Heimat 1, 2; Bayreuth 1940.

2 Helmut Thiel: Postkutschenfahrten in Franken, in Fränkische Postgeschichtsblätter; Nürnberg 1982.

3 Georg Rennert, Zur Geschichte des Postwesens in Bayreuth; München 1932.

4 Heinrich Zschokke, Wallfahrt nach Paris; 1795.

5 „Vertraute Briefe"

6 dto.

7 dto.

8 Stadtarchiv Bayreuth, Nr. 4252.

9 Ich hoffe, daß vorliegender Veröffentlichung irgendwann auch die Darstellung der „bayerischen Zeitungszeit" folgen können wird.

10 Julius Heuberger hatte sich schon 1882 als Erfinder des „elektrischen Gralskelchs" bewährt.

11 Westermann-Vlg.: Verkehrsmuseum Nürnberg — Post; Braunschweig 1991.

Die Entwicklung der politischen Bayreuther Zeitung nach jährlichem Seitenumfang.

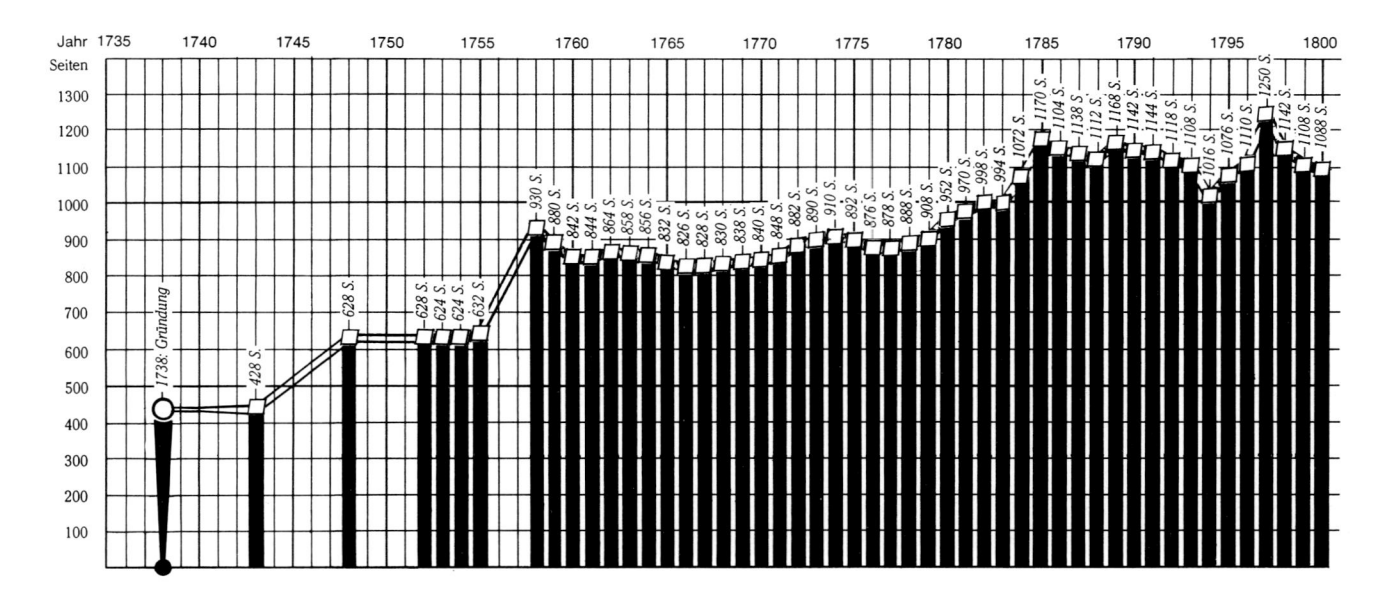

Erscheinungsweise der Zeitung von 1738 bis 1795: dreimal wöchentlich, jeweils am Samstag, Dienstag und Donnerstag. Zwischen 1743 und 1748 wurde der wöchentliche Zeitungsumfang um „Anhänge" und „Beilagen" erweitert. Das waren anfänglich Extraseiten für überlange Artikel, später wurden daraus regelrechte Werbebeilagen. 1796 wurde aus dem regelmäßig am Montag und Freitag separat erscheinenden „Anhang" die reguläre Montags- bzw. Freitagsausgabe der Bayreuther Zeitung. (Angaben über die Auflagenhöhe der einzelnen Jahrgänge liegen nicht vor.)

Register

Personenregister

(*Kursiv* gesetzte Seitenzahlen beziehen sich auf Abbildungstexte. Für unbekannt gebliebene Vornamen wurde N.N. gesetzt.)

Adolph Friedrich von Schweden 56
Albinin, N.N. 87
Alexander, Markgraf von Ansbach-Bayreuth 88, 91ff.
Amelung, Joh. Georg 11
Amos, N.N. 136
Andreä, N.N. 32

Bailly, Jean Sylvain *105*
Barth, Gottlieb Friedrich 86, 89f.
Bauer, N.N. 64
Baumann, N.N. 33
Bein, Friedrich August 122, 125ff.
Bell, Graham 144
Berger, N.N. 32
Berlichingen, Fräulein N.N. von 64
Bernasconi, Andrea 76
Bircken, Sigmund von 10
Bittner, Hieronymus Jacob 78
Blanck, N.N. 132
Bösch, Catrin *59*
Boller, Joh. Heinrich 57, 68
Brand, N.N. 32
Braun, Friedrich Ludwig Edler von *141*
Breczka, Jakob 125
Brunet, Louis 79
Brunner, Friedrich 83
Brunner, Joh. Caspar 15, 18, 20ff., 83, 89ff., 109, 129, 136
Brunner, Johanna Margaretha 83, 86
Buchka, Joh. Simon 54
Bundschuh, Joh. Kaspar 116
Burke, N.N. 106

Carlsberg, chursächs. General 85
Carl, Erzherzog von Österreich 115
Carl, Herzog von Württemberg-Stuttgart 60ff.
Carl Wilhelm Ferdinand, Herzog von Braunschweig 106
Casselmann, Leopold 145
Championet, N.N. 119
Chodowiecki, Daniel 43
Christian Ernst, Markgraf von Bayreuth 136
Cortesi, Mario 9, 11
Cotta, Friedrich Christoph 102f.
Crafton, Dr. N.N. 98
Cramer, N.N. 32
Cravon, Lady Elisa 99

Danton, Georges Jaques *107*
Davoust, Louis Nicolas, Herzog v. Auerstaedt 128
Decker d. Ä., Paul *58*
Delsenbach, Anton *58*
Demleuthner, Joh. Peter *17*
Dietz, N.N. 32
Dietzel, Friedrich Elias 35, 36ff., *71*
Döderlein, N.N. 32
Döhla, Conrad 94
Dölz, Joh. Wolfgang 71
Donder, N.N. 109

Eichler, Andreas Chrysogon 127
Elisabetha Friderica Sophia, Prinzessin v. Brandenb.-Bth. 60ff.
Enderes, N.N. 32
Engelhard, Joh. Conrad 42, 84ff., 94, 101ff., 138
Erdmudh Sophia, Markgräfin von Bayreuth 10
Erhard, N.N. 32
Ernouf, franz. General 111
Ernstberger, Anton 126
Eyb, Obrist von 95

Falkenhausen, Friedrich von 126ff.
Feldmann, N.N. 123
Felsecker, Jonathan 27
Ferrat, N.N. 77
Ferdinand, Prinz v. Preußen 60
Fikenscher, Georg Wolfgang August 85, 109
Finkenstein, Karl Wilhelm Graf 126ff.
Fischer, Joh. Christoph Friedrich *141*
Fleischmann, N.N. 45
Förster, N.N. 32
Friedrich II., König von Preußen 43ff., 68, 69, 70, 72, 76, 81
Friedrich, Markgraf von Bayreuth 12, 17ff., 51, 54, 58, 68, 69, 70, 72, 78, 79ff.
Friedrich Christian, Markgraf von Bayreuth 38f., 86f.
Friedrich Ernst, Markgraf von Ansbach 72
Friedrich Wilhelm, König von Preußen 100
Friedrich Wilhelm III, König von Preußen 119
Fritsch, Caspar 32

Galli-Bibiena, Carlos und Giuseppe 61
Garnerin, Jeanne-Geneviève 117
Gebhard, Johann 10, 11
Gentz, Friedrich von 126
Georg Friedrich Karl, Markgraf von Bayreuth 17
Georg Wilhelm, Markgraf von Bayreuth 11, 12

Gerstner, Joh. *67*
Gleichen, Baron von 72
Göckel, Ludwig August 91
Goethe, Joh. Wolfgang 148
Götzen, Friedrich Wilhelm Graf 125ff.
Gontard, Carl Philipp *71*
Gräfenhahne N.N. 34
Gravenreuth, Baron von 112
Grießbach, N.N. 32
Groß, Joh. Gottfried 31, 33, 35, 43ff., 124
Groß, Oskar 13
Gullmann, N.N. 32
Gutenberg, Johann 146

Haben, Friedrich 11
Hagedorn, Werner 9, 11
Hagen, Christoph Heinrich 83, 85, 90
Hagen, Georg Christian 91ff., 124, 128
Hagen, Rosina Regina Sophia 83
Hager, Franz Freiherr von 128f.
Hardenberg, Freiherr von *100*, 114, 119
Harleß, Gottlieb Christoph 84
Hartenberg, Baron von 64
Hartmann, Joh. Ludwig 11
Hasse, Joh. A. 61
Haude, N.N. 32
Haugwitz, Graf von 119
Heerwagen, Christoph Wilhelm Christian 35, 36
Heider, Michael 12, 14
Heinritz, Joh. Georg 13, 60, 62
Heinrich, Prinz v. Preußen 60
Heintz, Joh. Georg *15*
Helefeld, N.N. 66
Henry 117
Heßberg, Baron von 60
Hessen-Homburg, Landgraf und -Gräfin von 110
Heuberger, Julius 144f.
Hoe & Co. 146
Hönn, Georg Paul 42f.
Holle, Gustav 13, 14, 145
Holle, Wilhelm 13, 121
Hopfenmüllerin 63
Hubert, N.N. 32
Hughes, David Edward 144

Imhof, N.N. 32
Isenburg, Fürst und Fürstin von 110

Jean Paul 42, 119
Joseph II., deutscher Kaiser 108
Jourdan, Jean Baptiste, Graf 112
Junot, Herzog von Abrantes 131ff.

Kalm, N.N. 33
Kant, Immanuel 44
Kilian, Georg Christoph *69*

Klett, N.N. 89
Knoch, N.N. 32
Köhler, Joh. 71
König, Friedrich 146
König, Joh. Sebastian 15, 21, 23, 26, 27, 31, 32
Korn, N.N. 32
Korte 32
Kößling, Michael 55
Kotzebue, August von 106, 118
Krafft d. Ä., Per *80*
Kraus, Karl 7, 43
Krauß, Lorenz Jacob 35
Krebs, N.N. 32
Kreul, Carl Joh. Dietrich *135*
Küffner, A. W. *112*
Künsp(b)erg, Baron von 80, 108

Langbein, Joh. Georg Friedrich 38f., 91
Lange, Carl Julius 114ff.
Le Grand, Etienne 122ff., 129
Lenz, Philipp Bernhard
Leopold II., deutscher Kaiser 108
Lichtenberg, Georg Christoph 148
Limbach, N.N. 33
Liotard, Jean-Etienne *98*
Longus, J. 33
Louise Ulrica, preuß. Prinzessin 55
Luise, Königin von Preußen 119
Ludwig XVI., König von Frankreich 101, 105, 106, 108
Lüchau, Baron von 60

Maddox, N.N. 106
Manasser, David *11*
Manasser, Hans Jörg *8*
Mara, N.N. 84
Marconi, Guglielmo 145
Marie-Antoine, Königin von Frankreich 108
Martini, N.N. 33
Martius, N.N. 32
Marwitz, Dorothea von 46
Matthäi, N.N. 32
Mevius, Joh. Christ. 32
Meyern, Curator von 89
Meyern, Joh. Anton 138
Meyern, Joh. Gottlieb von 35
Mencke, Otto 11
Mesmer, Franz Anton 95
Metastasio, Pietro 61
Meyer, N.N. 32
Mintzel, Alf 13, 14
Minzel, Joh. Conrad 36ff.
Morse, Samuel 144
Mühlhausen, Joh. Christoph 77

Müller, Joh. 20, 22
Müller, Joh. Casp. 74
Münch, Johann *144*
Münchhausen, Karl Friedr. Hieronymus Baron von 77

Napoleon Buonaparte 100, 118f., 121f., 126, 129, 131
Nicolai, N.N. 32

Oertel-Bäcker 59

Palmer, N.N. 118
Passewitz, Baron von 73
Pesne, Antoine *78*
Petagi, Jehan *11*
Peucer, Tobias 11
Pfuhl, österr. Hauptmann 132
Poggioli, N.N. 87
Pohl, Carl Gottlob 98
Post, Bartholomä 124
Prell, N.N. 134
Prochazka, N.N. 128
Püchelberger, N.N. 136
Puschkin, Josef *47*

Rabel, N.N. 132
Radivojewich, österr. General 132f.
Rechberg, Aloys Graf von 134
Reicha, N.N. 85
Reiche, Jobst Christoph Ernst von 13, 18, 110, 114
Reichhardt 109
Reis, Philipp 144
Reitzenstein, Baron von 80
Rentsch, Joh. Wolfgang 10
Revellion 104
Richter, Christ. Gottlieb 45
Richter, Rudolf Heinrich 55
Riediger, Joh. Adam *55, 57, 59,* 68
Robespierre, Maximilian Marie Isidore 104, *107*
Röder, Baron von 64
Rollwenzlin 134
Roth, N.N. 32
Rudolph, Joh. Christoph 86, 89ff.
Rumpf, N.N. 32

Sackenreuther, Heinrich Ludwig 91
Schack auf Rhaden, Baron von 73
Shaw, D. 74
Scheidhauer, N.N. 32
Scheler, N.N. 32
Schembor, Friedrich Wilhelm 125
Schemer, N.N. 49
Scherber, J. H. 13
Schierschmidt 89
Schilling, N.N. 128, 131
Schintz, Joh. Caspar 32
Schirnding, Baron von 61, 80
Schlez, Joh. Ferdinand 116
Schmid, Carl Ernst 109, 121
Schmidt, Christian Friedrich Carl *141*
Schmidt, Joh. Christian 12, 71, 78
Schnabel 64
Schöll, N.N. 32
Schönburg, Reichsgraf von 101ff.
Schönhaar, Wilh. Friedrich 60, 62, 63

Schönning, Frau von 64
Schopenhauer, Artur 10, 42
Schüpfel 32
Schwenter, Friedrich Magnus 91ff.
Schwer 78
Seefried, N.N.
Seidel, Joh. Christoph 30
Seidel, N.N. 32
Semmerig, Joh. Heinrich 63
Senft 78
Silchmüller, Joh. Christoph 12
Soden, Julius Reichsgraf von 110ff.
Sophie Caroline Marie, Prinzessin v. Braunschweig, Markgräfin v. Bayreuth 79f.
Soult, Nicolas Jean, Herzog von Dalmatien 121
Stadion, Joh. Philipp, Graf zu Thannhausen u. Warthausen 128
Stampaglia, Luigi 76
Steenis, N.N. 66
Stelzner, Heinrich *72*
Stephani 63, 68
Stieler, Kaspar von 7, 8, 47
St. Pierre, Joseph 55, 61
Stutzmann, Joh. Josua 126

Tardieu, N.N. 132
Tencin, Kardinal 98
Ter-Hellen, Dieterich u. Wilhelm 77
Thaler, N.N. 67
Thürauf, Ulrich 13, 85
Touche, de la 79
Tournon, Camille de 122, 129f.
Treskow, Baron von 82, 109
Treukorn, N.N. 136
Trommler 80
Thurn und Taxis 137f., 140
Tyroler Doctorin, eine Weibsperson 77

Virchir, Fräulein von 64
Vierling, Joh. Gottlieb 32, 54, 71
Voltaire 76, 97f.

Wallbrunn, Baron von 64
Wallenroth, Baron von 79
Walther, J. P. *135*
Wehler, Hans-Ulrich 114
Weigel, N.N. 32
Weitershausen, Ludwig von 91
Weltrich, J. A. P. 122, 130, 133f.
Wekherlin, Ludwig 107
Wilhelmine, Markgräfin 12, 43ff., 55, 58, 76, 78, 81
Wirth 91
Wohler, Samuel 32
Wunder, Wilhelm 70
Wurm, N.N. 37

Zabitzer, Philipp Friedrich 36
Zaghini, Giacomo 63

Zedwitz, Ernst Leopold Baron von 131
Zschokke, Heinrich 103, 138

Ortsregister

Ahorntal 112
Altdorf 32
Altenplos 70
Altona 32
Amberg 114, 137
Amsterdam 66
Annecy 98
Ansbach 32, 107, 121, 126f.
Augsburg 32, 141

Baje 119
Bamberg 109, 137, 138, 144
Banz 110
Basel 32, 110
Bayersdorf 22
Bayreuth 10ff., 51, 55, 57, 58, 60ff., 68ff., 72, 76, 78, 79, 87, 96f., 119, 123ff.
Bayreuth, Dürschnitz 121
Bayreuth, Eremitage 47, 55, 119, 120
Bayreuth-St. Georgen 48, 58, 119
Berlin 32, 66, 77, 114
Berneck 132, 140
Bindlach 119
Bodensee 8
Bordeaux 99
Boston 74
Braunau a. Inn, Festung 125
Braunschweig 32
Bremen 32, 77
Breslau 32
Brindisi 53
Büchenbach 111
Busbach 112

Coburg 42, 137
Creußen 111, 140

Danzig 32
Donaustrom 88
Dordrecht 96
Dresden 32, 42, 91, 137
Düsseldorf 138

Ebermannstadt 111
Eger 126, 137
Eisenach 32
Eisleben 36

Elgersdorff 67
Ellbogen 127
Erlangen 14, 22, 30, 31, 32, 35, 44ff., 64, 83, 86, 126, 136, 137, 138, 140
Emskirchen 140
Eschen 112

Fantaisie, bei Bayreuth 108, 118
Festung Braunau a. Inn 125
Festung Glatz 125ff.
Festung Neu-Orsowa 128
Forchheim 112f.
Frankfurt a. M. 32
Freiberg 32
Fulda 113

Gefrees 127
Glatz, Festung 125ff.
Göttingen 109
Goldkronach 80
Gotha 32
Grulich 125

Halle 126
Hamburg 32, 76, 82, 94
Hannover 32
Helvoersluis 96
Herculanum 119
Hof 22, 32, 77, 79, 91, 137, 140
Hollfeld 142
Hubertusburg 8

Ickelheim 64
Ippesheim 116

Jena 32

Kassel 32
Kemnath 111, 127
Kiel 11
Königgrätz 127
Konstantinopel 88
Kopenhagen 32
Kulmbach 22, 36, 137, 140

Lauenstein 136
Lecce 53
Leguila 53
Leipzig 11, 32, 43, 91, 98, 114
Lichtenfels 110
Limmersdorf 72
Liverpool 118
London 87

Magdeburg 32, 118
Modena 87
Montbard 131
Mühlbach 127
Münchberg 22, 136, 140

Naila 20, 22, 80
Nardo 53
Neapel 119

Neuenmarkt-Wirsberg 142
Neu-Orsowa, Festung 128
Neustadt a. d. Aisch 15, 39
Niederlipka 125
Nürnberg 11, 27, 32, 36, 45, 91, 137

Obernsees 112
Orsowa 128

Paris 97, 104ff., 117
Plaisant Point 73
Pilsen 126
Pompeji 119
Portsmouth 96
Potsdam 127
Prag 126, 137

Redwitz 128
Regensburg 32, 63, 134
Römhilden 36
Rom 133, 138

San Cäsaria 53
Sant Agetha 119
Scelliers 98
Scheßlitz 112
Schwabach 32
Schweinfurth 114
Selb 127
Stabii 119
St. Stulpice 98
Straßburg 8, 102
Streitberg 64, 110, 136, 138, 140
Stuttgart 32, 65
Sulzbach 112

Tetuan 66
Thiersheim 140
Tröbersdorf 132
Troppau 77
Truppach 140
Tübingen 32
Tunis 67

Ulm 32

Valmy 101, 106

Warschau 29
Weidensees 111
Weimar 109
Weissenburg 32
Weißenstadt 140
Wien 52, 95, 127
Wildbad 39, 83
Windsheim 32, 39
Wolfenbüttel 9
Würzburg 113, 137
Wunsiedel 22, 80, 137

Zedwitz 79
Zürich 32
Zwickau 14

Abbildungsnachweis

Antiquariat Konrad Meuschel, Bad Honnef: Vignette der Fama auf Umschlag und Innentitel u. S. 148 o. r.; Atrium Verlag, Zürich: S. 7 o.; Bayerische Verwaltung der staatlichen Schlösser, Gärten und Seen, München: 61 u., 63 o. (Aufn. v. Verf.), 76, 98; Frau Gusti Bösch, Bayreuth: S. 59 u.; Bildarchiv Bernd Mayer, Bayreuth: S. 69 o., 92, 124; Bildarchiv Preußischer Kulturbesitz, Berlin: S. 115; Frau Barbara Froemel-Feustel, Bayreuth: S. 6 u.m.; Galerie Jens-H. Bauer, Hannover: S. 23 o., 41 l., 43, 63 u., 95, 96; Germanisches Nationalmuseum, Nürnberg: S. 71 u.; Historischer Verein für Oberfranken, Bayreuth: S. 15, 34 l., 49, 53 l., 65, 70, 74, 77, 102, 111, 112, 133 o.; Kunstsammlungen der Veste Coburg, Kupferstichkabinett, Coburg: S. 9, 10 u., 11, 136 r., 146 l.; Landesbildstelle Nordbayern, Bayreuth: S. 120, 128, 133 u., 144 o. Alf Mintzel, Passau: S. 30 u.; Plakatsammlung des Museums für Gestaltung, Zürich: S. 6 u.l.; Staatliche Kunstsammlungen Dresden, Kupferstichkabinett, Dresden: S. 36; Staatsarchiv Bamberg: S. 14 u., 24 o., 33; Stadtarchiv Bayreuth: S. 14 m., 16, 20, 21, 22, 23 u., 24 o., 25, 26, 32 r., 67, 122, 143 u.; Stadtbibliothek Bayreuth: S. 29, 30 o.; Stadtmuseum Bayreuth: S. 10, 17, 37, 51, 55 l., 58, 69 u., 78 r., 83, 87, 88, 99 o., 113, 131, 138 u. l., 142 u.; Universitätsbibliothek Bayreuth: S. 29, 30 o., 40, 46, 50, 54 u., 90, 100, 123, ; Universitätsbibliothek Erlangen-Nürnberg, Erlangen: S. 28, 31; Wilhelm-Busch-Museum, Hannover: S. 41 r.

Abbildungen aus Literaturquellen:
Karl Schottenloher, Flugblatt und Zeitung, Berlin 1922: S. 10 o.;
Walter Zimmermann, Entwicklungsgeschichte des Nürnberger „Friedens- und Kriegskuriers", Nürnberg 1930: S. 27 o.; Georg Rennert, Zur Geschichte des Postwesens in Bayreuth, München 1932: S. 137 u., 141 o. (Die übrigen aus dem Archiv d. Verf.)

Sie gilt im Reich der Nachrichten als **das Allerletzte**: die Zeitungsente. Sie steht als Begriff für eine bewußt oder unbewußt produzierte Falschmeldung. Über ihre Beziehung zum gewöhnlichen Entenvieh ranken sich viele Rätsel. Manche meinen, daß sie ihre Geburt lediglich der Abkürzung N.T. (Non Testatio?, unbestätigt) zu verdanken habe; dieses „eNTe" soll von manchen Redakteuren des 18. Jhs. an den Schluß von fragwürdigen Meldungen gesetzt worden sein. Andere verweisen auf die angloamerikanische Bezeichnung der Zeitungs-eNTe, nämlich „Canard", womit in Frankreich auch die echte Ente bezeichnet wird.
So mag wohl die Version richtig sein, nach der sich sowohl die deutsche als auch die englische Zeitungsente von der französischen Bezeichnung für Flugblatt — „Canard" — herleitet. Das Flugblatt galt während der Französischen Revolution als die Publikationsform mit dem größten „Geschnatter" und dem geringsten Wahrheitsgehalt.
●